馮奕達　譯

維京魂

HOW SCANDINAVIANS
CONQUERED THE WORLD

亞瑟·赫曼

THE VIKING HEART

忠誠、紀律、無畏，
征服世界的北歐傳奇

ARTHUR
HERMAN

目次 contents

自序 006

1 諾斯人之怒 016

2 身為維京人 048

3 維京造就之世，上篇：從俄羅斯到不列顛群島 080

4 維京造就之世，下篇：諾曼第、大西洋與北美洲 106

5 諸神的黃昏：維京人、諸王與基督教 128

6 征服者：諾曼人的轉型 157

7 從維京到斯堪地那維亞：從權力遊戲化為堅固保障 189

8 維京魂帝國：國王古斯塔夫斯・阿道夫斯與斯堪地那維亞世紀 221

9 斯堪地那維亞人登陸美國 247
10「我們來啦，亞伯拉罕老爹」：美國內戰中的斯堪地那維亞裔 273
11「比財富更美好」：美國熱與大遷徙 298
12 奇蹟之地：改變爵士時代美國的兩大斯堪地那維亞標誌人物 332
13 幕後英雄：維京魂與美國民主 362
14 維京魂還鄉 392
15 戰難和亦不易 422
結語：維京魂與遙遠他方 457
致謝 472
附錄：盧恩文與維京人 475
徵引資料 480

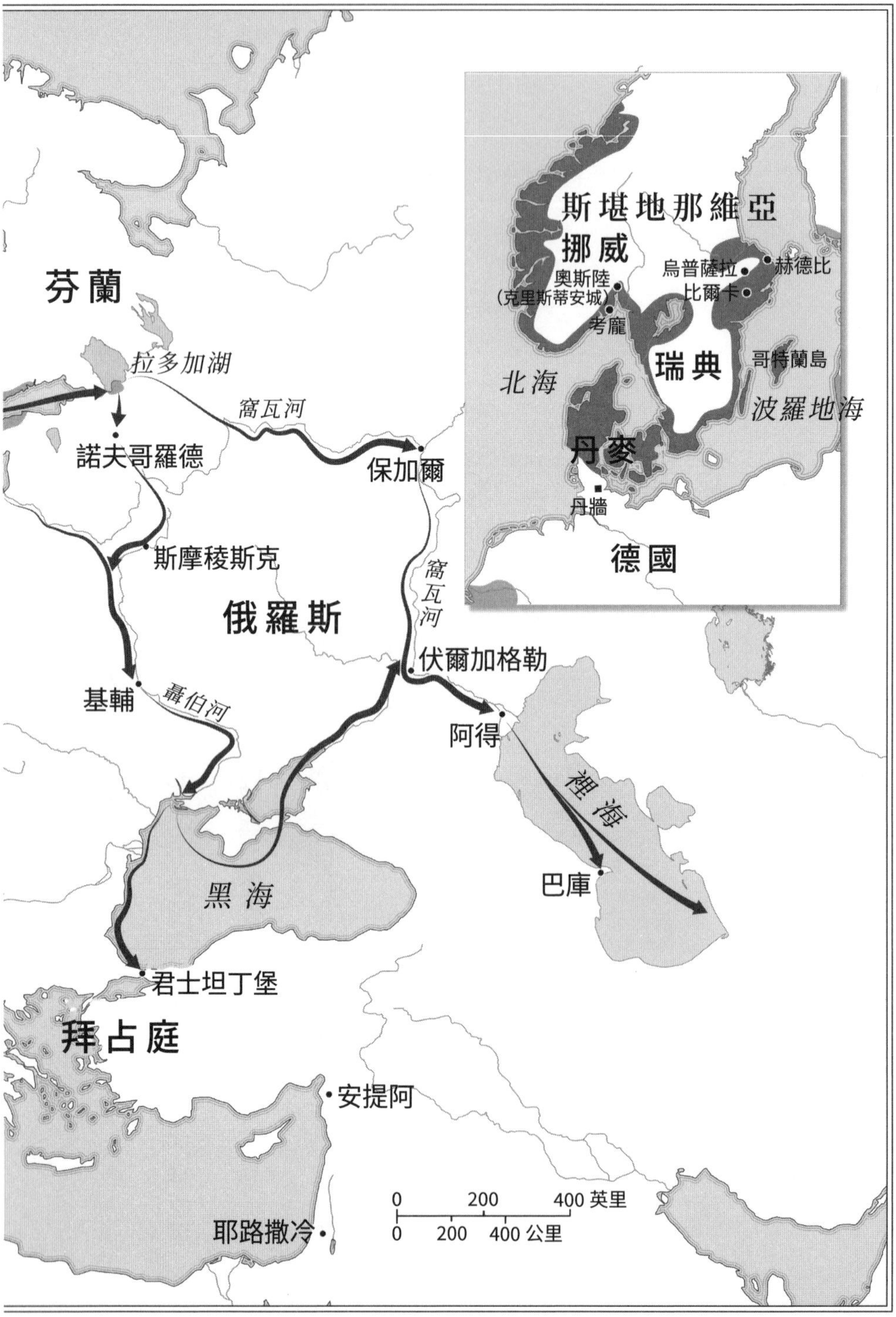
斯堪地那維亞
挪威
烏普薩拉
赫德比
奧斯陸
(克里斯蒂安城)
比爾卡
考龐
瑞典
北海
哥特蘭島
波羅地海
丹麥
丹牆
德國
芬蘭
拉多加湖
窩瓦河
諾夫哥羅德
保加爾
斯摩稜斯克
窩瓦河
俄羅斯
伏爾加格勒
基輔
聶伯河
阿得
裡海
黑海
巴庫
君士坦丁堡
拜占庭
安提阿
0 200 400 英里
0 200 400 公里
耶路撒冷

維京人
的航行
與征服路線
冰島
法羅群島
謝德蘭
群島
奧克尼
群島
開斯內斯
挪威
瑞典
斯堪地那維亞
芬蘭
漢科
考龐
比爾卡
北海
英格蘭
愛爾蘭
都柏林
曼島
約克
丹麥
波羅的海
漢堡
倫敦
黑斯廷斯
大西洋
阿亨
德國
康城
諾曼第
巴黎
南特
土爾
法國
亞爾
盧納
比薩
義大利
西班牙
塞維利亞
羅馬
普利亞
地中海
帕勒莫
西西里
維京原鄉
維京人活動範圍
維京人入侵路線

自序
Preface

我爸媽留著一張照片，照片中站在蒙大拿平原上的人是我挪威裔的外婆，拍攝時間是她抵達美國之後不久。兄弟親朋圍在她身邊，一群人站在鐵絲圍籬前，荒涼的景色襯著他們的身影。他們出門打獵。我祖母手中拿著一把溫徹斯特步槍（Winchester rifle），鐵絲網上掛了一排兔子，搖搖晃晃。

小時候一看到這張照片我就念念不忘。每當我們到明尼蘇達的布雷納德（Brainerd）拜訪外婆，她總會烤餅乾，張羅感恩節大餐——我多少覺得有點難把我認識的外婆，跟照片上這位無畏的獵人聯想在一起。但我漸漸了解到，兩人確實是同一名女子——這位安靜但堅強的挪威女士，從烏勒佛斯（Ulefoss）的村子裡出發，前往克里斯蒂安城（Kristiania，今奧斯陸），然後搭上一艘航向美國的船。對她來說，蒙大拿（我母親的出生地）只是其中一站。

當時是一九一〇年（我媽至今仍留著她母親隨身的那只行李箱，箱側貼滿了航程貼紙。大批挪威人、瑞典人、丹麥人與芬蘭人從他們的故鄉斯堪地那維亞前往美洲——有人稱之為「大遷徙」（Great Migration）——而安娜．卡爾松（Anna Carlson）只不過是這一大群人中的一名少女。將近二十年時間，超過四十五萬人來到美國。他們同心協力，永遠改變了美國與美國夢。美國將不再是同一個美國，美國夢也不再是同一個美國夢。

相較於別人，安娜・卡爾松在這段轉變中扮演的角色相當微不足道。但她這一路上卻展現出許多特質，而這些特質當年讓她的遠祖——諾斯維京人（Norsemen Vikings）成就了盛名，像是武勇與道德勇氣、決心與適應力、對家人始終不渝，以及堅守文化傳承——對安娜來說，路德會也包括在內。在我外婆家裡，地位能比前總統法蘭克林・羅斯福（Franklin Roosevelt）更高的人只有兩位，一是馬丁・路德（Martin Luther），一是發現美洲的維京探險家萊夫・埃里克森（Leif Erikson）。

其實，為了抵達預定目的地，她與萊夫都走過一段漫長的旅程。這段艱辛路途中，萊夫先是從挪威到格陵蘭，最後再抵達拉不拉多（Labrador）海岸的某個地方。至於本姓卡爾松的安娜・弗拉滕（Flaaten），則從烏勒佛斯經克里斯蒂安城抵達紐約，然後落腳愛荷華州的蘭辛（Lansing），與挪威親戚同住一個屋簷下。之後她動身前往蒙大拿，在當地與挪威同鄉卡爾斯滕・弗拉滕（Carsten Flaaten）結婚，婚後來到明尼亞波利斯（Minneapolis）。明尼亞波利斯堪稱當年斯堪地那維亞裔美國人的聖地，瑞典人、挪威人與零星的丹麥人和芬蘭人，來到熙熙攘攘的美國之後，選擇以明尼亞波利斯安身立命。我外婆在城裡的旅館業做女僕。她的旅途最後結束於明尼蘇達的布雷納德，鎮上住的幾乎都是瑞典裔與挪威裔美國人家庭。她住在小山崗頂一座小小的白色房子裡，屋前的斜坡非常適合讓孫子們滑雪橇。她在此拉拔了三個孩子長大（包括我媽媽），讓家人能齊聚一堂分享感恩節大餐。餐後自廚房端出的甜點蛋糕中間總插著一面迷你挪威國旗，提醒我們那是她的故鄉，而她的兄弟與其他家人仍然住在那裡。

接下來，你將讀到一本內容涵蓋好幾世紀的書，故事裡充滿史詩般的旅程與戰役、維京長體船與蒸汽船、深埋的寶藏與異教儀式，國王、王后、戰士與英雄。有人手握寶劍與戰斧，有人身邊擺的是犁和錐子，甚至有人只有一枝筆——也有人在蒙大拿平原拿著一把溫徹斯特步槍。不過，你很快就會發現有某條線索能串起這一切。這條線串起了我的外婆與親人，串起了她在上世紀初離開的那片土地，也串起了最早開墾那片土地的人。我們稱他們是「維京人」。這一切之間的關係不只是遺傳——遺傳只是ＤＮＡ與生物學的偶然，這一切比偶然深刻太多。

這本書談的是一種心態，一種生活方式，一種做人處事，讓人在絕境中有所成就。這本書所談論的忠誠，不僅深入最細緻的人際關係，也深入至親旁鄰——這種關係有時令人費解，但身處嚴酷、無情的環境，生活在冰天雪地與深山野嶺中，也正是這種關係才讓生存有了可能——甚至是有了意義。

這是一種意願，願意冒險踏進全然的未知——像萊夫．埃里克森與我的外公外婆他們就深信在地平線的彼端，有自由與新家園等著他們。我稱這種特質為「維京魂」，而維京魂就是這本書的核心——書裡提到的人，他們踏上的旅途，以及他們留下的重要遺產。

自有斯堪地那維亞文化以來，維京魂的這些特色幾乎就成了文化中不可或缺的環節。當然，維京魂並非斯堪地那維亞人所獨有，更不是來到美國的斯堪地那維亞裔移民的專利。事實上，這些特質還不足以充分展現維京人的全貌，畢竟代代相傳的歷史與傳說，告訴人們他們更有肆意妄為、蠻橫殘忍的一面。然而，經過好幾個世紀，斯堪地那維亞人已經找到了將人類的這種才德發揮到極致的方法。

許多歷史學家把維京人當成獨幕劇。他們用掠奪、用航海（包括最遠抵達北美洲的航程）對文明帶來自己的貢獻，接著走下歷史舞台，毫不戀棧。但本書要逆著航程走。根據維京史研究顯示，維京魂的典型特徵即使經歷了數個世紀至今仍形塑著你我的世界。

許多人犯了嚴重錯誤，堅信維京魂的關鍵遺產帶有種族歧視的色彩。納粹犯過這種錯誤（書裡我們會談到原因）的結果慘絕人寰，而新一代的極端新納粹主義分子也正在重蹈覆轍。其實，黑暗時代時諾斯人尚未形成單一種族，甚或是單一民族認同。他們的輪廓是以一種生活方式來勾勒，是以一種文化、精神氣質來描摹，而這樣的生活方式與氣質仍然牽動著今日世界，仍然有其意義。

＊　＊　＊

這本談維京魂的書，前半段將著重在維京人起源的相關事蹟。近年來，學界拓展了我們對維京人的認識，而維京歷史也反映出他們的貢獻。一旦深入了解了維京人從黑暗時代到中世紀初期所立下的豐功偉業，那麼就會了解這些事蹟肯定比神話與傳說中所描述的更加精采。

近年來的考古發現大幅拓展我們對維京人的知識，也讓我們得以看見維京人的重要成就之一。在十九世紀與二十世紀初，這些相繼出土的重大新發現，先後點燃了斯堪地那維亞人與其他歐洲人的想像力，也編織出了傳唱至今的浪漫維京傳奇。不斷出土的考古證據清楚顯示：真正的維京人既非超級英雄，亦非狂暴嗜血的野蠻人。他們是農夫、牧人與漁民，生活在一個財富奇缺、取財的道德標準更缺的世界裡，訴諸戰爭與掠奪以富裕自己。維京人基本上與其他地方的人並無不同：男男女女尋找新的土地與機會，試著讓自己過更好的生活。劫掠手無寸鐵的弱者，劫掠那些其實很鄙視維京人的人，那誘惑實在教他們難以抵擋。

深入透視維京人的身分，探討維京人何以如此的另一條途徑，是以嶄新的眼光閱讀維京歷史原典——冰島傳奇（Icelandic sagas）。這些傳奇故事遠遠不只是民間文學或吟遊詩人的傳唱。冰島傳奇作為一種體裁，不僅對當時的人心奧祕有著無與倫比的剖析，同時為讀者提供無價的洞見，深入維京文化興盛期的本質。

關於我們對原始維京人的新見解，ＤＮＡ科學帶來第三項也是最關鍵的一項貢獻。遺傳學以創新的方式，探究諾斯人世界帶來的影響，而且研究仍在進行當中。但現階段已經可以看到當年那些踏上驚人的旅途，抵達不列顛群島、法蘭西、俄羅斯與北美洲的斯堪地那維亞人，關心的絕不只是打家劫舍。今天生活在上述地方的社群，身上仍有他們悠久的遺傳記號，顯見維京人的擴張背後，是一群想要為自己與家人尋找新家園、新生活的人們。這樣的追尋最終領著他們橫渡大西洋到冰島、格陵蘭，而後抵達美洲海岸——一如他們九百多年後的現代子孫。

這些ＤＮＡ調查帶來的最重要結果，或許是破除「維京人是單一種族或民族」的迷思。納粹的北歐人種純淨論，便是以這種迷思為基礎——甚至直到今天，還有種族歧視擁護者抱持同一種意識形態，在斯堪地那維亞、歐洲以及美國社會的邊緣蠢動。今日世界的各個角落不時浮現種族主義的惡兆，正是這種意識形態，在二〇一一年的挪威引發了一場令人髮指的暴行。假如研究維京人的史實，能對當前政治有所貢獻，那麼頭一項就是削弱這種意識形態。諾斯人本身以及他們的後代子孫，其實是超乎人們想像的遺傳熔爐。更有甚者，維京基因在歐洲的分布，範圍也比過往以為的更廣。

白種人民族主義將斯堪地那維亞的傳承挪為己用，造成的不良影響之一，便是持續模糊斯堪地那維亞人古往今來扮演的角色。維京人並非優等種族，亦非威嚇完歐洲便鬼祟溜下歷史舞台的族群。傑出的中世紀史家理察・威廉・薩冷（Richard William Southern）說得好，維京人與他們的子孫，向來擁有「在關鍵時刻出現在關鍵場合的能耐」。他們一直都能影響世界歷史的發展軌跡。

人盡皆知，維京人第一次展現這種能耐是在八世紀末，在皇帝查理曼（Charlemagne）駕崩後抓住了歐洲防不勝防的瞬間，發動一系列大膽的海外遠征。他們的襲擊範圍東至俄羅斯，西至愛爾蘭，目標不只是劫人富己，更是為了家人尋找新家園——這在斯堪地那維亞歷史上，是個永恆的主題。

扮演一股破壞、擾動的力量將近兩世紀之後，諾斯人搖身一變，展現出振奮歐洲文明的姿態。他們幫著歐洲抖落了黑暗時代的不安，找出前所未有的途徑，將古希臘與阿拉伯的知識、科學傳遞到西方，同時擴大、鞏固基督教世界的疆域，從而為中世紀西方打下基礎。十一世紀以降，諾斯人的後代諾曼人（Normans）將天文學、醫學、數學與物理學典籍和儀器（包括星象盤）成串地一併從義大利與地中海帶往北歐與西歐。他們藉此催生出一場思想復興，撐起了接下來四個世紀的歐洲文明。

其實，如果要替中世紀以降的這段早期歷史取個別名，那應該叫「救苦救難的斯堪地那維亞人」。維京人的後代在西元一〇〇〇年代，也就是天主教會最需要幫忙的時候，向教宗伸出援手。到了一一〇〇年代，他們把自己過往的非基督教信仰，轉變為一股強大的文化力量，成為西方音樂、藝術與文學數百年來的靈感，直至今日。

拯救拉丁教會於水火中之後，來自北方的男男女女接著在新教改革似乎注定被人掃進歷史垃圾堆時出手相救。他們也將新教本身化為形塑人類未來的強大力量——我稱之為「路德派工作倫理」，至今仍然是當代斯堪地那維亞男女皆有的特質。

不過，維京魂的故事並未就此打住。斯堪地那維亞人征服、重塑歐洲之後，來到了新誕生的美利堅合眾國。他們鎮守美國邊境，在內戰中守護聯邦大業，開闢大草原，贏得自由之戰——自由是斯堪地那維亞人深切的認同。對於自由的承諾深藏於他們的歷史，數世紀之前的許多維京習俗都反映了這一點。

斯堪地那維亞裔美國人隨後在二十世紀的關鍵時代扭轉了美國人的自我形象，而他們在歐洲故鄉的同胞則同心協力抵抗暴政，阻止納粹打造原子彈——同時也在國內外採取行動，解救遭遇大屠殺的猶太人。

斯堪地那維亞裔美國人對美國的衝擊，遠超乎他們的實際人數（書中最後會談到）——今日有一千一百萬美國人自認是斯堪地那維亞子弟，假如他們自成一國，人數甚至比維京人起源地的任何一個國家都多。

事實上，斯堪地美國人比其餘移民美國的族群，更能為美國這鼎「熔爐」清楚指出一條通往新典範的路——這條路的主軸雖是在文化上積極融入，但他們並未因此徹底拋棄自己的族群認同，也沒有割捨故鄉的根。他們以身為美國人自豪，就像我外婆。但是，她那面小小的挪威國旗提醒在場的其他人，一部分的她始終沒有離開自己出生的國度，她的家人至今仍生活於那片鄉土。斯堪地美國人以深刻的方式，設法運用自己對原鄉及其歷史的自豪（包括故鄉最知名的居民——維京人），讓自己在美國文化中根扎得**更深**，以務農、經商、做善事、造橋鋪路、藝術創作、從政，以及在運動界與娛樂圈的優異表現，對美國社會帶來重要的貢獻。

屬於美國，但同時保有對過去的自豪（即便是一段曾經非常暴力的過去）——這種歸屬感至今依舊是個絕佳的例子，示範了移民在美國例外論（American exceptionalism）的陰影籠罩下，仍然能形塑「美國夢」的未來樣貌。

從這個角度來看，本書的後半段簡直堪稱「祖母的雙城記」。之所以這麼說，是因為我的奶奶海倫．索爾利．赫曼（Helen Sorlie Herman）也是挪威後裔——她的祖先來得更早，是一八五〇年代的那一波移民潮。當時，成千上萬的斯堪地那維亞人為了逃離貧困，躲避饑餒的糾纏，不得不踏上幾近於不可能的旅途，乘坐帆船前往美國；挪威劇作家亨里克．易卜生（Henrik Ibsen）甚至給這類船隻起了個「棺材船」的綽號。由於疾病、艱難與天災，許多人在船上喪命。他們踏上的美國不僅更簡陋、更不文明、更不寬容，而且（以我的曾曾外祖父奧斯卡．索爾利〔Oscar Sorlie〕移居美國的時候來說）瀕臨內戰。

比較早的這一代移民同樣在美國安居落戶，早在大遷徙的一個世代前便完全融入了社會。我外婆的船在美國靠岸時，索爾利家已經躋身北達科他閒適富有的鄉紳階級——謠傳他們家擁有紅河谷（Red River Valley）最大的農場。奧斯卡．索爾利的孫女海倫．索爾利後來與明尼亞波利斯備受期待的一位年輕外科醫生結了婚。說不定海倫．赫曼（本姓索爾利）出席宴會時，安娜．弗拉滕（本姓卡爾松）正好在同一間飯店裡拆被單、洗水槽，做清潔工作呢。

到頭來，她們的一生就像美國的故事，同樣是一個階段接著一個階段的文化融合。安娜．弗拉滕家裡書不多，但約翰．F．甘迺迪（John F. Kennedy）的《移民國度》（*A Nation of Immigrants*）卻是其中之一。無論身為移民，還是身為美國人，**兩者皆**令她深感自豪。

＊　＊　＊

維京魂的故事有許多支線劇情，縱橫交錯。

不久前，斯堪地那維亞人才提供了新的典範，告訴世人如何組織自己的政治經濟——以及如何面對一個多世紀以來最嚴重的一場病毒大流行，進而解救現代生活與文化。

我們還看到維京傳說本身已在流行文化的核心中開枝散葉；從J．R．R．托爾金（J. R. R. Tolkin）的《魔戒》（*The Lord of the Rings*）三部曲、喬治．盧卡斯（George Lucas）的電影《星際大戰》（*Star Wars*）再到J．K．羅琳（J. K. Rowling）的《哈利波特》（*Harry Potter*）故事，維京傳說中的人物與故事環節已成了超級英雄、虛構故事與科幻小說世界中的肌理。

這樣的情況一點兒都不令人意外。《維京魂》所要講述的故事，正是這一群人如何轉變了全世界，自己更是在過程中改頭換面。維京人的後代一步步褪去了遠祖留下的野蠻、迷信與無盡的貪婪，同時保有勇氣、對家人與社群的信任，甚至願意為了成就身為個人與群體成員的命運而冒險放棄一切。書裡講的故事，就是他們如何將這些美德傳遞給自己的子孫，最終傳給所有世人。如何既現代又人性，如何將「設身處地」與「世故成熟」熔為一爐，化為我們所謂「斯堪地那維亞模式」的代名詞，卻仍然保留曾經讓維京人先後成為「文明之鞭」與「文明救星」的特質。他們已經以身作則。

當然，就展現這些特質而言，斯堪地那維亞人並非獨一無二。落腳於美國的其他文化、族群與移民，同樣在不同的時空背景中充分展現了各種美德。這些美德的根源絕非種族，絕非DNA限定。但斯堪地那維亞人之所以與眾不同，原因是從維京人以降，他們一直具備超凡的能力，將所有這些特質加以綜合，然後用實際的行動表達出來。

從這個角度切入，近年來的北歐復興（Nordic revival）——時尚、飲食、流行文化，以及對維京故事的風靡——確實把握到了一項要點。北歐文化擁有一股持續至今的內在活力。這一場文化復興終將為歐洲與其他地方的自由民族主義，繪製出一條通往未來的清晰航線；斯堪地那維亞人正在以身作則，不得不說，連他們自己都有點意外。

這一股北歐復興的風吹進了美國，同樣給這個國家上了深刻的一課，告訴大家斯堪地那維亞裔美國人經驗中的元素，如何提供靈感讓美國夢鮮活地做下去，甚至幫助你我安住於文化與精神的龍骨上（維京人想必會很欣賞這個隱喻，畢竟船的龍骨就是他們發明的）。截然對立的共同體，不妨望向大遷徙的故事，看看那些讓故事成真的人，從中覓得希望的寓言、未來的方向，以及堅定的信念。

不過，維京人的故事還帶來另一條放諸四海皆準的訊息。綜觀歷史，這些了不起的人和他們的子孫，不斷展現令人著迷的勇氣與適應力，讓他們得以涉險進入未知，探索世界，於大地最遙遠、最嚴酷的環境中落腳，享受這種為自己、為家人創造滿意生活的自由。而且，他們不只為了自己這麼做，還會將自己的勞動果實還諸於人類同胞。他們的科學發現、慈善博愛、藝文創作與哲學作品，改變了我們思索、感受自身、自然與整個共同體的方式，甚至改變了人神關係。

有人說，人生就是一趟旅行。維京人與他們的斯堪地那維亞後裔堪稱全世界最厲害、最重要的旅行家，而我們依然能向他們看齊、學習。

從今日這個由 Facebook 與構 Instagram 成的世界來看，維京人簡直是超人。其實，他們只是人類精神特質的化身，而我們每個人都有這種特質——所謂維京魂。

亞瑟．赫曼

二〇二一年三月十三日

1

諾斯人之怒

The Wrath of the Norsemen

餓狼咬大口。

——維京俗諺

我主紀元七九三年六月的一個晴朗天，英格蘭東北林迪斯法恩（Lindisfarne）島上修院中的三十多名修士，注意到海平面出現了一列船隻。

修士們認為來者為善，想必有幾位下了海灘去跟對方打招呼。他們的世界是和平的世界，遠離動盪，苦難不能及。他們全心全意地祈禱與冥想，慷慨的當地貴族將金銀珠寶捐獻給修道院，聊表虔心。海灘上的修士怕是沒注意到掛在船舷的盾牌，或是船艏的龍頭雕刻。

等到船隻一艘接著一艘靠了岸，剽悍的男子手持利劍與戰斧躍過船舷，林迪斯法恩眾修士才意識到自己大錯特錯。只是來不及了。

英格蘭史家達蘭的西默盎（Simeon of Durham）在《英格蘭諸王紀》（*Historia Regum Anglorum*）描述船上來人接下來做了什麼：「他們來到林迪斯法恩教堂，大搶特搶，破壞一切，用髒污的腳步踐踏聖所，挖開祭壇，搶走了聖教會的所有寶藏。他們殺害幾位弟兄，把幾位弟兄上腳鐐押走，不少人被他們扒光衣物、橫加羞辱，還有人被扔進海裡淹死……」

行兇者去時簡直跟來時一樣迅速，但傷害已經造成。林迪斯法恩之陷震撼了英格蘭與歐洲各地。一下子，基督教世界的每一個人都注意到了是誰幹下這件事——北方人。人們逐漸得知，他們來自遠方，來自當時仍撲朔迷離的斯堪地那維亞之地。時人稱呼他們北方人或諾斯人，還有許多不同的稱呼。現代世界稱他們為維京人。維京人憑藉自己在林迪斯法恩海岸的震撼登陸，宣告大駕光臨，成為接下來兩個世紀的文明之鞭。

林迪斯法恩突襲其實不是他們第一次出手。《盎格魯—薩克森編年史》（*Anglo-Saxon Chronicle*）記載，四年之前威塞克斯（Wessex）便曾遭到「北方人」襲擊——七八九年，僅僅三艘船構成的隊伍攻擊了波特蘭（Portland）的城鎮。一份來自七九二年的教會紀錄，提到英格蘭東海岸的默西亞（Mercia）為了防範「異教水手」——也就是同樣的斯堪地那維亞劫掠者——而修築防禦工事。

但林迪斯法恩遇襲一事，命中了基督教文明世界脆弱的核心，預示整個不列顛群島即將面對一場永無止境的燒殺搜刮。隔年，七九四年，盎格魯—薩克森的兩間修道院——紐卡斯爾（Newcastle）近郊的蒙克維茅斯（Monkwearmouth）與雅羅（Jarrow）修道院也遭到類似襲擊。到了七九五年，蘇格蘭愛奧那島（Iona）的聖高隆（Saint Columba）修道院，也成了教會中人口中「那些豪勇、憤怒、徹底的異教徒」的下一個受害者。

「異教」一詞並無不妥。直到今天，仍然無人知曉這第一批維京海盜的確切身分，也不知道他們的領袖是誰。但他們顯然視基督教禮儀、聖物之莊嚴於無物。事實上，維京人感覺正是要來找這些寶物，以及看管這些寶物的人，而且手段兇殘至極。打家劫舍，破壞祭壇與聖髑，殘殺百姓或者鬻之為奴——已經成了諾斯人四出劫掠時標準的犯案手法。他們必然深深刺傷了歐洲文明人的心，造成的恐懼無以名狀。一位顫慄驚恐的記事者寫道，諾斯人「如凶狠的狼群般由四面八方湧來，他們搶奪、撕扯、屠殺的可不只是馱獸、牛羊，甚至神父與助祭，以及大批修士與修女皆不能免」。

皇帝查理曼的側近之一，出身英格蘭的約克的阿爾坤（Alcuin of York）寫下這段令人不寒而慄的判斷：「我們如今落入異教徒的手中，此前不列顛未曾遭遇如此恐怖之行徑，也無人能逆料此等入侵居然會從海上而來。」西方公認最睿智的阿爾坤吐不出其他字句，只能引用《耶肋米亞先知書》（Jeremiah）第一章第十四節：「上主對我說：『災禍將由北方燒起，一直燒到這地上的一切居民。』」林迪斯法恩遇襲之後的數十年，人們自然相信耶肋米亞這話就是說給維京人的受害者聽的。

諾斯人兵分三路，從北國故鄉的三個不同地方出發——亦即今天的丹麥、瑞典與挪威。八三四年，也就是查理曼駕崩十七年後，維京人的襲擊已經發展為全面遠征，數十艘船隻形形色色，每年夏天都有斯堪地那維亞領袖率領隨從出海。諾斯人的劫掠隊伍有能力在具戰略地位的河口長期紮營，以此為根據地，讓船隻航向——甚至是扛向——更上游之地。

一夕之間，不列顛群島的每一所修道院、每一間教堂與每一處城鎮但凡位於海路可以到達的範圍，只要有任何財寶或可以搶奪的東西，就只能任由來自斯堪地那維亞的劫掠者所擺布——諸王、教宗或地方當局根本無從救援起。

丹人（Danes）短時間內次第攻陷倫敦（八四一年）、南特（Nantes）、盧昂（Rouen）、巴黎，甚至是位於高盧中央的土魯斯（Toulouse）。此時，瑞典入侵者已經逆流而上，深入窩瓦河（Volga），在諾夫哥羅德（Novgorod）建立聚落。他們攻佔基輔城，其中一名領袖留里克（Rurik）後來長期建都於此，襲擊、奴役周邊的斯拉夫居民。丹人入侵者在八四四年進攻西班牙的塞維利亞（Seville），然後把矛頭指向地中海的尼姆（Nîmes）與比薩（Pisa）。接下來二十年，維京入侵者從基輔出發，橫掃黑海地區。他們在八六〇年推進君士坦丁堡，此時已有另一支無所畏懼的隊伍抵達哈里發的大本營——

巴格達。

到了八七八年，英格蘭泰半遭到斯堪地那維亞人佔領，不列顛群島其餘地方也有許多地區落入他們手中。愛爾蘭與蘇格蘭顯然已經成了挪威殖民地。諾斯人罷手之前，甚至把活動範圍往西擴大進入大西洋，遠至北美洲。

十一個世紀之後，溫斯頓・邱吉爾（Winston Churchill）寫下：「這些海盜就跟其他海盜一樣行徑卑劣。但是，當我們回想起他們的殘酷犯行，或是因為他們駭人聽聞的破壞與其他殘忍之舉而倒抽一口寒氣時，倒也不能忘記他們的紀律、堅忍、同袍情誼與武德，讓他們成為當時世界上最所向披靡、最大膽無畏的族群，無人能夠比肩。」

其實，維京人的大爆發愈想愈讓人吃驚。歷史上還未曾有哪一個地方人口如此之少（今日北歐只佔全世界人口的百分之一，當時甚至更少），卻能在極短的時間內，對人類文明造成如此深遠的衝擊。他們深受神話與傳說，虛構與非虛構文學，以及電視與電影所讚揚，自然也不讓人意外。無怪乎回首過去時，維京人似乎泛起超級戰士，甚至是超級英雄的光環。

但是，這些豪氣干雲、注定成就非凡的人，究竟是何方神聖？北方人成就了什麼，而他們一開始為何會踏上改變世界的旅途？這些問題不只史家傷腦筋。斯堪地那維亞對全世界（包括美國）的衝擊始終未減，對於現代想像也影響深遠。若想全盤理解這些衝擊與影響，就必須打通窒礙難解之處。開始回答這些問題之前，我們得先對維京人來自的土地有所認識。

＊　＊　＊

從南方世界望向斯堪地那維亞的觀察家當中，羅馬博物學家老普林尼（Pliny the Elder）是時代最早的一二人。老普林尼稱之為「自成一格的世界」。嚴酷環境帶來的苛刻考驗，逼得當地居民得膽識過人堅忍不拔才得以過活。從往北伸入北極圈的冰封山脈，到數不清的湖泊與冷杉、樺木林，再加上寒風掃過、湍流切穿的草原，斯堪地那維亞可說是一片地貌對比鮮明的土地。從挪威北岬（Northern Cape）到丹麥南境，斯堪地那維亞的長度達到歐洲南北的一半，總土地面積比不列顛、法國、西班牙三者相加還要廣大。即便如此，大部分的土地卻難以居住。

凡是說到斯堪地那維亞，許多人腦海中浮現的是從高峻壯闊的海岸山脈裂出的一處處深水峽灣，抵擋著北大西洋怒號的一座座成串小島嶼和礁岩。易言之，他們描繪的是挪威。斯堪地那維亞西海岸線確實多半如鋸齒狀的刀，某些峽灣甚至往內陸切入深達百餘英里。外海有一條由島嶼與礁岩構成的島鏈，稱為礁盾（Skerry Guard），為居民提供一段能遮風避雨的入海通道。因此，「挪威」（北道〔North Way〕）這個名字總讓人遙想數世紀以前，船隻（包括維京人的船）利用礁盾間的水道駛入大海的年代。

望而生畏的山脈主宰了大半個挪威，從西邊的海域拔地而起，然後緩緩沉入東邊的波的尼亞灣（Gulf of Bothnia），也就是分隔瑞典與芬蘭的海灣。維京人不愧是維京人，用造船術語給斯堪地那維亞山脈起了個綽號——「龍骨」。龍骨有一大部分高於林線，濃密的針葉林則覆蓋了餘下的大部分面積。挪威實際的可耕地，只有奧斯陸周邊與特隆赫姆（Trondheim）峽灣一帶的肥沃平原，佔總面積百分之三，而且至今猶然。其餘有四分之一為森林，不毛的山地超過三分之二，其中便包括哈當爾高原（Hardangervidda）——第二次世界大戰最重要的劇碼之一便是在此地上演，甚至決定了戰爭的結果。

瑞典位於更東邊，國土比挪威稍大，達到十七萬三千八百六十平方英里（與加州大小相仿），西邊長期作為競爭對手的鄰國則是十四萬八千七百二十九平方英里。瑞典北部海岸線與挪威非常類似，崇山峻嶺，冰雪永覆。不過，南端的地貌卻一片開闊，有無數的湖泊與茂密廣布的森林；對於吃苦耐勞，願意在不時出現的泥淖與濕地間開闢農場或牧場的人來說，是一片肥沃的土地。但是，交替出現的湖泊與森林，也讓瑞典內陸在過去難以通行。芬蘭位於更東邊，地理類似瑞典，但族群有別。森林、湖泊與泥淖遍布，讓陸路交通窒礙難行。

斯堪地那維亞的第四部分，丹麥，不僅地形平坦得多，而且森林採伐面積相對較大。古早以前的丹麥擁有大片的針葉林，但在維京年代遭到砍伐。當時的丹麥和今天一樣，它那指向北邊的狹長半島——日德蘭（Jutland）半島——深入北海與波羅的海，幾乎觸及到瑞典的東海岸；日德蘭半島的南邊，則與歐洲大平原相連。而在斯堪地那維亞各部中，促成丹麥首先實現政治統一的原因之一，便是其相對開闊的地理形勢，而丹麥跟歐洲其他地方也因物理上的比鄰，讓斯堪地那維亞的這個地區在數個世紀中深受歐陸影響。

但是，即便是坐落在斯堪地那維亞傳統農業帶的丹麥，陸路旅行的誘惑仍然受到南日德蘭林木稀疏土地貧瘠所限制——數世紀以來，這裡都是丹麥維京人世界與非斯堪地那維亞的南方之間空曠緩衝地帶。

丹麥其餘國土則由六百多座島嶼構成，其中最大的是菲因島（Fyn，比紐約的長島略小）、西蘭島（Sjælland，丹麥首都哥本哈根所在的島）與洛蘭島（Lolland）。在洛蘭島的霍比（Hoby），曾有一位前維京時期的丹人酋長在盛大的儀式中下葬，羅馬帝國駐軍指揮官致贈的華麗禮物圍繞著遺體，當中包括飾有荷馬《伊利亞德》（*Iliad*）場景的兩個大銀杯——看得出來羅馬人已經意識到，最好還是跟這些北邊來的人和睦相處比較好。

無論是挪威、瑞典、芬蘭或丹麥，我們今日所見的斯堪地那維亞，呈現的基本上是上一次大冰河期所雕鑿出的地形。一千三百多年前，整個區域幾乎覆蓋著冰層，直到一波全球暖化到來，才漸漸顯露在人類面前。冰層退去後，貧瘠的凍原與苔原漸漸變為落葉林與針葉林，進駐其中的中石器時代獵人在此開枝散葉，周圍是盛產貝類與漁獲的遼闊海岸；島嶼與港灣為漁船提供避風港。

水體勾勒出了石器時代斯堪地那維亞的樣貌，當中的大海尤為重要。從此以後，「水」始終決定著斯堪地那維亞居民的生活。劇作家亨里克．易卜生曾說，挪威人活在大海的神識之下。即便到了今天，大部分挪威人仍然靠海吃海。其他斯堪地那維亞國家也有不少人和挪威人一樣。

大約西元前八千年，生活於波羅的海與北海沿岸的人開始靠著挪威的峽灣尋找航路，深入瑞典的湖泊與河川，繞航丹麥那六百多座大小島嶼。他們乘坐梣木製的小船或獨木舟捕魚、獵殺海豹與鯨魚，船身塗抹鯨脂或油類以防水，船體材料用皮繩綁住，框架上則覆蓋了縫接在一起的牛皮。這種船隻就是長船的老祖宗，後來無堅不摧的長船載著維京探險家，朝東前往遙遠的俄羅斯與土耳其，往西最終更抵達北美洲。

接著，一場天災打亂了斯堪地那維亞人的水上漫遊。西元前六千年前後，一場大地震把挪威西海岸一段長兩百英里的山脈震進了海裡，引發的海嘯淹沒了將來不列顛群島與歐陸之間的陸橋。這起人稱「斯托瑞格崩移」（Storegga Slide）的地質事件，徹底改變了北歐的地圖。兩大原始河流——泰晤士河與萊茵河——本來有同一個出海口，如今卻被北海推開。說起來，這才是斯堪地那維亞第一次大大影響了歐洲其他地方的歷史。斯托瑞格崩移將「光榮孤立」帶給了不列顛群島，確保英格蘭、蘇格蘭與愛爾蘭歷史軌跡將循與歐陸大為不同的模式進行，也讓不列顛群島的歷史注定會透過水路，跟東邊的北歐世界不斷聯繫。

兩千年後，大約西元前四千年時，海平面上升，迫使石器時代斯堪地那維亞的生活方式再度轉變。居民必須往更內陸遷徙。以漁獵為核心的四處為家，緩緩變成以農耕為基礎的定居生活。這種轉變為維京人打下長遠的人口基礎。儘管維京人會長途旅行，會流浪海外，但他們始終是務農之人。現在如此，當時亦然，只要斯堪地那維亞人找得到務農的地方，也就找到了安身立命之所。[1]

這些石器時代的農民天生深諳此道。地理學家W．R．米德（W. R. Mead）指出，「斯堪地那維亞部分地區保有拓荒者性格的時間，遠比歐洲其他地方更久。」說不定正因為如此，他們的後代（就像我的外婆安娜．卡爾松．弗拉滕，以及我的曾曾祖父奧斯卡．索爾利）才會比其他來自歐洲的移民更覺得美國邊疆像是自己的家園。

在後世成為丹麥的土地上，微型社群艱辛地將沼澤與濕地開闢成可耕地。新石器時代的瑞典農民專注於整理梅拉倫湖（Mälaren）、耶爾馬倫湖（Hjälmaren）與韋特恩湖（Vättern）這三大湖區周邊肥沃的土地。至於挪威，農業聚落沿著深水峽灣陡峭山壁的走勢，在小片的低窪地開枝散葉。但相較於

1 有規則必有例外。適應力強的極少數人（也就是後人所說的薩米人（Sámi））從海岸地區往更北方推進。他們在靠近北極圈的地方找到辦法保有原本的游牧生活，逐當地原生的馴鹿群而居。這就是斯堪地那維亞拉普蘭人（Lapland people）的由來，他們的土地遍及現代挪威、瑞典與芬蘭的最北部。直到二十世紀，他們仍保有新石器時代的生活方式。

斯堪地那維亞其餘地區，漁業仍然是挪威最基本的生活方式，而且今日猶然。挪威人也很快領悟到，吝嗇的大自然所拒絕給予的東西，他們就得自己出外爭取。

至於芬蘭人，儘管族裔與語言有別，但他們跟瑞典鄰居的生活方式卻逐漸幾不可辨。同時造化弄人的是，歷史的走向雖使瑞典人變成了芬蘭的統治者，但自從瑞典人對外征服的另一個前哨——俄羅斯崛起之後到二十世紀之間，勇敢堅強的芬蘭人卻也成為了兩大帝國相爭的焦點。

斯堪地那維亞總人口緩慢但穩定成長，直到西元前一七〇〇年左右，青銅（銅錫合金）器具首度登上歷史舞台。在青銅生產領域，斯堪地那維亞差不多比南歐和地中海落後一千年，所有青銅材料都必須從南邊的鄰居手中引進。黃金也是——斯堪地那維亞的青銅器時代墓葬開始出現少量而珍貴的黃金。

接下來一千年，斯堪地那維亞在技術發展上（或者說缺少發展）都存在這種典型的時間差。以文明進展而言，無論是新王國時期的埃及、邁錫尼（Mycenaean）與荷馬時代的希臘，或者時代更晚的共和時期羅馬，同時代的斯堪地那維亞總落後他們好幾個世紀。未來他們會追上這段差距（書寫發展例外，這一點後來對文化造成極大影響）。但也因為這種時間差，那些更開化的鄰居往往很難對北方的男男女女持平以待——直到難以挽救。

影響維京人最深的，到頭來還是他們周圍的水域。其實，「維京人」一詞（意思是「維克〔Vik〕的人」）便源於諾斯語的「vik」，意思是「海灣」或「小海港」。畢竟在維京人首度出現於歐陸沿海或不列顛群島將近兩千年以前，青銅器時代的斯堪地那維亞就是航海家與海洋戰士的世界。

只要看看瑞典塔努姆（Tanum）的青銅器時代壁畫，我們多少就能感受到海洋有多重要。史前

青銅器時代的瑞典塔努姆雕刻圖。By Diego Tirira, via Wikimedia Commons, CC BY-SA 2.0.

居民所描繪的船隻與維京長船出奇相似，只不過年代比維京人首度出海早了將近千年。造訪瑞典的另一處遺址，也就是哥特蘭島（Gotland）非凡的史前墓葬群，也能帶給我們類似的感受：光是哥特蘭島就有四百多座墓葬，每一處都是將許多石頭頗費工夫直立起來，然後排出船的形狀（有些多達三英尺那麼高）。最高的石塊通常用來示意船艏與船艉。瑞典本土與波羅的海沿岸各地都能找到類似的船型墓葬，但考古學家認為這種墓葬方式對哥特蘭居民有特殊意義，他們腳下的這座島本身便狀如長船，而哥特蘭數世紀以來都是斯堪地那維亞遷徙的重要跳板。

除了「水」，長期的資源不足與無情的氣候，同樣刻畫了早期斯堪地那維亞居民的生活，連住在該地區最肥沃土地的人們也不好過。緊抱自己的家人、氏族與部落，不只是政治與社會生活的根本，更是生存的關鍵。我們必須把維京人的祖先想成是團抱的家庭與氏族，住在斯堪地那維亞南端與鄰近島嶼，講的都是古諾斯語的分支，而且所有人都死守著自己從荒野中開闢的土地。他們有如同時代荷馬史詩中的戰士，鎮日為無止境的部落衝突而戰，鎮夜痛飲狂歡，吟遊詩人在火堆旁高歌英雄與諸神的威猛事蹟——這就是諾斯傳奇的原型。

形塑文明世界的那些史事，發生在遙遠的南邊與東邊。希臘與雅典的抬頭，亞歷山大大帝的征服，羅馬共和國與帝國的崛起，以及基督教的誕生——傳到森林、湖泊與峽灣時，只剩遙遠、幽微的回聲，甚至根本透不過來。

西元前三世紀起，一些南斯堪地那維亞部落開始緩慢而穩定地朝羅馬帝國邊境遷徙。也許是全球寒化期的刺激，才讓他們打算找個冰封沒那麼誇張的環境。也許吸引他們南下的，是時不時從更先進的南方鄰居——羅馬人與凱爾特人（Celts）那兒得來的貿易品。但是，無論箇中原因為何，其他部落倒是緊抓自己的故鄉，拒絕搬離。他們是維京人真正的祖先。其他人（不妨說是比較敏感的人）則選擇撤出冰天雪地，往南遷徙，在南邊找到可以開闢的新森林，甚至到更南方為牛羊整出牧地。

最早遷徙的斯堪地那維亞人當中，包括條頓人（Teutones）和另一個從丹麥故鄉出發的部族——辛布里人（Cimbris）。大約在西元前一五〇年至一〇〇年間，條頓人與辛布里人都有在高盧、西班牙和北義大利與羅馬軍隊發生衝突過。衝突推動了出身斯堪地那維亞的民族，跟南方人口稠密的定居群體之間的長期交流模式。歐洲史上的新篇章——也是羅馬史與斯堪地那維亞史的新篇章——即將動筆。

辛布里人與他們的羅馬對手在奧朗日（Orange）附近打了一仗，後來有一位羅馬史家記錄了辛布里人攻陷羅馬大營後的恐怖光景。他的口吻簡直就是將來諾斯人南襲的不祥之兆。「他們動手破壞自己搶來的一切，」史家如是說。「他們把衣物割碎扔掉，把金銀丟進河裡，把胸甲劈成碎片……他們把馬匹溺死在漩渦裡，用繩索套著人的脖子吊死在樹頭。總之，勝者得不到戰利品，敗者得不到憐憫。」

一時之間，羅馬人雖然被這個來自斯堪地那維亞的尚武社會打了個踉蹌，但他們回過神，以迅速而堅定的手段對付威脅。羅馬執政官蓋烏斯・馬略（Gaius Marius）在普羅旺斯艾克斯（Aix-en-

Provence）大敗條頓人。等到辛布里人通過布倫納隘口（Brenner Pass），馬略和共同執政官昆圖斯・盧塔提烏斯・卡圖路斯（Quintus Lutatius Catulus）也在北義大利平原擊敗了他們。

但條頓人與辛布里人就此生根。其他部落順著他們的腳步與車軌，踏上類似的旅程，離開斯堪地那維亞。例如馬科曼尼人（Marcomannis）、來自斯堪尼（Skåne）的長鬍人（Langobards），可能出自勃艮達荷姆（Borgundarholm，今波恩荷姆〔Bornholm〕）的勃艮第人（Burgundians），以及來自瑞典東約特蘭（Östergötland）與西約特蘭（Västergötland）的哥德人（Goths）。這些早期移民中最重要的，就是後人口中的哥德人。他們抵達羅馬帝國邊境的時間比條頓人、辛布里人稍遲，但也去到更東邊的地方。他們甚至遷徙到奧得河（Oder）與維斯瓦河（Vistula），最後更是跨越這些河流。但他們都有斯堪地那維亞血統。

羅馬人一下子就了解到，這幾種不同的人——講奇怪的喉音語言（源於今人所謂的諾斯語），舉行詭異的血祭宗教儀式，以兇猛的方式戰鬥——彼此互有關聯。原本離開斯堪地那維亞的那些入侵者——條頓人，他們的名號將一直附在後繼者的身上。也有人將他們稱為「日耳曼人」（Germani）。但對於所有旁觀者來說，他們顯然都來自同一個地方，也就是斯堪地那維亞。正因為如此，四個世紀後的拜占庭史官約達尼斯（Jordanes）才會把這些掠奪者的原鄉稱之為「民族發源地」，日耳曼人對歐洲的衝擊由此降臨。

尤利烏斯・凱撒（Julius Caesar）在生涯初期便以高盧總督身分跟他們打過交道。「他們一輩子都在打獵，追擊，」凱撒告訴我們，「從孩提時便對苦難與艱辛習以為常。」事實上，羅馬的傳統大敵凱爾特高盧人，「甚至不敢妄稱自己比日耳曼人更驍勇。」如今，真正威脅到羅馬的，正是這些來自斯堪地亞（Scandia）的男人（與女人）。

尤利烏斯．凱撒的繼承人奧古斯都．凱撒（Augustus Caesar）親身體會過日耳曼人是個多嚴重的威脅——西元九年，他們的酋長阿米尼烏斯（Arminius，日耳曼語的赫曼〔Herman〕，日耳曼、諾斯神話傳說中大英雄的原型）在條頓堡森林（Teutoburg Forest）消滅了三個精良的羅馬軍團。九十年後，羅馬史家塔西陀（Tacitus）寫下自己對日耳曼部落的觀察，成為影響力數一數二的古代作品《日耳曼志》（*De Germania*）。塔西陀時代的日耳曼人首要的身分仍然是戰士：「除了作戰，他們不從事其他事情，公私皆然。」日耳曼戰士的妻子與奴隸處理家務，戰士則把時間用來飲宴、賭博，以及作戰。

據塔西陀所言，在日耳曼社會裡，唯有憑藉戰技的發揮，才能決定地位的高下。「連國王也沒有絕對或任意而為的權力，」他如此表示。「人家之所以特別敬重他們，不是因為他們的權威，而是因為他們在戰鬥中展現的力量與非凡，或者身先士卒。」在這種英雄領導模式下，酋長在戰鬥中如果沒能跟別人一樣勇敢，就會蒙羞；他挑選與自己共赴戰場的人，而他們也必須跟自己追隨的領袖一樣勇敢。事實上，如果領袖戰死，自己卻倖存，可是會一輩子抬不起頭。身為「扈從」（comitatus，拉丁語）的神聖義務，便是捍衛、支持酋長或領袖，至死方休。

戰鬥中的勇氣、忠誠、以身作則而非憑藉出身或地位的領導——這是西方文學中認可的維京魂與日耳曼風範首要特質。羅馬人稱之為「virtus」，也就是身為男人（vir）的特質。但日耳曼女人在這種尚勇風氣中亦有其一席之地。「有史料稱瀕臨崩潰的軍隊因為他們的女人而重整旗鼓，」塔西陀寫道。「她們勇敢地要求男人，把自己的胸部擠向他們，迫使他們意識到自己馬上就要淪為奴隸——比起自己的安危，日耳曼男人更擔心自己的女人成了奴隸。」他提到，日耳曼人對女人簡直畢恭畢敬，「女人身上具有神性與預言的能力，因此他們絕不恥於尋求女人的意見，也絕不敢輕視她們的回答。」日耳曼女性的這一面，在她們的維京遠親身上也有，後來也反映在兩者的法律中。

不過，古羅馬與後來的文藝復興思想家都認為，這個世界不停對我們所有人敲響意外與難料的鼓聲，假如少了陽剛精神，任何社會或制度都經受不起這樣的震撼。莎士比亞稱之為「無情命運的投石流矢」，包括天災人禍，從戰爭、破產到地震、暴風與致命的疫情大流行都算在內。對諾斯人而言，這種陽剛精神是維京魂的基石。但對塔西陀這樣的羅馬人來說，維京人的親戚日耳曼人簡直是這種強健特質的化身。問題在於，他們對未來是一股建設性還是破壞性的力量？

到了西元三世紀中葉，羅馬人心裡已經有數。兩大日耳曼部落集團在他們的邊境蠢蠢欲動。其一由哥德人、汪達爾人（Vandals）、勃艮第人、格皮德人（Gepids）與倫巴底人（Lombards）構成，以歐洲東南為核心，兵臨多瑙河。其二則是由弗里西亞人（Frisians）、薩克森人、阿拉曼人（Alamans）、圖林根人（Thuringians）與法蘭克人所組成，沿奧得河與易北河穩固發展，而他們不知疲倦為何物的戰鬥集團正準備從萊茵河東岸發起進攻。

羅馬人努力把日耳曼人擋在外面，確保邊境穩定，但局面突然在二四五年時土崩瓦解。這一年，皇帝德奇烏斯（Decius）和他的軍隊在多布羅加（Dobrudja，位於巴爾幹）的濕地中中了哥德人的埋伏而潰敗。不久後，弗里西亞人與法蘭克人的長船從萊茵河口出航，攻擊不設防的不列顛與高盧海岸；至於在歐洲另一端，哥德人則從克里米亞出航，襲擊孤立無援的愛琴海城市，甚至圍困雅典城——他們的事蹟預示了維京人在六個世紀後建立的霸業。

不過，要不是另一個更要命的威脅——匈人（Huns）——從亞洲草原動地而來，日耳曼人原本可能會長期留在萊茵河與多瑙河邊境彼岸。在偉大的領袖阿提拉（Attila）領軍下，匈人了引發日耳曼人的西向浪潮，羅馬帝國莫之能禦——歐洲與文明的面貌就此永久改變。

部落民把牲口聚集起來，用牛車拉著家人與家當，拋下了家園，湧向東羅馬帝國邊境——對於這波難民潮，羅馬人完全沒有準備，也不願意處理。武裝衝突自不可免。事情發生在三七八年八月九日，地點在哈德良堡（Adrianople）附近。這一仗是繼條頓堡森林以來，日耳曼人與羅馬人之間第二起決定性的大戰，而且贏家仍舊是日耳曼人——這一回，他們不只擊潰羅馬軍隊，甚至殺了皇帝。東羅馬人把西哥德、東哥德以及隨之而來的一眾日耳曼部落入侵者往西引去攻擊羅馬，才勉強救了自己的首都君士坦丁堡。

日耳曼部落一個接著一個，把羅馬帝國的古代行省扯下來安家落戶。西日耳曼人的一支——法蘭克人佔據了高盧北部，而西哥德人佔領高盧南部，南北加起來就成了後來的法國。其他西哥德人則越過庇里牛斯山，佔領羅馬西班牙省，紛紛自立為王。汪達爾人走得更遠，渡海來到北非。以義大利為家的東哥德人，其繼承者則為之後的日耳曼倫巴底人。

勃艮第人經歷了與匈人的一系列血戰（日耳曼史詩《尼伯龍根之歌》〔*The Nibelungenlied*〕便是致敬之作）之後，便朝今日薩伏依（Savoy）與瑞士的陡峭山區前進。也在那兒落腳的阿拉曼人為瑞士德語發音留下獨特的語言記號，直到今日。

另一個部落——薩克森人，則跟來自什列斯維希（Slesvig）與鄰近島嶼的盎格魯人合流，將羅馬的不列顛省變成幾個盎格魯—薩克森王國的集合體，王國各自獨立，由強大的戰士酋長及其追隨者來領導。事實上，什列斯維希的盎格魯人把他們的斯堪地那維亞部落名稱——拉丁語讀作「安格利」

（Angli），威爾斯語讀作「安給金」（Angelcynn），蓋爾語（Gaelic）讀作「殷格利許」（Englisc）——留給了他們征服的這片土地：英格蘭。

英格蘭、法蘭西、西班牙、義大利、瑞士——歐洲的現代形勢，以及最後各自獨立的民族國家，正是在日耳曼人的領導下成形的。至於其餘隨著阿提拉的入侵與撤退而突然活躍起來的日耳曼部落，例如圖林根人、巴伐利亞人（Bavarians）、薩克森人等，則定居於森林各地，開闢日耳曼本部的土地。西羅馬帝國在四七六年滅亡，自此歐洲有了新的統治階級，以及新的命運。

法蘭克人居於這個日耳曼化歐洲的中心。他們本是丹麥南部霍爾斯坦（Holstein）的游牧民族，卻在匈人破壞的餘緒中在歐陸脫穎而出。法蘭克人遷出斯堪地那維亞之後穩定往南與往西走，抵達萊茵河岸與萊茵河出海口的沙丘。直到撞見布洛涅（Boulogne）與科隆（Cologne）間的羅馬大道，法蘭克人才終於暫歇；今天比利時分別使用的兩種語言，法蘭德斯語（Flemish）與法語，反映出的正是法蘭克人腳步的這一停頓。再往後還有一些人更往南蜂擁而去，極少數遠至塞納河（Seine）與羅亞爾河（Loire）流域，但大部分人以今日比利時的範圍為家，定都圖爾奈（Tournai）。

法蘭克人畢竟是戰士。他們與維京遠親一樣，在戰士的集會中投票選出自己的國王。四五一年，他們選出一位名叫墨洛維（Meroveus, Merovech，意為「大海的戰士」）的人為王。同一年，墨洛維做出重大決定，率領人馬與老對手西哥德人聯手，幫助羅馬的統治者弗拉維烏斯·阿耶提烏斯（Flavius Aetius），在卡塔隆平原（Catalaunian Plains）擊退匈人和他們令人生畏的領袖阿提拉。墨洛維的孫子克洛維（Clovis）將帶領整個王國改宗天主教，同時法蘭克人也緩緩鞏固自己的力量。後來，發生在西班牙的事情突然把法蘭克人推上歐洲領袖的位置。七一一年，阿拉伯穆斯林入侵者與北非盟友摩爾人

（Moorish）攜手，征服了西哥德人的西班牙之後，再翻越庇里牛斯山，進入法蘭克高盧心臟地帶。一位叫鐵鎚查理（Charles Martel）的法蘭克人首領憑藉自己的武勇，在高盧中部的普瓦捷（Poitiers）外圍挫敗了穆斯林的攻勢。

到了七七一年，鐵鎚查理的後人查理曼（意即查理大帝〔Charles the Great〕）成為法蘭克王。他將法蘭克人的征服行動，轉變為徹徹底底的帝國與中世紀文明的脊梁，並致力於恢復西歐自羅馬帝國滅亡之後便未曾感受過的內部秩序。

查理曼堪稱歷史上最傑出的人物之一。一頭金髮，虎背熊腰，蓄著海象鬍子的他，其實相當符合那種指揮自己的長船，穿越洶湧未知的維京首領形象。這類比並非出於空想。個人忠誠的價值，以及國王與戰士扈從之間的情誼，無論對查理曼還是對任何維京君主來說都一樣珍貴。根據為查理曼作傳的艾因哈特（Einhard）所言，查理曼「以無比的尊敬，對待那些與自己結下深厚友誼之人」。追隨他的摯友與酒伴，無論是一般信徒或教士，都是冰島吟遊詩人會大加歌頌的那種類型。一兩個世紀後還真有詩人這麼做，寫下了《羅蘭之歌》（*The Song of Roland*）。

查理曼除了在帝國境內進行內部改革，也把統治心力用於安定南邊與西邊的邊境，擋住巴斯克人（Basques）、摩爾人與薩拉森人（Saracens）。然而，更嚴重的威脅卻在北方森然隱現：薩克森異教徒和他們的鄰居——丹人。

東北方的薩克森人不斷進入法蘭克領土劫掠，既是為戰利品，也是為擄人為奴。查理曼幾乎是剛開始統治，便對東北展開一系列用兵。薩克森領土的北界——艾德河（Eider），正好是丹人的南界。因此，查理曼對薩克森人將近三十年的戰爭，必然在艾德河彼岸留下殘響。

到了八〇〇年，查理曼攻打薩克森人的戰爭雖然付出了龐大的經濟與人命代價，卻也大致底定。主要的薩克森領袖全數受洗，而薩克森人的威脅也因為七九四年至七九五年一系列大規模迫遷而消散。這場卡洛林王朝（Carolingian）版本的種族清洗，比日耳曼部落常常以斬草除根對付頑強死敵來得仁慈多了。

但是，薩克森人的歸順，加上查理曼剿滅了弗里西亞海盜在北海沿岸與須耳德河（Scheldt）出海口的老巢，結果反而抹去了查理曼的帝國——主流文明——與斯堪地那維亞部落之間最後的緩衝區。歷史上第一位斯堪地那維亞大英雄、丹人的國王哥德弗列德（Godfred）就是趁虛而入的那個人。

當時所有證據都指出哥德弗列德是個精力充沛、志向遠大的人物，堪稱未來維京領袖的原型。他很早便感覺到問題正從南方往自己而來，於是他開始在王國的南疆興建一道長城——後世稱之為丹牆（Danevirke）——以封堵查理曼與法蘭克人的威脅。丹牆是一項偉大的成就，構成「一道土牆，讓防禦工事得以從東邊名叫東鹽（Ostarsalt）的海灣，順著整個艾德河北岸，一路延伸到西邊的大海（亦即北海）」，只留一道門給人車出入」。

丹牆將成為哥德弗列德名留青史的關鍵之一，[2] 為將來數世紀的丹麥統治者——包括維京諸王——提供現成的屏障。

2 雖然考古研究顯示，這道牆有一段是以前伐樹而成的屏障（根據木材的年代，可以判定是七三七年夏天伐倒的，也許是因為預測到鐵鎚查理將在來年對薩克森人發動戰爭），但這無損於哥德弗列德的威名。

哥德弗列德王的另一項重大成就，是佔領日德蘭半島東側的港口赫德比（Hedeby）。他的目標是讓赫德比成為斯堪地那維亞與波羅的海地區最大的貿易中心。這座港口坐落於兩大貿易路線的匯流處，其一由西向東，將歐洲西北的弗里西亞海岸，與東波羅的海和俄羅斯相連；其二則是從南方與薩克森人的邊境處北上，銜接挪威與丹麥、瑞典之間的水道——卡特加特海峽（Kattegat）。為確保赫德比獨佔北方貿易，哥德弗列德襲擊了鄰居奧伯特人（Abodrits，正好是查理曼的盟友），夷平他們位於雷里克（Reric）的繁榮貿易據點，並徹底擊敗他們的酋長德魯蘇克（Drosuk）。從此之後（八〇八年前後），赫德比迅速發展成經濟霸權，商人在此交換海象牙、琥珀、毛皮與奴隸等各種商品——幾乎可以確定，他們擄來的奴隸來自更東方，來自波羅的海沿岸，與丹人一樣是異教徒。這座港口將成為維京時代最重要的轉口港，哥德弗列德以降的每一位丹人國王都賺得缽滿盆盈。

斯堪地那維亞造船業也出現了變革，與海上貿易的成長相輔相成。典型的大型長船有高聳的船艏與船艉，船員就是戰士，他們的盾牌掛滿了船側——幾個世紀以來，附近海域的船隻都是這個模樣。但是，差不多在赫德比興起的時候，長船也增添了新的特色，亦即大面的方帆與桅杆。如虎添翼的斯堪地那維亞商人因此得以冒險前往更遠的地方，把北挪威與芬蘭灣的商品運往法蘭克王國（以前的羅馬高盧各省）甚或是英格蘭的市場。

以人力划槳的標準斯堪地那維亞長船足以應付沿岸與內河貿易，或是航行於卡特加特海峽等狹長水道。但船帆為長船提供的推動力，不只方便了商船與王家海軍，獨立自主的海盜更是不在話下。維京時代的重要技術基礎已經打穩，哥德弗列德王於是向歐洲最強大的統治者——查理曼叫陣，展現長船的威風。

八〇四年，哥德弗列德已經跟這位法蘭克統治者起過嚴重衝突。在那之前他已先在查理曼帝國的北方門戶，對鄰居弗里西亞先發動過一場成功的軍事行動。接下來，哥德弗列德將大艦隊部署在斯利斯托普（Sliesthorp）外海，作為明晃晃的武力展示。斯利斯托普位於哥德弗列德的王國與薩克森領土之間。雖然西班牙與日耳曼南疆已經有夠多問題得應付，但查理曼仍不敢忽視這樁挑戰。他御駕親征，率軍來到易北河南岸。雖然未能安排與哥德弗列德會面，但兩軍並沒有在當天，或是未來幾天發生衝突。由於雙方最後沒有簽訂和約，日耳曼人與斯堪地那維亞遠親之間是免不了一戰了。

據艾因哈特的記載，狂妄的哥德弗列德開始誇口征服整個日耳曼，甚至要拿查理曼位於艾克斯拉夏佩（Aix-la-Chapelle）的王宮裡的水泉，給自己的馬匹喝。他的威脅令查理曼深信該是時候打造自己的海軍了。查理曼在須耳德河口與布洛涅外海閱兵，準備跟這位丹人王打一場有如特拉法加（Trafalgar）海戰一樣的決定性戰役。盡可能調集部隊的他，在艦隊保護下於阿勒河（Aller）與威瑟河（Weser）的匯流處紮營，等待哥德弗列德的下一招。史書記載，哥德弗列德「被勝利的期望沖昏了頭」，吹噓自己將在戰場上與查理曼兵戎相見。儘管年已六十，查理曼仍準備好與哥德弗列德決一死戰，只求消滅丹人的威脅。

但法蘭克人與丹人之間最後並未攤牌。八一〇年，哥德弗列德遭一名側近刺殺身亡（有文獻宣稱殺手是他的其中一個兒子），而接替他統治的兒子海明（Hemming）也在一年內遭人謀殺。這種內鬥，成為接下來三個世紀維京政局的沉痾。就八一〇年而言，這意味著丹人對查理曼帝國的威脅似乎一夜之內煙消雲散。

儘管如此，查理曼仍感覺大禍臨頭，擔心自己打下的江山撐不過即將到來的威脅。他本人並不害怕丹人，也就是他所謂的「狗頭鬼」。「但是，一想到我都還沒死，他們居然就膽敢來海邊侵門踏戶，我心裡就很難過，」他對扈從吐露心聲，「我內心痛苦萬分，因為我已經預見他們會對我的後人和他們的子民做出何等惡行。」

查理曼料事如神。八〇〇年，查理曼在羅馬的拉特朗教堂（Lateran）獲加冕為神聖羅馬皇帝。但新的威脅卻也在這樣的時刻，出現在帝國的邊緣，浮現於弗里西亞與高盧的北海海濱。海平面上出現一艘高艏高艉的船，船上掛著一面血紅的方帆。維京人終於展開行動了。

＊　＊　＊

丹人、挪威人、瑞典人——這三個族群各自採用獨特的方式，踏上獨特的途徑「成為維京人」。

丹人是第一個進入歐洲歷史主流史書中的斯堪地那維亞族群，從查理曼當政時開始出現。他們的活動範圍跟歐陸接壤，因此得以輕易通往法蘭克本土多條河川的流域、盎格魯—薩克森遠親的英格蘭，以及西班牙和西地中海。一開始對波特蘭與林迪斯法恩的襲擊，幾乎可以肯定是丹人所為（或者挪威人），他們有意把遠征的範圍推進到北邊的蘇格蘭與西邊的愛爾蘭，最後遠至大西洋。

西歐人最不熟悉的斯堪地那維亞人——瑞典人，則是把精力放在沿波羅的海的東方航路上，將長船推進到日耳曼與俄羅斯的河流，直到在基輔建立都城與貿易據點，讓他們伸出手便能碰觸到歐洲最宏偉的城市——君士坦丁堡。

不過，所有證據皆顯示，他們的航程與遠征皆不具有民族排他性。丹人的劫掠隊伍中可以有挪威人，而瑞典人的長船也會有芬蘭甚至斯拉夫船員。基本上，只要跟著出航劫掠，就成了「維京人」。

後來甚至有些蘇格蘭人與英格蘭人加入維京冒險家的行列，殖民冰島。多樣性是維京時代的常態，而非例外。從最一開始，維京精神的重點就是意圖與執行，而非血緣或種族。

丹人、挪威人、瑞典人。三者的目標是一樣的：大搶特搶，見好就收。每年春天，家鄉的冰雪融化，長船便從各自的家園出航。幾個星期或幾個月後，長船便駛入異國港口或河川。全副武裝的男子躍過船舷，挾著澎湃的熱血與狂野的吼叫，衝向受害者。

與狼搏鬥的勇士，
我們揮舞著閃亮的利劍，
在蛇產卵孵化的夏季
再適合不過了。
深入樹叢間：
不准有人落後！
日落前將響起
長槍粗野的聲音。

歐洲當然見識過暴力，也看過海盜，但從來沒有這麼突然、這麼鋪天蓋地而來。歐洲的文人雅士與政治菁英心中瀰漫著震驚與懷疑。查理曼和他的子嗣，以及遠至西班牙與拜占庭的統治者，發現自己難以招架這樣的威脅。

查理曼的繼承人盡力擊退維京人。卡洛林家的皇帝——查理曼的兒子虔誠者路易（Louis the Pious）與孫子禿頭查理（Charles the Bald）絕非無力或無能之人。兩人皆曾親自帶兵遏止諾斯人的威脅。他們的傳人路易三世（Louis III）是個真正的勇士，在八八一年親征索庫爾（Saucourt），擊退丹人的入侵。

但他們還得操煩其他的威脅。從南邊進逼而來的薩拉森人，其航海技術與膽識堪比維京人。自從摩爾人在七一一年征服西班牙後，地中海中部與西部將近兩世紀總免不了穆斯林的侵擾。臨海聚落無一倖免。薩拉森海盜以聖特羅佩（Saint-Tropez）為老巢，甚至攻陷過羅馬城。索庫爾一役的贏家路易三世不得不在大後方進行一系列的軍事行動，確保義大利不會像西班牙一樣成為穆斯林的領土。但是，他再怎麼驍勇善戰，也保不住西西里島。

不久後，馬札爾（Magyar）騎士以風捲殘雲之姿離開中亞草原，來到東歐。馬札爾人和他們的遠親匈人一樣勇猛。他們橫跨開闊的斯拉夫與日耳曼土地，過程堪稱勢如破竹，不到六十年便深入進擊至卡洛林帝國核心的法蘭克王國，然後在義大利與薩拉森人對壘，讓查理曼的傳人顏面掃地。所謂「黑暗時代」當中最黑暗的一刻已然降臨歐洲。維京人的襲擊固然是此時歐洲前景黯淡的一個因素，但絕不是唯一的因素。

此外，諾斯人來自海上的綿密襲擊不僅難以預測、迅速，而且無所不在，查理曼的繼承人似乎也無甚可做。等到皇帝得知事發經過的時候，早就來不及反擊了——這種情形已司空見慣。諾斯人在八四五年圍困巴黎一事，便證明了中央政府面對維京人的猛攻時是多麼無助了。

當時，丹人為了尋找戰利品，早已侵襲卡洛林帝國沿岸多年，甚至逆流而上，深入河谷。撬開西法蘭克，解鎖前羅馬高盧行省財富的關鍵，就是巴黎。巴黎本是古羅馬聚落盧泰西亞（Lutetia），這裡從來不是查理曼帝國的首都，他的繼承者也從未以此為都。但巴黎鎮守著通往馬恩河（Marne）、塞納河與揚河（Yonne）的途徑，亦即鎮守著卡洛林王朝的心臟地帶。漢斯（Rheims）的大主教曾警告皇帝胖子查理（Charles the Fat），假如巴黎落入維京人手中，他將失去一切。

丹人拉格納（Ragnar the Dane）第一個領悟到這一點。名氣最響亮的維京英雄名叫拉格納．拉德布魯克（Ragnar Ladbrok），他不僅是北歐傳奇中的明星，甚至有影集以他為主角。上面這位丹人拉格納是否就是現實世界中的拉格納．拉德布魯克？我們不得而知。關於他的歷史真相，總是籠罩在傳說中。姑且不論拉格納跟後來的影集主角是不是同一個人，總之他在八四五年三月溯塞納河而上，渴望戰鬥，確信自己將能得勝。他率領兩百多艘船與四千人馬逆流而上，準備掠奪。為了阻止他，皇帝禿頭查理糾集大軍，分為兩股，各自鎮守河的一岸。拉格納看到有機可乘，迅速襲擊人數較少的一岸，在另一支部隊來不及襄助之前便將之擊潰，俘虜了（史料所說）一百一十一人。他決定把這一百一十一人全部吊死在塞納河中的一座島上，而且是在第二支部隊眾目睽睽之下處刑，作為一種心理戰。拉格納的無情殘忍奏了效。查理剩餘的部隊潰逃，拉格納則以勝利者的姿態，在三月二十八日進了巴黎城洗劫——當天正好是那一年的復活節。拉格納不僅象徵性地擊敗了他所藐視的基督教，更是在實質上擊敗了不幸的卡洛林皇帝。

拉格納並不急於返鄉，畢竟手下人馬正在搜刮戰利品與奴隸。查理只得支付他七千磅的銀子，好讓這位維京酋長趕快離開。人們怪查理支付這筆贖金——此例一開，演變為後人所謂的保護費「丹金」（danegeld）。但查理哪有別的辦法？西邊與布列塔尼人（Bretons）的戰爭正在醞釀，東邊有薩拉森人襲擊，何況還有另外一個維京酋長帶著一百五十艘船溯加倫河（Garonne）而上攻擊土魯斯，等著他應付呢。順帶一提，這支分遣隊不久後便來到西班牙，沿瓜達幾維河（Guadalquivir）進攻塞維利亞。

事已至此，法蘭克王國裡渴望秩序與穩定的人已瀕臨絕望。諾瓦木提耶島（Noirmoutier）修道院的一位修士在八六〇年代初期寫下以下字句：「船的數目愈來愈多，無止境的維京人龍不停增加。各地的基督徒慘遭屠殺、火焚與掠奪，維京人征服了路上的一切，沒有人能反抗……」他列出了一份悲慘的清單，記錄那些落入維京人手裡的城市：波爾多（Bordeaux）、佩希格（Périgueux）、利摩日（Limoges）、安古蘭（Angoulême）、土魯斯、盧昂、波威（Beauvais）、摩城（Meaux）、夏特爾（Chartres）、昂熱（Angers，「全滅」）、土爾（Tours，同上）與奧爾良（Orléans，同上）。

從修道院的高牆後用隱士的觀點看事情，自然會帶有一點絕望的誇大，但他所描繪的情境依舊令人顫慄。屋漏偏逢連夜雨，通往巴黎的途徑仍然門戶大開，等著下一個大膽的維京人。拉格納襲擊巴黎的四十年後，另一位無情的丹人領袖齊格菲（Sigfrid）率領龐大的遠征軍而來，在塞納河上綿延六英里（據巴黎聖日耳曼〔Saint-Germain〕修道院院長寫下的編年史，有七百多艘船）。

八八五年十一月下旬，對維京大軍來說正是遠離北方的酷寒，到巴黎外圍過冬的好時機——何況還有新的財寶與榮譽等著他們。對曾受維京人迫害的受害者來說，此時也是他們表明立場的好機會。

齊格菲抵達巴黎外圍，在河岸邊停靠好長船的第二天，便前往城牆外向巴黎主教喬斯林（Joscelin）與巴黎伯爵厄德（Odo）提出贖金要求。他用一口諾斯口音，對主教挖苦地講著求情的話：「瓜則林（Guazelin），可憐可憐你自己和你的羊群吧。你只需要讓我們自由進出這座城。只要是屬於你，或是屬於厄德的東西——」他指指伯爵，「我們絕不犯分毫，還會好好看管。」

這種譏諷的提議，想必讓喬斯林笑開了嘴。他答道，「皇帝查理把巴黎交託給我們……換作是你肩負守城的責任，結果你做了你要求我們做的這些事，你覺得自己該當何罪？」

不難想像這位丹人首領搔搔頭，不無遺憾地笑著回答：「我活該被砍頭，丟去餵狗。」他很坦白。但他補充威脅，假如他們不照他的要求做，他就會毀了這座城，讓這裡接下來幾年瀰漫著瘟疫與饑荒。

主教與伯爵不為所動。他們在主塔主持防務，由（根據史家所說）厄德的弟弟羅貝爾（Robert）與主教的外甥聖德尼（Saint-Denis）修道院院長埃伯祿（Ebolus）為左右手——畢竟教會並不禁止神職人員自願拿起刀劍對抗異教敵人，何況對手是維京人呢。

諾斯人在破曉時展開攻擊。伴隨恐怖的吼聲，齊格菲衝向城牆與石塔。我們合理認為他的人馬採用了某種投石器，同時發射箭雨。主教被箭射倒。「許多法蘭克人陣亡」，但維京人死傷也很慘重，厄德、羅貝爾與他們的扈從確實是肉搏戰的佼佼者。

維京人直到日暮才收兵，把死傷者帶回後方。「石塔經歷嚴峻的考驗，但塔基依舊穩固。」城裡的居民徹夜用厚薄木板修繕塔身，還在飽受摧殘的石塔旁蓋了一座更高的木塔。修復工作完成，巴黎人面對早晨的新一波攻擊嚴陣以待。

不出所料，拂曉時維京人再度湧入戰場，衝向兩座塔。「四面八方都是飛馳的箭矢與流淌的鮮血。」市民與士兵來回奔走以抵擋入侵者，教堂鳴鐘，進攻方與防守方喊殺聲震天價響。守軍的核心人物是厄德伯爵，「他的勇氣勝過所有人。」他在守軍與平民心力渙散時激發他們的士氣，並親自揮劍掃蕩維京攻擊者。主塔瀕臨失守，他於是下令「把油、蠟與瀝青混在一起燒熱，倒在丹人身上，燙掉他們的頭皮。丹人有的死，有的跳進河裡想洗掉身上恐怖的東西」。

塔樓與城池依舊屹立不搖——但史家也告訴我們，「牆內已無地埋葬死者」。齊格菲與手下人馬沒有展開新一波攻勢，而是安營紮寨，展開圍城，從河的兩岸圍困巴黎。巴黎人經歷了八個月的饑餓與疫病。厄德伯爵兩度試圖溜出維京人的包圍，前去懇求查理皇帝幫忙，結果卻是得一路殺回城裡。第二次的求援才終於促使查理採取行動。他意識到，假如巴黎失守，他的整個王國也難逃厄運。

查理糾集大軍，同年十月抵達蒙馬特（Montmartre，當時屬於巴黎外圍）的高處。此時，齊格菲已經受夠了。他設法打破僵局，向巴黎人提議：只要支付微不足道的六十磅銀子，他便會解圍。巴黎人很有骨氣地拒絕了。終於有那麼一回，他們感覺到自己在對抗諾斯人時佔了上風，何況查理的軍隊已經擺好攻擊陣勢。不過，對峙的局面仍維持到來春，雙方軍隊皆因疾病而大損，城內殘存的居民更是苦不堪言。

最後，查理傾向達成協議，而非打仗。他出乎所有人意料（尤其是齊格菲），給的居然不是六十磅，而是七百磅的銀子，連帶允許維京船隻自由通行塞納河——巴黎市民與當地人如此力戰，就是不希望發生這種事。事實上，他們對協議內容憤怒已極，封鎖塞納河，堵住維京人的退路。齊格菲和手下只能費力把船隻拖上岸——根據協議，過程受到查理的保護——直到終於抵達馬恩河，啟程返鄉。

丹人終於走了，但圍城時的政治情勢依舊流連不去。這一仗徹底毀了皇帝胖子查理的信譽，他在八八七年遭到廢黜。位於帝國西半部的紐斯特里亞（Neustria）立了新王，也就是圍城戰的英雄，力抗丹人的風雲人物——厄德伯爵本人。他的劍給了歐洲新的希望，他的以身作則形塑了掌權者的新面貌。

但諾斯人對法蘭克世界的威脅遠沒有結束。維京人依舊隨意橫行於歐洲的河川：塞納河、馬恩河、羅亞爾河、梅恩河（Maine）、艾內河（Aisne）、維爾河（Vire），以及須耳德河與莫瑟爾河（Moselle）。這些河流基本上等於維京人的內陸水道。不出三十年，新一波劫掠者（這一回來自挪威）將大軍兵臨法蘭克北海岸，扮演形塑歐陸未來的角色。

不過，巴黎人此後再也沒有見到維京艦隊。巴黎圍城戰標誌著歐洲抵抗北方海盜的轉捩點。此事也促成了王朝遞嬗，統治歐洲核心地帶超過百年的舊王朝，遭到新王朝所取代——厄德與歷任巴黎伯爵的後人。厄德的姪孫羅貝爾·卡佩（Robert Capet）將在九八七年獲得加冕成為法蘭西王。

諾斯人之怒迫使歐洲轉往新的發展方向。主導事件發展的力量似乎從查理曼後繼者的手裡溜走，以地方統治者與地方社群的面貌重現，改由他們把命運掌握在自己的手中。抵禦維京人猛攻的抗戰也轉移戰場，來到諾斯人的盎格魯—薩克森遠親所生活的英格蘭。

＊　＊　＊

維京人早在七八九年便開始攻擊英格蘭，地點是波特蘭，只有三艘船——這就是歷史上記載的諾斯人第一次渡海襲擊。自從林迪斯法恩遇襲以來，維京人的猛烈攻勢愈來愈迅雷不及掩耳。八六五年甚至來了一支維京大軍，可能有多達上萬名勇士——補給與武裝需求極為龐大——在英格蘭東北部幾乎橫行無阻。傳說往往把維京人描繪成超級戰士，但事實正好相反，戰爭中的他們絕非萬夫莫敵。接下來兩個世紀，他們在英格蘭的輸贏次數其實差不多。

整體而言，贏的次數比輸的次數稍微多一點。但光是多一點，便足以讓諾斯人在超過一個世紀以上的時間裡，斷斷續續實質控制英格蘭，直到他們的對手英格蘭人學會了法蘭克王國居民在巴黎圍城收穫的教訓：自助的藝術。威塞克斯王阿爾弗雷德（Alfred）是深諳其精髓的第一人，成功對抗丹人的他因此贏得了流傳千古的榮銜：阿爾弗雷德大帝（Alfred the Great）。

八七一年，他登上西薩克森（即威塞克斯）王國的寶座。當時威塞克斯遭受維京掠奪者嚴重打擊，已經超過六十年了。來犯的人數愈來愈多，攻擊愈來愈猛烈；到了八四一年，連倫敦都失陷了。

至少有五個王國割據英格蘭，這種情況無助於面對掠奪者。對於以丹麥為根據地的維京人來說，位置最北的諾森布里亞（Northumbria）最容易下手。在八〇〇年代與未來數年，英格蘭和樂生活的心頭大患便是丹人：大膽的領袖與船員襲擊毫無防備的沿岸城鎮，擄人為奴，盡其所能地搶奪不知所措、擔驚受怕的百姓。

到了八六〇年代，丹人看見機會——不光是劫掠，而是直接征服，盎格魯—薩克森諸王國於是成了他們長期以來的獵物。《盎格魯—薩克森編年史》稱呼入侵者是一支「異教大軍」（Great Heathen Army），他們在兩名丹人兄弟的率領下來到英格蘭，兩人名叫哈夫丹．拉格納松（Halfdan Ragnarsson）與伊瓦．拉格納松（Ivar Ragnarsson）——咸信八四五年襲擊巴黎的拉格納就是他們的父親，只是沒辦法證明。

東盎格利亞（East Anglia）國王慷慨獻馬給拉格納之子，花錢消災。大軍轉往北方，幾乎兵不血刃便進入諾森布里亞王國，佔領首都約克（York）。八七六年，約克變成維京王國的首都。這座城將是諾斯人在英格蘭的主要根據地，直到維京時代結束。

八六七年，也就是阿爾弗雷德王登基的四年前，哈夫丹與伊瓦攻擊南邊的默西亞王國。盎格魯—

薩克森諸王難得團結自保——默西亞與西薩克森戰士組成聯軍，設法擊退了維京人的攻勢，但諾斯戰士旋即轉往南方與東方的東盎格利亞，在八六九年推翻並殺害國王埃德蒙（Edmund）。

如今有兩個英格蘭王國落入維京人控制了。八七三年，維京人再度入侵默西亞，默西亞不敵，數字因此增加到三個。不過，丹人是先跟威塞克斯統治者埃瑟雷德（Ethelred）與王弟阿爾弗雷德打了一仗之後，才去征服默西亞的。

埃瑟雷德是一位戰士國王，率領強大有能的英格蘭軍隊；他的弟弟阿爾弗雷德則是個精明的部下。光是八七〇年一年，他們就在戰場上與哈夫丹跟丹人至少遭遇九次。英格蘭人打出了最戲劇性的勝仗——梣崗戰役（battle of Ashdown），戰後哈夫丹請求休戰。他把注意力轉移到更脆弱的默西亞王國。當然，埃瑟雷德一年後過世時，所有人都認為維京人將捲土重來。

埃瑟雷德的繼承者並非襁褓中的兒子，而是他的弟弟阿爾弗雷德，顯然威塞克斯高層曉得自己正面臨一場嚴重危機：盎格魯—薩克森人的英格蘭危在旦夕。幸好維京人的大軍征服默西亞，佔領其首都倫敦之後便兵分兩路，讓雙方的勝率持平。哈夫丹帶著一半的軍隊北返，鞏固對約克的掌控；另外一半則在丹人勇士王古思倫（Guthrum）與另外兩名軍事強人率領下，前往東盎格利亞的劍橋。阿爾弗雷德王和威塞克斯居民暫時鬆了口氣。與此同時，血統純正的英格蘭維京人聚落正要開始發展。

今天的約克郡（Yorkshire）、諾丁罕（Nottingham）、林肯（Lincoln）、德比郡（Derbyshire）與萊斯特（Leicester）當時都是由丹人統治，不再屬於英格蘭本部。大軍中的士兵脫離軍旅生涯，開始犁地耕田。例如在劍橋郡（Cambridgeshire），他們便佔據了「介於烏斯河（Ouse）與堤防之間，北至沼澤」的土地。丹人的相對人數固然少，但他們可以安居於本地盎格魯—薩克森居民之間。畢竟古諾斯語與古英語相當類似。比鄰而居的丹人與英格蘭人鮮少有缺乏交流的問題，而諾曼人與法蘭克人之間，或是羅斯人（Rus）與斯拉夫人之間則不然。此外，丹人搶了先前與自己為敵的當地貴族的地，輕輕鬆鬆站上地主的位子，開始務農養牲口。無論地權與水權會引發什麼分歧，從大軍退下來的老兵都曉得最後可以訴諸自己的利劍或大斧。

阿爾弗雷德充分利用這次喘息之機。他建立一支大規模地方民兵，稱為「旅兵」（fyrd），同時沿威塞克斯—默西亞邊境的險要之地修築防禦工事。直到八七五年，古思倫和手下的維京人才跨過邊境，痛擊西薩克森人；阿爾弗雷德被迫逃走，躲到薩默塞特（Somerset）的沼澤區。但他重整旗鼓，而古思倫的軍隊也不佔優，因為有些戰士留在家裡務農，而不是出外劫掠。

八七八年五月，復活節後七周，阿爾弗雷德與古思倫終於在艾丁頓（Eddington）戰場上二度相會。阿爾弗雷德從薩默塞特、威爾特郡（Wiltshire）與漢普郡（Hampshire）糾集大軍，經歷一番鏖戰，丹人最終潰逃。阿爾弗雷德把他們逼退到契朋納姆（Chippenham，古思倫先前幾乎沒有遭遇抵抗便佔領了這裡），激烈的圍城戰進行兩周後，古思倫才終於歸順。他同意簽署正式條約，撤出威塞克斯，甚至接受基督教的洗禮，至於他的改宗有多真心誠意，確實值得存疑。

對阿爾弗雷德來說，重點是自己的王國，以及整個英格蘭東南終於不用擔心維京入侵者。古思倫得以安全返回東盎格利亞，再次將土地分給手下的丹人戰士。今日的英格蘭，有將近三分之二在當時等於是丹人的殖民地，後來史料中稱之為丹人區（Danelaw, Denelagu）。亨廷頓（Huntingdon）、劍橋郡、貝福德郡（Bedfordshire）與北安普敦郡（Northamptonshire），連同諾福克（Norfolk）、薩福克

（Suffolk）與埃塞克斯（Essex）都成了維京領土，倫敦更是不在話下。接下來兩個世紀，丹人區跟英格蘭其餘地方不僅法律不同，語言不同，人名與地名不同，連風俗與文化觀都不同。事實上，維京傳承的痕跡甚至流傳至今。[3]

出了丹人區，維京人帶來的壓力開始退去，這得歸功於阿爾弗雷德在艾丁頓的勝利與隨之而來的停戰。來自東邊諾斯地方的男人（女人也愈來愈多）已經褪去了征服者的外衣，開疆拓土，安家落戶，距離他們的長船倏地出現在林迪斯法恩還不到一個世紀。儘管將來仍有許多動盪與流血，但大的轉變已經發生了。諾斯人在法蘭西與英格蘭第一次嚴重受阻，甚至連入侵歐陸的瑞典分支，也一改襲擊波羅的海沿岸與斯拉夫俄羅斯的作法，轉為直接統治。[4]

舊的歐洲——黑暗時代的歐洲，已成為過去式。多虧了維京人，新的歐洲正取而代之。

3 見第三章。
4 見第四章。

2

身為維京人

Being Vikings

> 春天降臨，冰雪解封，托羅爾夫（Thorolf）領著他的大戰船出航，備妥一切，為家僕治裝，帶了一百人同行；這可是全副武裝的一大批人。
>
> ——《埃以爾傳奇》（*Egil's Saga*）

當個維京人，究竟是什麼樣子？

首先，他們從來沒有自稱「維京人」。十九世紀，維多利亞時代的人發掘出諾斯人的魅力與號召力，「維京人」一詞才流行起來。諾斯人彼此之間如果用 vikinr（陽性名詞）稱呼某個人，指的只是「展開一場漫長海上旅途的人」。不過，這種語境或許讓這個詞難免變成指稱「海盜」或「搶匪」之用。西諾斯語（West Norse）裡的 vikingr，成了今日挪威語「維京」一詞的語源。

歐洲其他地方的人（有些曾經在非常糟糕的局面中與他們面對面）對他們有其他稱呼。諾斯人的日耳曼遠親管他們叫「梣人」（Ascomanni），原因是他們用梣木打造長船。愛爾蘭人稱他們為「達布高盧與芬恩高盧」（Dubgaill and Finngail，意為「白／黑陌生人」），蘇格蘭人稱他們為「洛克蘭納克」（Lochlannach，「湖區之人」），而阿拉伯人與斯拉夫人則稱他們為「羅斯」（Rus）——這個詞源於划槳（rowing），也就是維京人航海技術的另一項特點。

船隻停靠在懸崖下方。人們武裝起來，爬上了船，
戰士做足準備；波濤翻騰著
海水與沙粒，船員
收好武器甲冑於船腹，駕駛他們裝備精良的船
踏上饑渴的旅途。他們沿著海域航行
背後有風為他們撐腰，行船
彷彿巨鳥，直到
第二天，他們彎曲的船艏完成了航程
船員看見眼前的陸地，
明亮的岩岸，高聳的海崖，
寬闊的岬角。深海已在腦後，
他們的航程到了終點。

這個段落出自維京時代最有名的詩——《貝武夫》（*Beowulf*）。如今，我們依舊能從意象感受到背後有一股力量。《貝武夫》讓人回想起海上掠奪者的時代，他們從北方出發，四處尋找，直到陸地的景象出現，承諾新的冒險將以掠奪、榮耀或死亡而告終。幾個世紀以來，這都是維京時代的標準形象。但形象背後的真實是什麼樣貌？

姑且把我們在史詩與諾斯傳奇中遇見的英雄們放到一邊。如果我們想見識真實的維京人，英格蘭瑞普頓（Repton）的戰士墓是個不錯的起點。八七三年，維京大軍征服了盎格魯—薩克森王國之一——默西亞，而瑞普頓便是控制默西亞的戰略要地。丹人在瑞普頓興建要塞，要塞內有幾座墳墓，其中一座埋了兩名男子。一人死於二十多歲，另一人則介於三十五至四十五歲之間，以諾斯戰士而言可謂沙場老將。

年輕的那一位是傷重而死，可能是戰死。他的顱骨右側有劍或斧頭重擊留下的痕跡。年長的那一位死法則更為駭人。除了顱骨上的兩道致命傷，他的腿也中了一刀，深至股動脈。跡象顯示他可能遭人開膛破肚，甚至閹割。

儘管死法悽慘，但這位戰士和他的年輕戰友卻得到要塞守軍的厚葬。老戰士的身旁是一把劍，連同一把羊毛襯裡的木製刀鞘和一對匕首，其中一把是收摺起來的維京摺疊刀。他的腰部原本綁了一條皮帶，但只有青銅皮帶扣保存下來。他的脖子上掛著一個小小的銀製雷神之錘——是個戰場上的護身符（只是對他沒起什麼作用）。

不久前，考古學家在愛沙尼亞薩爾梅（Salme）發掘出兩艘維京船隻與死去的船員，場面不僅更加身歷其境，甚至宛如電影場景。這兩座大塚的年代約為七五〇年，維京時期剛開始。當時，愛沙尼亞是瑞典諾斯人與當地部落持續角力的所在。兩艘船並排而葬。小的那艘船上，有六名男子兩兩比肩而坐，手抓著槳，另外還有一人坐在船艉——彷彿他們正一同航向英靈殿（Valhalla），航向來生。

第二艘船比較大，裝著三十四名維京人的遺體——他們多半為三十多歲與四十多歲，身上都有作戰留下的恐怖傷口。生者小心翼翼將他們兩兩擺在一起，身邊擺著他們的劍，類似棋子的遊戲器具則散落一地。船的中間還安著一具遺體，顯然是領袖，身邊擺著最精良的武器。他同樣跟一枚棋子一起下葬，而且是國王棋，仔仔細細擺進他的嘴裡。

同類型的維京墳墓還有丹麥西蘭島找到的大型諾斯軍營，營內有超過一百五十四具年輕戰士的遺體，許多人都跟著自己的武器下葬，讓我們能鮮活瞥見維京年代真人的樣貌。當時的世界，顯然是屬於武器、勇士與戰船的世界。但在這個世界裡，男人與女人（接下來會談到）卻也不斷涉險於未知，與他們共同承擔等著他們的命運，無論生死，讓旅途有了價值。外貌上，維京人的確有其特色。人們（尤其是非維京人）容易注意到他們的高大身形與白皙皮膚、金黃或紅褐色頭髮，以及藍眼珠。曾經與維京人相遇的阿拉伯商人，說他們「跟椰棗樹一樣高，頭髮金黃，臉色紅潤……我從沒見過如此完美的人」。

高不高，其實見仁見智。考古紀錄指出，維京男性平均身高只有約一百七十公分（五呎七吋），在當時不算特別高。或許人們確實以金髮為理想，但墓葬中的遺體顯示許多斯堪地那維亞人是用鹼性溶液漂白頭髮，才能讓髮絲變得金燦燦。外人知道諾斯人出身多元，絕非刻板印象中的金髮猛獸。他們很清楚維京人也有深膚色，簡直就像地中海人的外貌——後來他們把這類型的維京人稱為「黑挪威人」或「黑瑞典人」。

維京人自己也很關注外貌差異，他們也跟其他地方的人一樣，會把性格特徵跟外貌做連結。例如《埃以爾傳奇》便把族長烏魯夫（Ulfr）之子格林（Grim）形容成「又黑又醜，跟他父親相貌與個性差不多」——但同時格林卻又是「歡快、慷慨的人，精力充沛，渴望展現自己價值的人」。

更有甚者，沒有證據顯示維京人曾經把自己看成一個族群或種族，現代科學家也找不到單一的「維京」DNA輪廓。綜觀維京人的歷史，他們始終表現出族群的混同。DNA從貿易據點，甚至是從遠至中東與東地中海的地方流入，創造出高度分化的基因庫；此外，維京人遷徙到其他地方之後，也會跟本地人通婚。根據哈佛醫學院的遺傳學教授大衛．萊克（David Reich）不久前提出的看法，「從ＤＮＡ得到的發現，並不會讓種族主義者或民族主義詮釋得到什麼安慰。」維京人的ＤＮＡ尤其如此。

總而言之，歐洲黑暗時代的斯堪地那維亞征服者很難稱得上是超級英雄，當然也不是新納粹意識形態想像的那種種族超人。從他們遺留下的ＤＮＡ，確實能看出他們與整個歐洲開枝散葉的日耳曼部落有相同的原鄉，但諾斯人之所以有別於日耳曼遠親，原因並非種族，而在於文化深處。維京人是留在原鄉的斯堪地那維亞人，在原鄉生養，環境的險惡刻在他們身上。他們都講同一種語言——古諾斯語，而日耳曼部落使用的卻是截然不同的方言，彼此幾乎無法溝通。

諾斯人還共享相同的生活方式：在河川、湖泊與大海捕魚，在他們原始的農場上耕田。他們崇拜同樣的非基督教神祇。由於文化、語言上的一致性，能夠用於分辨挪威人與瑞典人，以及分辨丹人與前兩者的差異，是後來才漸漸出現。

但到了七○○年，上述所有群體都面臨同樣的挑戰：周邊土地與海洋稀少的資源，再也無法養活逐漸成長的人口。一千年前，全球寒化從斯堪地那維亞逼出了後來的日耳曼部落；如今，全球暖化引發了規模更大的行動。由於暖化讓更多孩子得以獲得食物，也因此他們才得以與父親以及許多母親（古代維京人實行一夫多妻）這一大家子撐過寒冬。增加的人口讓當地酋長承受壓力，必須尋找更多財富以獎賞追隨者，展現自己的地位。不久後，諾斯人當中的海盜找到了取財的地方——查理曼大帝國的北海岸。

從一開始，這種大範圍遷徙就是一種近乎於自發的創業行動。但有一點相當耐人尋味：當時的統治者，例如查理曼的對手——丹麥的哥德弗列德王，或是半傳說的挪威王朝（例如殷林王朝〔Ynglings〕），似乎沒有在維京人一開始的大出逃當中發揮任何影響力，但也沒有出手阻止。兩世紀以來年復一年，一船船的諾斯人離開了丹麥、挪威與瑞典故鄉，橫渡危險的大海，跨越重重緯度，似乎就只差遠超他們理解的中國還沒到過（不過，他們顯然差一點就去到那麼遠的地方——考古學家在瑞典黑爾格〔Helgö〕找到一座為人所遺忘的維京酋長墓，墓中有一尊喀什米爾〔Kashmir〕青銅佛像，光可鑑人）。

氣候變化與人口因素，無疑是這些人從斯堪地那維亞出外冒險的動機。不過，法國著名史家喬治·杜比（Georges Duby）針對這種離散，提出了更加深廣的解釋：「他們尋求冒險，藉此建立名聲；他們尋求財寶，作為慷慨的本錢；他們尋求奴隸，提供家用；他們尋求土地，陳放他們的武器。」這麼說來，維京人其實跟前一波離開斯堪地那維亞的移民沒有什麼不同——把故鄉拋在腦後，變成法蘭克人、哥德人、條頓人，或是中世紀與前現代世界的其他族群。

但是，有一項驚人差異，讓諾斯人獨一無二——維京擴張發生的速度令人瞠目結舌。維京人居然只用幾十年，便顛覆了西歐與東歐，以及一大片的地中海；相較之下，日耳曼人的遷徙用了兩到三個世紀。維京人不只遷徙。維京人是一場革命，一場徹底震撼全歐洲的革命。

革命之所以可能，關鍵在於他們的船隻。

＊　＊　＊

維京人打造的船隻，堪稱航海設計的一大革命。從青銅時代哥特蘭島的石船與塔努姆的船隻壁畫（年代約為西元前一千八百年至五百年），我們可以得知維京船隻的老祖宗所具有的基本結構。丹麥南部約特斯普林（Hjortspring）曾出土一艘真實使用過的前維京時期船隻，定年約西元前三五〇年至三〇〇年，與條頓人、辛布里人，以及其他日耳曼部落開始南遷的時間點差不多。這艘船隻保存完好，具備將來維京船隻所採用的各種特色。約特斯普林船長六十英尺，寬八至九英尺，採用魚鱗疊接法（clinker-built）——意思是將木板層層疊接，以防海水滲入，甚至可以航行於遠洋。

這種以橡木板、鐵栓為材料，搭配魚鱗疊接法的結構，成為近一千年間北方水域活動船隻的基本設計。襲擊黑海、渡過愛琴海的哥德人，以及在鐵鎚查理的時代令北海沿岸為之喪膽的弗里西亞人，他們乘坐的肯定就是這類船隻。

斯堪地那維亞水手採用方帆之後，變化倏地產生。方帆與作為推進力的划槳相結合，維京船隻也搖身一變，成為無與倫比的航海工具，專為快速航行與橫渡大片水體而打造。無怪乎文人往往將之比喻為鳥類的飛行。此外，不像同一時期的地中海槳帆船，維京船隻耐用許多。不僅船幅寬，能如巨大的睡蓮一般漂浮，而且還搭配一項新的船舶技術：維京人在七世紀時發明了龍骨（古諾斯語作 kjǫlr），從船艏到船艉，沿著船的底部安放一條厚重的橡木。

龍骨讓維京船隻在各種海象與氣候中都能保持穩定。一根六十英尺高的松木船桅（mast，詞源是諾斯語的「樹」〔mastr〕）立於船隻的正中央，掛上一面三百平方英尺大的船帆，提供的風力讓航行無遠弗屆。船隻的右側安裝了十英尺長的橡木舵（右舷〔starboard〕一詞便源於諾斯語的「掌舵」〔styra〕），讓船隻得以自由轉向，必要時還可以倒退。假如維京船隻必須航行於內河，像是塞納河、泰晤士河或窩瓦河，此時還可以將桅杆卸下放到一旁，放低船槳，改用人力。維京船隻滿載時吃水量為十八英寸，就是專門為了航行這類水道而設計的。

這麼淺的吃水量有其深意。在我們對維京人的印象中，他們往往航向遠洋大海，最後更抵達北美洲，但他們的沿河劫掠才是破壞力最驚人的。他們有能力航行於內河——有些城鎮以為遠離大海足以保平安，誰知道維京人突然現身——維京人正是憑著這種能耐震懾了歐洲。維京人「驚畏」的本質，在於能夠運用他們想要的水道，在他們想要的時間，前往他們想要的地點。各地的聚落都學到這個苦澀的教訓，像是八四一年的倫敦，八四三年的南特、八四四年的塞維利亞，以及八四五年的巴黎。

諾斯人根據不同的需求與任務內容來打造船艦。一八八〇年，一艘大型遠洋長船在挪威的高克斯塔（Gokstad）出土；不過，維京人從斯堪地那維亞基地出發，掠奪區域半徑相對較短，遠洋船隻其實相當罕見。大部分的船隻小得多，說不定還不滿八十英尺長——大得足以容納四十名船員，在甲板上吃飯睡覺（維京船隻沒有船艙），但也小得能夠在陸上搬運，甚至伐木為滾輪滾過陸地，方便掠奪者尋找下一條內陸水道。

維京人的遠洋貨船——結節船（knarr）也同樣益處良多。丹麥的斯庫德勒夫（Skuldelev）曾出土一艘完整的結節船。這艘船長五十四英尺，船員約十幾二十人，船幅比打仗用的長船寬大許多，載貨量高達二十四噸。結節船主要用於載貨，但仍然有能力長途航行。乘客與拓荒者很可能就是搭乘這種船隻，前往冰島與格陵蘭，以及北美洲。

維京人成功的另一項祕訣是日積月累的航海技術，包括推算日月星辰，使用類似於後來地中海海員的星盤，只是比較粗糙。這個工具是個木製的刻度錶盤，利用正中午投下的陰影來測量，為維京船長提供途中緯度的大概指示。[1]判定所在的經度則是另一個問題，到了十八世紀才獲得解決。不過，其他維京掠奪者提供的情報更為重要——每年夏末，他們帶回關於海岸、潮汐、適航海灣與河流的新消息，首領們則在來年夏天擴大航行範圍，獲取新的財寶。維京人的掠奪是一段累積的過程。每一波的掠奪者都從前一波的人身上學習，他們的探索冒險也更加深遠、更加大膽。

事先聲明，海盜打劫並非維京人的專利。弗里西亞人、薩克森人、哥德人，甚至連法蘭克人都深諳此道。關鍵差異在於維京人的耐力，以及他們迅速從打劫轉變為經商與開墾，必要時再度重回海盜老路的能耐。這樣的耐力，來自於維京人成功的第二項祕訣——斯堪地那維亞人本身。

＊　＊　＊

他們的故鄉位於高緯度，冬長夏短，缺乏肥沃土地，海路是唯一方便的運輸路線……這一切造就了緊密結合的社群，四散在貧瘠的風土上。每一座村子裡的男男女女，每年得用去五個月的時間彼此取暖，毫不誇張：這便是社群無比團結、成員無比堅毅的驅力。

家族與氏族紐帶的重要性，遠遠超過我們所謂的民族或族群差異。例如瑞典：七世紀初，以烏普薩拉（Uppsala）為家的兩個部落——約塔（Gotar）與斯威利（Svear）相結合，瑞典才開始以獨特的社會之姿浮現。丹人（他們的名字「Dana」，意為「小水灣」或「海灣」）散布於一系列面朝北海的海灣，而挪威人則生活在孤立的社群中，被不見邊際的荒地所隔開。

但是，無論出身丹人、挪威人或瑞典人（或者更後來的冰島人），維京人首先是農人與漁夫，其次才是戰士。歷史學家葛溫．瓊斯（Gwyn Jones）在他所寫的維京歷史中提到，「農工、農地主、小農、農場管理者」是這三個北歐王國的「立國脊梁」。

他們的典型農舍採取長屋結構，人畜同在一個屋簷下。較小的建物多半有下沉地板，也就是一樓有一半低於地表——將來，挪威與瑞典移民把這個習慣也帶到了美國草原的農場上。如果木料容易取得，像是挪威與瑞典南部，蓋房子的人會以原木為材料。如果不容易取得，像是丹麥的日德蘭，人們會以編條結構覆泥為牆，甚至拿草皮包覆木結構。乾草是非常普遍的屋頂材料，但找得到樺樹皮的農民則會用樹皮為頂，遮擋雨水與冰雪。

這類結構物是什麼模樣？日德蘭沃巴瑟（Vorbasse）出土的農村給了我們清楚的視覺印象。沃巴瑟遺址定年約七〇〇年至一〇〇〇年。這個聚落由至少六處農場組成，每座農場周圍的田地都種植穀物，而牲口則養在籬笆內。沃巴瑟的考古發現還揭露了維京農場的另一項驚人特色：農場的位置會隨時間改變。沃巴瑟的農場大概每一個世紀會換一次位置，也許是因為土地失去肥力，或者所有權易手，抑或是出於斯堪地那維亞人的不安於室。

維京社群中地位最崇高的人，當然就是農場最大，大得足以找許多佃農來耕作的人。《埃以爾傳奇》一開篇便是富農生活的景況。「據說烏魯夫善於管理農場，他養成早起的習慣，巡視農工或工匠的工作，注意牛隻與莊稼的情況。」他的兒子格林更是天生好手：「他天性積極，有木工與鐵工的天賦，後來也成為優秀的匠人。冬天時，他常常乘坐漁船出海，帶著許多農場幫手撒網捕鯡魚。」

1 維京船長是否知道方解石（又名冰洲石〔Iceland spar〕）有光偏振特性，即便太陽被雲擋住，仍然可以藉此看到太陽的位置？這是很盛行的猜想。一份十四世紀冰島手稿提到兩個世紀之前聖奧拉夫（Saint Olaf）出海的過程，內容暗示他知道這一點。

假如你覺得此情此景對諾斯傳奇來說太過和平，那請繼續看下去。下一段，作者馬上用稀鬆平常的口吻提到烏魯夫的長子托羅爾夫，正準備乘坐父親送他的長船出海劫掠。上面的敘述充分提醒了我們，在斯堪地那維亞「行維京之事」並不等於「耍流氓」。「維京」是農耕與鄉間日常生活的延伸，而不是對立面。也是有例外，例如農場主或酋長遭到正式放逐（這種習俗稱為「流刑」〔uluk〕），對他們來說，乘船航向遠方成了一件不得不為的事。許多遭逐者因為無處可去，最後反而成為最無畏的維京人。最早殖民冰島的阿納爾之子英格爾夫（Ingolfr Arnarson），以及未來發現格陵蘭的紅髮埃里克（Erik the Red），展現的就是這樣的形象。

即便見逐於社群，斯堪地那維亞傳奇故事的字裡行間，仍然對他們報以尊重。由此可知，遭到放逐遠非恥辱，而是生命的新篇章，甚至能吸引他人（例如紅鬍子埃里克的同伴）加入冒險行列。更有甚者，放逐並非無期之刑。返鄉的可能性始終存在，畢竟原本判決流刑的統治者或酋長終有一死，甚至自己也遭到流放。流放也未必是孤身一人。家庭紐帶始終令維京流放者想著故鄉與可能的回歸——以及可能的復仇。假如回不了家，復不了仇，他依然能期盼將來，家人能來到自己在大海另一端找到的新家團圓。

除去四處劫掠與流放，農民與農耕生活永遠是維京文化的核心。農民有貧有富，至貧者只有幾畝地與一兩頭牛，富者如埃以爾大權在握的祖父夜狼（Kveldulf），他的農場令鄰人羨慕妒忌。直到有能力經營自己的農場之前，許多年輕的挪威或丹麥農民得與父母、家人同住（與嫁妝豐厚的女子結婚會有很大的幫助）。家人會一起參加宗教儀式。他們自己做木工、鐵匠，打造自己配備的武器，在自家船上擔任船員，在航程結束時也能要求自己的一份戰利品。無論貧富，人人都有法律與政治權利。

他們以地主身分，出席維京人最重要、最有特色的政治機構——事庭（Thing）。日耳曼各部落都留有事庭的痕跡，例如盎格魯—薩克森人。古英語將事庭的固定集會地點稱為「thingstead」（þingstede）或「thingstow」（þingstōw），跟維京人之間常見的「事庭」或「全事庭」（Althing）名稱語出同源。

特定部落的自由人，在這類集會中深入討論關係到整個社群的大事，像是同意或拒不接受新實施的法律，判決被告或遭指控失職的領袖是否有罪，或是決定集體復仇或掠奪的下一個目標。最重要的是，事庭是諾斯部落選舉國王的場合。法蘭克人等日耳曼部落也有一樣的習俗。數世紀前，羅馬觀察家塔西陀便記錄了許多驚人的事情，提到這類部落大會不只能選出酋長，更發揮法庭的功能，主持正義，懲罰罪犯——殺人者受死，怯懦或犯下反自然罪行者溺死。

最知名的事庭，也是這種日耳曼或諾斯民主形式現存最好的體現，仍然存在於冰島。九三〇年，三十六位稱為「酋長」（gothar）的大地主齊聚一堂，創建集體決策議會，稱為全事庭。冰島的全事庭獨一無二之處，在於沒有國王或最高領袖；事實上，雖然自稱「酋長」，但全事庭中的地主對於冰島自由農的支配相當受限。庭原（Thingvellir，全事庭的集會地點，位於冰島西海岸的多岩荒野中）和立法石（Law Rock）成為象徵，是自治政體的理想。中世紀的史家不萊梅的亞當（Adam of Bremen）說得好，「他們沒有國王，只有法律。」即便後來冰島宣示對挪威王室效忠（同樣是全事庭多數決的結果），全事庭仍然是自治機構，冰島因此成為全世界歷史綿延最久的民主政體。

同理，維京世界各地的事庭遠遠不只是個政治機構，甚至不只是民主的基礎形態。事庭不僅發揮立法機構與最高法院的功能，仲裁領袖的行動與提案，同時也是社交聯繫與社會地位展現的場所。

鉅富與赤貧都可以參加部落會議；有人憑劍贏得財富，有人繼承乃父的財富；有人家裡的牲口與日俱增，有人家道中落，婚姻不幸，家庭失和。重點是，事庭裡人人平等，一家一票，不分地位或職能（希臘與羅馬的自治，是由不同功能的不同會議加總所構成的）。

事庭構成社群的集體意見，無論多麼富有或強大，都沒有人——哪怕是國王本人——膽敢跟事庭唱反調。維京時代瑞典的西約特蘭法（West Gautish Law）明確指出事庭「有權選舉國王，也有權罷黜之……。他〔指國王〕出席**事庭**時，必須對所有**約塔**〔Gotar，貴族與酋長〕效忠，且不得違反吾人土地的公正律法」。

然而，用過於詩意的眼光看待維京「民主」的話，不僅太過天真，也與史實不符。我們將在本章稍後交代原因。總之，相較於歐洲黑暗時代其他地方的人，維京男子擁有相當多的法律權利。他可以作證，他提出的意見可以化為法律的一部分，他還可以在事庭中就茲事體大的問題投票——一開始就包括選舉國王這樣的大事，後來甚至可以決定是否應該從多神教正式改宗基督教。冰島的全事庭確實做出了改宗基督教的決定。地方性的事庭在瑞典發揮重要的影響力。例如，候選的國王必須拜訪各地的事庭（這趟巡迴稱為「埃里克之路」〔Eiriksgata〕），以確保大多數人支持他的王權。

史家葛溫．瓊斯強調，「償命金」（wergild）相關的法律最能鮮活反映自由人的重要性。斯堪地那維亞人和他們的日耳曼遠親一樣，以付出金錢代價的方式取代奪人性命之舉，限制血海深仇的發展。每個人的性命都有個根據公認社會價值而定的價格，連奴隸也不例外；只要殺人犯本人或親屬支付金額，案子就結束了，不勞受害者的親人以牙還牙解決紛爭。對歷史學家來說，償命金的金額充分說明維京社會重視哪些人，輕視哪些人。例如瓊斯提到，一般人認為英格蘭自耕農的社會地位高於丹麥自由人，但根據丹麥法律，丹麥自由人的償命金「卻是與耕作自己土地的英格蘭農民相等」，而「丹麥與英格蘭貴族的償命金，則是定在八點五馬克（mark）純金的高價」。

維京自由人的地位與契約佃農、僕人或奴隸（斯堪地那維亞人稱為「薩爾」〔thrall〕）天差地別。在一個仰仗體力活的經濟體裡，能夠提供勞力的人（無論自願或非自願）構成人口的主體。但我們可別被維京「民主」給迷惑了，以冰島為例，一〇九四年的冰島總人口估計約八萬人，其中擁有完整人身自由的人只有四千五百六十人，其餘則身居各式各樣的從屬或奴僕地位。

對當時的斯堪地那維亞人來說，這種事情稀鬆平常。除非是赤貧自由人，否則沒有人能夠想像怎麼在缺少奴隸的情況下經營農場。在維京擴張盛期，這些不幸的奴隸多半是由劫掠或戰爭中的俘虜所構成的。大多數俘虜來自不列顛群島或斯拉夫地方——其實，正是因為斯拉夫出身的奴隸為數之眾，才讓他們的族名「Slavi」成為拉丁語中奴隸的同義詞「sclavi」。今人雖然對「奴役」反感，但對維京人來說，奴隸既是重要的勞力來源，亦是財富多寡的指標。薩爾跟著主子參加內河劫掠或海上遠征，也不是罕見的事。《紅鬍子埃里克傳奇》（*The Saga of Erik the Red*）便提到萊夫·埃里克森首度航向北美洲時，船上就有兩名乘客是他的奴隸：男奴名叫哈基（Haki），女奴名叫赫克莉（Hekli），兩人都是蘇格蘭人。

女性在斯堪地那維亞文化中屬於特別的一群。雖然從維京法律的明文規定，可以看出女性的地位不及自由身的男性，但她們確實有相當多的權利——絕對多於她們在歐陸或不列顛群島的姐妹們。若用今人的說法，維京社會的構成有著明確的性別界線，男性主導作戰與政治領域，女性操持家務與家內其他重要事務。但維京婦女知道，絕不能讓別人把這一切視為理所當然。無論是評價男性還是女性，評判的根據都不只是性別，還要考量其人格，這是維京魂的關鍵之一。

以離婚為例。維京時代的基督教或穆斯林社會，「由婦女提請離婚」是一件無法想像的事。但是，有一位造訪過維京大聚落的穆斯林西班牙旅人曾以不無鄙夷的口吻表示「女人有權離婚，可以隨意與丈夫離異」。

他的話恐怕言過其實。不過，歷史學家皮特．富特（Peter Foote）與大衛．M．威爾森（David M. Wilson）表示，斯堪地那維亞進入基督教時代之後，「仍然有史料保存下來，證明在當地本有的古老制度之下，只要丈夫或妻子在見證人之前正式宣告，離婚就有法律效力。」維京人以包辦婚（arranged marriages）為常態，但人們往往把男女結合視為一種商業契約，雙方都有必須遵守的義務。任何一方宣稱合約沒有履行，顯然便足以取消協議；以女方來說，如果家人支持自己的主張，自然就能廢止合約。

或者以財產繼承為例。挪威、冰島與瑞典法律後來雖然像歐洲其他地方，將女性排除在繼承之外，但丹麥法律仍允許女兒繼承其兄弟繼承額的一半。這種規定在十三世紀時（也就是維京時代之後）傳播到斯堪地那維亞其他地方。不過，或許正是因為人們既有態度如此，規定感覺起來才沒那麼離經叛道。例如在瑞典南部的維倫德（Varend），當地風俗給予兒子與女兒相同的份額，連國家的法律都不得干預這項傳統。

整體而言，妻子對財產的支配有限，連帶去的嫁妝也不例外。另一方面，只要未婚女子成年（冰島為二十歲），原定傳給她的財產便將完全為她所有。無獨有偶，一旦女子變成寡婦，她就可以完全掌控自己的財產，同時孩子的財產也歸她管理。

假如丈夫不在家（在維京時代，這幾乎是春天與夏天的常態，尤其是有地位有財產的男性），農場與其他生意便完全由妻子主持，奴隸與其他家庭成員也由她處置。

以現代標準來看，這些權利似乎微不足道。但對同時代的人來說，維京女性所享有的相對自由往往引發議論，而且不見得都是好話。九世紀的穆斯林西班牙觀察家、旅人、外交官加札勒（Al-Ghazal）記錄了一位異教諾斯公主（若非來自丹麥，就是挪威的冰島）的發言，「我們女人自己決定要不要跟丈夫在一起。女人願意才會留下來，只要不再渴望他了，就分開。」這位摩爾外交官兼詩人覺得公主貌美如仙，與男人相處時的自在態度也相當迷人，甚至一點侷促都沒有。他的描述多少反映出創作者的破格手法。不過，維京時代留下的盧恩文（runes）碑文，多少證明了他對北方女子的描繪。[2]

當然，從陪葬品與碑文來判斷，女性年紀愈長，地位愈高（我的挪威外婆想必會很開心）。我們知道，許多生活在緊密鄉間社群的婦女累積了可觀的財富，並且在丈夫失蹤或過世後接下他們的棒子。瑞典哈斯米拉（Hassmyra）出土的盧恩碑文，證明了女性的名望所能達到的高度：

> 優秀的農人霍姆約特（Holmgaut）立此碑紀念其妻奧丁狄絲（Odindis），哈斯米拉再也不會出現比她更會打理農務的主婦。

要說維京婦女所享有最令人印象深刻的紀念碑，那麼絕對就屬壯觀的奧賽貝里（Oseberg）考古發現了——一九〇四年於挪威斯拉根（Slagen）出土的維京船隻。斯拉根的這處墳塚直徑超過四十公尺，

2 關於盧恩文的起源與特色，參見附錄。

原本有六點五公尺高。墳塚內擺了一艘船，船長二十二公尺，船幅五公尺，以大約八二〇年砍伐的橡木打造而成（墳塚的年代可以由此大致判斷）。這艘船堪稱寶庫，擺滿了武器、珠寶、來自東亞的小佛像等飾品，以及大量的犧牲品（包括十二匹馬）。我還是個十四歲的少年時，曾經參觀奧斯陸比格迪半島（Bygdøy）的博物館，親眼見過奧賽貝里船，如今船仍然在館內展出。這艘船及其內容物投射出的是驚人的財富與權力。

但是，最難忘還是這一切都是為了緬懷一位維京公主而做。她的遺體，連同一名女伴（也許是奴隸）的遺體，溫情而隆重地與財寶一起擺放在船中央——以絢爛的方式送別，航向無涯未知的一程旅途。

即便如此，女性與男性一同劫掠或遠征的實證仍少之又少。中世紀丹麥史家博學的薩克索（Saxo Grammaticus）提到「盾女」（shield-maidens），她們穿著男子的裝束，練習劍術與擲刀。薩克索與若干愛爾蘭文獻皆明確提到紅盾女露絲拉（Rusla the Red Maiden）的生涯——「紅盾女」是她的蓋爾語綽號，這位挪威女戰士以不留活口的凶殘而聞名，而她的女戰友絲蒂克拉（Stickla）也一樣無情。根據這位（不見得可靠的）史家所記載，露絲拉、絲蒂克拉與她們的海盜船隊除了橫行於整片愛爾蘭海，丹麥沿岸似乎也飽受其肆虐。甚至有史料記載露絲拉在克隆塔夫戰役（battle of Clontarf）中與愛爾蘭英雄布萊恩．博魯（Brian Boru）交戰，她的兩個兒子也在此役戰死沙場。

問題在於，借用史家葛溫．瓊斯的話來說，克隆塔夫一役就是那種「重要到不能留給史家來寫，於是落入傳說製造者手中」的軍事衝突。關於誰參戰、誰沒有參戰的記載，都是出了名的不可盡信；男人如此，女人更是如此。

姑且不論紅盾女的真相為何，比爾卡（Birka）出土的維京遺址比她的故事更能證明盾女確實存在——烏普薩拉大學（University of Uppsala）的夏綠蒂．黑登絲蒂亞娜—永松（Charlotte Hedenstierna-Jonson）教授有了驚人的發現，她憑藉ＤＮＡ檢測，得知葬於此地的偉大瑞典戰士其實是女性。

這名維京奇女子下葬時，陪葬品有盾牌、劍、戰斧，弓與二十五支穿甲箭，套了轠繩的馬，以及一張棋盤和二十八枚棋子，就像象棋組。這些陪葬品暗示她備受尊敬，很可能位居領導。以往在缺乏證據的情況下，人們總認為物品的所有者是男性，但黑登絲蒂亞娜—永松在二〇一七年發表的ＤＮＡ檢驗結果卻是大逆轉。

這名維京女子是否曾率軍作戰？根據黑登絲蒂亞娜—永松的看法，至少棋組暗示「她是計畫戰術的人之一，而且是一名領袖」。無論如何，比爾卡的發現讓人了解，維京女性指揮作戰的史料與傳說（包括紅盾女在內）說不定確有其事。

對於維京女性，《拉克薩塔人傳奇》（*The Saga of the People of Laxardal*）當中的描繪堪稱最為鮮活。《拉克薩塔人傳奇》的內容在十世紀大致底定，大約在一二五〇至一二七〇年間首度成文。故事的主軸擺在冰島王朝中的女性身上，以冰島西部達利爾（Dalir）拓荒者的女性族長——見識卓越的烏恩（Unn the Deep-minded）為首。不過，故事的主角則是令人刮目相看的奧斯斐之女古德倫（Gudrun Osvifsdottir）。古德倫經過至少四段婚姻，甚至有一對兄弟——博利（Bolli）與加希坦（Kjartan）——為了獲得她的青睞而反目相向，卻沒有成功（不過，加希坦最後成為她一輩子的摯愛）。一名現代編輯說，「《拉克薩塔人傳奇》裡的女性遠比男性複雜，也更讓人印象深刻，就彷彿男性被迫承擔這段英雄傳奇的重量，被死死壓在下面」——後來的女性反而得設法超越這種困局。在真實生活中，有多少維京女子能夠有同樣的成就？

傳奇中所勾勒的女性，引發了更多問題。角色的微妙之處與男女衝突，究竟反映出了幾分維京女子（以這部傳奇來說，是非常富裕的女子）的真實經驗，反映出多少基督教的價值觀（傳奇中把烏恩將遺產分給諸子的決定，描繪成基督徒的善舉，而古德倫的餘生是以基督教女修院院長的身分度過的）？傳奇中對於女性的描述，乃至於對整個維京文化的描述，都同時反映著兩個世界：其一是維京的昔日，是詩人與文人歌頌的世界；其二則是基督教化的今日，而維京人生活於其中。

也許，我們未必得將這兩股影響力分開解析。接下來會談到，基督教的降臨為北方人帶來的改變，其實不如對其他地方來得大。無論在男人還是女人身上，維京魂的深度與廣度以許多出人意料的方式，超越史家讓我們以為的程度。

＊　＊　＊

女性的生活面向在維京生態系中也佔有一席之地，——丹麥的里伯（Ribe）與赫德比，瑞典的比爾卡，以及挪威的考龐（Kaupang，挪威語意為「市場」）等斯堪地那維亞的主要貿易據點在八世紀晚期以前並不存在。因為有維京人的掠奪，它們才會出現在地圖上，也才會成為斯堪地那維亞統治者重視的標的。丹麥國王對赫德比的建立與發展照顧有加，瑞典國王在比爾卡的建設與營運顯然也有類似的作用。

里伯也許年代最早，但赫德比是當時最大的貿易據點；只不過即便以歐洲黑暗時代的標準來看，赫德比仍然是個小地方，即使是維京時代的鼎盛時期居民也不到一千五百人。國王在此有鑄幣廠。考古發掘顯示這裡有一處收費站——合情合理，畢竟商人進城、出城時都得繳納過路費。居民從事各種手工業，例如金屬器與骨製品加工、滾珠與玻璃製作、捏陶，以及船隻修復。赫德比東緣面海，有碼頭可以上下貨，許多貨物源於中亞與絲路，經由內河航線跨越俄羅斯而來。

赫德比畢竟是財富聚集地，尤其是動產，難免成為其他人鎖定的目標。十世紀時，赫德比有了一道堅固的防禦牆，而這道牆與查理曼的對手——丹麥的哥德弗列德所修築的丹牆是相連的。不過，赫德比面對大海，這一點始終是個弱點。挪威國王無情哈拉爾（Harald the Ruthless）在一〇五〇年洗劫當地，溫德人（Wends）在一〇六六年也如法炮製。日子一久，丹麥國王決定放棄赫德比，往更南方發展商業利益。比爾卡也遭逢同樣的命運，但原因可能是海平面下降，導致大船難以靠岸卸貨，加上來自近東地區的白銀大量減少所導致。九七〇年，比爾卡已空無一人；到了一一〇〇年，赫德比也不再是貿易據點。

不過，此時已有新的城市中心四處林立，而且幾乎都是王室推動的結果，例如奧爾路斯（Aarhus）、錫格蒂納（Sigtuna）、特隆赫姆、奧斯陸、奧登塞（Odense）。羅斯基勒（Roskilde）與倫德（Lunde）則發展較晚。丹人是城市發展的先驅，維京時代結束時的丹麥已有至少十五座城鎮。挪威有八座，而只有四座的瑞典則敬陪末座。不過，斯堪地那維亞城鎮的出現不比歐洲，當地的生活方式或文化幾乎沒有因此改變，仍然以鄉村生活為主體。為國王與地方貴族——「伯爵」（jarl）——聚集財富，才是斯堪地那維亞城市的主要功能。偷竊也好，買賣也好，對他們來說重點是財富，而不是獲得財富的方式。

維京人買賣哪些商品呢？有些是來自家鄉的原物料，例如魚乾、毛皮、木材、蜂蠟與蜂蜜，以及作為珠寶與裝飾用的珍貴琥珀。有些是卡洛林帝國各地貿易的大宗商品，例如葡萄酒。維京人學會買低賣高，也懂得向那些透過他們控制的河道運貨的人收過路費。

其實，只要是有銷路的商品，維京人都很擅長買賣。穀物、鹽巴、玻璃、膠水、榛果、皂石盤、玄武岩磨石、鐵製與青銅製武器與配件、活體熊與熊皮、老鷹、馬匹與牛隻：只要長船或結節船載得下，諾斯人就會一馬當先載來賣。

不過，打從一開始，維京商人最重要的商品就是奴隸。

這個事實令現代的維京崇拜者大吃一驚。他們多半避談這個主題，甚至試圖掩蓋擺在眼前的事實：維京人成為世界頂尖的人口販子，規模不僅令當時的人為之側目，讓維京酋長與從事販奴的家族成為富人，甚至促使斯堪地那維亞成為最新的歐洲財富重鎮。

但無論是古代還是現代，只要討論奴隸問題，都不能脫離脈絡。脈絡能夠幫助我們了解維京人一開始為何會涉入這種可鄙的買賣，以及他們如何經營的。

先前提到，奴隸是維京時代斯堪地那維亞當地經濟的重要環節，一如當時世界上的每個地方。諾斯人理所當然會意識到自己虜獲的奴隸，能夠在廣大市場上大發利市。令黑暗時代的歐洲大為苦惱的薩拉森人與馬札爾人同樣有罪：薩拉森人仰賴著通往中東的奴隸貿易網，而這面網終將籠罩撒哈拉沙漠以南的非洲，時間更是比歐洲人起心動念奴役非洲人早了好幾個世紀。

諾斯人為這種醜陋的現實帶來了什麼？他們曾經以冒險犯難的精神搶來自用的奴隸，如今則將這股精神帶進來，將航路轉變為一張遍及歐洲各地的人口買賣網絡。最重要的奴隸源頭位於歐洲內陸，維京人從斯拉夫部落中擄人。奴隸貿易高速公路浮現，最終從俄羅斯的基輔延伸到波西米亞的布拉格，然後穿越日耳曼中部，通向法蘭克城塞凡爾登（Verdun）——維京人也在這裡販售從不列顛群島擄來的俘虜。

凡爾登居西，馬德堡（Magdeburg）居北，布拉格居東——這幾座城鎮發展出繁榮的奴隸市集，維京人則確保它們有源源不絕的俘虜可賣。這些人口販子偏好綁架異教徒，像是斯拉夫人，畢竟法蘭克人與其他歐洲人可是一本正經，不願意買基督徒同胞為奴。根據史家克雷莫納的留特普蘭（Luitprand of Cremona）所言，在九世紀的凡爾登，男童奴經常遭到去勢，銷往更南方的摩爾西班牙。

諾斯人在鋒頭正健時成為供應商，為整個文明世界難以饜足的胃口提供充足的奴隸。他們的客戶包括拜占庭人，以及西班牙和巴格達的哈里發國。其實，伊斯蘭黃金年代的財富與繁榮之所以可能，泰半多虧了維京奴隸商人經營東歐與俄羅斯的貿易站，為他們提供勞力。維京寶藏中找到的阿拉伯銀幣，無疑有許多得自這種交易。

維京人對奴隸貿易的投入得到可觀的利潤，利潤之鉅大也正是當時他們立刻被這一行所吸引的原因。當然，對今人而言，這種利潤根本不能和道德墮落相提並論。維京魂還在發展的半途中。重要的轉折點，將在由異教轉向基督教時來臨——基督教將一套價值觀帶入諾斯人的世界，而奴役其他基督徒，甚至非基督徒的作法，也因為這套價值觀而變得失去吸引力，進而變成倫理的大忌。他們的作法從買賣奴隸變成人牲與大規模屠殺戰俘。與此同時，歐洲的政治愈來愈穩定，尋常的丹麥或挪威冒險者也愈來愈難橫行無阻，任意擄人。不過，即便局面演變至此，維京人做的生意依然以奴隸貿易為主。畢竟對於每一段從峽灣進入寬廣世界的航程來說，載著整船的俘虜，加上美酒、布疋，以及貴金屬和寶石返家，那才叫作成功。

當然，在斯堪地那維亞內部，同樣有人用動產（例如阿拉伯銀幣）購買奴隸。此外，錢也可以買到侍衛（housecarl）的忠誠，而每一位維京王或首領都得靠侍衛保護自己的人身安全；海上遠征時，這些侍衛也充作專業船員。忠誠的紐帶約束著統治者與他最強大的子民，而財富同時也是潤滑劑，能減少雙方之間的摩擦。

不過，光靠財富——甚至是可觀的財富——仍無法絕對鞏固領導之位。領袖與國王必須靠家庭與氏族紐帶，才能維繫一批可靠的核心追隨者——一般認為（往往是錯的）這種身分特別的追隨者不會被競爭者的財富所收買。即便這種強烈忠誠能夠維持，但領導的身分始終與資格無關。在維京社會裡，權威與力量要自己爭取——以及自己守護，而維京領導人面對終極考驗的地點，就是戰場。

當然，成功的領袖必須盡可能讓追隨者獲得勝利，並不顧一切避免戰敗。這需要結合經驗、武藝與詭計，尤其是劫掠的諾斯人人數居於劣勢時（這是常有的事）。成果最豐碩的維京遠征（例如襲擊林迪斯法恩或包圍巴黎）都少不了奇襲成分，以「出奇制勝」為原則，屢試不爽。這種維京衝擊戰術往往包含突如其來的威嚇、暴力，甚至是殘暴的行為。但是，他們並非隨意殺戮，而是以流血作為結束衝突的手段。維京人偏好恫嚇敵人，使之投降（就像丹人拉格納進軍巴黎期間，無情殺害法蘭克俘虜的作法），而不是在戰場上與人對峙。

但是，有時候情勢與榮譽也會將戰鬥導向正面對決。對國王或領袖來說，他們偏好指揮小部隊與敵人交戰，戰鬥時所有成員都能看到他。如果是上百艘船隻組成的遠征軍，每艘船都提供四十人上戰場，亦即總數四千人的情況，指揮就變成艱巨的任務。戰士們得按照特定的方式加以布署。首領或國王本人居於部隊前方中央，往往打著個人的旗幟（代表奧丁〔Odin〕、鮮血、屍首與戰鬥的聖鳥渡鴉都是很受歡迎的符號）。領袖身旁的戰士是他的親屬，專職的侍衛則跟在後頭——他們發誓為領袖或國王而戰，至死方休，而誓言也往往會實現。維京人的情況與八個世紀之前塔西陀觀察到的日耳曼風俗一樣，活得比主子更久，是一種恥辱；對真正的勇士而言，苟活是最慘的命運。士兵的忠誠有賴於為成功的領袖效力，得到回報；所謂的回報不盡然都是金錢。例如，瑞典裔的羅斯王組織了一支四百人的衛隊，每一名衛士配給兩名女奴。假如阿拉伯旅人造訪羅斯時留下的紀錄正確無誤，這些衛士會跟女奴公然性交，完全不會不好意思，軍營裡的生活想必非常混亂——這麼說算是客氣了。

一批狂戰士（berserker）拱衛著這個衛隊核心。我們對狂戰士所知有限，只知道傳奇中提到他們作戰時狂暴兇猛，可能是藥物造成的作用。人們認為奧丁是狂戰士的神聖庇佑者；戰場上人人都怕遇到狂戰士，因為他們輕蔑死亡，不挑對手，發了狂的砍殺。就像侍衛，狂戰士最終的獎勵就是戰死沙場（往往如此）——證據顯示，無論友軍或敵軍，都不會為他們感到惋惜。

除去貼身侍衛與狂戰士，維京**軍隊**（hirth）仍然以自由人（又稱**邦達**〔bondar〕或庭人〔thingmen〕）為主體；他們也是維京政體的骨幹。相對富裕的農場主會帶上一批由親戚、佃農、工人以及家奴組成的隊伍，加入其他邦達的行列，一起劫掠或作戰。其中也會有他的女性親屬（包括妻子），她們或者像塔西陀時代的日耳曼婦女那樣鼓舞男子士氣，或者在戰勝後協助蒐集戰利品——包括取走戰死者的武器與衣物。此外，先前在比爾卡維京女戰士的例子中已經提到，女性甚至可能上戰場指揮作戰。

維京軍隊的成員並非隨機組成。首領或國王會徵集半數追隨者參與攻擊行動，例如一系列的夏季劫掠，或者在必須捍衛自己的立場與地盤時徵集所有人。

維京人的武器同時反映了平時與戰時的生活。史家喬治・杜比寫道，「對於最成功的自由人來說，戰爭是跟狩獵、探險和農場管理交織在一起的。」侍衛與其他工匠佩帶鍛鐵短劍、雙手大劍與戰斧——這些戰斧跟平常農事用的斧頭幾乎沒有差別。諾斯戰士身上穿長可及膝的鎖子甲，頭戴錐形頭盔，兩頰有皮革或鐵護件，亦有鼻甲（維京人與傳說中不同，他們不會戴以獸角為裝飾的頭盔）。接受徵召的自由人通常會佩盾、長槍與弓，劍與頭盔不算標準配備。戰士的盾牌以木頭或獸皮製成，以鐵箍強化；長船巡弋時，船舷會掛上盾牌，防止海浪打上甲板。此外，船舷掛盾在海戰時也有助於抵擋意圖登船的敵人，或是飛來的箭雨（維京史上有些決定性的戰役完全在海上進行，尤其是維京人打維京人的時候）。

更有甚者，典型的維京領袖與追隨者已經習慣了在任何情況下——無論是海戰、步戰，或是騎馬打仗——與對手交戰。其他歐洲人往往在驚訝中發現這些諾斯水手也是優秀的騎士。這種靈活，讓丹人、挪威人與瑞典人能夠在人數不及對手且長途跋涉的情況下，擊敗其他統治者採取的任何一種武裝抵抗形式。一個個法蘭克皇帝與盎格魯—薩克森國王接連繳了學費。

一般的維京人雖然是戰士，但並非專業戰士。我們必須打消「維京人的襲擊行動，就是一整船肌肉發達的惡棍，全副武裝，渴望證明自己的武勇」這種想像。其實，他們就是一個反映出斯堪地那維亞社會階級的社群，領袖和他的兄弟與武裝隨員位於頂端，奴隸則居於最底層，負責路面船隻轉移或構築哨站工事等沉重的勞動。社會的中層則是邦達——自由人，船隻航行時由他們維護，進港或靠岸時由他們修理；此外，他們也會拿著長槍與劍，從膽戰心驚的當地人手中沒收食物與補給。

我們同樣可別以為這些人是維京人，就一定喜歡殺戮。嗜血者當然有之，自古皆然。但整體而言，學界認為一般的中世紀士兵（包括普通的諾斯人）對於取人性命同樣會感到難受，說不定還甚於今日的軍人。中世紀的戰場是個近距離、貼身作戰的場域，了結他人性命並非易事——畢竟對手刺一劍，揮動一下斧頭，你的手腳可能就飛了，甚至會要了你的命。根據皮特．富特與大衛．M．威爾森的生動描繪，這個時代的戰鬥就是「把對方往死裡揍」，因此多數的參戰者泰半把心力擺在抓好自己的盾牌，試圖避免進入敵人劍或長槍揮舞的範圍內。願意與敵人正面交鋒而不是躲在盾牌後，則是快速出人頭地的一條路。事實上，維京戰場上的死傷者，大部分很可能都是一小群人造成的——這一小群人完成了大多數的戰鬥，成為傳奇與神話中傳唱的英雄。諷刺的是，這一小群勇敢但魯莽的人，成就了維京人長久以來的威名。

先前提到，有些戰功彪炳的人是狂戰士——berserker 一詞原意為「熊皮衣」，而熊也彷彿某種圖騰，代表了他們狂暴兇猛的靈魂。每一位維京戰士踏入戰場，拿自己的性命冒險之前，都必須做好「心理準備」，狂戰士就代表其中一種極端的心態。狂戰士之所以出名，或者說惡名昭彰，原因就在戰前與戰鬥中降臨在他們身上的極端狂暴——他們一手一把劍，身上往往只有獸皮保護，一面嚎叫，一面衝向敵人。有人猜測，他們的狂怒是酒精或祕密的致幻物質造成的；但是，沒有史料（甚至是諾斯傳奇）能夠支持這類主張。我們確實知道「作為戰士，這類人有著很珍貴的價值」，富特與威爾森告訴我們，「人們顯然視他們為超自然力量的示現，心懷敬意。」但是，同一批人在承平時期很可能就成了法外之徒。即便在最清醒的時候，典型的狂戰士精神狀態也不太可能保持穩定。雖然狂戰士在戰鬥時勇猛異常，但他們的生命相對短暫（這並不意外）的事實，想必讓領導人們暗自鬆了口氣。

維京軍隊和此前或之後的每一股戰力一樣，無論眼下的衝突是以英格蘭修道院為目標進行打帶跑的劫掠，還是跟勢均力敵的外敵，甚或是同為丹麥或挪威酋長的對手在戰場上對壘，部隊都需要有向心力。精心準備的戰前儀式（例如召喚戰神奧丁）絕對有其作用。然而，維京人漫長而危險的征途，也會在領導人與追隨者之間建立絕無僅有的特殊紐帶。維京長船沒有艦長室，也沒有軍官船艙。吃飯時，領導者與戰士，地主與佃農，甚至是與奴隸共享甲板的空間，一夜夜睡在彼此身邊。等到終於登陸，無論登上的是已知或未知的海岸，他們共同承擔一樣的危險：

我作戰，無懼有人復仇；
屬於血斧之子的血，
屬於勇敢的國王和他的王后，
染上了彎刀。
王子與十二名臣子
死於一艘輕舟上，
鏖戰的壓力
令我興奮不已。

最後，維京領袖不能沒有與下屬生死與共的意識——唯有死亡才能終止這樣的誓約。

＊　＊　＊

綜觀維京歷史，並無某個國王或酋長成為某種神授統治者的情況，更別說是作為民族國家領導人了。古諾斯語的「酋長」是gothi（複數為gothar），類似哥德語的gudja，原意為「祭司」，顯見維京酋長原本具備神聖或宗教的權威。但是在進入維京時代之前，人們早已忘記這種認可，gothar 一詞也變成稱呼領導事庭（也就是維京社群大會）的賢達之人。也就是說，原本因宗教職能而獲得的權威，已經隨著時間過去，演變為群體成員——尤其是追隨者與戰士群體所賦予的權威。畢竟 gothi 終究仰賴的還是整個社群，反之亦然。

自立為王在維京時代的挪威與瑞典，以及後來在愛爾蘭與曼島（Isle of Man）的維京聚落都很常見。不過，「王」的頭銜（古諾斯語作 *kunungr*）純粹代表某個酋長得到其他酋長的效忠與歸順，他是宴會桌的首席，是宗教儀式的領頭人，或者戰場上的身先士卒者。綜觀整個維京時代，想要得到王的頭銜，就少不了自由人與戰士大會——也就是「勇士貴族階級」的認可。以前的瑞典法律甚至對此有明文要求。

因此，雖然逐漸有人把王冠視為一家或一朝的所有物，但同個家族的每個成員都可以追求王的頭銜，繼承爭議也就成為常見的問題。競爭中的輸家（假如沒有被殺）通常會流亡，在外地贏得足夠的財富與支持，將來可以再度爭取王位。這種不間斷的「王權遊戲」，激烈到足以在九世紀時摧毀丹麥王室，甚至直到中世紀晚期仍然是斯堪地那維亞舞台上的一部分。

例如《埃以爾傳奇》，便是描述挪威王順髮哈拉爾（Harald Finehair）將托羅爾夫（已經自己打出半壁江山，成為一位成功的海盜）招入麾下，成為國王忠臣的微妙過程。傳奇中，國王認識到「托羅爾夫是個偉大而慷慨的人。他養了一大批食客，事實證明所費不貲，而且很難提供所需，但因為他善於管理農地，所以很容易得到需要的每一樣東西」。

當然，王室的青睞也讓豢養食客變得輕鬆許多。只是有一回，托羅爾夫設宴款待哈拉爾王，哈拉爾王認為托羅爾夫個人的隨從在場，形同挑戰自己的權威，於是拂袖而去。托羅爾夫必須決定是否彌補這段關係，而他的作法是在哈拉爾王駐蹕期間的結尾，和國王當面溝通。

「國王預計離開的那一天，托羅爾夫走近國王，邀他下到海邊。國王答應了。岸邊停著托羅爾夫打造的龍艏船，遮雨棚已經拉起，帆桅準備妥當。托羅爾夫將船送給國王，希望國王能夠了解，宴會上之所以有這麼多人馬，純粹是為了向國王致敬，而非挑戰。國王對他的說法相當滿意，態度友善而開心。許多人適時稱讚起那場絕佳的宴會，讚美國王在離開時獲贈的禮物，以及他身處眾人之間是多麼的強大。雙方友好分別。」

傳奇裡的友誼都不長久。現實中，維京領袖之間的盟約也同樣變化無常。典型的信任關係性質與維持的時間，都是由情勢決定的。維京歷史上不乏欺瞞與背叛的例子，包括（或者說尤其是）涉及家人之間的例子。我們聽說血斧埃里克（Erik Bloodaxe）為了爭奪挪威王位而殺了五個兄弟，最後被第六個兄弟推翻、放逐，實在很難知道哪些是真，哪些是傳說。有一點不容否認：維京領袖在艱苦的磨練中成長，他們成就絢爛，卻倏忽短暫。在長船船舵旁與你蹲伏在一起的士兵，也許是忠實的友人，甚至是你的親人，但他也可能變成你的死敵。

無論是傳奇體裁的作品，或是類似傳奇的史書《列王紀》（*Heimskringla*），裡面提到的最早的維京諸王，都籠罩在傳說與神話的氛圍中。對史家而言，第一位真正稱得上挪威國王的人物，是順髮哈拉爾。學界通常把他統一挪威王國的年代設定在八七二年，當時他在哈夫斯峽灣戰役（battle of Hafrsfjord）擊敗尚在抵抗他的眾小王——那一天，他砍了至少五個王的腦袋。他花了數十年才鞏固對自己王國的控制（只佔今日挪威的一小部分），等到他一死，王權再度分裂，落入諸子手中。

至於瑞典，名字曾經出現在《列王紀》與《殷林王朝傳奇》（*The Ynglinga Saga*）中的統治者，多半都屬於神話範疇，而非史實。六世紀左右開始，上述最早期的王者逐漸被半神話、半史實的諸王所取代；史料中把它們全數描繪為殷林王朝（亦作 Scylfings）的後代，有些是直傳，有些則是透過與拉格納．拉德布魯克家，或是與盾人（Skjöldung, Scylding）王朝通婚之後的子孫，只是史實與幻想的界線依舊模糊。

瑞典雖然有成千上萬塊的盧恩文石碑，記錄著平民的生活與事蹟，卻只有一小部分的石碑提到瑞典國王，而且提到的那些國王都是維京時代即將結束時的人。直到一一〇〇年前後，我們才等到一位瑞典國王出現，而且歷史上真有其人。

以歷史而言，我們對丹麥的把握比較可靠。《貝武夫》裡提到的丹王霍羅斯加（Hrothgar）偏向神話人物。但齊格菲王與哥德弗列德王（後者據信是興建丹牆的人）確實出現在當時的史書中，包括查理曼帝國的相關史料。但是，一般認為他們控制的版圖，實際上只有現代丹麥南界以北的一小塊地方，以及鄰近島嶼。直到十世紀，丹麥才出現三名地位遠高於大酋長的人物：老戈姆（Gorm the Old，古諾斯語作 Gorm den Gamle）、八字鬍斯文（Sven Forkbeard），以及三者中最出名的藍牙哈拉爾（Harald Bluetooth）。不過，他們統治的領域，其實在他們站上歷史舞台之前的幾個世紀便已成形了。

無論身分是「酋長」（gothi）還是「王」（kunungr），都得遵守一條基本原則：別想久居高位。俗話說，「國王威風一時，但命不長久。」無論在故事裡還是現實生活中，戰死沙場或死於背叛都很稀鬆平常。

以維京時代挪威諸王的命運為例。帕第．格里菲斯（Paddy Griffith）在《維京兵法》（*The Viking*

Art of War）說得很詳盡：十六名挪威王中，死於敵人之手或是遭到流放的就有十一人。只有四人——順髮哈拉爾、克努特大帝（Canute the Great）、八字鬍斯文與馬格努斯大帝（Magnus the Great）——能安享天年。其他人的命運十分悽慘：

古德羅大帝（Gudrod the Magnificent）：被自己休掉的妻子殺害。

黑髮哈夫丹（Halfdan the Black）：跌進冰上的洞，滅頂而死。

血斧埃里克：流亡英格蘭，死於斯丹摩爾戰役（battle of Stainmore）。

好人哈康（Hakon the Good）：死於菲恰爾戰役（battle of Fitjar）。

灰袍哈拉爾（Harald Greycloak）：死於利姆峽灣戰役（battle of Lymfjord）。

西古爾德之子哈康伯爵（Earl Hakon Sigurdarson）：被家奴謀殺。

特里格維之子奧拉夫（Olaf Tryggvason）：在斯沃德海戰（battle of Svold）中滅頂。

哈拉爾之子奧拉夫（Olaf Haraldson）：死於斯蒂克斯塔戰役（battle of Stiklestad）。

無情哈拉爾：在一〇六六年慘死於英格蘭的史坦福橋戰役（battle of Stamford Bridge）。

埃里克與斯文伯爵兩人不敵病魔（斯文是在叛軍把他逼離自己的王國後染病），埃里克之子哈康伯爵（Earl Hakon Eriksson，與克努特大帝爭奪挪威統治權）葬身大海。補充一點：這十六位國王都面對過至少一次的大規模叛變。在維京時期成為挪威王，究竟是恩賜還是詛咒，這實在很難說。

儘管稱王者橫死的機率很高，但永遠不缺想登上王位的人，類似的頭銜在丹麥或瑞典也是炙手可熱。志在稱王的人甚至包括來自其他王國的人。以挪威來說，從七九三年到一〇六六年之間，挪威不止一次遭到非斯堪地那維亞敵人的實際入侵或進犯的威脅。但在同一時期，挪威也曾遭遇鄰居丹人或瑞典人至少五六次的襲擊。只要行有餘力，挪威人也樂於還以顏色。

規模最龐大的一次衝突，或許就數一〇二六年的聖河戰役（battle of the Helgeå，雖然《盎格魯—薩克森編年史》將之寫入一〇二五年）——丹麥的克努特王與兩名對手，挪威王奧拉夫二世（Olaf II）與瑞典的阿農德·雅各布（Anund Jakob）打了一場驚天動地的海戰，克努特的六百艘船對上敵方的四百八十艘船。雖然克努特折損的船隻與人馬較多，但撤退的卻是奧拉夫與阿農·雅各布（一〇二二年至一〇五〇年的瑞典國王），克努特得以征服梅拉倫湖周邊的瑞典領土，甚至在錫格蒂納鑄造自己的錢幣。

「鑄幣」意味著維京人和他們的故鄉已經發生重大轉變。他們不再只是劫掠各個帝國的人。他們自己正成為帝國的締造者。打帶跑的襲擊與隨機海盜行為的全盛期已經結束了。維京人與周邊文明發展出新的關係，而他們對此有著決定性的貢獻——影響所及不只維京社會，更是及於全歐洲。

3

維京造就之世，上篇：從俄羅斯到不列顛群島

The World the Vikings Made, Part One: From Russia to the British Isles

聖巴德利爵（St. Patrick）的島嶼已經遭到丹人焚燒，他們在當地收取重稅，帶走聖多邱納（St. Dochonna）的聖髑，多次入侵這個王國，從愛爾蘭與蘇格蘭帶走大量且貴重的戰利品。

——《克龍麥諾斯年鑑》（*Annals of Clonmacnoise*），七九五年條

從七八〇年至大約九五〇年，將近兩個世紀，斯堪地那維亞浪潮一波波拍打歐洲的其他地方，遠至地中海與黑海。

來自丹麥的諾斯人分別攻擊盎格魯—薩克森諸王國與歐陸之間的地方，從弗里西亞（今尼德蘭〔Netherlands〕）與法蘭克至西班牙。挪威劫掠者則是從法羅群島（Faroe Islands）至蘇格蘭與愛爾蘭，畫出一道毀滅的弧線。瑞典人選擇更偏東的路線，渡過波羅的海，前往今日德國與俄羅斯的河流。

斯堪地那維亞人的歐洲征服行動，性質慢慢發生了轉變。日子一久，他們的角色從劫掠者變成商人與拓荒者，其走向將改變西歐的面貌，同時也開闢出東歐的新疆界。要曉得，這三種角色向來無法完全分別而論。維京人從此角色變成彼角色，這種變化的彈性，令當時的人與現代的歷史學家皆困惑不已。不過，維京人在歷史上的角色，確實是穩穩從破壞者走向更有建設性的人設。

先前提到，誇大維京人的野蠻與劫掠時的暴力，對他們來說並不公

允。諾斯人當然有能力殘忍無情。但對當時的世界來說，強暴、搶奪、殺害戰俘或將之賣為奴隸才是常態。無論當代修士筆下的編年紀錄怎麼說，維京人其實並不特別嗜血或無情。

七九三年的林迪斯法恩襲擊事件是個很好的例子，據說這次襲擊慘無人道，光是這麼一次事件，就讓維京人聲名鵲起且狼藉。[1]但若仔細觀察當時的政治宣傳與假消息的背後，就會發現維京人對於林迪斯法恩與其他基督徒據點猛烈攻擊的實情，說不定是因為查理曼先對維京人的薩克森鄰居持續發動種族滅絕戰爭，所以維京人才出面回應。流亡的薩克森叛軍領袖維度金（Widukind）前往丹人王齊格菲的宮廷尋求庇護。維度金想必會編出駭人的故事，說法蘭克人對他的同胞橫加暴行，故事則傳到齊格菲的後繼者哥德弗列德，以及未來的繼承者耳中。故事的主旨肯定很清楚：這些基督徒正對他們的鄰居與親友發動滅絕戰爭，如今該奮力反擊了。

根據他們的觀點，林迪斯法恩襲擊的各個環節都有其道理（幾乎可以篤定是從丹麥出發的維京人所為）。破壞聖髑與刻意襲擊林迪斯法恩與雅羅修道院等基督教聖地，很有可能是兩套不同信仰體系之間「文化戰爭」的一環。外來宗教基督教的領導人決心消滅異教，異教是在反擊。

也就是說，維京人最早的一波襲擊，有一部分可能是為了強迫基督徒用鮮血與財寶，補償他們先前對同為諾斯人的異教徒所犯下的罪。維京人在發動報復行動的過程中學到了寶貴的經驗：他們的歐洲鄰居既有錢，又無法自保。以當時的倫理標準而言，這可是個誘人的契機，任誰都想趁虛而入。薩

1 見第一章。

拉森人與匈牙利人同樣這麼做。[2]

雖然發現到這一點，但諾斯人的興趣遠不只是掠奪與肆意破壞。接下來兩百多年，他們的行動顯示出一種深層的模式：渴望為自己與家人打造更好的生活，一開始是把財富帶回斯堪地那維亞，後來則是取得海外的土地。在英格蘭丹人區的作法，逐漸成為維京探險家與其追隨者所採取的模式。無論長船把他們載到哪，他們都會做好準備，打下木樁，建立一兩座前哨，堅守自己畫出的地盤，就像《格陵蘭人傳奇》（*The Saga of the Greenlanders*）的這個段落：

> 接著他們航向東部，進入接下來幾個峽灣，直到抵達一處伸入海中的岬角。岬角林木茂密。他們在一處可以遮風避雨的小灣中停靠，放下舷梯登陸，索爾瓦爾德（Thorvald）一行人便上了岸。他開口道：「這個地點實在很吸引人，我打算在這裡打造農場。」

這是維京時代的另一面，跟危險四伏的海面巡航與長途劫掠大相逕庭。正是這一面，在西方文明中留下更深遠的影響。諾斯人起先把出航當成一種偷搶的方式——金銀珠寶與美酒，只要載得走就拿——帶走別人生產與製作的一切，擄男為奴，擄女為妾，提升自己在故鄉的地位，或是當成流通的商品。

然而，經商貿易與開墾殖民先後佔了上風。挪威、丹麥與瑞典的冒險家和戰士搖身一變，成了商人與創業家，證明自己對新角色駕輕就熟。維京人在劫掠與劫掠之間用於過冬的暫時避風港，逐漸變成長期的貿易據點，與當地人做生意——有時候，他們打交道的對象在前一個夏天才被他們打劫過。

先前提到，諾斯貿易網的主要商品，長期以來都是維京人從襲擊地點抓來的人貨。同時，貿易網也供應其他商品，像是諾斯酋長從先前幾次襲擊搶來的戰利品。日子一久，維京人扮演的中間人角色，成為他們對中世紀歐洲最主要的貢獻。他們讓教堂與王家寶庫在黑暗時代囤積起來的財富重新流通，成為日常商業與貿易的一環。

由於穆斯林在七世紀時入侵，切斷了西歐通往地中海的路，而地中海是西歐的傳統財富來源（尤其是黃金），因此財富再循環也就更為重要。多虧維京人，從九世紀到十世紀中葉——也就是歐洲接觸東方財富的傳統路徑幾乎完全堵死的時期——但凡需要阿拉伯白銀的商人，都可以在波羅的海城鎮找到。維京人在輝煌時期結束之前，已經建立了新的海上貿易路線，遍及北海、波羅的海與北大西洋，與地中海一同構成循環。這些新航路最終讓西歐與北歐國家主宰了整個歐陸，甚至可說稱霸全世界。

改變是怎麼發生的？最好的實例發生在俄羅斯——相較於維京人早期對歐陸法蘭克人的襲擊來說，俄羅斯可說是遠在東邊，但故事其實始於瑞典中南部的比爾卡。

＊　＊　＊

比爾卡是瑞典梅拉倫湖中的島嶼城鎮。傳統上，比爾卡標誌著哥德各部落和他們兇悍的對手——

2 更有甚者，維京人對於暴力的運用泰半出於戰略，而非不假思索的反應。倫敦或夏特爾這類城鎮若是反擊，或是同意支付贖金卻出爾反爾，就會遭受維京人最嚴厲的懲罰或報復。維京劫掠者徹底摧毀城鎮或其他重要地點的例子，可說少之又少，反而薩拉森人才有這等能耐，把某個地方（尤其是基督徒的地方）夷為平地。

斯威利人之間的邊界。比爾卡初建於八世紀。當時，經地中海通往歐洲各地的貿易路線，因為阿拉伯人入侵而中斷，比爾卡因此成為確保財富東來新途徑的輻輳之地。雖然維京地區還有別的貿易轉口港（例如丹麥的赫德比），不同領導人也曾為了爭取統治權，引發你爭我奪的紛亂歷史，但比爾卡的富裕顯然沒有遭到嚴重干擾，只有挪威人在一〇〇〇年一次偶發而殘酷的劫掠。

比爾卡的考古遺址顯示，當地聚落人口有七百至一千人，聚集在港邊，有牆保護。社群成員不時齊聚在人稱「戰士集會所」的地方，集會所是個大約十九公尺長、九點五公尺寬的空間，分成兩個房間，兩端各有一個巨大的火爐。環顧四周，不難想像牆上掛滿盾牌與劍（沿著圍牆的遺跡出土了不少盾心與鐵槍尖），瑞典王或酋長在如雷的歡呼聲中走進來的景象。接下來，追隨者與侍衛會舉起銀杯敬酒（這些銀杯有不少殘片保留下來），而在場的所有人都能拿到珍貴的禮物（廳內出土的有一尊青銅龍首，以及超過四十個梳套）。比爾卡有許多吸引力，其中之一便是距離烏普薩拉不遠的位置——烏普薩拉是瑞典異教崇拜的中心，也是統治者巡視途中的休息站。

梳套可能會讓某些人感到意外。幾乎可以肯定，這些梳套不是女性物品。維京男性對自己長髮的照顧是出了名的仔細。梳頭髮也不全出於虛榮。類似斯堪地那維亞人愛好熱水澡的習慣，個人毛髮清潔或有延長男子壽命的效果，畢竟跳蚤與蝨子是傳染病的主要帶原，而維京人的梳子是清理蟲子的好工具。我們也不難想像一位維京旅人背著大包小包，返回比爾卡的家；因為長途旅行而鼻青眼腫、渾身髒污的他，已經迫不及待來杯蜂蜜酒、熱水澡，拿慷慨的領袖送的梳子，花個一小時梳理自己糾結的頭髮。

對於長途經商的商人來說，比爾卡是個完美的根據地。比爾卡距離波羅的海進入聶伯河（Dnieper）、窩瓦河與聶斯特河（Dniester）這三大河流的入口處僅需五日航程，讓瑞典維京人得以通往東方的市場，甚至遠達君士坦丁堡。此外，比爾卡距離赫德比也是五天的航程，而赫德比既是丹人諸王的重要集市，也是銜接諾斯世界東西兩半的貿易路線西端點。

包括奴隸在內，許多種類的商品通行於這條貿易路線。但最重要的白銀，幾乎全數來自伊斯蘭信徒所統治的土地。維京人在故鄉留下的大批錢幣，恰好顯示有多少白銀從阿拉伯的源頭被人帶到比爾卡，接著往西流通——不只在比爾卡周邊，更及於東方貿易的重要中繼站——哥特蘭島。阿拉伯的銀幣迪拉姆幣從九世紀開始出現在當地之後，數量一直穩定增加直到九〇〇年，此時貿易已真正展翅翱翔，在九五〇年時飛上最高點——根據考古學家研判，至少有八大白銀寶藏埋藏的時間點與此接近，而這些寶藏絕大多數都是阿拉伯銀幣。

在今日瑞典範圍內，出土了超過八萬四千枚來自穆斯林地區的銀幣。哥特蘭島的白銀，甚至多到瑞典國王能夠向每一戶收取十二公克的銀作為年稅，毫不手軟。繳完重稅，哥特蘭島民還是不知道該把錢花去哪裡。埋進土裡成了最一勞永逸的解決方法，讓考古學家與歷史學家撿了個輕鬆。

這些財富不見得全部，但大多數確實得自貿易以外的途徑。例如波羅的海周邊地方統治者，為了雇用維京傭兵來打無止境的戰爭而支付的佣金；當地人稱呼維京傭兵為瓦良吉人（Varangians，時人稱呼波羅的海為瓦良吉海〔Varangian Sea〕）。有些錢幣純粹是劫掠時搶來的贓物。從諾斯人入侵斯拉夫腹地的初期階段，阿拉伯銀幣便滔滔湧入斯堪地那維亞，但我們卻找不到瑞典或斯堪地那維亞商品大量輸入俄羅斯的證據，顯見兩者並非對價。

不過，對於願意冒險犯難的諾斯人來說，貿易路線就擺在眼前。建立這些貿易路線的男人（很少有證據顯示婦女會隨他們踏上史詩般的東方之旅），也終將利用它們，把這個地區形塑成自己理想的模樣。周圍的人漸漸稱他們是「羅斯人」——「划槳的人」，向他們沿著一條條的河流前往東方的航海壯舉致敬。

他們確立的航線可以一路通往君士坦丁堡——羅馬皇帝的家，全世界最富裕的城市。從芬蘭灣出發的維京冒險家，可以溯涅瓦河（Neva River）而上，抵達位於拉多加湖（Lake Ladoga）的發源處（涅瓦河注入芬蘭灣的出海口，是未來聖彼得堡的所在地）。把船划過拉多加湖之後，經由沃爾霍夫河（Volchow River）與伊爾門湖（Lake Ilmen），他們就能來到洛瓦季河（Lovat）與聶伯河上游（從洛瓦季河前往聶伯河，需要一小段的陸運，每一位勇敢的維京人都很熟悉這種操作）。接下來，他們順著聶伯河而下，輕鬆抵達黑海，然後就是拜占庭帝國首都君士坦丁堡的城門。

另一條往返路線，則是從聶伯河通往德維納河（Dvina），然後返回里加灣（Gulf of Riga）。第三條路線偏東，前往窩瓦河與保加爾（Bulgar）地區。商人可以利用這條路線，從拉多加湖出發，沿斯維里河（Svir）與奧涅加湖（Lake Onega）前進，走一小段陸路抵達白湖（Lake Beloozero）。到了白湖，他就能找到下一條河，帶著他直接通往窩瓦河，將近一公里寬的河面令人心曠神怡。不久後，其他維京探險家又找到一條經伊爾門湖通往窩瓦河的路線。

四條路，四條通往財富卻也通往危險的途徑。當時的瑞典商人冒險家經常途經當地斯拉夫部落——部落的態度往往極不友好，有時候前一年春天造訪時稱兄道弟，後一年就刀劍相向。過這種生活，需要的可不只是打帶跑的劫掠手法，更需要嫻熟於商討議約，必要時發揮堅定、無情的手腕，不過通常還是伸出友誼之手，準備達成協議會更好。

早在八三九年，瓦良吉人便已展現自己扮演中間人的高超演技——當年，他們同意代表拜占庭皇帝，前往神聖羅馬皇帝的宮廷。皇帝虔誠者路易「審問他們到來的原因，發現他們是瑞典人」，當下想必震撼不已。畢竟，諾斯人年復一年侵擾帝國的海岸，而眼前這些人竟是他們的斯堪地那維亞同胞。

從沃爾霍夫開始——來到這裡的維京人必須從遠洋船隻換乘河船——羅斯人建立的聚落早在七世紀時便如雨後春筍般興起。洛瓦季河河畔的舊拉多加（Staraja Ladoga）算是極具戰略價值的地點，芬蘭人雖佔多數，但當地亦發展出活躍的瑞典社群。不過，最重要的聚落，卻是形成於伊爾門湖北端的聚落，因為這裡可以走水路與短程陸路通往窩瓦河上游、德維納河西段或聶伯河，任君選擇。因為當地人稱之為哥羅德（Gorodsce），因此斯堪地那維亞人在稍微南方之處成立的聚落，也就成了「新」哥羅德，也就是「諾夫哥羅德」（Novgorod）。九世紀初，諾夫哥羅德成為維京新殖民地的首都，距離比爾卡與烏普薩拉一千五百英里，距離君士坦丁堡八百英里。

對於走窩瓦河路線，踏上旅途前往君士坦丁堡的大無畏維京人來說，東羅馬帝國首都只不過是他的第一站。他可以往東航行，順著窩瓦河來到河口的阿得（Itil）——可薩人（Khazars）在裡海海濱的首都。九二二年，阿拉伯商人伊本．法德蘭（Ibn Fadlan）將在阿得與羅斯奴隸販子相遇。接著，大膽的維京商人順著裡海海濱走，抵達今日的拉什特（Rasht），那兒有一條河能讓他來到札格羅斯山脈（Zagros Mountains）西段，再跨越美索不達米亞平原，便能抵達伊斯蘭世界的首都巴格達。

羅斯商人究竟去了多遠的地方？史料無法告訴我們問題的答案。[3]不過，確實有學者認為有些羅斯人抵達了巴格達。他們或許是走比較迂迴的路線西行返鄉，畢竟羅斯人與鄰居的關係向來並不穩

3　羅斯冒險家斯維亞托斯拉夫（Svyatoslav）曾試圖率部遠征，從裡海東岸出發襲擊中亞，但途中遭遇災難。

定。諾夫哥羅德與其他聚落出土的考古遺址顯示居民不斷加固防禦，反映出情勢持續緊張與戰爭。

然而，斯堪地那維亞人經略東方的運途，真正的轉折點卻是在八四〇年前後來到——伊爾門湖南方的當地斯拉夫部落認為他們需要一名領袖。經過多年的激烈對立，各部落意識到只要他們願意停止敵對與混亂，繁榮便唾手可得。想要終結亂世，就少不了能夠建立秩序的強人統治者，但不能從自己人裡面找。《尼孔編年史》（*Nikonian Chronicle*，十六世紀編纂的俄語史料集，內容摘錄許多年代更早、但今已失傳的敘事）說，「他們彼此之間沒有法律，只有部落與部落的對立」，因此「他們告訴彼此，『我們找個王公，讓他治理我們，根據法律評判我們吧。』」，接著「他們往海外尋找……對羅斯人說：『我們的土地遼闊而肥沃，但一點秩序都沒有。請來統治我們，擔任君主吧。』」

羅斯人欣然從命，來了三兄弟——西吉尼圖（Signitur）、索爾瓦德爾（Thorvadr）與羅爾克（Hroeker）。比起原名，三人在俄羅斯史上流傳的名字反而更加響亮：西紐斯（Sineus）、特魯弗（Truvor）與留里克。第三位將名留青史，成為歷史上的維京大英雄之一。

對於留里克的生平，我們資料不多，但他或許是那種典型的諾斯領袖：勇敢、任性、魅力獨具，結合了戰略眼光與無情的計謀。他的兩名兄弟迅速消失於史冊——自然死亡嗎，還是留里克下的手？我們不得而知。我們只知道，根據俄羅斯編年史家的說法，留里克以聶伯河畔的基輔為根據地，迅速建立強大的王國，把目光投向遙遠的地平線。

八六六年六月，留里克的兩名追隨者阿斯庫爾德（Askold）與迪爾（Dir）領軍，發動維京史上最大膽、最危險的冒險：對拜占庭首都君士坦丁堡發動全面攻擊。他們率領兩百多艘船，兵臨城下，震撼了拜占庭人——那感受想必有如在林迪斯法恩或倫敦看到維京長船出現。希臘史家佛提烏（Photios）

後來寫道：

你們還記得那令人難以承受的時刻嗎？蠻人的船朝著你駛來，殘忍、野蠻與嗜殺的空氣陣陣飄蕩，船艦駛過都城，船上的人高舉著劍，彷彿用刀光血影威脅著這座城。顫抖與黑暗攫住了我們的心，耳裡聽見的都是「野蠻人攻破城牆，城池落入敵人手裡了」？

其實阿斯庫爾德、迪爾和他們的人馬從來沒有進城；他們找不到攻破君士坦丁堡城牆的方法，只能轉而到城郊燒殺搜刮，直到突如其來的暴風雨把許多船吹上岸，導致維京人死傷慘重為止。倖存者則揚帆打道回府。

這一回襲擊失敗了。但拜占庭人因此徹底意識到鄰近出現一股全新的勢力——希臘史家說他們「來自極北之地」，「從大地之末」踏上旅程，渡過「無數的河流與沒有港灣的大海」，來到人間最大城市的城門前。留里克和他以基輔為根據地的王朝，成為維京人豪勇大膽的代名詞。

這場襲擊也意味著一個強權與一個偉大的民族就此生根。此時在歐洲的另一端，挪威與丹麥劫掠者正在改造不列顛群島，其影響直至今日。

＊　＊　＊

人人都說愛爾蘭是聖徒與學者之島。在歐洲最黑暗的日子裡，愛爾蘭修士與抄寫員辛勤不懈，抄寫著西方最重要的著作——包括《聖經》，從而為愛爾蘭贏得美名。

諾斯人在七九五年左右駕到，對最無力招架的隱修院社群進行一連串的劫掠，打斷了這些學者的研究。穆瑞島（Inishmurray）與波芬島（Inishbofin）最早受到襲擊。劫掠的範圍漸漸擴大到西南愛爾蘭，到了八二〇年代，維京人已經繞著整座島搶了一圈。

八三〇年代，襲擊的頻率變得頻繁，船隊規模也更大。攻擊者主要是挪威人，但不時有其他人加入他們的陣容，例如丹人，甚至是愛爾蘭人。修道院防不勝防；只要一小團盜賊，就能成功洗劫一座修院。阿馬（Armagh）是個經常遭到打劫的目標，光是八三二年的一個月內就三度遇劫。只要是用金銀打造，或者有珠寶、雕花為飾的東西（像是書的封面）都難逃一劫。許多器物最後就跟搶走它們的人一起埋進挪威的墳地裡。

從愛爾蘭詩文來看，最有名的海盜名叫托爾吉斯（Turgeis）——他的本名若非圖爾格斯特（Thurgestr，古諾斯語），就是索爾吉斯（Thorgis，古丹麥語）。數世紀後才寫下的傳說，掩蓋了他真正的歷史，但他似乎在九世紀初數度領頭襲擊愛爾蘭。索爾吉斯一度在愛爾蘭東北成就斐然，成為愛爾蘭與北阿爾斯特（Ulster）所有高盧高地人（Gall-Gaedhil，愛爾蘭異族）的領主。[4] 攻陷阿馬讓他在整個愛爾蘭聲名鵲起——或者說聲名狼藉的功績之一。他本人在八四五年被抓並處死，但他與妻子烏妲（Ota）的名字，將在愛爾蘭的傳說中流傳下去。在一段驚悚駭人的傳說故事中曾提及，她與索爾吉斯是如何在克龍麥諾斯（Clonmacnoise）當地修院的主祭壇上，舉行異教血祭——但這感覺比較像修士編出來的假新聞。

無論有沒有索爾吉斯做他們的領袖，到了八四〇年代時，規模更大的諾斯遠征隊開始留在愛爾蘭過冬，而這顯然表示維京人正準備長期待在這裡。愛爾蘭酋長盡可能反擊，光是八四七年就四度大敗入侵者。但諾斯人趕不走了。每一艘長船的船員與其他物品下船後，第一樣卸下的就是 *instafars*——從挪威或丹麥的廢棄房屋裡取來的粗大木樁。維京人用這些木樁打造急就章的貿易據點與堡壘，而這些木柵也終將成為定居社區的防禦牆。殖民者的人數一開始不多，但光是他們現身於此的事實，就標誌著愛爾蘭社會發生重大轉變。

維京人最重要的前哨站，位於愛爾蘭東海岸利菲河（River Liffey）出海口，南邊有威克洛山脈（Wicklow mountains）拱衛。這個地點成了人們所說的都柏林，而且據說是索爾吉斯本人建立的，只不過維京人在此建立海軍基地之前，稍微偏南的帕德爾河（River Poddle）河畔早就有一處隱修士聚落存在了。帕德爾河是利菲河的支流，其「深潭」（愛爾蘭語讀作 dubh linn）的黑水提供一處讓長船可以停泊的地方。這一帶今名木材碼頭（Wood Quay），是現代都柏林最繁忙的城區之一。

維京時代的都柏林是什麼模樣？木材碼頭與其他遺址的考古發掘，讓我們對群集於維京造船廠周邊的河岸聚落有一定了解。聚落的人口出奇地多——事實上，全世界的維京墓葬中有武器陪葬者，將近有半數都是在都柏林附近找到的。二〇〇三年，大喬治南街（South Great George Street）的「長廳」（Long Hall）酒吧後方的遺址就找到四座墳墓。從遺體來看，他們在世的時候肯定都是不好惹的傢伙——身材高大，骨骼粗壯。其中保存最完整的遺體，有一隻手臂顯然高度發達，想必他習慣揮舞劍或戰斧，也習慣從故鄉出發一划不知多少英里——從挪威經蘇格蘭西部群島（Western Isles）到愛爾

---

4 這個稱呼的由來，是因為他們拋棄基督教，成為挪威異教徒的盟友；其中不少人是愛爾蘭人與諾斯人的混血，早已習慣維京人的生活方式。同一時期的蘇格蘭也出現類似的倒戈社群，寫作 Gall-Ghàidheil，同樣有族群與文化融合。蘇格蘭的這個社群與愛爾蘭的情況一樣，雖然有本地人與諾斯人祖先，但雙方都不相信他們、鄙視他們。

蘭，航程通常需要一個月。

八四〇年代的維京都柏林在現代的都柏林城處處留下痕跡。不過，都柏林的輝煌時期還沒到來。其實，愛爾蘭人曾在八七四年搶回都柏林，接下來四十多年在愛爾蘭史上人稱「四十年的休養生息」，維京人在愛爾蘭的活動平靜下來。英格蘭本土情勢的發展，令繼挪威人而來的丹人分散了注意力：從約克統治整座島嶼的渴望，始終是愛爾蘭維京領袖的美夢——直到英格蘭王國建立，在九五四年時佔領約克，才大夢方醒。

那時，維京人已經帶著復仇重返愛爾蘭。他們在九一七年再度奪下都柏林，這座城迅速成為「繁榮的國際貿易中心」（歷史學家愛絲・羅斯妲〔Else Roesdahl〕所言）。其他維京聚落隨著貿易而擴大，例如韋克斯福德（Wexford，源於古諾斯語 Veisafjorthr，意為「泥灘海灣」）、瓦特福（Waterford，源於 Vadrefjord，「多水峽灣」）、斯莫威（Smerwick，Smor Vick，又稱「奶油灣」，因為利默里克〔Limerick〕所需的奶油來自這一帶的供應）、威克洛（Wicklow）、科克（Cork）與利默里克。

當時的維京諸王接著試圖統治全愛爾蘭。九九五年，他們甚至自己鑄幣。都柏林王希特里格之子奧拉夫（Olaf Sigtryggson）雖然控制一大片土地，但本地愛爾蘭部落仍然控制內陸。但奧拉夫和多數維京王一樣，王位都坐不久。他在九八〇年的塔拉戰役（battle of Tara）中大敗，是役也成為維京優勢不再的標誌。一〇一四年的克隆塔夫戰役更是知名。雙方陣營都有維京人，而布萊恩・博魯以自己的性命為代價，擊潰了聯手的愛爾蘭與維京敵人，讓愛爾蘭在歷史上首度統一並獨立。

當時的都柏林王美髯希特里格（Sigtrygg Silkenbeard）甚至沒有參戰。希特里格已經向愛爾蘭統治者納貢一段時間了（而不是愛爾蘭人向他納貢），顯示維京人在愛爾蘭的統治終於結束了。

關於克隆塔夫戰役，主要的文獻是一一一八年前後，由一名愛爾蘭教士所執筆的古諾斯語文本，《布萊恩傳奇》（*Brjanssaga*）。《布萊恩傳奇》加上《愛爾蘭人抗敵戰記》（*Cogad Gaedal re Gallaib*），代表了蓋爾文學文化的誕生，從愛爾蘭往奧克尼群島（Orkney Islands）傳播，在十二世紀時及於維京人的都城約克——這個文化將延續好幾個世紀，直至愛爾蘭作家詹姆斯·喬伊斯（James Joyce）與愛爾蘭裔美國作家法蘭克·麥考特（Frank McCourt）。這套歷久不衰的文學生態系，有好大一份功勞得歸功於諾斯傳奇體裁的傳統。

不過，維京人留在愛爾蘭的痕跡，可是遠遠超過城鎮地名與文學遺產，更刻在愛爾蘭人的DNA當中。不久前，都柏林的三一學院（Trinity College）與愛爾蘭醫學院（Irish College of Surgeons）的兩項研究顯示，斯堪地那維亞人在愛爾蘭基因庫留下的痕跡，遠比以往認為的更多，而大多數都集中在島嶼的北部與西部（並不意外）。這不是教他們的後代不再慶祝聖巴德利爵節（Saint Patrick's Day），改過奧拉夫節（Olaf's Day），而是要告訴大家在三月佳節歌頌愛爾蘭情懷之餘，不妨把留給健力士（Guinness）啤酒的胃騰出一部分，改喝嘉士伯（Carlsberg）啤酒，甚至來個一杯挪威的**生命之水**（akevitt）。

* * *

沒有人曉得斯堪地那維亞最早何時出現在蘇格蘭北海岸，但想必遠早於維京人的首次劫掠。蘇格蘭最北邊的島嶼，謝德蘭群島（Shetlands），距離奧斯陸只需要二十四小時航程——對典型的維京人來說，這趟路根本不值一提。群島上找到的考古遺址，確實顯示挪威人早在前羅馬鐵器時代便已來到當地。

無論如何，在挪威人眼裡，蘇格蘭從來不像愛爾蘭（或是將來的英格蘭）那麼有魅力。蘇格蘭的外島分布甚廣，構成半圓，從東邊的謝德蘭群島與奧克尼群島，延伸到西邊的赫布里底群島（Hebrides）與曼島。這些島嶼之所以重要，泰半是因為往南、西襲擊的維京人把這裡當成中繼點，甚至一路打劫到中大西洋的冰島。不過，維京人留在蘇格蘭的痕跡依舊深刻，而這些痕跡也透露了許多關於維京人自己的事。

謝德蘭群島是蘇格蘭最早被維京海盜佔領的地方，不久後，稍微南邊的奧克尼群島也步上後塵。謝德蘭群島由近百座島嶼組成，奧克尼群島則有七十多座島。許多島嶼無法住人，其餘島嶼想必讓維京人想起自己故鄉的氣候與風土。總之，維京人以激烈、突然的手段入侵、佔領這兩個島群。多數島嶼的原住民為古代皮克特人（Picts），少數為凱爾特人，但除了地名或血緣之外，他們幾乎沒有留下任何痕跡。相較於斯堪地那維亞基因，這兩個族群留下來的ＤＮＡ痕跡可謂微乎其微。此外，這些島民信奉基督教，這恐怕讓維京人更加堅定決心，抹除他們存在的每一道痕跡——此時正是林迪斯法恩等修道院遭劫掠的年代。

謝德蘭與奧克尼群島島民，究竟是遭到滅絕，或者是在一場維京式的屠殺中遭到種族清洗？他們是否如成千上萬的維京劫掠受害者一樣被賣為奴？他們是否成功逃到不列顛本島，抑或人數實在太少，盡數在維京人的波濤中滅頂？我們都不知道。我們只曉得，謝德蘭群島與奧克尼群島成為徹徹底底的挪威殖民地，生活方式與挪威維京人幾乎一模一樣（謝德蘭群島南端人稱「亞爾斯霍夫農場」〔Jarlshof farm〕的考古遺址，簡直是西挪威富農生活的複製品）。直到十八世紀，這些殖民地居民講的都是諾斯方言諾恩語（Norn）。[5]

然而，奧克尼群島與謝德蘭群島的大量聚落難免成為襲擊蘇格蘭本土的中繼站。他們的目標不只是林迪斯法恩，還包括愛奧那島富有而知名的修道院——後者數度遇劫，修士最後遁入愛爾蘭內陸。不過，蘇格蘭最北端的開斯內斯（Caithness）才是頭獎。「開斯內斯」之名反映出諾斯語的影響：caith 是蓋爾語的「貓」，而 ness 是諾斯語的「頸子」，比作「向外伸出的土地」。維京人在九世紀初佔領此地，不久後就意識到自己手中掌握的可是戰略寶地。

開斯內斯成為往西劫掠愛爾蘭，以及往東沿蘇格蘭東海岸一路劫掠到約克與諾森布里亞的必經之路。維京掠奪者將赫布里底群島一座接著一座佔領下來，分階段往西推進愛爾蘭。斯堪地那維亞特色在內赫布里底群島（Inner Hebrides）穩定發展，而生活在天氣惡劣的外島的愛爾蘭人與蘇格蘭人，比較能成功堅守家園。

即便如此，到了九世紀中葉，蘇格蘭仍然出現了一個由維京人主宰的大型政治實體，人稱奧克尼伯爵領地，而該伯爵國效忠的對象並非任何蘇格蘭統治者，而是挪威諸王。赫布里底群島西部有一大部分都是伯爵國的領土。後來的《奧克尼傳奇》（*The Orkney Saga*），以及斯圖爾拉之子斯諾里（Snorri Sturluson）所寫的挪威史，都把征服蘇格蘭歸功於單一一位挪威王——順髮哈拉爾，但這不大可能是事實。傳奇就是傳奇，既能予人方向，亦能讓人迷失方向。沒錯，這一帶的維京酋長（例如八四〇年至八八〇年間統治赫布里底群島的塌鼻凱提爾〔Ketil Flatnose〕）返回故鄉時，的確會接受西福德（Vestfold）地區的大王，例如哈拉爾與其父黑髮哈夫丹等人的權威。但征服與控制完全掌握在當地酋長手中，而非遠在挪威的統治者所能左右。到了十世紀末，時任奧克尼伯爵的壯漢西古爾德（Sigurd

5 維京人留下的DNA甚至比語言更加長久，奧克尼群島有百分之四十四的人有維京血統，謝德蘭群島居民甚至更高。

the Stout），堪稱是蘇格蘭最有權力也最富有的人。

但西古爾德犯了錯——一〇一四年，他在愛爾蘭的克隆塔夫戰役中站錯邊，不僅失去了麾下軍隊，也丟了自己的命。維京人在蘇格蘭的立足點迅速縮水，權力也明確轉移到本土的蘇格蘭統治者手中。不過，蘇格蘭人之所以能成功，卻也得歸功於維京人滲透了他們的領土，實在不無諷刺。自從盎格魯—薩克森入侵以來，北方王國盛行的傳統權力結構是皮克特人主宰高地，布利吞人（Briton）控制斯特拉思克萊德（Strathclyde）周邊，蘇格蘭人掌握達爾里阿達（Dalriada，西部沿海），盎格魯人與薩克森人則統治諾森布里亞。諾曼人的入侵敲碎了這個結構。蘇格蘭人比其他族群更能抵禦這場斯堪地那維亞風暴。八四四年起，蘇格蘭人開始征服皮克特人，橫掃剩餘的社群，一直到九七三年時以本土為根據建立統一的蘇格蘭王國為止。維京人在壯漢西古爾德死後撤出，讓蘇格蘭人得以把自己的影響力推得更遠，為威廉・華勒士（William Wallace）與羅伯特・布魯斯（Robert the Bruce）的中世紀蘇格蘭奠定基礎。

然而，挪威諸王持續握有最西端的離島，直到一二六六年才終於把統治權讓給蘇格蘭人。不過，北邊的奧克尼群島與謝德蘭群島（直到中世紀晚期都是挪威領土），以及西赫布里底群島等外島，始終是斯堪地那維亞人抵抗的中心。這些島嶼（又名西部群島）自己形成一個強大的王國。王國內的諾斯人與蓋爾人結盟並通婚；蘇格蘭本土將這些人稱為高盧高地人。

高盧高地人將一直奮戰到十四世紀，致死方休；他們的名號將隨著 galloglass 一詞——歐洲中世紀離鄉背井的蘇格蘭傭兵——流傳下去。這些 galloglass 是每個蘇格蘭王都得應付的難題，同樣的，每一艘航行在愛爾蘭海附近的蘇格蘭商船，都得擔心高盧高地人的船（稱為 birlinns）。這些船隻除了名字以外，實無異於維京長船。

最知名，或者說最惡名昭彰的島嶼之主（Lords of the Isles，不列顛本島的金泰爾半島〔Kintyre〕也是他們的土地）就是蘇瑪利（Summerled）。蘇瑪利的父親是蓋爾人，母親是挪威人；他是「島嶼之主」這個貴族頭銜的開基祖。當勞氏族（Clan Donald，亦作麥當勞〔MacDonalds〕）的統治者曾經獲得這個頭銜，於是反過來宣稱蘇瑪利是氏族成員。身為島嶼之主，當勞氏族的酋長從艾雷島（Islay）的根據地，統治蘇格蘭西部超過兩世紀。氏族的末日在一四八〇年降臨——此時，當勞氏族族長暨島嶼之主約翰．麥當勞（John MacDonald），跟自己的私生子小安格斯．麥當勞（Angus Og MacDonald）在馬爾海峽（Sound of Mull）的染血灣（Bloody Bay）打了一場激烈的海戰，結果不只敗戰，島嶼之主的權力也在此役中灰飛煙滅。他們的土地不久後歸於蘇格蘭王室所有，不列顛群島僅存的維京政體就此消失。斯堪地那維亞人曾經支配不列顛群島北海岸與西海岸的居民，令他們聞風喪膽，但如今徒餘地名與一些維京墳墓（例如小島聖基達島〔Saint Kilda〕的維京墓）能作為見證。

曼島是其中之一，位置正好介於愛爾蘭與蘇格蘭之間。無怪乎島上住滿了來自挪威，以及來自愛爾蘭與不列顛本島聚落的維京人。雖然這座島只有五十公里長，十五公里寬，但用史家羅斯妲的話來說，「當地維京史蹟之豐富，遠非其他維京殖民地所能及。」

早在九世紀初，也就是林迪斯法恩遭襲擊後不久，便有維京人登陸曼島。但根據傳說，維京人對曼島的統治，始於一〇六六年維京人與薩克森人之間，那場史坦福橋大戰的倖存者。生還者名叫哥德列．克羅萬（Godred Crovan），他躲到島上，在此建立王國。其實，曼島的中央政治組織跟另一座維京殖民地——冰島——非常相似，同樣設立了全事庭。曼島的庭議會（Tynwald）每年七月五日仍會議事——跟冰島國會競爭「全世界最古老的未間斷代議機構」的頭銜。

島上現餘三十多座維京墳墓，其中最耐人尋味的一座，或許就屬皮爾堡（Peel Castle）旁的維京墓。皮爾堡建於十一世紀，尊奉挪威王赤腳馬格努斯（Magnus Barefoot）的維京人在一座凱爾特修道院的遺址上蓋了這座城堡。前面提到的維京墓遠比皮爾堡歷史悠久，年代可能落在九五〇年，而墓主是位擁有相當財富與地位的女性。陪葬品中最引人注目者是一條寶石項鍊，上面的寶石來自不列顛與歐洲各地，有些寶石的年代甚至比這位曼島婦女第一次戴上這條項鍊還早三百多年。

但她是何許人也？墓裡沒有線索，有人推測她不只是某個富有家族的一族之首，說不定更是一位巫師。不過，這座墓確實證明，即便海外維京女性的人數遠少於斯堪地那維亞故鄉，甚至不及後來的冰島，但她們不只在斯堪地那維亞備受尊敬，甚至在某些殖民地也是如此。

曼島出名的還有盧恩碑文，有些石碑更是以結合了異教與基督教符號的十字為形狀。其實，諾斯基督徒墳墓的數量超過異教徒的墳墓，顯見曼島維京人比斯堪地那維亞親戚更早改宗——而且很可能是自願改宗，而非政治結盟或歸降的表現。

儘管島上少有凱爾特語地名（幾乎都是諾斯語地名），儘管曼島的統治者是維京人，但證據顯示凱爾特人對曼島的影響力始終強勁，甚至強過島上的維京王。曼島語（Manx，一種凱爾特方言）一直是島民的主要語言，盧恩碑文也透露了有些維京人為孩子取凱爾特名字。倫敦大學學院（University College, London）進行的DNA研究，顯示曼島人身上的斯堪地那維亞遺傳痕跡相對稀少，只有百分之十五，而且與挪威的距離愈遠，比例就愈低。

無論如何，曼島盧恩碑文與雕刻中的維京痕跡始終無法磨滅。其中一處雕刻的主題是西古爾德傳奇已知最早的圖像再現，西古爾德屠殺了侏儒法夫納（Fafnir）化身的龍，嘗了嘗龍血——該雕刻至少比這個故事以傳奇體裁成文的時間早了一世紀。

＊　＊　＊

挪威人與丹人共同成為愛爾蘭與蘇格蘭的征服者，瑞典人則締造了俄羅斯。但是，英格蘭如何成為維京人最重要的殖民地？這段故事完全屬於丹麥與丹人。維京人與他們試圖征服的族群交織在一起的程度，最緊密的地方莫過於英格蘭了，甚至可以說維京人最後征服的其實是他們自己。

阿爾弗雷德王與古思倫在八七八年締結的和約，在八九九年阿爾弗雷德過世後不久便無以為繼。阿爾弗雷德的繼承人愛德華王（King Edward）面臨堂兄埃瑟沃（Athelwold）發起的叛變，隨著埃瑟沃尋求丹人支持，威塞克斯與丹人領土「丹人區」的邊境再度動盪。然而，埃瑟沃與丹人的聯手攻擊卻適得其反。埃瑟沃與當地的丹人王尤里克（Eohric）死在同一場戰役，而丹人在九一〇年於托特納爾（Tettenhall）發起的反擊也徹底失敗。知名的中世紀史專家羅伯特．薩泠（Robert Southern）曾說，「在這個時間點公然宣戰，形同拿自己的命運去冒險。」一下子，人人都看出約克王國（構成丹人區的主體）的丹人統治者，其實不堪一擊。

愛德華與丹人區開戰，少不了阿爾弗雷德留給他的兩大利器。其一是英格蘭民兵——**旅兵**，堪稱維京軍隊的翻版，以職業軍人與輔以自當地徵得的侍衛為核心，足以作戰達數個月。其二則是防禦工事體系——堡（burhs），作為愛德華的最後防線；這些堡成為未來英格蘭都市的實質基礎。愛德華迅速橫掃丹人統治的默西亞，並佔領東盎格利亞。九一八年，他的姐姐埃瑟芙蕾妲（Ethelfleda）獲立為諾森布里亞統治者，只是在同年稍後過世。

不到七年，愛德華便征服了丹人區，但他的勝利並不圓滿，原因是維京人發動了新一波的入侵，這一回來自愛爾蘭。隨著維京人在愛爾蘭的影響力退去，當地的維京移民開始把自己的力量投注於東邊的不列顛本島，尤其是英格蘭西北與諾森布里亞。其中的佼佼者是出身愛爾蘭的維京強人拉格納德（Ragnald），他不僅控制約克，還支援丹人抵擋西薩克森人捲土重來的攻勢。拉格納德死於九二一年，愛德華則是九二四年。兩人的繼承者希特里格（Sigtrygg）與埃塞爾斯坦（Athelstan）從未在戰場上交手。希特里格之子奧拉夫倒是在九三七年與埃塞爾斯坦打過一仗——至關重要的布魯楠堡戰役（battle of Brunanburh），而參戰的還有奧拉夫的叔父古斯弗里松（Guthfrith），他是名義上的都柏林王，也是斯特拉思克萊德的蘇格蘭人盟友。

為了決定英格蘭北部，乃至於整個不列顛主權的最終歸屬，布魯楠堡可說是終將一戰。對戰雙方分別是得到蘇格蘭盟友助拳的愛爾蘭丹人聯軍，對抗得到英格蘭丹人盟友與維京傭兵支持的英格蘭軍。埃塞爾斯坦大獲全勝，而《埃以爾傳奇》（三世紀後才寫就）為我們勾勒此役的鮮活畫面。傳奇主角斯卡拉格林之子埃以爾（Egil Skallagrimsson）和他的哥哥托羅爾夫，居然跟英格蘭王同一陣營，對抗丹人，這多少讓人有些意外。

痛擊蘇格蘭人之後，埃以爾與托羅爾夫把矛頭指向主要敵人：「埃以爾與部下劍指國王的縱隊〔奧拉夫王的縱隊〕，從側面脆弱處下手，迅速造成嚴重傷亡。陣形瓦解。奧拉夫有許多部屬逃亡，維京人發出勝利的吶喊。埃塞爾斯坦王一感覺到奧拉夫王的陣腳不穩，立刻驅兵前進，命人把旌旗推向陣前，攻勢猛烈到陣形大亂，傷亡慘重。奧拉夫王戰死沙場，他的大多數兵馬亦然，因為陣前脫逃者被抓到都是就地正法。」

根據《盎格魯—薩克森編年史》，「兩兄弟與國王〔埃塞爾斯坦〕和王儲一同回到他們的國家，回到西薩克森人的土地，為戰場上的凱旋歡欣不已。他們把戰場拋在腦後，任由羽色暗沉、有著鉤尖喙的黑渡鴉去分享屍體，任由暗褐色羽、白尾、貪婪的老鷹去享受腐肉，把戰場留給灰色的野獸，留給森林裡的狼。」

根據《編年史》所言，「自從盎格魯人與薩克森人從東方來到此地，渡過寬闊的大海，入侵不列顛以來，刀兵所引發的屠殺莫過於此；高傲的攻擊者，渴望榮譽的戰士，征服了不列顛人，贏得一個國家。」

看起來，布魯楠堡已經徹底決定了北英格蘭的未來。然而，從這一仗是推不出進一步的結論的。事實與傳說相反，奧拉夫根本沒有戰死，而是活著返回都柏林。到了九三九年，他重返英格蘭，打算再戰一回。事實上，他與其他維京豪強（包括流亡海外，身分從挪威王變成冒險家的血斧埃里克）仍將不顧一切，繼續他們對約克王國大權的追求，直到九五四年。雖然五十年後，丹麥的克努特王會捲土重來，大鬧一場，但丹人與維京人對英格蘭的統治，此時顯然已經走向永遠的下坡了。只不過，諾斯人在此留下的印記仍然清晰而持久。

首先，許多地名顯然是維京人留下的遺產。英格蘭有成千上萬的城鎮與村落，其地名若是以 -by（意為「農場」或「村莊」）、-thorp 或 -thwaite（意為「整理出的空地」）作為結尾者，幾乎都透出了維京起源——至少是維京的鳩佔鵲巢。維京式地名的取代既非突然，亦非暫時。斯堪地那維亞風地名主要誕生於九〇〇年代初期，距離一開始丹人的佔領已有一段時間。專家指出，到了十一世紀末，蒂斯河（Tees）以南（甚至不算是丹人屯墾區的核心）至少有八百多個地名以後綴 -by 為結尾。其他斯堪地那維亞式的後綴，像是 -gil（中有溪流經過的深谷或淺谷）、-ey（島嶼）、-holm（小島）、-wick（海灣）與 -ford（峽灣）出現在不列顛群島各地，尤其是英格蘭沿岸或河谷。有些地名反映出原本維京地主的名字，像是凱特爾索普（Kettlethorpe，意為「凱特〔Ketil〕的農場」）和格林斯頓（Grimston，意為「格林的村子」，-ton 是盎格魯—薩克森式的後綴，意為「村子」）。

諾斯人的影響力也不限於地名。英語有許多單字，像是 cast（丟）、egg（蛋）、knife（刀）與 window（窗）皆源於古諾斯語。據估計，現代英語從維京語借來的字，總數超過六百字。這些外來語包括 they（他們）、their（他們的）與 them（他們〔受詞〕），取代了古英語的 hie、heira 與 him。只要念念看 husband（一家之主）、fellow（同伴）、happy（樂）、ills（恙）、bank（岸）、knife、race（賽）、thirst（渴）、carve（刻）、cut（割）、drown（溺）、scare（驚）、take（取）、want（要）、birth（生）與 die（就像「死」或「大去」），就能馬上了解丹人丹語（Donsk tunga）不只是丹人區居民，更是英格蘭每個人日常生活的一部分。早在九六二年，英格蘭諸王便承認丹人區自成一格，區內丹人自行其是。甚至連 law（法）這個字，例如 Danelaw 一詞的結尾，都是源自於古諾斯語的 lag。雖然 Danelaw 一詞直到十世紀初才開始流通，但它所指的確實是個有別於英格蘭其他地方的世界，不只法律、語言不同，連文化與經濟也不同。

丹人區本身分為三區。南區從泰晤士河延伸到威蘭河（Welland，注入沃許灣〔the Wash〕）。東區為東盎格利亞。不過，介於威蘭河與蒂斯河之間的北區（比征服者威廉〔William the Conqueror〕統治的諾曼第還要廣大）才是丹人區的核心。北區當中包括所謂的五鎮（Five Boroughs），這些城鎮的居民有自己的法庭，制定的法律符合丹麥故鄉的法律，而非盎格魯─薩克森人的法律。

都城約克（一〇六六年的人口兩萬人）是不列顛島內貿易（英格蘭的考古遺址中發掘出來自維京愛爾蘭與蘇格蘭的器物）與對外貿易的重鎮。運往約克的貨物如歐陸西北的葡萄酒、來自君士坦丁堡的絲綢，甚至是小枚的寶螺──世界上只有一個地方有，也就是紅海與亞丁灣。

丹人區是個獨特的法律與行政單位，經過一〇六六年的諾曼人征服之後，這一點也沒有改變。征服者威廉本人也同意，無論是西薩克森人還是丹人，皆應將當地風俗視為法律。畢竟丹人人數眾多（遠多於一〇六六年接管統治權的一小撮諾曼戰士）。他們的祖先攜家帶眷，來到這裡定居。等到征服者威廉的官員踏查國土，收集到出現在《末日審判書》（Domesday Book）的統計數字時，斯堪地那維亞裔分別佔了林肯郡（Lincolnshire）、東盎格利亞與北丹人區農民的百分之六十、四十與五十。四百年後，他們仍生活在當地。

他們居住的農場也與別人不同。行伍中的維京勇士理應耕作領主授予他的土地。維京人佔領大莊園之後，將之分割為一塊塊獨立的佃地；地主固然保有控制權，但他握有的實在稱不上直接所有權。莊園中的關鍵人物，其實是他們手下的農場主，稱為「中人」（sokes）。他們逐漸取得權利，得以將自己的土地販賣、出租、遺贈或讓與他人。權利範圍的擴大，不久後便反映在地名上，像是伯克郡（Berkshire）的烏斯頓（Woolston），就是一位名叫烏弗里（Wulfric）的諾斯地主所擁有的 tun（農場）。他在九世紀時，得到自己產業的所有權。

丹人區與英格蘭南部有鮮明的差別。肯特（Kent）的大莊園在諾曼征服後許久仍維持原狀，但在約克郡丘陵（Yorkshire Wolds，丹人區的一部分），同一類的莊園早在諾曼征服之前，便已分割為許多私有土地單位。自由身的中人農民構成人口中的一大部分，中人的興起是丹人區聚落的獨有特色，未來也將保有相當長的時間。

當然，丹人區獨立的法律體系終將消失。但中人依舊能自己決定何時耕作自己的土地，不用對國王以外的人負責，也依舊在英格蘭北部自中世紀以降的社會與文化風貌中扮演要角。諾曼征服時，這些農地主構成林肯郡人口的半數，萊斯特郡（Leicestershire）人口的三分之一（兩千人），以及諾丁罕郡（Nottinghamshire）將近三分之一的人口（一千五百人）。無論他們是諾斯人還是盎格魯—薩克森人的子孫，[6]他們不是用佃農服勞役的封建角度看待自己所耕種的土地，而是從權利的角度出發——我們甚至可以稱之為個人權利。

一九七八年，人類學家亞倫．麥法蘭（Alan Macfarlane）發表別開生面的《英格蘭個人主義起源》（*The Origins of English Individualism*）一書。書中根據史料，解釋為何自中世紀以降，英格蘭從未如歐陸的其他社會一樣變成徹底的農民社會，反而催生出包括財產權在內的個人權利思想，最終更出於保護權利而發展出代議政府。

麥法蘭爬梳資料，顯示在一二〇〇年甚至更早之前，英格蘭當地已經發展出一套法律與風俗體系，認可個人所持有的財產可以任意出售或分割。典型農民社會（例如中世紀法國或日耳曼社會）反而把財產視為整個家庭所持有，個別家庭成員不得分割或出售。更有甚者，英格蘭的制度賦予女性的法律地位，同樣高於典型農民社會。法律史學者理察．梅特蘭（Richard Maitland）表示在諾曼征服之後，根據英格蘭法律，「就私法的所有目的而言，沒有丈夫的女性也是行為能力人，她可以為原告與被告，可以分封，可以締約，這一切都不需要監護人。」相較於當時法國的情況，婦女甚至不能繼承財產。

這樣的女性法律地位，確實與丹人區居民所知的維京故鄉法律一致。也許不見得完全符合，但麥法蘭找到證據支持自己的論點的地方，例如東盎格利亞、薩福克與西密德蘭（West Midlands），許多都是丹人區的一部分。

麥法蘭的理論仍有爭議。英格蘭法律、政治與歐陸司法與政治制度之間的差異，不能只用單一解釋來說明。一個多世紀以前，歷史學家試圖用浪漫化的「盎格魯─薩克森式民主」或諾斯種族奧祕來解釋這種差距。然而，答案說不定更單純，純粹根植於歷史現實中。簡言之，丹人區的維京中人，顯然跟催生出一六二八年英格蘭國會《權利請願書》（*Petition of Right*），以及未來美國《權利法案》（*Bill of Rights*）的知識分子是一脈相承。

維京精神與英美立憲司法理論之間的關聯固然有待討論，但維京人確實影響了成形中的英格蘭王國的制度與英格蘭人的生活方式。維京家族的另一個分支——諾曼人，進一步加深了他們帶來的衝擊。此時，維京世界已經遠遠往西擴大，直到將近五百年後，才有其他歐洲人和他們走得一樣遠。

6 誰是維京後裔，誰是盎格魯－薩克森「本地人」？DNA科學無助於回答這個問題。倫敦大學學院的遺傳學家大衛．哥斯坦（David Goldstein）在二〇〇〇年展開研究，試圖判定維京人在不列顛群島（自然包括丹人區）留下遺傳標記到什麼程度。然而，遲來的發現令他前功盡棄——盎格魯－薩克森人與諾斯人的遺傳標記太過接近，難以區分，畢竟這兩群人來自同一個故鄉（研究中發現維京人跟凱爾特人之間的差異還比較明顯）。大學學院的這項調查最後沒有結論，頂多只能提供更多的佐證，說明斯堪地那維亞確實是「民族發源地」。

維京造就之世，下篇：諾曼第、大西洋與北美洲

The World the Vikings Made, Part Two: Normandy, the Atlantic, and North America

詔令〔歸順挪威王並上貢的命令〕在主教〔薩比納的威廉（William of Sabina）〕建請之下寄往冰島，主教認為全世界其他地方都是某個國王的子民，但冰島不是，實在不可思議。

——《哈康之子哈康王傳奇》（*The Saga of King Hakon Hakonarson*），十三世紀

維京征服不列顛群島過程中，展現出最要緊的驅力是拓殖，而非劫掠。事實證明，他們入侵法蘭西時，也是出於同一股動力。托特納爾戰役（battle of Tettenhall）結束後僅一年間，一名挪威豪強帶著同伴來到法蘭西，切出一塊自治的公國，有自己的語言、法律與習俗——這個公國就是將來的諾曼第。

法蘭克人叫他羅洛（Rollo），但他真正的斯堪地那維亞名字是羅爾夫（Rolf），默勒（More）伯爵羅格納瓦德（Rognvald）之子。此前，羅爾夫已經是威震八方的維京劫掠者，不只襲擊法蘭克，蘇格蘭與愛爾蘭也不能免（傳說中，拉格納在八八五年包圍巴黎時，羅爾夫就是其中一名戰士。但這個故事不太可信，而放出這段生平故事的作者，拿了羅爾夫孫子的錢）。《順髮哈拉爾傳奇》（*The Saga of Harald Finehair*）說羅爾夫身形魁梧，沒有馬能載得動他，他無論去哪都得徒步；這就是「步行者羅爾夫」（Ganger Rolf, Rolf the Walker）這個綽號的由來。但這個說法同樣啟人疑竇。

不過，說他惹惱了哈拉爾王，結果被迫逃亡，倒是有幾分真實。

羅爾夫與其他從諾斯故鄉遭到流放的人一樣，揮舞著手上的劍，開闢自己的江山。他率領一支遠征軍，深入羅亞爾河，直搗法蘭克王國的心臟。羅爾夫一路東進，直到九一一年西法蘭克國王查理三世（Charles III）的部隊在夏特爾城外的陣地戰中挫敗他為止——此事再度證明，維京人絕非所向披靡，面對裝備精良、準備充分的敵人時更是難說。但皇帝顯然認為與其把羅爾夫（羅洛）徹底趕出法蘭克王國，不如招撫他，於是他將塞納河下游的一大片土地封給這位維京領袖。

不過，羅洛也得做點什麼，當成對讓渡的回報——改宗基督教（只是有跡象顯示，他在死前回歸了祖先的宗教）。雙方的協議是否有成文締約？這一點仍有爭議。但我們可以肯定，九一八年之前的某一刻，羅洛和他的人馬佔領了周邊大片土地，而查理三世正式認可了他們。與皇帝議和之舉，同樣讓羅洛有機會擴大領土（未來將包括大城盧昂）與自己的勢力。很快的，他就主宰了埃普特河（Epte）、奧恩河（Orne）與大海之間圍成的土地。塞納河從昂德利斯（Les Andelys）至弗農（Vernon）河段兩岸的行政區，以及西至埃夫勒（Évreux）的土地，構成了這片領土的核心。

塞納河是羅洛屬地的中軸，流經將來法蘭西王國的正中央。這條水道讓他和追隨者得以通往巴黎。他們搖身一變，成為貿易專家，在塞納河上下做生意，甚至及於英吉利海峽。古羅馬留下兩條大路，一條銜接海峽至馬賽，一條銜接土爾至貝約（Bayeux），兩條公路貫穿於羅洛及追隨者所控制的領土，是陸路要道。

法蘭克的其他居民稱他們為「北方人」（Nor manni），而前面提到的範圍，也就成了北方人之地。最後，這個地區變成所謂的諾曼第，屬於強大的戰士、忠誠的友人與奸詐的敵人。從羅洛之子長劍威廉（William Longsword）開始，他的後繼者將率領戰士，發動一場又一場的征服，最終跨海來到英格蘭，甚至義大利與西西里島。第一次十字軍東征期間，其中一名後人更領軍攻佔耶路撒冷。[1]

期間，這些維京人迅速褪去了語言、風俗與法律方面的斯堪地那維亞遺緒，與法蘭克人鄰居一家親（不過，遲至一〇二〇年代，古諾斯語仍能通行於貝約）。從墓葬中可見，他們很快便採用法蘭克鄰人的葬儀。諾曼第人跟斯堪地那維亞的貿易聯繫（向來並不穩固）在九〇〇年代末大致畫下句點。還有更驚人的——史料中完全沒有事庭或其他部落集會的跡象。說不定，羅洛那時的諾斯人人數實在太少，召開事庭等會議並無實際意義。

即便如此，他們依舊在諾曼第的地名留下自己的痕跡，尤其是沿海地區。今日諾曼第許多村落的名字，是以當初維京拓荒者的名字，加上後綴 -tot（源於古諾斯語的 tomt 或 toft，意為「一塊地」）組合而成。Bramatot（布拉馬托）、Coletot（科勒托）、Gonnetot（貢內托）、Herguetot（厄格托）與 Ketetot（凱特托）——這種維京痕跡在諾曼第依舊不滅。其他諾斯人名與地名則隨著時間過去而拉丁化，像是 Asbjorn 變成 Auber（歐貝爾）、Asfridr 變成 Anfray（安弗雷）、Astketill 變成 Anquetil（安刻提勒），以及 Thorvaldr 變成 Touroude（圖魯德）。

其他地方的地名則是在諾斯人名或綽號後加上法語後綴 -ville，例如 Amundi（埃蒙德維爾〔Émondeville〕）、Blakkr（布萊克維爾〔Blacqueville〕）、Bosi（波熱維爾〔Beuzeville〕）、Barni（塞納河畔巴爾納維爾〔Barneville-sur-Seine〕與巴爾納維爾—加特雷〔Barneville-Carteret〕）、Bondi（邦德維爾聖母鎮〔Notre-Dame-de-Bondeville〕）、Kati（卡特維爾〔Catteville〕）、Stali（埃塔勒維爾〔Étalleville〕）、Thori（圖維爾〔Tourville〕）、與 Toki（托克維爾〔Tocqueville〕，也就是《民主在美

國》〔*Democracy in America*〕的作者，托克維爾伯爵阿列克西〔Alexis de Tocqueville〕的故鄉）……族繁不及備載。

十世紀末，諾曼人在外觀上已經跟他們的鄰居法蘭克人無法分別了。但就他們的無畏、不懈與「對財富與領土的渴望」來看，他們心底仍然是維京人。編年史書記載，羅洛之子長劍威廉曾經在九四一年造訪阿提尼（Attigny）。當時，各地最強大的貴族在此齊聚，向神聖羅馬皇帝鄂圖一世（Otto I）致敬。威廉發現大門居然關起來，把自己擋在外面時，他直接破門而入，要求讓自己入座。鄂圖於是在一年後謀殺了威廉，作為對侮辱的報復。

法蘭克國王路易四世（Louis IV）與公爵休・卡佩（Capetian duke Hugh）聯手，試圖徹底消滅諾曼人，此時威廉之子理察（Richard）年僅十歲。這是諾曼人史上最嚴重的危機。也許是受到在領土上恢復異教信仰的情懷所鼓舞，諾曼戰士紛紛集結在威廉的年幼繼承人身邊。造化弄人，休・卡佩與法蘭克國王因故失和，成為敵人。休協助理察奪回盧昂，並且在戰勝後將自己的女兒艾瑪（Emma）許配給這位即將成為公爵的年輕繼承人——即便如此，當時仍有不止一部編年史書將理察斥為「海盜頭子」。

諾曼第公爵理察一世如今統治的領土，遠比羅洛與戰士們當年打下的江山更為遼闊。諾曼第公國從西北方的葛唐丹半島（Cotentin Peninsula）延伸到東北方的佩斯勒河（Bresle）河畔厄鎮（Eu），最南至塞鎮（Sées）與奧爾河（Aure River）。盧昂、貝約、康城（Caen）、利秀（Lisieux）與皮特爾

1 見第六章。

（Pitres）是該地區的主要貿易中心。假如理察與後繼者必須與首都的法蘭克國王為敵，也只要跨越韋克桑（Vexin），沿著塞納河，便能輕鬆揮軍巴黎。

這個強而有力的根據地對任何志向遠大、毫不留情的諾曼統治者來說，都會把諾曼第的優勢發揮到極致——他們靠著手下的戰士，人數雖然不足以改變新家園的風貌，卻足以維持獨立統治。從許多角度來看，維京人對諾曼第的征服，預示了斯堪地那維亞移民將來對美國帶來的深刻影響。他們在文化與語言方面迅速融入人口主體，但保有的特色仍足以讓同時代的人感受到差異——尤其是他們出眾的領導能力。

最能展現諾曼人核心性格的，莫過於羅洛在跟查理三世（人稱率直查理〔Charles the Simple〕）締約宣誓時，直言頂撞對方的故事了。旁人交代羅洛，國王是他的封建主，他理當親吻國王的腳。據說他回懟，「我絕不會在任何人膝前下跪，也絕不會親吻任何人的腳。」

＊　＊　＊

維京冒險家在海外開疆拓土，建立王國時，故鄉的維京人則正在將他們濕冷、荒涼的家園轉變為真正一統的王國。

以前的挪威、丹麥與瑞典史，將王國統一的過程回溯到八〇〇年代與九〇〇年代初期。傳奇故事、《列王紀》以及博學的薩克索的《丹人史》（*History of the Danes*）歌頌著競相建立偉業的傳說諸王。他們有著像「順髮哈拉爾」、「血斧埃里克」、「好人哈康」、「灰袍哈拉爾」等響亮的名號，而故事中把他們描繪成國王，憑藉一系列足以拍成ＨＢＯ迷你連續劇的史詩大戰、和親與謀殺，設法為自己統治的動盪領土帶來些許的秩序。假以時日，他們的疆土開始有了類似現代斯堪地那維亞民族國家的風貌，而後世史家也加以追認、致敬。

真是蕩氣迴腸。但情況果真如此嗎？只要冷靜、持平地檢證史實，就能知道這些人物其實配不上他們在傳奇與傳說中的名聲。有些人甚至稱不上歷史人物。[2]

就以順髮哈拉爾（古諾斯語作 Haraldr inn hárfagri）為例。十九世紀時，挪威正力圖從瑞典獨立，而傳奇故事與《列王紀》中威名遠播的順髮哈拉爾也成為挪威民族主義的重要人物。根據《列王紀》，順髮哈拉爾是黑髮哈夫丹之子，他繼承了西福德的鬆散小王國，並逐步將之統一為一國。他建立帝國的豐功偉業（尤其是八七二年在赫爾辛峽灣〔Helsingfjord〕大勝另外五名競爭挪威王位的對手）成了一段建國故事，宣布挪威以獨立民族之姿誕生。

一八七二年，政府在哈拉爾丘（Haraldshaugen，位於海于格松〔Haugesund〕的一處史前墳塚，據說順髮哈拉爾埋葬於此）為哈拉爾立碑紀念。順髮哈拉爾大概是除了聖奧拉夫（Saint Olaf，還要過兩百年才會出現在舞台上）之外，人氣最旺、最受人愛戴的維京時代挪威君主了。

2 最出名的維京人——拉格納・拉德布魯克（意為毛皮褲拉格納〔Ragnar Hairy Breeches〕）很可能並無其人。傳說中，拉格納是八五〇年至九〇〇年間的人，現代的圖像小說、電影與電視影集經常以他為主角。對於拉格納生平最完整的描述，出自十三世紀史家博學薩克索的《丹人史》。根據薩克索描述，毛皮褲拉格納最早是在八四〇年或八五〇年開始劫掠波羅的海，率領多達三百艘船的大艦隊（意味著軍隊人數至少有一萬兩千人），隨後統治跨愛爾蘭、奧克尼群島，以及整個斯堪地那維亞的維京帝國。這種事情不僅辦不到，歷史上也從未發生。《毛皮褲拉格納傳奇》（*The Saga of Ragnar Ladbrok*，薩克索的煽情描述幾乎來自這份文獻）裡的拉格納從惡龍口中救了一名公主。他穿著一條塗了瀝青的皮褲，以抵禦惡龍的毒汁。薩克索補充說，拉格納預先在褲子裡塞了毛髮，他的綽號由此而來。

他的傳說始於一段愛情故事。他向霍達蘭王埃里克（Eirik, king of Hordaland）之女吉妲（Gyda）求婚，吉妲說「除非他成為整個挪威的王」，否則不會嫁給他。對吉妲與權力的愛意驅策著哈拉爾，他發誓在自己成為挪威唯一的王者之前，絕不會修剪、梳理自己的頭髮。十年過去，他實踐了目標，才終於剪了頭髮，然後改名。曾經的蓬頭哈拉爾（Haraldr lúfa）變成順髮哈拉爾，留名至今。

故事很美，但恐怕通篇沒有一個真字。一九七六年，歷史學家彼得・索耶（Peter Sawyer）對整個傳說提出嚴正的質疑。從此之後，其他史家紛紛指出沒有任何當時的證據，能支持傳奇中關於順髮哈拉爾的敘述。比方說，無論是九世紀時，航海家奧特爾（Ohthere）為英格蘭阿爾弗雷德大帝的宮廷所提供的挪威紀實，或是不萊梅的亞當在一〇七五年寫下的歷史記載，都沒有提及，在時代上與哈拉爾據稱掌權的時期差不多的挪威王。

至於哈拉爾的繼承人血斧埃里克王，我們掌握的歷史資料則比較可靠，但他的王國團結到何種程度還很難說。《列王紀》宣稱埃里克是傳奇人物順髮哈拉爾的兒子，但沒有任何遺傳證據能支持這一點。埃里克之所以躍上史冊，是因為他在英格蘭的舉動——他在英格蘭自立為諾森布里亞王。不過，這件事情是在傳說中順髮哈拉爾的另一個兒子——埃塞爾斯坦養子哈康（Hakon Athelstansfostri，因為英格蘭統治者埃塞爾斯坦王收他為養子——又一種啟人疑竇的說法），把埃里克從他在挪威的王座上趕走之後才發生的。

最根本的史實是，幾乎每一份提及挪威在前基督教時代統一於其國王之下的文獻，都是兩個世紀以後寫成的。更有甚者，這些記載來自冰島人的手筆，據說他們的祖先遭到哈拉爾流放，而這樣的論調有助於強調冰島獨立於挪威。事實上，所有證據都指向另一個方向——挪威一直是個分裂的民族，包括西福德諸王在內，各式各樣的維京領主為了霸權而爭，偏偏霸權似乎總躲著他們，而他們的鄰國則試圖利用他們的這個弱點。

其中一個鄰國是瑞典，但以瑞典而言，傳奇與後世史書所描繪的畫面，同樣不見得與史實吻合。我們確實知道，瑞典地區數百年來因為兩大部落——斯威利與約特（盎格魯—薩克森史詩主角貝武夫，就是約特人）的競爭而分裂。瑞典這兩大部落和他們的挪威鄰居一樣，都是農民、獵人兼漁民，只不過他們的活動還多了沼澤鐵的提煉，以及透過耕作開墾往南擴大領土。但他們難以穿透斯莫蘭（Småland）與諾爾蘭（Norrland）的大片森林，這件事還得再等三個世紀。

到了九〇〇年，瑞典也成了維京集中財富，而且累積最多的地方，這些財富從東方的拜占庭，甚至更東邊的巴格達滾滾流入。整體上，瑞典人是維京人當中最早捨棄打家劫舍，改以商人、貿易商、製造者之姿現身，擔任中間人，居中為比爾卡、約特蘭等貿易中轉地和東方的富饒牽上線。異教崇拜重鎮烏普薩拉或許曾經一度成為政治重鎮。但是，所謂的烏普薩拉王，一直是部落酋長層級的人物，要到勝利埃里克（Erik the Victorious）登上舞台，在九八〇年代與自己的姪兒壯漢斯提爾比約恩（Styrbjörn the Strong）大戰一場之後，局面才有所改觀。勝利埃里克出現之前，有沒有貨真價實的瑞典王？很難說。但有一件事是無庸置疑的：他是獨立史料中提到的第一個瑞典王。瑞典官方統治者世系表從他開始，而不是從其他列在瑞典盧恩碑文中有著奇怪名字的那些王。

埃里克的妻子顯然是個波蘭公主，顯示瑞典王國涉入波羅的海地區的程度，超過挪威人與丹人的大西洋世界。埃里克死於九七〇年左右，他的兒子繼王奧拉夫（Olaf Skötkonung），可說是第一位得到梅拉倫湖一帶的斯威利人，以及韋特恩湖一帶的約塔人共同接受的瑞典統治者——朝單一統一國家邁了一大步。

在這些一統江山的早期領袖中，史實基礎最穩定的或許就數丹麥的藍牙哈拉爾。丹麥的耶靈（Jelling）出土了兩塊刻有盧恩文的巨石，提到哈拉爾統一（應該說是再度統一）丹麥的各個部分。看起來，哈拉爾是在九六五年左右立了這兩塊巨石，紀念自己的父親戈姆（Gorm，有時稱老戈姆王〔King Gorm the Old〕）與母親希拉（Thyra）。人們認為這兩塊巨石與丹麥國家的誕生密切相關。碑文中提到「丹麥」，較大的石頭上出現丹麥的直接受格「danmprk」，較小的那塊則出現所有格「danmarkar」。哈拉爾的王國究竟有多大，我們不得而知，但可以合理推斷從丹牆防禦線（包括維京城市赫德比）開始往北延伸，跨過日德蘭、丹麥諸島，北至今日瑞典的南部斯卡尼亞（Scania），甚或是哈蘭（Halland）。

此外，耶靈巨石上說哈拉爾還「贏得」挪威，這一點爭議更大。不只是挪威愛國人士，有些歷史學家也樂於對這種主張表示異議。就此說法而言，確實沒有其他實證能支持丹麥沙文主義。哈拉爾治世的物證，是他興建的一系列環形堡壘，用於確保自己奮力贏得的王國不受攻擊。光是從特雷勒堡（Trelleborg）與菲爾卡特（Fyrkat）等大型軍營（便於軍隊準備長程、長期的劫掠）的遺跡來看，很難推論出哈拉爾會相信自己能在不受挑戰的情況下統一丹麥。即便

丹麥耶靈的盧恩文石，由藍牙哈拉爾豎立。源自丹麥國立博物館

如此，他仍然成功將丹麥各地，以及位於挪威的幾個前哨站聯繫起來，這也讓他成為連結的象徵。之所以會有無線通訊科技公司以「藍牙」之名命名，就是這個緣故。耶靈巨石上哈拉爾王的盧恩文字首，成了藍牙公司的標誌。

藍牙哈拉爾之子八字鬍斯文更是個有史可稽的人物。他對英格蘭發動一連串襲擊，由斯文之子克努特（後人稱他為克努特大帝）在十一世紀中葉克紹箕裘加以完成。直到八字鬍斯文為止，我們終於看到有個比較接近中世紀的君主，而非維京酋長的北方人（特雷勒堡與菲爾卡特的堡壘，也很有可能是他建造的）。

藍牙哈拉爾的耶靈石見證了時代交替時的另一項深遠轉變。碑文上說，「哈拉爾贏得整個丹麥與挪威，並且讓丹人變成基督徒。」石頭上甚至有基督受難的圖像。哈拉爾與他建立的王朝，經歷了異教信仰在國內的衰落與基督教信仰的興起。整個斯堪地那維亞即將展開一種新的冒險，這場冒險終將轉變其文化，改變這個地區與歐洲其他地方互動的方式。[3]

＊　＊　＊

有些維京魂發現自己在海上迷失了方向——從結果來看不見得是壞事。納多杜爾（Naddod 或 Nadd-Oddur）的情況就是這樣。八五〇年前後，納多杜爾因為與人決鬥（或是殺人）而遭到放逐，離開挪威故鄉，到法羅群島追尋新生活。

3 見第五章。

法羅群島距離謝德蘭群島約兩百英里，位於後者最西端島嶼的西北方。納多杜爾出海的幾十年前，法羅群島就是個繁忙的維京殖民地。根據《法羅群島傳奇》（*The Faereyinga Saga*），第一個來到島上的人是佝僂格林慕（Grimur Kamban）。他的名字透露出他的愛爾蘭出身；他若非翡翠之島的子民，就是來自西赫布里底群島。愛爾蘭僧侶原本隱居法羅群島，躲避維京人襲擊，如今又得逃跑，因為到了八二五年，來自挪威西部松恩（Sogn）、羅加蘭（Rogaland）與阿格德（Agder）地區的首批移民來到了島上。幾年後，島上的綿羊已經比人還多——法羅群島的毛線編織至今依舊出名。羊群在迎風面的山腳下靜靜吃草，到了夏天則往高處吃新鮮的草料。維京綿羊主在島上砌石屋，以便照看羊群。

納多杜爾只不過是順著格林慕與其他挪威殖民者指點的航路，誰知惡劣的天候（或者糟糕的航海技術）讓他徹底迷失方向。他終於抵達陸地，卻發現自己身處山脈與峭壁盡皆冰封的地方，距離法羅群島不知幾許。一上岸，他立刻爬上一座山頂，視野所及完全沒有任何東西會讓他想留下來。於是他再度啟航，這一回他平安抵達法羅群島。他把自己的奇特冒險，以及自己從山頂返回小舟上時，大雪開始無情落下的過程一五一十告訴島上的人。因為這一切，他為這座島起了第一個名字：雪島（Snowland）。

此時大約是八五〇年或八六〇年。未來數年，至少有另外三位無畏的維京水手登陸雪島。維傑拉之子弗羅基（Floki Vilgertharson）是其中第二或第三人，他在島上體驗了嚴酷無情的冬天，讓他不由得為這座島起個新名字，而這個名字留了下來：冰島。連挪威人都印象深刻，想必真的是個超級寒冬吧。

弗羅基的創新導航方法也很出名。根據傳奇記載，他會帶著三隻渡鴉出海。「他放開第一隻渡鴉，往船艉飛去；第二隻飛向高空，再飛回船上；第三隻筆直往前飛，而他們便是在這個方向找到了陸地。」他與船員不久後抵達一處充滿魚群與海豹的港灣，這裡實在太吸引人，害他們那年秋天來不及製作乾草。牛羊紛紛餓死，斷了他們在島上建立長久聚落的希望。

第一位成功在這片險惡風土上扎根的人是阿納爾之子英格爾夫，也是挪威人，而且同樣是犯法之人。英格爾夫是典型的流亡維京人，當下的處境什麼也給不了，只能尋找新的未來。尋找未來的方法，就是揚帆啟程，看大海帶著他去發現何處。

但也不見得。英格爾夫顯然帶了充足的木料，夠他蓋一座小房子。傳說中，當船隻緩緩航向陸地時，他把船上的兩根主桅丟進海裡，看海流會把船帶往何方。船桅漂上岸，附近有個地熱噴氣口，對著天空噴發大量的蒸氣。英格爾夫以為蒸氣是煙，於是把這個地點命名為「冒煙的海灣」（Reykjavík，即雷克雅維克），並且在此蓋起房子。

英格爾夫有所發現的消息一傳出去，其他來自法羅群島的拓荒者便跟著他的腳步來到這裡。這些維京人和他們的家屬在冰島找到的，是個與過往所見完全不同的地方。用紀錄片製作人尼爾．奧立佛（Neil Oliver）的話來說，這片土地「到處都是吐著熔岩的活火山，布滿荒瘠的新生岩石，地熱泉冒出滾水與蒸氣，空氣中充滿硫磺氣的臭蛋味」。就地理而言，冰島坐落在歐亞板塊與北美洲板塊的斷層線上，造陸仍是現在進行式。在英格爾夫的時代，唯有習慣從無到有的人，才會將這裡稱之為家。

到了九三〇年，他們的人數足以好好開墾這個地方——應該說開墾可能開墾的地方。冰島內陸泰半無法住人。儘管冰島接近北極圈，但墨西哥灣暖流為沿岸與南部平原帶來相對溫和的氣候。冰島的可耕地，能種出足夠的小麥與大麥，以及牛羊所需的草料（毛料成為冰島主要出口品），養活十二世紀時《開拓之書》（*Landamabok*）所說的四百三十名拓荒者及其家人。

當時擁地最廣的一些地主「頭領」，決定他們必須學習過往的維京部落，經常召開大會，為社群建立穩定的政治秩序。他們創設全事庭，每年夏天在庭原進行為時兩星期的集會，以宣布新法律，修改舊法律，排解紛爭，懲罰罪犯，赦免無辜之人——順便做點生意。這種簡單的代議政府形態，讓冰島自由民得以批准或否決頭領的決定；直到十九世紀中葉，全事庭持續在庭原開議，冰島因此能主張自己擁有全世界最古老的民主體制。全事庭的集會地點最終在一八四四年轉往雷克雅維克，但直到一八八一年，冰島政府才為此興建永久建物。整體而言，冰島人以及斯堪地那維亞人多半認為「自由」這種特權，最好是在露天環境中行使。

早期的冰島顯然體現了維京社會的精華。冰島人也很有趣，明明從未出海打劫，或是遠征海外，卻總自視為維京人。冰島拓荒者似乎以來自挪威西部與北部（距離冰島約七日航程）的人為主，但有不少人是從不列顛群島與法羅群島的斯堪地那維亞聚落輾轉而來。這意味著冰島的維京聚落有一定人數的愛爾蘭人與蘇格蘭人。冰島也有出身凱爾特地方的奴隸。冰島拓荒者與其他維京人一樣，無法在沒有奴隸幫助的情況下經營大農場。無論如何，冰島人的ＤＮＡ當中的凱爾特基因，比一般人以為的還要明顯。甚至連冰島最有名的傳奇之一——《尼亞爾傳奇》（*Njal's Saga*），主角尼亞爾也是凱爾特人的後代。

冰島殖民之初開闢農場、養活家人的那些人，認為自己是權貴。先前提到，人們稱呼他們為gothar（頭領），而這個詞源於古諾斯語的「神」，暗示了gothar的角色一度有其宗教功能。不過，他們的宗教角色迅速轉變為政治角色，只不過他們沒有權力強迫其他冰島自由民——庭人服從他們。他們其實是島上的權力掮客，而庭人則聚集在他們身邊，以確保自己的利益。頭領（這個階級的冰島人有權在立法會〔Lögrétta〕中投票）在一年一度的全事庭為他們代言，或者在庭人與其他庭人農地主發生衝突時，為自己人提供保護。

冰島政治說不定比歐洲其他地方的政治更像是坦慕尼協會（Tammany Hall）。冰島不曾被王、爵爺（thegns）或貴族等統治過，或是獲推舉而統治的跡象。全事庭和頭領—庭人之間的自願關係是推動事務的核心，創造出獨步歐洲的制度：一個完全由自己所建立的國家，其政府完全掌握在自由人手中。這個國家甚至沒有外敵，政府不徵稅，也沒有插手公共支出。對這個政體而言，個人權利不可侵犯，而大多數人也抱持這種看法。前面提到的原則，可以用《至高者聖言》（*Hávamál*）中的一句格言加以總結：「智者用權必定節制；他知道在勇士齊聚時，人人盡皆平等。」

這個諾斯烏托邦只有一個缺點，否則簡直是維京魂的完美安居之所。由於沒有外人可搶可奪，最初的冰島人轉而搶奪彼此。冰島的傳奇故事提供大量細節，告訴人們血腥宿怨如何令人世世相讎。《尼亞爾傳奇》的情節堪稱入木三分，講述兩個冰島家族之間延續五十年的世仇——在真實生活中，想必不乏這種衝突。

不過，故事主人翁索爾蓋之子尼亞爾（Njal Thorgeirsson）實在稱不上典型的維京英雄。他沒有殺過人，甚至從未拔劍與人相向（打仗的時候，他配戴的短斧不僅無用，還會造成麻煩）。他的力量是人格的強健，對人性的認知有時候感覺近乎現代——這也是當代讀者喜歡這部傳奇的原因之一。他的同伴赫利扎倫迪的貢納爾（Gunnar of Hlidarendi）**是**一位偉大的戰士，堪稱冰島第一人，曾經擔任傭兵（許多冰島人有過相同經歷），效力過各式各樣的挪威領主。然而，他也痛恨殺戮，所以才會跟尼亞爾結為好友。兩人捲入家族世仇，最後雙雙因此殞命，可說是真正的悲劇。

尼亞爾給貢納爾的建議，對冰島的維京人來說太過理想：「絕不能殺害同一家族的人兩次，也絕不能打破中人在你與其他人之間促成的約定。」他補充，「要是這兩種情況發生，你一定活不久。假如沒有發生，你就能長命百歲。」

尼亞爾與貢納爾都無法終老。但所有冰島人與所有維京人比以往更期盼能高壽而終。冰島人如今盼望的生活方式，將會讓長壽成為常態，而非例外。

基督教似乎承諾了更幸福的結局。大約一〇〇〇年前後，全事庭通過以基督教作為冰島官方宗教。但冰島人還是找不到平靜。大家族之間傾軋愈演愈烈，法律與秩序終於在十三世紀初崩壞，冰島陷入內戰。內戰最後導致冰島在一二六三年時遭到挪威直接統治。冰島居民口中的冰島自由邦就此結束。

不過，記憶中冰島曾經的模樣，將迴盪在比爐邊的吟誦更加長久的字裡行間。冰島成了吟遊詩人（skald）的故鄉，他們在挪威諸王的宮廷中走唱。許多十三與十四世紀的人將吟遊詩人的詩作寫下來，為我們留下古老的歷史紀錄，人物不只有冰島人，還有他們的維京祖先。這些文字讓人得以一窺他們的異教信仰，早在成文兩世紀以前就消失的信仰。冰島傳奇文字鮮活，細節豐富，但不能當成史實。這些傳奇（超過四十部）流傳下來，記錄著即便保存在羊皮紙上，卻仍然迅速消逝的維京文化。[4]

「綜觀歷史，冰島是第一個成形的『新國家』，」歷史學家理察・湯瑪森（Richard Tomasson）如是說，「也是歐洲各個社會中，我們唯一知道其起源的國家。」我們不妨把冰島當成實驗案例，了解斯堪地那維亞人將來會在美洲打造什麼樣的新生活，按照自己喜歡的方式過活——生來自由的公民，生活在一片能提供自由的土地。

但先決條件是必須有人敢冒險往更西方前進。

＊　＊　＊

發現冰島的人是一名挪威殺人兇手，而另一名挪威兇手將決定維京人渡過北大西洋，前往格陵蘭的下一個階段。

他名叫索爾瓦之子埃里克（Erik Thorvaldson）。他在挪威故鄉遭人指控殺人，於是與父親一起逃往冰島。埃里克個性火爆，加上藐視法律的心態，到了冰島反而惹出更多麻煩。九八二年左右，他決定出海，往更西邊尋找新天地——其實，歷史上還沒有歐洲人曾經往這個方向航行如此之遠。

說索爾瓦之子埃里克（當時的人叫他紅髮埃里克，因為他有著一頭紅髮）「發現」格陵蘭，並不正確。其他冰島人知道這座島嶼存在。格陵蘭是世界第一大島；天氣晴朗時，從冰島最高峰斯奈菲爾山（Snaefell）的山頂，是可以看到格陵蘭的。以前也有人登陸格陵蘭，例如挪威探險家烏爾夫之子貢比約恩（Gunnbjørn Ulfson，格陵蘭最高峰貢比約恩山〔Gunnbjørn Field〕便以他為名）。但紅髮埃里克是第一個決定留下來的人。原因是，繞航過後人所說的法韋爾角（Cape Farewell，位於該島最南端）的他發現了非比尋常的事物。

4 關於這些傳奇，詳見第七章。

雖然幾乎整座格陵蘭島都掩蓋在巨大的冰層之下，且大半位於北極圈內，但西海岸卻有肥沃的原野與宜人的峽灣——植被絕對比冰島還要茂密。埃里克重回當年被迫離開的故鄉，向眾人宣布自己找到了「一片綠地」，有充足的空間供人開拓。願意生活在紅髮埃里克統治之下的人，分乘二十五艘船，往這座潛在的樂園出發。

雖然目的地聽起來吸引人，但航程卻不然。旅人們必須在冬天穿越海象不佳的丹麥海峽，事實也證明此行凶險異常，最後只有十五艘船通過，另外十艘船若非遇難，就是掉頭。堅持到底的人，發現埃里克所言確實不假。這裡覆滿草原與森林，還有許多動物，牠們的毛皮、羽毛和長牙在斯堪地那維亞故鄉銷路極佳。腦筋靈活的商人宣稱一角鯨細長的鯨齒是傳說生物獨角獸的角，鯨齒出了名，成為炙手可熱的商品——至少容易上當的人對此趨之若鶩。

西元十世紀步入尾聲，埃里克的殖民地逐步成長，有了三千名刻苦耐勞的居民，分為兩大聚落。他們與冰島生意往來熱絡，畢竟冰島就在旁邊（但必須在春天航行，以避開丹麥海峽的暴風雨和冰山）。加上冰島距離不列顛只有五天航程，離挪威只有七天，這種距離實在不足以讓維京人出汗——經常性的四方貿易迅速成形。事實上，考古證據指出格陵蘭人幾乎獨佔了全歐洲的海象牙貿易。DNA分析是揭露海象牙源於大西洋彼岸的關鍵。比方說，我們如今知道，中世紀最出名的海象牙棋組（以維京時代的戰士為外型，今展出於大英博物館），就是以格陵蘭取得的海象牙為材料。

正當埃里克的聚落站穩腳跟，農田在沿岸上上下下鋪展開來時，基督教也從冰島傳到了格陵蘭。我們幾乎可以肯定，布拉塔希利茲（Brattahlíd）的小小教堂是格陵蘭最早興建的教堂。這些勇敢的開拓者是什麼模樣，教堂邊的墓地透露了一點端倪。底下埋了四十七名成年男性，三十七名成年女性，以及三十四名兒童的遺體。其中一名兒童是與二十名男子一起埋在一座集體墓穴中。他們也許死於其他地方，後來才遷葬到布拉塔希利茲，但箇中原因我們並不了解。這些格陵蘭人不僅強壯，以當時標準來說還相當高大。女性平均身高為五呎三吋，男性平均高五呎八吋。不少男子甚至身長六呎以上。

差不多在同一時候，或是一〇〇〇年之前不久，埃里克之子萊夫決定帶領一批更無畏的殖民者往更西邊去，探索格陵蘭水手赫約爾夫之子比亞爾尼（Bjarni Herjólffson）在十五年前確定位置的一條海岸線。

關於萊夫這一旅程，以及後續由他的兄弟索爾瓦（Thorvald）率領的出航，我們的主要資料來源是《葡萄之地傳奇》（*The Vinland Sagas*）。傳奇中提到，經歷一兩日的航程，萊夫找到了比亞爾尼先前發現的海岸線。巨大的冰河覆蓋著高地，整片地「從冰河到大海，有如一塊石板」。萊夫決定把眼前的海岸命名為「石板之地」（Helluland）。探險隊接著冒險稍微往南走，看到一片林木成蔭的海岸，有著白沙灘；萊夫稱之為「森林之地」（Markland）。他們繼續往南，經過兩天航程，萊夫與殖民者登陸在「有一條從湖泊發源的河流注入大海」的海岸，水裡有大量鮭魚，「土地的條件好到牲口不需要秣料。」此地的氣候也比格陵蘭或冰島溫和，日夜幾乎等長。

傳奇講述，埃里克之子萊夫與同伴便是在這裡建立殖民地，根據他們發現的野葡萄，將這裡命名為「葡萄之地」（Vinland）。他們蓋起原木屋，至少維持這個維京聚落三個寒暑之後，才重返格陵蘭家園。他們是第一批踏上美洲土地的歐洲人，比哥倫布早了四百年以上。

有兩部傳奇，一部叫《格陵蘭人傳奇》，一部叫《紅髮埃里克傳奇》，內容都提到美洲維京聚落的故事，但兩者細節相去甚遠。其一將建立聚落的功勞歸功於埃里克之子萊夫，另一部則是歸功於一對佳偶——好漢索爾芬（Thorfinn Karlsefni）與索爾比亞爾尼之女古德莉（Gudrid Thorbjarnardottir），也就是第一位生於美洲的斯堪地那維亞兒童，索爾芬之子斯諾里（Snorri Thorfinnson）的父母。儘管有所出入，但傳奇中所描述的聚落，其真實性不容質疑。實物證據愈來愈豐富（例如格陵蘭一處維京遺址所出土的印第安箭頭，只有可能來自北美部落）。現在的大哉問，不是維京人**是否**登陸美洲，而是在**何處**登陸。

當然，人們為了尋求證據，找出萊夫一行人登陸的地點，已經把傳奇中的說法拿來拷問一番了。第一位提出理論，認為首先發現美洲的歐洲人並非哥倫布，而是維京人的學者，把葡萄之地的位置跟羅德島，或是麻薩諸塞畫上等號。有人比較保守，選了瑪莎葡萄園島（Martha's Vineyard）。但大多數人認為地點在更北方的加拿大東岸，這裡跟格陵蘭近得多，自然環境也與《紅髮埃里克傳奇》當中的描述更為吻合（例如冰河的存在）。由此漸次回推，今人多半認為石板之地是巴芬島（Baffin Island），而森林之地則是拉不拉多海岸，或是紐芬蘭。

至於最重要的聚落——葡萄之地——位置何在？學界的猜想範圍很廣，上至新斯科細亞（Nova Scotia），下至鱈魚角（Cape Cod），遍及北美大陸東海岸。從歷史角度而言，恐怕沒有哪個地點比它更難以捉摸了。由於位置撲朔迷離，不時鬧雙胞或多胞，有人於是懷疑「埃里克之子萊夫在美洲」的整個傳說，認為虛構大於真實。

一九六五年，整個論辯的風向徹底轉變。挪威出身的考古學家伉儷海爾格．因斯塔（Helge Ingstad）與安娜．因斯塔（Anna Ingstad），在紐芬蘭的蘭塞奧茲牧草地（L'Anse aux Meadows）找到了一處絕對是維京營地的遺址。他們發掘出五間以石材和泥炭砌成的建築物，大小足以容納百人。建物風格與同時代的冰島與法羅群島近似。因斯塔夫婦還找到聚落居民漁獵的證據——但居然沒有農耕的跡象。其餘文物則反映典型的維京生活：一盞皂石刻成的油燈台，一枚青銅胸針，以及一架紡輪。紡輪的存在，暗示了在蘭塞奧茲牧草地冒險犯難的人不太可能只有男性。

但這裡是否就是傳奇中葡萄之地的所在？今天多數學者都認為恐怕不是。這裡更像是暫時的小艇卸貨處，是個船隻修理、整補中心，提供給養讓旅人能在此過冬。假如葡萄之地確如傳奇所說，則真正的地點可能位於更南方，坐落在聖老楞佐灣（Gulf of Saint Lawrence）內。灣區是該地野葡萄生長的北界，有了這個細節，「葡萄之地」之名才有起碼的事實可言。但是，假如維京人確實在此落腳，他們停留的時間似乎還不夠長，沒有為考古學家留下一點可供發掘的痕跡。萊夫與同伴是否曾登陸此地，找到葡萄與其他野果，接著將自己的發現，冠在包括蘭塞奧茲牧草地聚落在內的整個海岸地區上，藉此吸引、鼓勵潛在的移民呢？

我們無從得知。總之，葡萄之地仍有待今人發現。另一方面，證據顯示維京人在北美真正的活動中心並非葡萄之地，而是森林之地——積極的商人砍伐樹木，運回沒有樹的格陵蘭蓋房子（格陵蘭墓地取得的DNA同樣可以證明）。[5]

5　偏偏每當涉及維京人，蠢蛋與不切實際的幻想就沒了邊際。葡萄之地，或者說這個虛構的概念正是如此。新聞報導，加拿大的新法西斯與新納粹主義者，利用他們經營的歷史重現組織葡萄之地公司（Vinland Productions），鼓吹說這個消失的聚落確立了白人至上論者對北美洲有先佔權。但是，沒有充分證據顯示維京人在北美洲久住，何況葡萄之地的確切位置仍舊成謎。在奧勒岡州波特蘭槍殺穆斯林的白人至上論者傑瑞米·克里斯欽（Jeremy Christian），便不斷重申這種荒謬的主張。

格陵蘭殖民地緩慢但穩定的衰落，導致維京人在美洲的整體發展就此終結（包括蘭塞奧茲牧草地與其他地方）。有跡象顯示維京人與當地因紐特人（Inuit）部落的關係急遽惡化。發生在一三〇〇年左右的氣候變遷更是重重一擊。所謂的小冰河期肆虐全歐，格陵蘭冰層也因此往南擴大，沿岸變得愈來愈難住人。有時候，海冰甚至切斷殖民者與外界聯繫達數年之久。

到了一四一〇年，只剩東殖民地（位於格陵蘭西南角，從北邊的布拉塔希利茲延伸到南邊的赫留夫斯尼〔Herjolfsness〕）還存在。因紐特部落佔領了其他地點。一五四〇年，一艘船停靠在東殖民地，船員眼見盡皆破敗：幾處荒廢的農地與陋屋，其中一間屋內是一具倒臥的屍體。

發生了什麼？這個問題與葡萄之地的位置，都是考古學的未解謎團。維京殖民者究竟是被因紐特人，還是被疾病消滅了？這些拓荒者是不是覺得，假如自己打不過因紐特人，就加入他們，自發融入人數更多的鄰居？也許吧，但對於當時因紐特人遺骸所做的DNA研究，並未找到維京基因的跡象。說不定，紅髮埃里克的後人只是意識到，留在格陵蘭的壞處多過好處，於是打包返回冰島。事情的真相仍然與我們大捉迷藏。

不過，北美洲維京聚落之所以具有劃時代的重要性，原因在於維京人推動了一段前所未見的全球化時代。從北美洲到俄羅斯與巴格達，斯堪地那維亞人駕駛著長船連接了中間無數個節點，形塑了所到之處與所征服之處的特質。當時的人無法領會其影響。那些冒險犯難，將木材從拉不拉多運回格陵蘭，或是將海象牙從格陵蘭運往挪威與丹麥的水手們，不可能意識到自己正催動一段全球轉型。

但這個重要事實，卻也無法掩蓋另一項重大發展。建立格陵蘭殖民地的紅髮埃里克，和他的挪威祖先一樣是異教徒，但他的兒子萊夫——眾所公認的葡萄之地聚落發起人，卻是一名基督徒。到了西元一〇〇〇年，維京人正準備踏上一段深藏不露的精神旅途。這段路將帶著他們離開先祖的異教萬神殿，走向主流文明，為維京魂帶來泰半正面的影響。

這並非一段容易的過渡。北歐世界中，有些地方花了幾個世紀才接受基督教。即便如此，一旦丹人、瑞典人、挪威人、芬蘭人，現在加上冰島人與格陵蘭人，航向那片明亮但陌生的彼岸，就不曾回過頭。非但如此，斯堪地那維亞族群更是將他們特別準備的禮物，送給了中世紀的基督教世界與基督教。

5

諸神的黃昏：
維京人、諸王與基督教

Twilight of the Gods:
Vikings, Kings, and Christianity

我看見大地
再度浮現
於大海之中，
綠意再次盎然。

——《詩體埃達》（*The Poetic Edda*），〈女巫的預言〉（Voluspa），第五十七段

基督教降臨在維京人之間，是世界級的大事件——諾斯人的文化與精力受此事觸發，與歐洲主流整合。基督教轉變了維京魂的關鍵，對斯堪地那維亞造成深遠的影響，釋放諾斯人的能量，導向創造性的新方向。歐洲受到的衝擊也同樣深遠，新的信心與驅力，成為中世紀的一環，進而化為未來歐洲文明的一部分。

＊　＊　＊

轉化的過程始於維京世界的邊緣，始於諾斯人的瑞典旁系，人稱瓦良吉人或羅斯人。但在羅斯統治者改宗之前，他們必須先鞏固政治力與經濟力——這種先後順序，未來會在其他維京王國反覆發生。

八七九年，劫掠者、冒險家兼俄羅斯第一位維京征服者留里克過世了。由於留里克的兒子年紀很小，權力因此轉移到攝政者——強大而精明

的赫爾吉（Helgi，俄羅斯史稱之為奧列格〔Oleg〕）手中。以前，大量湧入的阿拉伯銀元曾經讓羅斯人的第一個王朝富裕起來，但銀流卻在八七五年前後中斷。奧列格被迫尋找新的方法，取得來自撒馬爾罕（Samarkand）與塔什干（Tashkent）的銀，穆斯林世界的銀幣是在那裡鑄造的。新的管道需要新的貿易路線，以及確保安全的新作法。無論是劫掠者還是維京商人王公的手法，都再也行不通了。如今需要有人能統治一個統一的政治國家。

此時，斯堪地那維亞人捲入歐俄的形塑，已經將近一百五十年之久。他們幾乎主宰了透過俄羅斯主要河運與拜占庭的商業往來。但他們並非瞬間搖身一變成為商旅民族。羅斯人和他們的丹人與挪威遠親一樣，為了達成協議，他們絕不吝於動武與威嚇。霸主中的霸主——攝政奧列格深諳此中之道。

奧列格攝政時，致力於建立堡壘與城鎮，制定法律，收稅，並削弱還在擋路的斯拉夫部落。接下來，他覺得光是這樣還不夠。九〇七年，他組織新一波對君士坦丁堡的武裝襲擊，這一回的部隊比留里克集結的大了十倍——不是兩百二十艘，而是兩千艘長船——加上本地部族與斯堪地那維亞聯盟的支援，他們都承認羅斯王國的主權。

留里克的部隊與以前的羅斯襲擊者無異，他們襲擊君士坦丁堡城郊，殺人無數，焚燒教堂與宅邸，刑求他們抓到的希臘戰俘，甚至斬首。希臘人設法守住博斯普魯斯海峽的通路，讓羅斯人無法從海路進攻。

但奧列格的計畫讓維京戰法推陳出新。

「奧列格命令麾下戰士們打造輪子，」史料告訴我們，「他們為船裝上輪子，在順風時揚帆，從開闊的鄉間迅速逼近君士坦丁堡。」希臘人看到維京人把自己的長船改裝為陸用戰車——軍事史上頭一遭——簡直萬念俱灰。他們派使節會見奧列格，「哀求他別毀了這座城，願意奉上他所要求的贖金。」

結果就是東歐歷史上最重要的一紙條約。條約許可為造訪首都的羅斯商人提供補給與住居，條文亦規定交還逃跑的奴隸，以及處理船難商人和他們的財產。此外，條約也提供法律依據，讓羅斯勇士可以受雇為皇帝的傭兵，這也是後來馳名於世的瓦良吉衛隊（Varangian Guard）首度見諸史冊。拜占庭與羅斯王國之間建立起的貿易聯繫，將延續數世紀之久，成為未來千年東歐史以及土耳其與俄羅斯兩帝國發展的主軸。

奧列格的輝煌之後，緊接著是伊格爾（Igor，亦稱因瓦爾〔Ingvar〕）的統治。史料說他是留里克的兒子，他出生的時候，想必留里克已經垂垂老矣——也不是不可能。伊格爾的國家不斷成長，他透過簽訂條約與威逼附庸國歸順等方式鞏固國土。儘管九一二年的條約宣稱「希臘人與羅斯人將長久友好」，但伊格爾就像其他道地的羅斯人，不久後便在九四一年進攻君士坦丁堡。

這一回，希臘人沒有束手就擒。戰況的天平不斷擺盪，經過三年的拉鋸，伊格爾與拜占庭皇帝達成協議。皇帝甚至交付與當年給予奧列格相同金額的貢金。羅斯人與希臘人之間的貿易恢復常有的活力。但這次的條約中最出人意料的環節，反而是參加磋商與最終簽訂條約的六十名羅斯使節，幾乎都是斯堪地那維亞名字。留里克打下權力基礎超過七十年，維京人的印記仍舊重重打在他建立的國家上。

情況不只留里克的首都諾夫哥羅德如此。留里克的後人不過只是統治這片土地的眾多斯堪地那維亞家族之一。羅斯人與拜占庭的條約中，提到的王公來自車尼哥夫（Chernigov）、波洛次克（Polotsk）、羅斯托夫（Rostov）、柳別奇（Liubech），以及其他羅斯主要河道沿岸城鎮。直到四十年後，中世紀俄羅斯才在羅斯王公中最偉大的弗拉迪米爾大公（Prince Vladimir，他把首都由諾夫哥羅德遷往基輔）統治下成形。從今日的白羅斯、俄羅斯、烏克蘭到波羅的海，都是弗拉迪米爾目光所及的範圍。到了九八〇年，基輔公國已經鞏固邊防，足以抵擋北方的波羅的海部落，東方的中亞襲擊者，以及南方的保加爾威脅。

此時，羅斯人也泰半融入了斯拉夫鄰人當中。他們不再講古諾斯語，服裝式樣也不再反映斯堪地那維亞故鄉。通婚與結盟也讓他們失去了族群特性。唯有一項來自維京昔日的特色還留著：異教信仰。九八七年，或是前後不遠的時間點，弗拉迪米爾認為是時候來點新意了。

＊　＊　＊

西元四世紀，日耳曼人開始改信基督教。但在此之前，日耳曼各族群與維京人都信奉異教諸神。儘管兩個族群的神祇不見得一模一樣（比方說，日耳曼人稱奧丁為渥坦〔Wotan〕），但神祇的特質與彼此之間的關係是一樣的。兩者信奉的神明皆源於各式各樣前諾斯宗教的神性存有，甚至跟其他印歐神祇也沒有太大差別。有天空之神提爾（Tyr）或齊武（Ziu，古高地德語），這個名稱與希臘的宙斯有相同的語源；戰士與弓箭手之神「榮耀者」烏勒（Ullr，哥德人稱 wulþus，斯堪地那維亞人後來尊祂為滑雪的主保聖人）；以及海神兼風神尼約德（Njord）。[1]

1　這些史前諾斯神祇有多麼根深柢固？我外婆安娜的故鄉烏勒佛斯，村名就來自烏勒，Ulefoss 的字面意思就是「烏勒之河」。

不過，既有證據都指出，北方各族用眾神神話建構出一套深遠的詩歌藝術體系，而他們的日耳曼遠親就沒有這麼做。也許，這純粹是因為諾斯人有更多的時間圍在嚴冬火爐邊思考這些古代故事，為其添枝加葉。也許，他們航向四方的豐富經驗，引發了深入理解寰宇天人的渴望。我們不妨打個比方，維京人彷彿今天的奇幻小說作家與書迷，致力於「打造另一個世界」，從中創造某種細緻入微的想像現實，彷彿真有其事。「建構世界」這種文學與宗教活動，肯定會從各式各樣的冰島史料往外發展，讓接受者對諾斯宗教有一定程度的認識。就我們所知，日耳曼史料中完全沒有類似著作（例如《詩體埃達》）。

北歐版的創世紀始於不停吐出煙霧與寒冰的「裂口深淵」（Ginnungagap）——北歐人對這種以真實世界為背景的設定想必並不陌生。從深淵的冰寒、黏膩中，誕生了巨人尤彌爾（Ymir）與最早的人類（斯堪地那維亞版的亞當與夏娃），生活在中土（Midgard）。諸神與巨人之間的衝突，最終以眾神之王奧丁的勝利告終；奧丁統治著他的疆土——阿薩神域（Asgard）。

奧丁在北歐與維京神話中扮演眾多角色。北歐人用兩百多個名字來稱呼他。他是眾神之王，卻也是法外之人與盜賊的守護者。他是「眾神之父」（All Father），卻也是魔術的使用者，而當時的人往往把魔術視為一種陰性的技藝。奧丁是戰士，但往往以狂暴殺手的面目示人，而非紀律嚴明的軍人——奧丁之名可以解讀成「狂暴者」（the Furious One）。他在戰場上狂暴兇猛的姿態，也讓他成了狂戰士的守護神。「〔奧丁的〕戰士上戰場不穿鎧甲，與獵犬或狼一樣瘋狂，啃咬自己的盾牌……他們殘殺對手，熱火和冰鐵都影響不了他們。」這種強大的狂暴狀態，成了後人所說的「發狂」（going berserk）。這個詞流傳至今，除了指稱戰場上與生俱來的維京殺手，也用於比喻某些不理性或怪誕的行為。無論如何，「發狂」一詞根植於諾斯宗教——為了在戰鬥中取勝，某些諾斯戰士，甚至諸王自己，進入變身狀態，釋放內心的野獸。這股力量來自大神奧丁，也跟奧丁一樣，有好的一面與壞的一面。

奧丁對戰爭的愛遠甚於和平——對戰士的社會來說，是個完美的神。他也是勝利的給予者。維京酋長在戰場上有一種確保奧丁眷顧的方式，他高舉長槍，在敵人的頭頂上揮舞，高喊「你們都屬於奧丁！」（Óðinn á yðr alla）。諾斯崇拜者暱稱他「花鬍」（Greybeard），是個披著斗篷、戴著眼罩的人物，手中持杖，兩隻渡鴉陪著他微服人間。但在今天，人們最熟悉的奧丁形象則是英靈殿的主宰——勇敢的戰士戰死之後將進入英靈殿，在那裡準備跟諸神的敵人在將來的大日子作戰，這就是諾斯宗教中的末日：諸神黃昏（Ragnarok）。

大神奧丁性情多變：狡猾又英勇，自私又熱情，是冒險家、詩人與魔術師，性好漁色卻又忠於妻子與家人。他是維京男子氣概的理想化身：他因為長處與優點而高於法律，他也據此要求同儕尊敬他。他體現出維京魂最招搖的形式。

歌謠與文學中的奧丁，彷彿歡快而易怒的凡類，與其他諾斯神祇一同現身——肥沃之神弗雷（Frey，信仰重鎮烏普薩拉的弗雷神像有一根巨大的陰莖）；弗雷的妹妹，也是奧丁之妻的芙蕾雅（Freya），本身是個威力強大的魔法師；奧丁之子索爾（Thor）不僅是雷神，也執掌「風與暴風雨，晴天與大地的果實」，手持強大的戰杵雷神之錘（Mjölnir）；以及從前諾斯宗教流傳下來的戰神提爾。傳奇中，維京英雄幾乎可以與眾神平起平坐。為了達成目的，他們會跟眾神協議，甚至語出威脅。尤其是奧丁，維京英雄很快就懂得奧丁的話不可盡信。

諾斯宗教中，人神關係是一種有來有往，簡直像在安排交易；對於神祇的敬意，取決於神的支持與幫助。部落成員及其家屬有權要求諸神公平對待，就像他們知道諸神也會要求他們公允以對。到頭來，雙方都知道有一股力量宰制著諸神與世人——命運。諾恩三女神（Norns）在巨大的橡樹——世界之樹（Yggdrasil）底下道出命運，而世界之樹則支撐著一切眾生。

有規則必有例外，而命運的例外就是洛基（Loki）。洛基是北歐萬神殿中的惡作劇之神，是諸神的鬼點子幫手，也是背叛祂們的敵人。他的女兒海拉（Hel）掌管著死者居住的幽暗冥界。基督徒後來用她的名字，指稱基督教教義中的地府。也許是因為素有惡名，人們沒有用洛基的名字作為星期日的名稱，不像戰神提爾（Tuesday）、索爾（Thursday）、芙蕾嘉（Frigg，Friday），連奧丁也有奧丁之日（Wednesday）。不過，洛基的人物設定與奧丁類似，都跟動物世界，以及人心內在的野獸有關。洛基是世界巨蛇（World-snake）與芬里爾狼（Fenrir the wolf）的父親，這兩頭怪獸在推翻眾神的恐怖之日——諸神黃昏扮演要角。

對巨人與神來說，諸神黃昏都是災難中的災難。不出所料，引發這場災難的就是洛基，祂誘使奧丁之子霍德爾（Hod）殺害了自己的兄弟巴德爾（Baldr）。眾神對這件惡行所做的懲罰，就是讓洛基變成他們不共戴天的敵人。洛基率領醜怪的巨人約頓（Jotnar）對抗諸神，引發天啟末日。

> 親兄弟將彼此為敵
> 並相殺……
> 世界難以住人。
> 姦淫的時代，

斧頭的時代，刀劍的時代，
風暴的時代，惡狼的時代將臨，
盾牌開裂。
世界沉入海底，
倖存於世者
將彼此欺瞞。

時值「諸神的黑暗之日」，洛基與約頓巨人乘坐一艘完全用死者手腳指甲打造的巨船——指甲舟（Naglfar）往東航行。他們上了岸，與奧丁以及祂從英靈殿召來的勇士們，在垂死的血紅落日下作戰。奧丁、索爾與海姆達爾（Heimdal）就像維京人的忠實戰友團，全部戰死，洛基也是。火巨人蘇爾特（Surt）的烈焰之劍最終吞噬了一切：阿薩神域與中土，連巨人的領域約頓之地（Jotunheim）亦不可免。劫後是一片荒涼與死亡的陰鬱場面。

日頭轉黑，
大地沉入海中，
明亮的星辰
自空中跌落。
火炎焦灼

世界之樹的葉子，
巨大的火堆
直沖天頂雲際。

誰知宇宙居然在此之後重生。有兩個人，而且是一男一女，從這場毀滅中倖存。他們在世界之樹的庇蔭下復興人類。大地緩緩從海中浮起，新的太陽灑下光芒。新的家園——名叫津利（Gimlé，意為「避火之地」），有著金色屋頂的廳堂在阿薩神域拔地而起；曾經的諸神居所，如今則是諸神黃昏倖存者的庇護所。總之，諸神黃昏的暴力掃除了世上的邪惡，取而代之的是嶄新、活力、純淨的事物。

我看見大地再度浮現
於大海之中，
綠意再度盎然。
瀑布流淌，
雄鷹飛掠頭頂，
在群峰之間捕魚……
田野無須勞動便滿生收穫，
一切病恙盡皆消失。

諾斯宗教的關鍵教訓從這個故事中透了出來：表面看起來的衰落與破壞，都終將是恢復的開端。十九世紀日耳曼哲學家兼諾斯宗教的推崇者弗里德里希・尼采（Friedrich Nietzsche），將之比作「永恆回歸的神話」，是一種早已在深受諾斯神話影響的地方生根的思想，深信你我所知的世界注定將在毀滅之後重生，而人類將在新世界找到自己應有的位置。

我看見一座宏偉建物，
比陽光更燦爛，
以黃金為屋頂，
立於津利。
勇敢的人
將居於斯
享受歡樂
終其一生。

這故事聽起來耳熟也不奇怪——箇中原因不只是因為電視連續劇與漫畫反映出人們對諾斯神話持續的著迷。西方文學最有影響力的兩部著作——理察・華格納（Richard Wagner）的那套歌劇作品《尼伯龍根的指環》（*Ring of the Nibelungen*，令尼采為維京人與諾斯神話神魂顛倒）與J・R・R・托爾金的《魔戒》，處處透出《詩體埃達》的影子。

以華格納的《指環》來說，《埃達》對他的藝術與音樂結構有決定性的影響。[2]至於托爾金，孩提時對諾斯神話的迷醉，促使他在自己第一次就教職的里茲大學（University of Leeds）成立了維京俱樂部（Viking Club）。他的想像世界完全建構在諾斯神話的磐石上（例如金靂〔Gimli〕與中土這種道地的名字）。托爾金筆下最重要的人物——巫師灰袍甘道夫（Gandalf the Grey），就帶有奧丁的許多特色。托爾金甚至一度稱甘道夫是個「奧丁般的流浪者」。

華格納與托爾金的劇情都汲取了諸神黃昏的故事，只是方法各不相同。[3]華格納認為「諸神的黃昏」是結束也是開始，是重生與復甦的一刻；無論舊秩序的結束多麼創痛、悲慘，但結束本身也是慶祝的理由與新的希望。至於托爾金，維京人的諸神黃昏以正邪兩軍的史詩大戰之姿降臨；善的力量終將得勝，魔多（Mordor）的邪惡遭到推翻。

兩人的敘事都掌握到了古代諾斯宗教的若干神話力量。除去現代西方想像中的所有浪漫色彩，奧丁與其他諾斯眾神的追隨者其實手段非常凶殘。他們經常進行人祭，殺害數以百計的俘虜，獻給諾斯諸神與住在英靈殿的戰士、馬匹亡魂。我們知道烏普薩拉神殿周邊的聖林，裡面吊著犧牲者的屍體。「甚至還吊了狗屍與馬屍」，史家不萊梅的亞當如是說。據目擊者計算，林子裡同時吊著七十二具屍體，腐爛程度不一。

羅斯人自然不例外。九九二年，一位阿拉伯旅人詳細記錄了一位羅斯酋長身後恐怖、血腥的葬儀——該儀式包括集體強暴一名無助的女奴——其餘自不待言。

無論如何，從舊宗教走向新宗教，這一路並不好走，反而更像是一場戰鬥，有時得拿長槍刀劍起來搏鬥。從結果論，我們得說善的力量得到最後的勝利。諾斯異教也許映照出維京人心底的激情——這股激情至今繞梁不絕。但異教信仰卻也顯示不出人類有機會超越對權力的渴望，超越諸神的反覆無常與命運的隨機力量。就其最原始的形貌而言，維京魂排斥惻隱之心、同情他人以及對道德責任的體認。

不過，一切即將隨基督教的降臨而開始改變。

＊　＊　＊

關於弗拉迪米爾為子民找個新宗教的盤算中，想必沒有什麼人道考量。他心裡念茲在茲的，反而是尋找新財富來源的必要性——九六五年左右，來自伊斯蘭世界的銀流再度中斷。俄羅斯該是時候在大環境中尋求自己的定位了。周邊民族根據當時盛行的宗教教條為核心鞏固自己的認同，顯然俄羅斯的關鍵下一步就是放棄格格不入的異教信仰。

但應該由哪個宗教取而代之呢？史料告訴我們，對弗拉迪米爾與羅斯人來說，有四個可能性浮上檯面。其一是基督教正統教會（Orthodox Christianity），以君士坦丁堡皇帝與牧首為代表。其二是基督教拉丁教會，以遙遠的羅馬教宗為代表——弗拉迪米爾的諾斯遠親已經騷擾教會超過一個世紀了。拉比猶太教（Rabbinical Judaism）是第三個選項，在可薩軍隊中效力的瓦良吉傭兵對此相當熟悉，因為可薩人在一世紀前改信猶太教。最後的可能選項，則是俄羅斯南方貿易夥伴的信仰：伊斯蘭。

為了下判斷，弗拉迪米爾選了一種維京人獨特的方法。他決定舉辦比賽，讓四種信仰的代表分別

2　見第十四章。

3　見結語。

說明支持改宗的理由。維京酋長以前就會透過這種競爭，判定誰是宮廷裡最優秀的詩人；日耳曼諸王則以類似的挑戰來決定誰是最優秀的戰士，可說是中世紀馬上比武的老祖宗。這一回，比賽結果將決定哪一種信仰最適合羅斯人擁抱。

這場「信仰比賽」的第一位參賽者來自伊斯蘭世界。弗拉迪米爾很欣賞樂園與七十二名處女的故事。但根據史料所言，他一聽到當穆斯林不能喝酒吃豬肉，他就畏縮了。「羅斯人就愛喝酒」，弗拉迪米爾講得明白，「不能喝酒，我們怎麼活？」於是穆斯林使節兩手空空打道回府。

可薩人派的猶太教代表，成績沒有比較出色，原因和穆斯林差不多。等到羅馬拉丁教會的代表談到修士禁欲的美德時，弗拉迪米爾完全失去了興趣。輪到東方正統教會了，結果最優秀的代言人出自弗拉迪米爾手下的士兵與官員。先前他們奉命前往君士坦丁堡，協助皇帝巴西爾（Basil）弭平赫爾松（Cherson）的反叛。期間，他們對參加的一場盛大正教會慶典（或許是故意安排以懾服俄羅斯訪客）留下深刻印象。

描述完聖智大教堂（Hagia Sophia）盛大的聖體禮拜之後，他們告訴弗拉迪米爾，「我們再也不知道究竟自己身在天堂，還是人間，更看不到如此之美，完全不知道言語如何形容。」他們說，嘗過如此的甘美，實在很難回味家鄉宗教的苦澀。弗拉迪米爾買帳了。九八八年二月，他同意受洗。他親自監督拆除異教神像，丟進聶伯河中，並且在同一條河為他的戰士集體舉行施洗彌撒。弗拉迪米爾的改宗，也為他打通障礙，娶到皇帝的親生女兒——佳偶天成。法國與日耳曼統治者都爭取過，只是徒勞無功。

如今，俄羅斯加入了東方正教會的體系，而非歐洲的拉丁教會體系。這個劃時代的決定，將形塑兩個世界的命運，至今猶然。但這也成為弗拉迪米爾確立、鞏固自己身為俄羅斯統治者的一種手段。脫離異教不單純只是拋棄一段令人煩惱的宗教過往，更是拋下了一段地方分權、甚至不時混亂的政治歷史。

弗拉迪米爾做決定的時候，斯堪地那維亞故鄉也有一連串統治者做了一樣的選擇。一邊是祖先的宗教，另一邊是形塑了周遭大環境的信仰，斯堪地那維亞統治者幾乎在同一刻，推論出是時候離開前者，擁抱後者了。這個選擇並不容易，尤其對人民來說更是艱難。理由與俄羅斯的弗拉迪米爾一樣，之所以拍板定案，主要是出於政治與繁榮的考量。但無論是工於心計，或是誠心為之，決定接受基督教風俗與價值觀，意味著維京人的生活方式將大幅轉變。雖然很難想像，但諾斯人確實正要化為西方文明中一股建設性、而非破壞性的力量。

首先，基督教傳入斯堪地那維亞之後，終結了陪葬的習俗。以前，富有的王者入土時，會有珠寶、鐵與青銅器一起下葬，加上牛、馬、家奴等犧牲品。這樣的轉變對未來的考古學家是個壞消息，但對當時的斯堪地那維亞人來說卻是喜從天降——金屬器與其他形態的財富，以前都會埋進土裡，等於再也沒有了，但現在他們可以把東西留在陽間，重複利用。

更有甚者，基督教終結了血仇宿怨的局面。過去，所有維京人（以及他們的日耳曼部落遠親）都認為，假如其他部落或家族的成員殺害了自己的親人，必須讓他們血債血償，對方部落或家族必須死一個人。如果任由這種邏輯發展下去，血仇的循環將會導致滅族。異教日耳曼人與維京人想出了「償命金」的制度以約束情況——社群會根據個人的社會地位（王與貴族位居頂端，奴隸最底），制定物質價格，希望人們可以接受殺人犯（或強暴性侵犯）或犯人家族的賠償，以取代血償。

基督教帶來非常不同的觀念：殺人罪是個人的責任，各種罪行的贖罪與原諒也是個人的事。進展相當緩慢。歷史學家多蘿西・懷特洛克（Dorothy Whitelock）提到，這種新的轉移對盎格魯—薩克森英格蘭幾乎沒有影響。其實，在海峽彼岸的法蘭克歐洲，人們把「以眼還眼」與「上主說：復仇是我的事」等聖經格言當成一種**強調**，而非對仇殺心態的終結。儘管如此，新的思考方式仍然慢慢生根，結束了暴力與血仇的循環，將基督教化的歐洲（最終將包括斯堪地那維亞地區）導向新的方向。

最後，維京人本身對於發生在歐洲的一種正面變化貢獻卓著，甚至是在他們最貪婪搜刮的階段——連天主教會也受到深遠的影響。這就是自助的原則。由於幾乎不停受到四面八方而來的維京長船所襲擊，歐洲各國國王與皇帝終於得出結論：他們龐大、遲緩的軍隊絕對無法抵禦國土不受諾斯人襲擊。歐洲統治者於是准許地方領主、城鎮甚至主教就地招募自己的戰士，實際上等於「霹靂小組」，可以有效集結，迅速回應維京人的襲擊。多虧了日耳曼部落的遷入，黑暗時代的歐洲不乏戰士。關鍵在於贏得他們的忠誠。方法是給予每位戰士一棟莊園大宅，或是土地夠大的農場，加上足夠的農夫來耕作，以換取正式的效忠。

封建（feudalism）就此誕生，而以這種體系為基礎的應允之地名為「封地」（feudum）。封建後來演變為許多樣貌與規模，除了兵役之外，還涉及許多形態的勞役。甚至連歐洲最重要的地主——教會，也成為這個體系的一分子。歷史學家最終認定封建是歐洲社會與經濟發展的主要障礙。但在最一開始，封建卻能完美因應維京人的威脅，甚至是不停進犯的薩拉森人與馬札爾人。

封建體系迅速從曾經的法蘭克王國發展到中歐與東歐。維京海盜的襲擊成本愈來愈高，強者羅貝爾已經在巴黎圍城戰證明了這一點。進攻方的因應方式之一，是發動更大規模、裝備更精良的遠征。但還有另一種方式，也就是從劫掠變成經商、移民，習慣大環境的價值觀——包括基督教儀軌與信仰。

諾斯諸神的黃昏確實降臨了——但原因不是諾斯神話中巨人在諸神黃昏時採取的行動，而是因為一小批堅定的維京領袖，運用王權，將自己的王國領進拉丁教會世界的主流中。

＊　＊　＊

其中一位是以漢堡為活動中心的法蘭克人修士「神之槍」（God's Javelin）安斯加爾（Anskar 或 Ansgar）。早在八二六年，安斯加爾便冒險深入維京人的地盤，宣揚神的道；教宗額我略四世（Gregory IV）將整個斯堪地那維亞的牧養交託給安斯加爾。八四六年，挪威人洗劫漢堡，導致他的工作暫時停頓。但他在八六五年辭世之前，已經為教會在丹麥與瑞典王國中佔得小小的立足點，分別是里伯（Ripa）與比爾卡兩座城。異教風俗與信仰仍然是社會主流，但從里伯的基督徒墳墓來看，這種新信仰在城裡的商業社群中得到一定支持。

然而，還要再過一百五十年，教會才能找到更有影響力的使徒——具體來說，是四名斯堪地那維亞王。第一位是藍牙哈拉爾，他在九六五年前後改宗。到了九八六年，也就是他的兒子斯文篡位之前，哈拉爾已經可以在耶靈石碑上宣告自己「讓丹人成為基督徒」——但實際情況如何仍不得而知。

第二位是九九五年至一〇〇〇年間的挪威王，特里格維之子奧拉夫。他一登基，便在奧斯陸成立挪威最早的基督教會。根據《紅髮埃里克傳奇》所言，奧拉夫王交付任務給埃里克之子萊夫，要他令格陵蘭移民改信基督教。萊夫猶豫不決，擔心推翻舊有的異教風俗恐怕會招來敵意，此時奧拉夫答說，最適合這個任務的人選莫過於他了——「你將擁有所需要的好運。」萊夫秒回，「倘若果真如此，也只是蒙了您的大運。」事實上，根據傳奇所說，萊夫的傳教工作大為成功。故事還補充了一句（完全沒有諷刺的意思），「從此以後，人們便稱呼他是幸運萊夫（Leif the Lucky）。」無論成不成功，這個故事都凸顯出奧拉夫之所以要人民改信基督教，也是為了自己的王權著想。

第三位是人稱奧拉夫二世（Olaf II）的挪威王哈拉爾之子奧拉夫，他還有個更有名的稱號——聖奧拉夫。偏偏他推動基督教的方法太過狂熱、殘酷，最終疏遠了子民與他的關係，甚至刺激他們與丹人王克努特聯手趕走奧拉夫。克努特本人雖然是虔誠的基督徒，也深知與天主教會保持友好關係有助於強化自己的威信，但奪取挪威寶座的機會實在太過誘人，不容錯過。

一〇三〇年，奧拉夫二世試圖光復自己的王國，卻遭到克努特的丹人、挪威叛軍與瑞典傭兵聯手擊敗，在斯蒂克斯塔戰役戰死。根據傳奇所說，他在戰場上的口號是「基督的人馬」。雖然戰敗身死，但他在民間推動的基督教化倒是沒有白費。後來他獲封聖人，教會宣布他的戰死是殉道。挪威至今仍有國定假日紀念聖奧拉夫，隨著基督教開始在挪威扎根，他在特隆赫姆的墳墓也成為挪威與其他斯堪地那維亞基督徒的重要朝聖地。

第四位推動維京人基督教化的王也叫奧拉夫，這一回是瑞典的繼王奧拉夫，勝利者埃里克之子。埃里克曾在九八〇年代戰勝丹人之後受洗為基督徒，但他一返回烏普薩拉故鄉，也就是瑞典傳統異教神殿所在地，就回歸異教懷抱了。看起來，古老的傳統實在太舒適，一下子拋不開。不過，他的兒子奧拉夫成了基督徒，也始終是基督徒，只不過他在擊敗推動挪威基督教化的王特里格維之子奧拉夫時，扮演了關鍵要角。繼王奧拉夫也是第一位鑄幣的瑞典王，這絕非巧合；錢幣上有基督教的符號與奧拉夫的頭銜：Rex Sv，即 Rex Sveorum（斯威利王）。

奧拉夫的領土包括挪威東部的大部分地區，但就連他在試圖讓子民擺脫異教風俗的過程中，也有不得不正視的局限。他主張拆毀烏普薩拉的異教神廟，結果當地斯威利居民強烈反對，迫使他放棄計畫（不過，烏普薩拉終究像西約特蘭的斯卡拉〔Skara〕，在傳教士經營多年後成了主教座）。

即便遭遇反對，奧拉夫在處理頑固的異教子民時，仍然以審慎的寬容為方針。日耳曼史家不萊梅的亞當（本身是天主教教士）相當欽佩奧拉夫，將他的作法總結為：「假如他自己想成為基督徒，他可以選擇待在瑞典執掌大權。他可以興建教堂，引介基督教。但他絕不會強迫百姓放棄原本的信仰。只有自願者才能改信。」

奧拉夫的兒子與繼位者雅各布大致上遵循相同方針。其實他還向民眾的壓力低頭，放棄了自己的聖經名字，另外選了個傳統名字「阿農德」；根據史家所言，百姓要求他改名，否則不接受他的統治。看到自己的基督教敵人如此彆扭，奧丁想必在英靈殿中哈哈大笑。維京之地的諸神黃昏比原定預料的更長更久。

久歸久，一〇〇〇年之後的瑞典諸王大多是基督徒（但不是全部）。其中，埃里克九世（Erik IX）一一六〇年戰死之後，教會選擇把他的死視為殉道，不久後宣聖。一一六四年，也就是四年後，瑞典的第一個主教區便在烏普薩拉成立。異教神廟不久後面臨拆除的命運。據不萊梅的亞當的描述，烏普薩拉神廟是人牲的中心，「屍體吊在神廟旁的聖林中」。有多神聖呢？「因為犧牲品的死與腐爛，所以人們相信每一棵樹都很神聖。」

不過，未來好幾年，異教風俗仍然在維京斯堪地那維亞歷久不衰——這一點令人驚訝，因為奧丁與索爾的宗教沒有神職人員，不會有神職人員階級把基督教視為對自己社會或政治地位的威脅。現代考古研究顯示，即便像烏普薩拉這樣的聖地，其實規模也不算非常宏偉——絕對無法與希臘的德爾菲（Delphi）或埃及的卡納克（Karnak）相提並論。即便如此，基督教化仍然緩慢而艱難，遠比在日耳曼部落間推行難多了。不萊梅的亞當寫道，在烏普薩拉，「已經改宗基督教的人，會去參加異教集體儀式作為贖罪。」從瑞典到冰島，我們可以從墓碑上諾斯諸神的圖像與基督教符號的混合，觀察到兩者之間的拉扯。

為何會有這種拉扯？從斯堪地那維亞人自己蓋的教堂，也就是知名的拼板式教堂（stavkirker），便可略見端倪。現存的拼板式教堂多半位於挪威。

拼板式教堂以挪威松木為建材，設計靈感取自傳統維京酋長的大堂（hofar），甚或是諾斯諸神的神殿。打造拼板式教堂的工藝，也反映出諾斯長船的造船手法，例如塗上深紅色的柏油（維京船隻藉此達到水密效果）。這種保護性的素材，讓一些拼板式教堂得以保存至今。今天有超過兩百五十座類似建物，大多數位於挪威。

當然，這些耐久的工藝傳統，同樣可以在同一時期歐洲各地興建的仿羅馬式（Romanesque）與哥德式（Gothic）教堂看到。無獨有偶，在興建教堂取代異教神廟時，興建教堂的人會運用典型的異教建築元素來興建，就連高柱與三角楣飾都會用上——而這些恰恰是異教神廟的特色。例如羅馬的萬神殿（Pantheon），原本就是羅馬眾神的神廟。

不過，法蘭西與日耳曼多數的天主教教堂，會避免使用異教紋飾作為裝飾。但拼板式教堂就不是這樣了。它們的高塔結構森然伸向天際，屋頂上有龍首高踞，呈現維京航海歷史的力量，令人望而生畏。教堂設計中採用的木雕同樣如此。例如其中一項大受歡迎的紋飾主題是諾斯英雄西古爾德的屠龍記，該龍保護著沃松家族（Volsungs）寶藏。當然，我們也可以用基督教的角度詮釋這個故事，就像維京版的聖彌額爾（Saint Michael）屠龍，但事實純粹是斯堪地那維亞人還沒準備好一下子把異教過往推到一旁。

從維京萬神殿與諾斯神話的呈現中，我們得以深刻理解到斯堪地那維亞的文化根源——說得更廣一些，甚至是其對人類存在的理解。根據《埃達》與其他傳奇中的儀式、故事與寓言，這些紀錄顯示其傳授的生命課題是勇氣、忠誠、虛榮心與野心，以及能夠從黝暗深夜浮現的生命與希望——抑或是諸神黃昏的破敗淒涼。不僅僅是維京魂，它們還傳達出關於人類靈魂的深刻真實。從這些神話在千年後仍歷久彌新，以《魔戒》、《權力遊戲》（*Game of Thrones*）、哈利波特系列，以及《星際大戰》（*Star Wars*）等晚近史詩鉅作的形式出現，人氣不墜，便能看出其中對人性的觀察不假。

但是，改宗基督教終究也改變了整個地區與斯堪地那維亞——往好的方向走。幾世紀之後，曾為人讚頌的舊宗教就像烏普薩拉的神廟一樣，遭人棄置、遺忘，成了懷舊追憶的對象。幾個世紀下來，關於奧丁、芙蕾嘉、索爾與英靈殿的歌謠與故事，消失於日常生活記憶中——多虧冰島詩人與抄寫員在一一〇〇年代與一二〇〇年代寫下了傳奇，學者與理察·華格納等藝術家才能在十九世紀重新發掘。今天，新納粹團體也加入了這種對異教儀式典禮的懷舊，挑出諾斯宗教與傳統，服務於自己的政治目的。

他們的作法忽略了基督教帶來了仁慈、同情作為道德義務，以及個人救贖所必不可少的善功，此外也永遠廢除了世仇與償命金的制度。多虧基督教，維京人對群體忠誠、付出的理想踏上了新的層面：為基督與他人付出，是基督徒的義務。諾斯宇宙觀所傳達的希望訊息，亦即重生將在災難之後而來的看法，也在耶穌基督以及他為世人贖罪而後復活的故事當中找到共鳴。[4]

與此同時，你我今天讚揚的現代斯堪地那維亞典範也在成形。文化的改變步調相當緩慢，尤其是冰封的北方。慢歸慢，基督教的降臨絕沒有壓抑或廢了維京魂的武功，反而是逐漸賦予維京魂一個新的維度，灌輸了更廣闊的人性關懷。基督教終究了結了如日中天的劫掠與奴隸貿易——只不過，挪威王奧拉夫完全有能耐前一天興建教堂、主持洗禮，隔天就襲擊英格蘭與比斯開灣（Bay of Biscay）沿岸的基督徒鄰居。

提到奧拉夫王，就讓人想起斯堪地那維亞轉向基督教的另一件有趣的事。丹麥、挪威與瑞典新興的統治者，希望改宗一事能為自己的權位帶來額外助力，但結果完全不如他們所預期。他們反而意識到法蘭西、英格蘭、西班牙諸王與神聖羅馬皇帝早已經歷過的問題。擁抱基督教，等於為自己的領土引入一股陌生的新勢力——羅馬天主教會。

還要再過四百年以上，北歐各國國王才會學到如何讓已經在他們之中的教會聽話；不是靠妥協，而是靠變革。

＊　＊　＊

截至一〇〇〇年，丹人、挪威與瑞典人已經各自形塑出統一國家的新認同。雖然常有衝突，但歷史與文化銜接著這三個接壤的新國家。三國有許多共通點：昔日有維京文化，現在則接受基督教。此外，如今三國都穩定下來，進入穩定、和解的局面。他們已經放棄過去的劫掠與破壞了。

不過，維京英格蘭的命運就大不相同了。

突然之間，諾斯式的劫掠在九七五年前後捲土重來。彷彿一個世紀前，讓留里克與毛皮褲拉格納活躍於世的那股進取精神，一下子又重獲新生。自從約克王國失陷以來，英格蘭的男男女女已經二十五、六年沒有遭遇過維京人的攻擊。新一輪的襲擊，結束了當地的和平與穩定。

更有甚者，這一波的襲擊與過去有天壤之別。率領襲擊的並非獨立的劫掠者，而是維京諸王親自領軍。出乎意料，斯堪地那維亞諸王幾乎沒有參與八、九世紀時維京人突然的對外迸發，或者涉足諾曼第與不列顛群島的征服。當年發動劫掠的先鋒，是故鄉的法外之徒，甚或是流亡者，樂於尋找新的地方來統治、掠奪。挪威的特里格維之子奧拉夫與哈拉爾之子奧拉夫比多數人更幸運。兩人都在劫掠生涯告一段落之後，成為挪威王。

然而，到了九〇〇年代末，斯堪地那維亞本土新立的國王開始以劫掠、征服為戰略目標，藉以展現並擴張自己的王權。隨著挪威與丹麥轉變為統一的王國，站上領導之位的人需要財富，不只是為了獎賞忠誠的追隨者，更是為了鞏固控制。

4　有些學者因此提出問題：基督教是否讓十二與十三世紀的基督徒冰島作者，例如斯圖爾拉之子斯諾里，有能力「梳理」諾斯神話的基本框架，賦予更目的論的起源與終結——讓前者貼近《創世記》的故事，讓諸神黃昏變得更類似於《若望默示錄》（*Book of Revelation*）提到的阿瑪革冬大戰（Armageddon）／天啟末世（Apocalypse）——反而影響了維京文化？這個問題恐怕永遠不會有定論。畢竟除了斯諾里與其他吟遊詩人，我們沒有別的文獻可以參考。最圓通的作法，應該是接受奧斯陸大學的普雷本・梅倫格拉克特・索倫森（Preben Meulengracht Sørensen）的看法，他認為有充分證據顯示「再造新天地的神話確實早於基督教傳播」，而「基督教思想也在沒有改變其本質的情況下被諾斯世界觀吸收了。」（Preben Meulengracht Sørensen, "Religions Old and New," in Peter Sawyer, ed., *Oxford Illustrated History of the Vikings*, Oxford, UK: Oxford University Press, 1997, 212–13.）

對財富的需求，直接影響各個新王國的「對外方針」。傳統上，東方的白銀從俄羅斯的瑞典維京統治者流向斯堪地那維亞，成為王室財富的主要來源。但這種財源因為各種複雜因素而乾涸。到了九六〇年，銀流幾乎完全停止。挪威的特里格維之子奧拉夫與丹麥的八字鬍斯文等國王，必須尋找新的銀幣來源，才能保持經濟運轉。他們找到了，在盎格魯—薩克森英格蘭。

九九一年，奧拉夫王帶兵登陸，劫掠肯特與索塞克斯（Sussex）。他在東盎格利亞大敗盎格魯—薩克森軍隊，是役在《盎格魯—薩克森編年史》與一位無名盎格魯—薩克森詩人的詩裡，稱為馬爾登戰役（battle of Maldon）：

張弓搭箭；槍尖如雨落於盾上。
戰況慘烈；戰士倒下；
雙方死去的年輕人躺臥在地。

敗戰令人膽寒，英格蘭王提議給奧拉夫一筆龐大的贖金——兩萬兩千磅的銀，希望他放過自己的王國。奧拉夫同意，把銀子帶走。但兩年後他再度兵臨城下，這一回與丹麥王八字鬍斯文結盟。兩位國王肆虐北英格蘭，直到英格蘭人拿出另一筆大錢才離開，這一回則是一萬八千磅的銀。

對奧拉夫與斯文來說，眼前是一片康莊大道。他們龐大的王家海軍與陸軍，賦予他們最大程度的彈性，想去哪就去哪，而且具有最大程度的衝擊力。丹人區裡還有內建的「第五縱隊」人口，會支援他們的行動。更有甚者，英格蘭王埃德加（Edgar）在九七五年過世，後來的英格蘭君主在領導層面就是達不到前人的英勇程度。尤其英王埃塞雷德（Ethelred），用今天的話來說，迅速惡化的治安已經超出他的承受範圍。用錢打發維京入侵者，似乎是唯一明確的行動方針。保護費支付頻率頻繁，甚至有了特別的名字：丹金。

挪威的奧拉夫襲擊範圍又深又廣，從諾森布里亞與蘇格蘭到愛爾蘭與威爾斯，此外還攻擊法蘭西（瓦爾蘭〔Valland〕）。九九四年，他襲擊倫敦，以失利告終。但如今情勢擺在眼前，奧拉夫和手下的維京人暢通無阻。新一波的劫掠，帶來了一〇〇二年的另一筆丹金，兩萬四千磅。戰鬥在一〇〇三年與一〇〇四年再度打響，八字鬍斯文則是在一〇〇六年至〇七年間取得又一筆高昂的丹金保護費。

這幾筆款項的重要性不容小覷。對於斯堪地那維亞國王與百姓來說，丹金意味著有現金注入王國的經濟，還可以讓國王支付士兵的薪餉與傭兵的佣金（甚至有從俄羅斯遠道而來的傭兵）。超過五萬枚英格蘭的錢幣成為斯堪地那維亞的錢幣儲備，幾乎都是得自九八〇年至一〇五一年間的幾次大劫掠。人們已經不在乎伊斯蘭世界的銀流中斷，斯堪地那維亞與英格蘭王國之間形成了新的金錢關係。

對英格蘭來說，支付丹金則別有深意。丹金不只象徵英格蘭難以招架，也代表這裡相對富裕。先前數十年的和平並未白費。英格蘭經濟在十世紀時不僅恢復，而且堪稱繁榮，連諾斯人控制的丹人區也欣欣向榮。人在倫敦的國王能夠年復一年拿出這麼大筆的金額，證明統一之後的盎格魯—薩克森王國是經濟火車頭，貿易聯繫更延伸到北歐各地。維京統治者並未遺漏這個事實，接下來五十年，他們跟英格蘭之間的關係將更形穩固——而且不只是透過征服的方式。

襲擊並未中斷，幸好英格蘭還付得起丹金保護費。一〇〇二年的攻擊之後，埃塞雷德豁了出去，下令對控制範圍內的所有丹人發動種族清洗。這場後人所說的「聖布里斯節大屠殺」（massacre of

Saint Brice's Day）是一項駭人的滔天錯誤。傳說中，斯文的姐妹也是埃塞雷德命令下的受害者。怒不可遏的八字鬍斯文重返英格蘭，英格蘭再度遭到蹂躪。斯文的部隊襲擊從諾里奇（Norwich）到艾克希特（Exeter）的沿海城鎮；一〇〇九年，長人索爾凱（Thorkell the Tall）領軍在桑威治（Sandwich）登陸，展開一場帶來慘重死傷與破壞的軍事行動。

到了一〇一一年，斯堪地那維亞人已經讓至少十五個英格蘭郡縣淪為荒地。破壞的最高峰在一〇一二年：丹人劫掠英格蘭最神聖的地方——坎特伯里（Canterbury），並殺害英格蘭大主教。隔年，丹麥的斯文重返英格蘭。埃塞雷德王毫無準備，也沒有能堪大任的盟友——這才是他諢名「輕率的埃塞雷德」（Ethelred the Unready）的由來，不是因為他什麼都沒做。他逃走了，而且居然是逃去諾曼第。倫敦在沒有國王的情況下依舊堅守，但在聖誕節過後不久便投降丹人，加入王國絕大多數地方的行列，認可八字鬍斯文為英格蘭王。斯文於是要求膽寒的新子民交出十五萬八千磅的銀，充作貢金。

此時堪稱英格蘭歷史最低點，甚至比二次世界大戰的閃電戰期間還低。雖然沒有人知道，但轉捩點正在接近：不只是英格蘭，甚至是整個斯堪地那維亞的轉捩點。

斯文享受勝利的滋味僅僅五個星期，便突然撒手人寰。他的兒子克努特（亦作 Knut）繼位——正是將來在聖河海戰粉碎挪威奧拉夫二世與瑞典阿農德．雅各布聯軍的克努特。[5] 一〇一五年，克努特在兩位傑出戰士——長人索爾凱與厄拉提的埃里克（Erik of Hlathir）輔佐之下，來到英格蘭索要他父親的王權。埃塞雷德得知斯文的死訊後便重返英格蘭，但他本人也在來春過世。他的兒子埃德蒙（Edmund，綽號「剛勇」〔Ironside〕）雖然善戰，卻時運不濟。埃德蒙跟克努特在英格蘭東南西北打了一場互有勝負的拉鋸戰，最終雙方的軍隊在埃塞克斯的阿辛頓（Ashingdon）外圍交手——距離維京人原本在諾森布里亞的根據地甚遠。戰場上，埃德蒙遭到一名盟友背叛，他的軍隊也兵敗如山倒。克努特一路追擊到西邊的格洛斯特郡（Gloucestershire），埃德蒙迫不得已，同意分治這個王國。幾周後，埃德蒙也過世了（至於是否自然死亡，我們不得而知），克努特得以主張整個王國為其領土。

耀眼的克努特堪稱是歐洲史上最了不起的人物之一。我們甚至能將他評定為其中最偉大的維京人。有個說爛了的傳說，說他在廷臣的奉承下，居然想命令大海服從自己，但這個傳說對他並不公平。事實上，他絕非自負的利己主義者，亦非又一名維京掠奪者。從一〇一八年至一〇三五年這將近二十年裡，丹麥與英格蘭由他一人統治，只有其中五年例外——無怪乎後人稱他為克努特大帝。他讓英格蘭改頭換面的程度遠非其他君主所能及，在英格蘭與斯堪地那維亞歷史上留下屬於他的印記。

克努特統治英格蘭的開端相當無情。他是八字鬍斯文之子。一〇一三年，還是個十六歲少年的他，便已加入父親遠征英格蘭的行列，接下來三年都在斯文身邊作戰。斯文過世時，丹麥貴族擁立克努特的哥哥哈拉爾（Harald）為丹麥王。但在北海彼岸的英格蘭，維京人及其盟友則選擇克努特為王。克努特與剛勇埃德蒙在阿辛頓交鋒時，克努特已是沙場老將。埃德蒙的一敗塗地，意味著克努特的統治如今完全不受挑戰。二十二歲之齡，他身為偉大君主的生涯才正要開始。

三年後的一〇一九年，他繼兄長之位為丹麥王。憑藉金錢攻勢與戰爭，他在一〇二八年贏得挪威

5 見第二章。

王位，這也讓他在原本已經確立統治的英格蘭與丹麥之外，正式統治格陵蘭、奧克尼群島、謝德蘭群島、赫布里底群島與曼島。這可是貨真價實的跨洋斯堪地那維亞帝國，前無古人後無來者。雖然他在一〇三五年英年早逝之前，無法從名義上的統治更進一步（到了一〇四九年，英格蘭、丹麥與挪威重新變成各自獨立的王國，由不同王朝統治），但他仍然以成熟、有效的方式運用自己的權力。如果要選中世紀最受低估的國王，他會是有力的候選人。

以英格蘭來說，後來歸功於征服者威廉（又一位維京血統的英雄王）的名譽與讚賞，泰半其實屬於克努特。威廉王不得不透過征服來推動自己的統治，但克努特不同，他的治理來自子民的自願順服。身為英格蘭王，克努特對於阿爾弗雷德大帝與威塞克斯王室建立的善治傳統，確實是無比尊重。他的確謀害了前任國王埃塞雷德的最後一位成年子嗣，以確保自己的權力不會遭遇血緣繼承人的挑戰。克努特畢竟是維京人。他還娶了埃塞雷德的遺孀，諾曼第的愛瑪（Emma of Normandy），愛瑪前一段婚姻的兩個兒子也因此位列英格蘭王位繼承人，諾曼人不用犯險去支持任何一人（其中一人將來確實統治英格蘭，也就是宣信者愛德華〔Edward the Confessor〕）。此外，克努特也按照維京傳統，左右都是他親自挑選的武裝侍衛，不僅提供人身安全保障，也能用於鎮壓武裝叛變，但兩者實際上少之又少。

至於其他環節，克努特在統治英格蘭子民時採取保守策略。有些英格蘭貴族曾與自己為敵，但他並未沒收他們的采邑，也沒有在英格蘭安插丹麥貴族作為駐軍（後來征服者威廉則是安插諾曼追隨者）。克努特王反而在一〇一八年於牛津召開會議，鄭重宣布他意在維持、執行前任英格蘭王的法律。他根據過去的盎格魯—薩克森法律，頒布法典。他任命英格蘭人到最重要的伯爵領地任職。他也明確表示，自己將仰仗英格蘭高級教士的支持來治國。一〇一八年，一支維京艦隊出現在英格蘭外海，克努特出動麾下四十艘船的艦隊擊退對手，為自己贏得更多支持。克努特的統治，確保斯堪地那維亞私掠者對英格蘭人予取予求的日子終將逐漸遠去。

無序的亂世讓克努特得以登上王位，但他登基之後為自己的王國帶來真正的穩定與安全，讓後世的統治者——包括他的繼任者、宣信者愛德華與征服者威廉——賴以為基。歷史學家喬治．奧斯本．塞爾斯（George Osborne Sayles）認為，「英格蘭在他統治下無疑欣欣向榮。」一〇二七年，克努特與日耳曼皇帝暨勃艮第王魯道夫（Rudolf）達成協議，允許英格蘭商人在義大利經商。此後，源源不絕的英格蘭商人——盎格魯—薩克森與斯堪地那維亞人的後代——乘船出發，載著本國商品銷往遼闊的遠方。許多人致富。據一篇盎格魯—薩克森專著估計，只需要三趟船，就能讓一名商人躍升上層階級成為富有的鄉紳。

倫敦成為克努特統治時的主要貿易轉口地。傳統的事庭變成交易所，讓外國商人與英格蘭商人在此達成協議，化解爭端，不分盎格魯—薩克森人、丹人、挪威人或法蘭德斯人。其他地方發展也很繁榮，尤其是丹人區內的約克、諾里奇，以及東岸人稱「五鎮」的維京前哨站。[6]

克努特統治時，不只商業興旺，斯堪地那維亞自由農——「中人」也過著好日子。他們之所以能在未來英格蘭的生活與法律變革中扮演要角，甚至種下英格蘭個人主義的種子，得歸功於他們在克努特治下重建英格蘭榮景的突出貢獻。

6　五鎮為林肯、史坦福、諾丁罕、德比與萊斯特。

克努特在斯堪地那維亞帝國其餘地方的成就同樣不能忽視。他在本國丹麥根據英格蘭的式樣發行錢幣，上面有他的頭像，而這也是北歐各國第一次使用同樣的通貨。天主教會已經在斯堪地那維亞扎根，而他對教會的尊重也促進了國內穩定與社會和諧。他與日耳曼皇帝外交關係謹慎，為北歐帶來苦候多時的和平。克努特的女兒甚至與皇帝的兒子成親。一〇二六年，他在決定性的聖河戰役中，橫掃由挪威的奧拉夫二世與瑞典的阿農德·雅各布率領的聯合海軍，此役讓克努特得以在兩年後贏得挪威王位。聖河一戰使克努特成為北歐無庸置疑的最高統治者——無疑也是北歐最偉大的維京統治者。

不過，瑞典卻不在他的控制之內。這個國家走向大不相同的命運。同時，英格蘭的對岸有另一個維京強權崛起，但這一回是在南邊——諾曼第。

6

征服者：諾曼人的轉型

Conquerors:
The Norman Transformation

強人領導下的諾曼人是最英勇的民族，精通各種戰技，用來解決困難，務求攻克每一種敵人。

——奧德里克·維大里（Ordericus Vitalis），《教會史》（*Ecclesiastical History*），十二世紀

維京人羅洛、他的海盜同胞以及他們的後代，幾乎是一在十世紀初落腳諾曼第開始，便用無止境的權力鬥爭，使這片土地流滿了鮮血。他們西攻布列塔尼人，東打法蘭克人。未來的征服者威廉，就是誕生在這種競爭激烈的困難世界。威廉生於一〇二七年或一〇二八年，是諾曼第公爵羅貝爾一世（Robert I）的私生子。威廉就在這樣的環境中，以六歲的稚齡繼承了公爵之位。

綜觀維京歷史，沒有人的歷史評價比諾曼第公爵威廉更高，甚至連克努特王也不能及。威廉無疑是中世紀歐洲史冊最出名的人物。征服者威廉在法國與不列顛史上都出類拔萃，甚至在西方文明史上也有一席之地。

從這種雲端視野來看，若僅嚴格從斯堪地那維亞血緣的脈絡來談威廉，似乎有點投機取巧，甚至有誤導之嫌。挪威最後一位偉大的維京王者，克努特，此前已經擁有過英格蘭王座——威廉將來有一天賭上一切也要擁有的寶座。事實上，威廉感覺更像是注定的最後一擊，要來摧毀不列顛的維京遺產。

儘管如此，威廉及其子民身上仍然有維京祖先留下的痕跡。威廉出生時，諾曼第仍有部分地區通行諾斯語。他的生涯，以及同時代諾曼人的豐功偉業，展現出與克努特大帝、瑞典的勝利埃里克，甚至是紅髮埃里克相同的勇氣、機敏與堅決。諾曼人將發揮這些突出的特質，再造歐洲，遠比他們的諾曼祖先當年的行動更具影響力。西歐轉變為獨特的文明，始於諾曼人與征服者威廉——就像留里克和後繼者的故事，標誌著俄羅斯與東歐共同歷史的開端。

但兩者的相似之處僅止於此。諾曼人對於歐洲北部與地中海世界的衝擊（對中東亦然），發展的軌跡與維京征服者大不相同。首先，征服者威廉的諾曼第既是基督教國家，也是羅馬天主教會的堅定盟友。教會對諾曼第的拱衛，也是屹立不搖。此外，就語言與文化而論，諾曼人跟法蘭西鄰居的共通點，多於當代的丹人、瑞典人或挪威人。

更有甚者，諾曼征服並非一段從隨機劫掠逐漸轉變為商業、開墾的歷史。儘管發動征服行動的是一批菁英戰士，是一群從各個角度看都很類似諾斯人的「勇士貴族」，但諾曼人的目標在於推進，甚至是支持文明生活的模式與制度。無論是否繼承了作戰時殘酷、無情的傾向，威廉公爵與當時的諾曼人把歐洲猛然推進了中世紀，而不是拉回黑暗時代。他們是新的基督教世界不可或缺的一環，有信心且愈來愈有意願採取行動抵抗對手，包括伊斯蘭信仰在內。這種新的尚武表現，將在十字軍運動走向高峰。之所以如此，泰半與諾曼人，與他們展現的維京魂特質有關，時而無懼，時而野蠻。

* * *

諾曼第公爵威廉一開始的處境很不利。他母親是法雷茲（Falaise）硝皮匠之女，而他的第一個綽號「私生子威廉」（William the Bastard），就跟他的出身有很大關係。他的父親羅貝爾是第一位出發去聖地朝聖的諾曼公爵。動身前，羅貝爾認為最好先確保自己的生子能繼承頭銜，以免路上出了什麼差錯（還真未卜先知）。羅貝爾把最強大的封臣召集到身邊，要求他們承認六歲大的小威廉為其繼承人，場景宛如維京傳奇故事。封臣們應允了。

但是，一〇三五年七月初，羅貝爾在前往耶路撒冷途中過世，諾曼第幾乎是一瞬間陷入無政府狀態。威廉的四名攝政全都在他統治的頭五年內死於非命，世仇一觸即發，鄉間一片混亂。威廉母親的家人只好一次又一次偷偷將他送往其他地方，差點就躲不過暗殺者的刀劍。

從早年到一〇八七年過世，超過半世紀的時間裡，威廉懂的就只有刀兵。天降大任於斯人，而他強力回應。他在十六歲那年獲封為騎士。兩年後，對手們擔心他成功掌權，於是團結起來，發動全面內戰。

即便僅僅十八歲，但對手都認為威廉武藝高強，正面對決沒有勝算。敵人計畫趁這名青年公爵熟睡時，將他殺死在床上。但僕從叫醒威廉，警告他情況有異。青年趕忙上馬，騎了一夜一日，直到抵達里城（Ryes）的朋友于貝爾（Hubert）家中。他在此換馬，囑咐于貝爾千萬保密，接著快馬加鞭前往法雷茲尋求母親族人的庇護，敵人則緊緊追趕。他們先是來到于貝爾家，要知道威廉往哪個方向逃了。于貝爾指向錯的方向，追兵奔馳而去。威廉沒有忘記于貝爾此舉救了自己的命。多年後，他任命于貝爾之子尤多（Eudo）為埃塞克斯郡守。

叛亂的中心是西諾曼第，獨立自主的維京行事方式依舊強大；諾曼第東部相較之下更有法蘭西的風格，威廉在此令出必行。總之，威廉迅速請求法國國王亨利一世（Henry I）相助，雙方在一〇四七年合流，擊潰叛軍。

此事確是轉捩點，但威廉真正艱辛的任務還在後頭。

從一〇四七年至一〇六三年，威廉為了鞏固自己的領地，只能不停作戰。他上了雙保險，親自選出每一名主教與重要修院院長，確保諾曼第的教會忠於其公爵領主——能夠如此行使權力，想必令歐洲的其他國王羨慕不已。他也要求諾曼貴族成員必須表現順服。心有不滿、沒有照他期待的規矩表現的人就會被他流放。

根據若干文獻，威廉在一〇五一年中斷了清掃家門、鞏固權力的行動，並短暫造訪英格蘭。這聽起來不太可能。當時的他為了穩定諾曼第局勢，已經忙翻了天。可能性比較高的情況，是倫敦主教瑞米耶日的羅貝爾（Robert of Jumièges）奉命來通知威廉，當時的英格蘭國王宣信者愛德華，下了一個關鍵決定。

愛德華是埃塞雷德王諸子中的最後生還者，克努特和丹人推翻了埃塞雷德的寶座；愛德華也是阿爾弗雷德大帝建立威塞克斯王室以來，王室的最後代表。由於對基督教極為虔誠，後人稱他為「宣信者愛德華」。他之所以能重新掌權，登上寶座，得歸功於盎格魯—薩克森大貴族戈德溫伯爵（Earl Godwin）。但兩人後來失和，戈德溫遭到驅逐。失去來自貴族的強大支持，走投無路的愛德華只得轉向英吉利海峽彼端的政權——威廉的諾曼第。

愛德華的宮廷裡滿是諾曼貴族。連跟愛德華關係最緊密的教士也是諾曼人。在愛德華跟戈德溫伯爵起了齟齬，戈德溫遭到放逐，而愛德華又斷絕與戈德溫之女的婚姻之後，膝下無子的他若想確保自己的香火，就只剩一個一個的地方能夠找幫手。一位現代歷史學家說，宣信者愛德華統治的英格蘭似乎注定交由諾曼人統治。

因此，威廉從諾曼教士瑞米耶日的羅貝爾處得知，等愛德華王死後，英格蘭王國將歸他所有時，恐怕也不太意外。此事發生在一〇五一年，威廉與策士討論的時候，現場沒有其他人可以作證。但是，無論他們說了什麼，沒說什麼，等到英格蘭國王愛德華於十五年後，也就是一〇六六年一月四日駕崩時，威廉完全不懷疑自己對王位有合法的權利。他信念堅定，準備動武捍衛自己的所有物。

英格蘭人自己有別的想法。隔天，一月五日，英格蘭位高權重的教士與貴族齊聚一堂——造化弄人，這次的集會簡直就是神聖的諾斯習俗——事庭。盎格魯—薩克森版本的事庭（英格蘭人稱為「賢人會議」〔witan gemot〕）召開，宣布由四十二歲的戈德溫之子哈羅德（Harold Godwinson）任英格蘭王。哈羅德的父親戈德溫伯爵，一度是宣信者愛德華關係最緊密的策士。

威廉的對手不只哈羅德。哈羅德的弟弟托斯提（Tostig）當時被放逐到挪威。愛德華的死訊一傳來，托斯提就跟當時的挪威王——後世稱他為無情哈拉爾——敲定協議。托斯提與諾森伯蘭（Northumbrian）的貴族爭執不斷，最後導致他流亡。只要哈拉爾幫助托斯提拿回諾森伯蘭伯爵之位，他保證讓哈拉爾得到英格蘭的寶座。哈拉爾王大力點頭。因此，諾曼第的威廉在一〇六六年初得知不只一個，而是兩個競爭者要跟他搶英格蘭王冠，而他認為自己才是唯一的擁有者。

從各個角度看，此時是個奇特但關鍵的瞬間。包括威廉在內的這三人出身背景不同，經歷不同，卻都是維京人的後代，也都在一〇六六年力求在歐洲打上自己的印記。

當然，威廉是諾斯人的後裔，他的祖先在兩個半世紀前征服、落腳於諾曼第。但戈德溫之子哈羅德也有北歐淵源，說起來比他還深。他的父親戈德溫伯爵是英格蘭人。但哈羅德的母親是丹麥人，她的兄弟是一名伯爵，把少年戈德溫視如己出帶大，甚至讓他成為自家的一分子。此外，哈羅德的妻子和他母親一樣是丹麥人，而哈羅德與弟弟托斯提八成能講流利的諾斯語——不像威廉公爵，母語是法語。

至於挪威王哈拉爾，他是當時首屈一指的維京勇士，綽號「嚴厲的統治者」（Hardrada），英語則譯為「無情」哈拉爾；據說他將近七呎高，而他的生平有如一部諾斯傳奇。十五歲時，他第一次上戰場，與他的異父兄弟奧拉夫二世（後來的聖奧拉夫）並肩作戰，此後戰爭便長伴他左右。奧拉夫後來與宣誓效忠於丹人王克努特（當時克努特也是英格蘭王）的叛軍作戰時戰死，少年哈拉爾被迫逃離挪威王國，否則性命難保。

流亡期間，他踏上一場史詩般的旅途，前往基輔、諾夫哥羅德與「羅斯之地」，先是效力於諾夫哥羅德王的軍隊，然後加入拜占庭皇帝的瓦良吉衛隊。有人宣稱哈拉爾後來成了拜占庭女皇柔伊（Zoe）的愛人之一。身為瓦良吉衛隊軍官，哈拉爾曾率領麾下部隊前往北非、西西里等遙遠的地方。後來，哈拉爾與女皇有了齟齬，女皇將他逮捕下獄。但他不只越獄，為了報復，還將皇夫的雙眼挖出，而後帶著一船船的戰利品返回諾夫哥羅德，娶了諾夫哥羅德王女為妻。這時，人人都說哈拉爾是最富有的維京人。

即便如此，哈拉爾直到一〇四二年才感到自己夠強大，可以返回挪威索回王座——他一直相信自己才是正統繼承人（算是半個丹人的戈德溫伯爵正好也是在這一年扶立愛德華為英格蘭王）。當時的挪威王馬格努斯害怕像哈拉爾這麼強大、富有的敵人，於是大膽提議跟哈拉爾平分國土，哈拉爾接受了。五年後，馬格努斯過世，哈拉爾得到整個王國。他的父親與哥哥曾經為了王位而戰死，如今寶座是他的了。

然而，哈拉爾的野心未獲滿足。他也打算繼承丹麥王國——克努特大帝最後一位繼承人死後，馬格努斯得到了這個頭銜——但丹麥人拒絕了他。哈拉爾為了報復，十七年來在丹麥沿岸各地發動戰事，恣意焚燒城鎮與村落，並挫敗每一支丹人派來驅逐他的軍隊。如今，奪取英格蘭王位作為補償的機會上門了。跟托斯提一談妥，哈拉爾立刻動員軍隊與長船艦隊，出發佔領英格蘭。

威廉若想要他的王位，就得與兩個實際上在血緣與養育方式上都比他更維京的人為敵。但是，諾曼第公爵在競爭英格蘭王座時有兩個巨大優勢。其一是出奇制勝：沒人料到他會為了一個只有他自己認為屬於他的繼承權而戰。

其二則是他麾下軍隊的骨幹：他擁有全歐洲最精良的騎兵。諾曼騎士手持綏帶長槍與菱形盾，穿戴從頭到腳的鎖子甲。對上構成盎格魯—薩克森與維京軍隊主體的步兵時，諾曼騎兵有決定性的優勢。作為封建的武裝象徵，威廉的騎士反映的是一場軍事變革，終結舊有作戰方式，繼往開來。維京人的打帶跑戰術已經不夠了。

但威廉也面對一項極大的劣勢。無情哈拉爾光滑流線的長船仍然定期往返於海上，一如維京先祖的時代。戈德溫之子哈羅德必要時能糾集一支強大艦隊，船隻在英格蘭打造，卻是由維京人所設計。威廉不像他們倆，他沒有船，也沒有海軍。

自從落腳法國以來，諾曼人已經失去維京人那種對海洋的熱愛與知識。渡過英吉利海峽，似乎是超出他們能力所及的豪賭——換作是他們的維京祖先，想必會對這麼短的距離嗤之以鼻吧。對威廉的計畫來說，渡海是首要之務。

威廉決心不讓這種障礙阻擋自己的腳步。手下的爵爺多半認為整起行動太過危險，表示反對。雖然面臨這些相反意見，但威廉仍然用整個春夏，憑藉強大的意志力，將諾曼第面對英吉利海峽的六個港口屯滿入侵艦隊的船隻，或許多達七百艘船（有些當時的文獻宣稱達到三千艘，但這個數字純粹是癡人說夢）。他所打造、借用或偷來的船隻（裡面說不定有些來自他的丹人鄰居）並非當年首度入侵諾曼第時那種流線型的維京長船。它們更大更笨，許多是為了搭載大量士兵與馬匹而特製的船隻——維京人雖有經驗，但規模卻不曾有如威廉所設想的那般。他要將一支至少五千人的軍隊，包括重裝的騎兵載到對岸，踏入修羅場。敵對的英格蘭海軍正巡守著海岸。

不過，威廉還有另一件從各個角度來說都更強大的兵器，作為壓箱寶。這一年春天，他設法得到教宗亞歷山大二世（Alexander II）的祝願，認可他為英格蘭王座的正統繼承人。多虧威廉的代言人利秀大主教，他主張愛德華王明確任命威廉為自己的繼承人，但戈德溫之子哈羅德反而想自己佔據王位，因此違反了服從愛德華王的誓言。教宗亞歷山大拿人手短。之後我們會談到，因為威廉與諾曼人的多方幫助，他才得到教宗之位。此外，威廉還計畫讓英格蘭教會更聽羅馬的話。教宗不只祝福威廉公爵，還送他兩件特別的禮物，讓大主教以凱旋之姿帶回威廉在盧昂的朝廷。其一是教宗個人的旗幟，以聖伯多祿（Saint Peter）的鑰匙圖案為飾。其二是一小包聖髑，讓他策馬進入戰場時佩帶在身上。我們不確定聖髑的內容為何，但據說原本的主人就是聖伯多祿。兩件禮物來自梵蒂岡，想必聖靈充滿吧。

一位現代的威廉傳記作者說，「拜會羅馬之行，讓這次的行動帶有一絲十字軍的性質，而西歐各地也確實如此看待。」基督教與早期維京人之間的關係，發展到他們的後人時，已經完全翻轉。雙方不再為敵，而是盟友。羅洛與襲擊者的子孫，不再是自豪的異教徒，而是新的「爭戰教會」（Church Militant）的代表。似乎沒有什麼擋得住這個強大的新聯盟——區區英格蘭王座自不用說。

夏末，一切終於在彭提約（Ponthieu）的聖瓦萊里（Saint-Valery）準備就緒，公爵和他的軍隊準備開拔。如今只欠東風，帶著他們渡過海峽。

於是威廉等了又等，直到九月才「終於吹起期待已久的海風」，中世紀的史家如是道。「威廉與其人馬用聲音與手勢感謝上天，齊聲大喊以激勵彼此。」他（現在還加上教宗）宣稱英格蘭王國理應為其所有，而他終於要踏上拿回這個王國的前半段旅途了。

威廉採取行動時，他的對手戈德溫之子哈羅德也正要下關鍵的一步棋，消滅英格蘭王座的第三名競爭者——挪威王哈拉爾。

＊　＊　＊

哈拉爾和他的維京軍隊已經登陸諾森伯蘭海岸的斯卡博羅（Scarborough），將這座城鎮焚毀，接著在九月十八日前往亨伯河（Humber）與烏斯河（Ouse River）上游方向二十五英里處的拉寇（Racall）。歷史學家大衛·豪沃斯（David Howarth）論道，「只有維京人才會想到率領遠洋大艦隊，深入敵對國家內陸如此之遠。」哈拉爾在拉寇展開自己的戰旗——人稱「破地旗」（Landeyda），是一隻黑色渡鴉，襯著白色的原野。

兩天後，哈拉爾的維京人在富福德（Fulford）與英格蘭當地民兵打了一場短暫的激戰，大獲全勝。約克城兵不血刃開城投降，對英格蘭的哈羅德是一大打擊。然而，獲立為英格蘭王的他已經帶領最優秀、最強悍的貴族及其士兵，從倫敦進軍。九月二十五日，英格蘭軍在約克東北不遠處的史坦福橋附近，與哈拉爾、托斯提與維京軍隊遭遇。裝備不足的挪威人被打個措手不及。大多數人認為戰鬥已經結束，於是把自己的鎖子甲棄置在長船上。但無情哈拉爾接受挑戰。他就像冰島吟遊詩人，即興吟詩，由側近記室寫下，來凸顯自己遭遇的困境——「我軍在沒有〔鐵〕甲抵擋黑刃的情況下擺陣前進；頭盔雖閃耀，但我的頭盔不在身上，我們的甲冑此時還擺在船上。」

接著哈拉爾縱身投入戰鬥，雙手各持一把劍——他是知名的狂戰士——但結果不會因此改變。根據傳奇，哈拉爾第一次衝鋒時，喉嚨就中了飛矢，他就此倒下。最後一位維京大王命喪黃泉，整個時代也在當時的人沒有意識到的情況下結束了。托斯提奮力集結挪威殘軍，包括他手下兩百名忠誠的侍衛，但不久後仍然與大部分的手下戰死沙場。

英格蘭人追擊殘兵，一路追到船邊，還放火燒了許多艘。英格蘭土地上有史以來最大的一場戰鬥就此告終，哈羅德王取得壓倒性勝利。哈羅德大度應允殘存的諾斯人航向丹麥，只不過一開始離開挪威時有一百艘船，如今只需要二十四艘船就能載回生還者。

哈羅德花了一星期收拾殘局，埋葬了反抗自己但戰死的弟弟。接著哈羅德舉行凱旋盛宴。正是在宴會上，在侍衛的重重守護下，他得知威廉與諾曼人已經登陸英格蘭南方的佩文西（Pevensey），等著與他交戰的消息。

哈羅德預料到諾曼人的威脅，整個夏天都保持讓一支大艦隊鎮守英吉利海峽。但時運如此不濟，九月的第一場暴風開始颳起，艦隊被迫入港整修。諾曼入侵者得以長驅直入。經歷短暫但駭人的渡海（人們一度擔心威廉的船不見了），公爵和他的軍隊在九月二十八日早上安全登陸佩文西。

登陸之後，威廉尋找更容易防守的位置，以待哈羅德。他的戰略很簡單：迫使史坦福橋的勝利者再度往南進軍，不讓哈羅德設定戰場，而是在威廉選擇的地點與諾曼人作戰。威廉在佩文西東方幾英里處找到一個地方，是個十英里長、五英里寬的小半島，當地有一所諾曼修士的修道院可以作為大本營，而城鎮黑斯廷斯（Hastings）可以為他的大艦隊提供錨地。

接下來幾天，威廉的軍隊往黑斯廷斯推進，把途中的村落盡數夷平。到了黑斯廷斯，威廉制定了最終版的作戰計畫。他把軍隊分為左中右三軍。左翼為強悍的布列塔尼士兵組成；當時的布列塔尼實際上是諾曼第公爵的附庸。中路是威廉的諾曼軍隊，包括威廉的異父弟弟，修道院長奧多（Odo）指揮的騎兵；奧多雖然是天主教神職人員，卻仍騎馬打仗——他的武器是一根大木棒，以免違反不可讓人流血的神職誓約。右翼是布洛涅伯爵尤斯塔斯（Count Eustace of Boulogne）指揮的法蘭西與法蘭德斯傭兵，以及威廉最信任的左右手之一——羅貝爾．伯蒙（Robert Beaumont）領軍的諾曼分隊。

威廉指揮軍隊在黑斯廷斯周邊修築臨時防禦牆，等待敵人靠近。他沒有等很久。

兩天後，哈羅德率軍抵達。經歷又一次急行軍，部隊有點狼狽，有點疲倦。哈羅德日夜騎在馬上。但這位英格蘭國王懷著沉重的心情而來。哈羅德離開倫敦之前，威廉派的使節已經告訴他，自己的主子不僅得到教宗祝福，還得到教宗的旗幟為戰旗，以及聖伯多祿的聖髑為禮物。甚至有個版本的文獻說亞歷山大二世已經將英格蘭王驅逐出教。

哈羅德深受打擊。史家告訴我們，國王的表情痛苦而扭曲。「他血色全無好一陣子，呆若木雞。修士一再問他如何因應，他先是說『立刻開拔』，然後說『朝戰場進軍』。」

此舉錯得離譜。哈羅德疲憊的軍隊非但沒有休息備戰，反而是再度急行軍，這一回是趕往黑斯廷斯外圍。十月十三日跨十四日的夜裡，他們抵達威廉陣地的北緣。哈羅德的人馬又餓又累，許多人已經兩天沒有進食。屋漏偏逢連夜雨，他最優秀的一些士兵還在遙遠的北方。雖然他的忠誠侍衛已經做好準備，持維京人偏愛的戰斧步行作戰，但軍隊的主體卻是臨時召集來的民兵，甚至是當地村民。打過史坦福橋戰役的老兵大多不在身邊。還要幾天，他們才能抵達戰場。

即便如此，哈羅德還是糾集了他組織鬆散的軍隊（大約七千至八千人），把自己的兩面旗幟——一面是威塞克斯龍（Dragon of Wessex），一面是他的個人標誌「戰士」（Fighting Man）——插在能俯瞰威廉軍隊的山坡頂上。十四日拂曉，他帶著兵馬，看著威廉朝自己進軍。

威廉一方人數較少，總共恐怕不到五千人，但他的軍隊由職業軍人組成；他的諾曼人騎在馬上，手持長槍與盾牌。相形之下，哈羅德的部隊（包括國王本人和他的兩個弟弟葛斯〔Gyrth〕與利奧夫溫〔Leofwine〕）卻是下馬作戰，呈密集陣型，盾牌彼此相連，構成所謂的「盾牆」（shieldburh）。英格蘭人從多年對抗入侵的諾斯人中，學會了這種陣型，而侍衛手持寬闊戰斧在陣前衝鋒。場面彷彿是把過往兩世紀，從英格蘭的維京戰事中學到的經驗，一下子全部集中在一個早上接受考驗。

根據史料，威廉公爵穿著從頭到膝蓋的鎖子甲，亮出聖髑與教宗的旗幟讓所有人看見；他對著集合的部隊喊話，提醒諾曼人來自偉大的國家，締造許多豐功偉業——面臨巨大的危險的他們最終總能勝利。「現在，你們必須親自證明自己是哪塊料，是什麼樣的精神在鼓舞著你們，」他說。「只要你們英勇作戰，勝利、榮耀與財富都是你們的；若不奮勇向前，你們不是被殺，就是為奴，任由最殘酷的敵人隨意使喚，永遠落得恥辱之名。」

諾曼人高喊「歡悅！」（Joyeuse!）與「喜悅之峰！」（Mountjoy!），[1]英格蘭人則回以「大能的神！」與「聖十字！」，戰鬥接著打響。

英格蘭人從未看過有人騎馬打仗，但諾曼人與法蘭西人也從未見過英格蘭人揮舞的維京寬斧，雙方的內心都很恐懼。威廉的布列塔尼盟友混亂撤退。英格蘭人看到敵軍陣型出現空隙，立刻衝向缺口，但此舉也在自己的陣型中造成缺口。即便哈羅德與弟弟有意識到這個粗心之舉是多麼嚴重，也來不及阻止自己人魯莽的衝鋒。

與此同時，威廉勇敢策馬陣前，摘掉頭盔與護鼻、護頰，讓自己人看見他的臉，以破除說他在剛接戰時便身亡的燎原謠言。「看我！」他大吼。「我還活著，我會在神的幫助下得勝！」威廉的人馬意識到他們的領袖沒死，而且還在戰陣中生龍活虎，紛紛奮勇向前。

現在變成哈羅德的部隊有麻煩了。威廉的戰士們再度後退（很可能是虛晃一招），哈羅德居然用再度衝鋒的方式想彌補上一次的過錯，反而讓自己人跟不上腳步，陣型更加破碎。

威廉公爵此時鏖戰正酣。「他以堪比海克力斯（Hercules）的力量與敵人對決，」史料如此記載。「他傷了一些人，殘了一些人，讓劍吞食了一些人，把許多人送入黑暗。」

即便正親自與敵人交鋒，威廉仍然注意到可以從哈羅德陣型中擴大的混亂得益。他再度命令諾斯騎士上前，開始用一次次的衝鋒痛擊英格蘭的戰線。

接下來是殘酷的消耗戰。哈羅德的兩個弟弟在戰鬥之初便已陣亡，他也無法在沒有兩人的幫助下指揮或協調部隊行動。如今，英軍已無戰略可言，就是死守到底。面對諾斯人的猛攻，侍衛在陣前構成一道人牆，其餘英軍則站在他們身後，某些位置的防守深度甚至達到八個人之多。

這些都嚇不倒威廉。每一回諾曼騎兵衝鋒之後，緊跟著就是諾曼方放的箭雨，刻意往高空射去，高高落在英格蘭人擁擠、無助的行伍身上——有些地方的人牆排得太過緊密，甚至戰死者都不會倒

1　史料中提到，諾曼人會唱著《羅蘭之歌》的段落上戰場，其中就有查理曼佩劍的古法語名字。

地。接著是又一輪的衝鋒，長槍刺穿了侍衛的盾牆，把下一個活人變成受害者，然後又是箭雨，又是衝鋒。

這是場殘酷的較量。這場戰役最重要的視覺記錄——貝約掛毯（Bayeux Tapestry）——勾勒出駭人的戰鬥場面，遭人砍下的頭顱與四肢散落於戰場各地，地上滿滿一層死人，身上還穿著鎖子甲。

恐怖的殺戮持續整個下午。英軍戰線緩慢但確實地縮水，到後來諾曼人已經可以同時從兩翼包夾。太陽準備落下，雙方的戰士都能看到英勇地下馬戰鬥的哈羅德王在集結他逐漸變小的部隊。

據說就是在這時，哈羅德中了致命一擊——飛矢射中了他的眼睛，可能是來自諾曼人對英格蘭陣前施放的箭雨。[2]如今，英軍已無力回天。倖存者開始倉皇撤退，諾曼人則猛力追擊。國王戰死後，仍有一小部分侍衛在夕陽西下時設法集結、指揮殿後部隊反擊，但多少是太遲了。日頭徹底落下，黑夜終於結束了殺戮。這一年，英格蘭土地上發生了兩起決定性的戰役。諾曼第公爵威廉贏得第二場，也是較有名的一場。

貝約掛毯（局部）

第一場是史坦福橋戰役，終於讓英格蘭從維京人的束縛中解放出來。第二場是黑斯廷斯戰役，偉大的王朝覆滅，新王朝將立——斯堪地那維亞後裔諾曼人的王朝，將由此讓這個王國以及未來的歷史改頭換面。

對於還在戰場上的生還者來說，這些都是小事。他們只知道自己還活著，許多人已經負傷，但戰鬥到此為止。這是一場慘烈而血腥的戰鬥。學界估計，當天出現在黑斯廷斯戰場上的人，每三人就有一人戰死或負傷。最慶幸自己還活著、對戰鬥結局最滿意的人，無疑是威廉本人。

他不僅平安生還，王位競爭對手還命喪黃泉。如今，他自立為英格蘭王的路上已經沒有阻礙。戰鬥結束不久後才如潮水般湧來的消息——維京王哈拉爾與戈德溫之子托斯提俱亡——只是讓凱旋更為甘美。

但哈羅德的屍體在哪？尋找遺體的難過任務，落到了哈羅德王的母親與戈德溫伯爵的遺孀——伊迪絲（Edith）的身上。她在恐怖的戰場上找了好幾個小時，才終於認出亡兒殘缺的遺體。她懇求威廉公爵將遺體還給她，甚至願意用相同重量的黃金來換。

威廉不僅拒絕她的提議，還下令將哈羅德的屍首收齊，安葬在一處可以俯瞰大海的石堆下。諾曼人威廉・馬萊（William Malet）寫了墓誌銘：

奉公爵命，汝哈羅德王安眠於此，願汝繼續看顧海岸與大海。

石堆葬是古老的維京習俗，是一種尊榮。威廉與哈羅德的諾斯祖先想必會認可。

＊　＊　＊

2 他真的命喪此時此地嗎？一位義大利修士在一〇八〇年代的記載說確實如此。貝約掛毯上有個人物手握著插進自己眼中的箭矢，身旁則是一名被劍砍倒的英格蘭戰士。兩個人物的上方有一句說明：「哈羅德王被殺於此。」很難說哪一個人物才是哈羅德。其他記事說是威廉本人與布洛涅的尤斯塔斯趨前到哈羅德處（沒有提到他是否負傷）殺了他，並且在盛怒下肢解了他的屍體，其他英格蘭人則在慌亂中撤退。

雖然在黑斯廷斯取得決定性的勝利，但威廉與其人馬還要兩個月才能進入倫敦。諾曼人先是養傷、埋葬死者，然後才開始慢慢推進。過程中，部分的部隊遭到叛軍襲擊，附近的城鎮羅姆尼（Romney）因此遭到嚴酷報復。多佛（Dover）等其餘周邊城鎮心領神會，迅速開城。

但接下來又爆發痢疾，連威廉公爵也染疫，軍隊不得不在坎特伯里附近暫停一個月。坎特伯里投降了。西薩克森諸王的傳統首都溫徹斯特（Winchester）是下一座投降的城市，威廉得以控制王家財庫。

威廉派出的騎兵分隊發現倫敦橋駐有重兵，於是他決定不要正面攻擊首都，而是進軍穿越附近的薩里（Surrey）與漢普郡，讓士兵劫掠城鎮並放火，所到之處盡皆破壞。十一月中旬，威廉的部隊渡過泰晤士河駐紮在沃陵福（Wallingford）。

此時，英格蘭人對於諾曼入侵及其無情領袖的抵抗，正迅速瓦解中。有人提議選擇先王埃德蒙二世（Edmund II）的孫子埃德加王儲（Edgar Atheling）為王。但包括太后在內，英格蘭最強大的貴族及高級教士都湧向威廉的旗幟下。十二月中，倫敦城內最後的英格蘭抵抗領袖在柏坎斯戴德（Berkhamsted）向威廉投降。一〇六六年的聖誕節，威廉在宣信者愛德華興建的西敏寺，加冕為英格蘭王。

儀式出了點小波折。教堂內的群眾宣布威廉為王，高喊的聲音令威廉麾下一些傭兵以為有暴動。他們放火燒了教堂周邊的建築，目的可能是把任何的反抗軍逼出來。等到他們開始補救，把火撲滅，滾滾而來的煙霧早已充滿整座教堂，威廉與室內其他的人都被燻得邊咳邊掉淚。

還要經過五年激烈的戰事——尤其是諾斯遺緒最強烈的北方——威廉才能鞏固對全英格蘭的控制。即便尚未平靜，但他最焦慮的還是國土的另一半，諾曼第大本營。

一〇六七年初春，對英格蘭首都倫敦的控制尚不穩固，他便盡早回到本土（為了穩定情勢，他開始興建石堡，也就是後來的倫敦塔）。終其一生，諾曼第彷彿他先天不良的親骨肉。從一〇七三年至一〇八五年，他幾乎都留在這片不平靜的土地上。

問題是這樣的：佔領英格蘭與丹人區的維京戰士，和以前落腳於此的斯堪地那維亞遠親一樣，最終都安定下來過著平靜的生活，但在諾曼第卻不是這樣。年輕諾曼貴族接受戰鬥訓練長大，渴望到地平線的彼端冒險。太平日子偶有裂痕，此時他們便熱切想填補自己的渴望。甚至在黑斯廷斯戰役之前，他們便已踏上旅程，懷著維京魂，前往遙遠的東方與南方，來到義大利南部與西西里島。

＊　＊　＊

回到威廉公爵還年輕的時代，義大利南方大片受烈日曝曬、海水刷洗的土地，構成拜占庭希臘人、薩拉森阿拉伯人，倫巴底的伯爵、公爵們（更別提時有時無的教宗）彼此之間不平靜的邊境地帶。他們以一種荒野西部的無法無天，不停爭奪權力與控制。以「仗劍走天下」的心態來到這裡，宛如搭上一班通往名望與財富，或是突然敗死的直達車。

我們不知道諾曼騎士究竟最早何時出現在地形像靴子的義大利。故事說，四十名諾曼朝聖者前往聖地途中，在薩勒諾（Salerno）稍停。他們聽說這座城鎮經常遭到薩拉森穆斯林圍困。諾曼人求見當地領主，希望對方提供武器與馬匹，讓他們可以幫忙守城。接下來，他們幾乎憑一己之力擊敗薩拉森人，血流成河。當地百姓因此懇求諾曼人留下來。大獲全勝的朝聖者表示他們必須返家，薩勒諾居民於是送了他們許多禮物，想吸引其他諾曼人來到城裡，不久後也如願了。

關於首度出現在南義大利的諾曼人，有個完全不同的故事：諾曼朝聖者遇到一位名叫梅路斯

（Melus）的人，此人請他們幫忙對付拜占庭希臘人引發的叛亂——這一回不是阿拉伯人。故事中，朝聖者不願意留下，但他們抵達諾曼第，便呼朋引伴返回義大利，幫助梅路斯進攻普利亞（Apulia），後來此地也成為諾曼人活動的中心。不過，還有另一版的故事，說梅路斯遇到最早的那四十名諾曼人，只不過這一回他們不是朝聖者，而是流亡在外、躲避領主盛怒的諾曼人。梅路斯請他們幫忙，他們早就躍躍欲試了。

哪個故事是真的？或者至少有點事實基礎？無人能知。不過，區域情勢顯然混亂已極，任何協助抗敵的外部協助都大受歡迎，協力者若精通劍、槍與盾的使用更是加分。諾曼人樣樣精通。根據當時的史料，一〇一八年，人在義大利對抗阿拉伯人或拜占庭人的諾曼人，已經從原本的兩百五十多人增加到近三千人。然而，直到一〇三〇年，諾曼人才在當地得到一處根據地。當地公爵將阿維爾撒（Aversa）的土地賜給諾曼領袖萊努爾夫（Rainulf），更把守寡的妹妹許配給萊努爾夫為妻。

五年後，奧特維爾的坦克雷（Tancred d'Hauteville）諸子中，終於有人登上了歷史舞台，和兄弟一同讓義大利與地中海中部的政治、軍事風貌改頭換面。

坦克雷是一名典型的諾曼騎士，采邑為奧特維爾（Hauteville）村落一帶，接近古東斯（Coutances）。有過兩段婚姻的他，將十二個兒子拉拔長大。他們家沒有足夠的家產能滿足每一個兒子。「他們認為自家采邑對他們來說不夠大，」當時的一份文獻如是說，「等到要分祖產，不只繼承人彼此之間會為了份額爭執，個人拿到的一份也不夠多。」

他們的維京祖先對這種處境並不陌生：兒子太多，土地太少。因此，一得知義大利南方邊境有機會，年紀最長的兩個兒子威廉（William）與卓戈（Drogo）便在一〇三〇年代中葉成行（他們的弟弟昂弗雷〔Humphrey〕或許也加入了）。以他們的例子來說，他們在襲擊薩拉森西西里時，是為拜占庭人作戰，而非與之為敵；據說，威廉在此役中功勛彪炳，一出手就擊殺了一名薩拉森領袖。接著奧特維爾家的孩子們回頭反咬前雇主，在一〇四一年入侵普利亞。隔年年底，威廉．奧特維爾鞏固了對於普利亞的控制，佔領義大利的靴跟，手下有一大批諾曼戰士。

對胸懷大志的年輕諾曼騎士來說，南義大利究竟魅力何在？當然，家鄉缺乏發展機會，或者憑自己的劍打出一片天的渴望，都有其影響。奧特維爾兄弟們除了人數眾多之外（至少有七人最後到了義大利成為傭兵），其他的經歷並不稀奇。吉蒙．慕蘭（Guimund des Moulins）出身諾曼第東南邊界的莫塔涅（Mortagne）附近，他的八個兒子至少有三人也出外闖天下，隨著他們勇敢犯難的么妹移居義大利。或許，捍衛正信，抵禦異教徒（無論是穆斯林薩拉森人還是正教徒希臘人）的羅馬基督教熱情也發揮了一點影響。

但是，真正的關鍵恐怕不在於義大利的拉力，而在於諾曼第情勢的推力——連年的政治動盪與反叛，穩定輸出了流放者的人流。一〇四七年與一〇五一年至五四年間的重大叛亂，有待威廉公爵弭平；造反失敗的人若非逃往外地，就是遭到正式的流放，其本質實無異於過去維京酋長判處的流刑。拉爾夫．托尼（Ralph de Tosny，他的挪威祖先會叫他羅爾夫〔Rolf〕）就是其中一名遭流放的騎士。拉爾夫見逐於威廉公爵的父親羅貝爾公爵，就像許多其他遭流放的諾曼人一樣，他最終也輾轉來到了南義大利。他的兒子侯傑（Roger）去了西班牙，加入知名卡斯蒂利亞（Castilian）軍閥，畢巴爾的羅德里戈．迪亞茲（Rodrigo Díaz de Vivar，人稱「主人」〔El Cid〕）的前輩們的行列，參與基督徒收復西班牙半島的行動。回到故鄉之後，人們稱呼他「西班牙人侯傑」（Roger the Spaniard），以致敬又一位浪跡天涯卻出人頭地的諾曼流放者。

我們不知道羅貝爾・奧特維爾（Robert d'Hauteville，排行第六）或他的弟弟侯傑是否參與一〇四七年的反叛，而後隨其他人鳥獸散。但羅貝爾在這一年來到義大利，確實是諾曼人主宰新時代的信號。

羅貝爾抵達義大利時，他的大哥威廉已經過世了。管事的人是卓戈，但他沒有土地能給弟弟。另一塊諾曼飛地——阿維爾撒——效忠於萊努爾夫的么子，里夏・德杭戈（Richard Drengot），而他不打算給潛在的競爭者留下餘地。因此，羅貝爾體悟到，他得在亂世中披荊斬棘，自己開路。

他的身體與精神條件都保持在最佳狀態。他身材高大，儀表堂堂，「紅潤的面孔，淺亮的髮色，寬闊的肩膀」——這是拜占庭公主安娜・科慕寧（Anna Komnene）的觀察，她雖痛恨這位諾曼戰士，但依舊對他懷有敬畏之心。「他的雙眼迸發著火星，」她寫道。羅貝爾的暴戾個性，以及響徹全軍的大嗓門是出了名的。「一如所料，此人絕不向人低頭，全世界只聽自己的話。」

他同樣沒有意願服從其他人制定的法律，連自己的兄弟也不例外。他在義大利開拓生涯之初，過著打家劫舍的生活，以維京祖先的方式劫掠卡拉布里亞（Calabria）城鎮與村落，加上不講原則的詭計，人們因此稱他為多謀羅貝爾（Robert Guiscard）——有人譯為「狐狸羅貝爾」，但「黃鼠狼羅貝爾」比較貼切。成就隨刀兵而來，不出五年，他的勢力便強大到足以與貝內文托（Benevento）附近擁有可觀土地的女繼承人結婚了。

不遠處，他的哥哥卓戈與昂弗雷勢力比過去強大，而阿維爾撒的里夏更是不在話下。「到了十一世紀中葉，」歷史學家大衛・道格拉斯（David Douglas）寫道，「諾曼人已經成了義大利所有既有權威不得不應對的一股勢力。」其中包括新任教宗良九世（Leo IX），他糾集義大利各地的軍隊，加上倫巴底貴族與日耳曼傭兵，親自率軍朝貝內文托推進，迫使諾曼人接戰。

羅貝爾、其兄昂弗雷、阿維爾撒的里夏彼此雖是老對手，但此時迅速投入人力與物力，於奇維塔特（Civitate）外圍和教宗的人馬遭遇，時為一〇五三年六月二十三日。里夏的騎士迅速衝散義大利人，經過與日耳曼人一陣慘烈的白刃戰（期間，羅貝爾拯救哥哥昂弗雷於危急），教宗的軍隊全軍覆沒，良教宗本人成了諾曼人的階下囚，送往貝內文托監禁。

手上有教宗為人質，加上沒有軍隊有能力或意願阻擋他們，諾曼人於是繼續征服南義大利，勢頭不減。一〇五四年至一〇五七年間，里夏征服阿維爾撒周邊，並佔領卡普阿（Capua），做好自己建立公國的準備。羅貝爾繼續擴張自己對普利亞與卡拉布里亞的掌握。昂弗雷過世了，但弟弟侯傑在一〇五六年抵達，為霸業奉獻一己之力。到了一〇五九年，諾曼人勢力與影響力之強大，連良九世的繼位者教宗尼閣二世（Nicholas II）也別無選擇，只能「憑神的恩寵」承認阿維爾撒的里夏為卡普阿大公，承認多謀羅貝爾為普利亞與卡拉布里亞公爵，納為正式的封臣。

此刻成為教廷歷史的轉捩點。從此之後，教宗與諾曼人再也不是敵人，而是朋友與盟友。對於諾曼人在義大利的發展，此刻同樣是轉捩點。來自諾曼第的他們不只到此打仗，而是統治。

於此同時，羅貝爾的弟弟侯傑則有自己的遠大目標。他把目光投向南邊的大島，西西里島。他憑藉與自己兄弟一樣無窮盡的野性力量，展開一系列大膽的兩棲閃電戰，令人想起維京人當年對愛爾蘭的襲擊。侯傑在一〇六一年其中一次遠征中佔領了美西納（Messina）。接下來，他在哥哥羅貝爾幫助下，透過一連串戰事逼退薩拉森人，更在一〇六三年大勝切拉米（Cerami）的酋長國。帕勒莫（Palermo）是最後的大獎。侯傑與羅貝爾兵會一處，展開五個月的圍城戰。一〇七二年一月十日，西西里島上的穆斯林首府易主，有了新的諾曼封建主。

饑餒的帕勒莫居民料想，這對兄弟一定會把西西里變成打家劫舍與大屠殺的事發地點。兄弟倆麾下的諾曼人、布列塔尼人、法蘭西人（當時的史料中仍稱他們為法蘭克人）與義大利人八成也有相同的期盼。然而，雙方都想錯了。

侯傑出乎眾人意料，「即便他們都是異教徒〔亦即穆斯林〕，但他沒有放逐任何人，也……沒有傷害任何人，」令當時的史家大感佩服。「他用公平的態度對待所有被征服者，並且在〔城裡〕清真寺的地點建了一座教堂，獻給童貞女瑪利亞。」這就是帕勒莫的第一座大教堂，主教座將在此牧養基督教世界僅次於君士坦丁堡的第二大城。一百年後，侯傑的傳人將重建這座教堂。儘管帕勒莫主教座堂依舊是當地最大教堂，但王室禮拜堂（Cappella Palatina）卻有超越它的華美燦爛。

侯傑之子侯傑二世（Roger II）在一一三二年至一一四〇年間興建了王室禮拜堂，堪稱最非凡的維京遺產豐碑。沿著狹長的中殿，內牆從地板到天花板都貼了閃閃發亮的黃金馬賽克。這些拼貼壁畫構成了繁複的聖像與聖經場景，似乎是侯傑二世本人在一小批近臣的協助下設計的。

假如羅洛、特里格維之子奧拉夫，甚或是征服者威廉，站在王室禮拜堂的中殿，旁邊是一排排的柱子與拱圈，帶有一絲將來哥德式拱圈的味道，他們會怎麼說呢？[3]凝望華麗的天花板，金色的蜂巢狀圖案，看著法蒂瑪王朝（Fatimid）最精緻的裝飾與建築實例，他們會怎麼想呢？

兩百年前，侯傑的祖先曾經洗劫、焚毀教堂。如今，他和子孫則興建、充實教堂。對諾曼人的成就，以及他們催生的新基督教文明來說，帕勒莫的禮拜堂與大教堂是壯闊的紀念碑。海納百川的文化也正在成形，糅合了阿拉伯、諾曼、法蘭克與古希臘羅馬風俗制度。這種新文化將會從地中海的這一端傳播到另一端，從科爾多瓦（Córdoba）的花園到博斯普魯斯海峽沿岸。

諾曼人打造的義大利，便位居新文化的中心。事實上，南義大利靴腳與西西里島，如今都在諾曼「三R」的統治之下：卡普阿的里夏、普利亞公爵多謀羅貝爾，以及「大伯爵」（Great Count）侯傑——他從帕勒莫的府邸中統治西西里島，保留許多穆斯林風俗，例如鑄造以伊斯蘭曆法紀年的錢幣。

不過，大權在握的還是他的哥哥——多謀羅貝爾。羅貝爾不只控制義大利，甚至也掌握了整個地中海盆地。一〇八一年，羅貝爾甚至在拜占庭皇帝的勢力範圍希臘對他發動攻擊。皇帝阿歷克塞（Alexios）與威尼斯聯手箝制羅貝爾的進犯，結果雙雙被羅貝爾粉碎。阿歷克塞的瓦良吉衛隊在最後一役與皇帝生死與共，許多衛隊成員是從羅貝爾祖先的維京故土招募來的。然而，羅貝爾迅速回師以鎮壓卡普阿的叛亂——他跟侯傑不停面對諾曼下屬的叛變與陰謀。要想在他們的領土上維持秩序，不僅壓力很大，而且往往很血腥。鎮壓叛變之後，羅貝爾又率軍北上，以解日耳曼皇帝對羅馬的圍城。隨之而來的巷戰將羅馬城化為廢墟。許多市民喪生，羅馬有一大片區域被燒成平地。儘管如此，羅貝爾仍然救了教宗額我略七世（Gregory VII），日耳曼皇帝往北撤軍，霸業就此破滅。

不到四年，多謀羅貝爾徹底挫敗拜占庭皇帝與日耳曼皇帝。對他來說，這堪稱一世人兵馬倥傯、征戰殺伐的巔峰。「截至一〇八五年，羅貝爾已經成為拉丁基督教世界最強大的軍事強人，」歷史學家格拉厄姆・安東尼・勞德（Graham Anthony Loud）如是說，「教宗與皇帝尋求他的支持，想和他結盟，他的軍隊有能力威脅查理曼與君士坦丁的傳人。」馬姆斯伯里的威廉（William of Malmesbury）甚

3 來自諾曼第與法蘭西的西方石匠，或許就是從這種阿拉伯式設計，發想出尖拱的手法。

至宣稱多謀羅貝爾的豐功偉業，令征服者威廉心嚮往之，「甚至說自己的地位比他高那麼多，要是勇氣不如他，那就太丟臉了。」

我們姑且聽之吧。不過，羅貝爾與弟弟侯傑對於未來義大利的影響，才是他們最長久的遺產。早在伯羅奔尼撒戰爭（Peloponnesian War）之前，義大利就受到希臘的影響。他們不僅掃除了希臘的最後一絲影響力，更終結了穆斯林的統治。奧特維爾家的羅貝爾與侯傑兩兄弟讓義大利成為羅馬天主教地區，也讓教宗國成為主導義大利半島的政治勢力，乃至於成為引領歐洲的信仰力量。

最後一項成就充滿了諷刺的味道，因為諾曼人與教宗國的關係在羅貝爾死前急轉直下。多虧諾曼人的攻城掠地，額我略七世統治的教宗國在歐洲掌握了新的權威。教宗大膽推動改革，擴張手中的權力，直到神聖羅馬皇帝等俗世統治者出手阻止。日耳曼人包圍羅馬時，多謀羅貝爾來幫教宗，但他的部隊需索無度，為雙方關係造成長遠的裂痕。額我略七世發現自己受諾曼人擺布，後來在一〇八五年五月二十五日死於淒苦的流亡，死前吐出那句知名的遺言：「我熱愛公義，所以孤獨死去。」兩個月後，羅貝爾辭世——過了充滿暴力的一生，他居然得以安享天年。西西里伯爵侯傑．奧特維爾死於一一〇一年，但他在死前已經鞏固了他的島嶼國度。

三大強人注定與同時代的其他大人物同場較勁，甚至不時彼此競爭。他們留下的影響——帝國與教宗之間，教會與政府之間，最終則是神聖與世俗之間永恆的緊張關係——將賦予西方文明獨特的動力。藝術史家肯尼．克拉克（Kenneth Clark）主張，西方文明基本上是教會的創造物。如果此言不假，我們不妨補充說：教會基本上是諾曼人的創造物——只要我們說的「教會」指的並非基督徒敬拜與基督教真理的寶庫，而是一股跨國合作的力量。

南義大利與西西里島的諾曼統治者固然好戰，但他們也讓自己的領地構成一條輸送帶，古希臘與阿拉伯學問得以傳到西方。日耳曼的腓特烈二世（Frederick II）是第一位有意識以古羅馬皇帝為榜樣的歐洲統治者，他就是靠南方的學術重鎮，了解已經消逝的古羅馬文化。透過手稿，阿拉伯與希臘醫學（薩勒諾有一所全歐頂尖的醫學院）、天文學與數學知識傳到北方，豐富了歐洲的知識生活，阿拉伯詩歌與歷史作品——包括今已失傳的《西西里史》（*History of Sicily*），以及伊本·卡塔（Ibn al-Qatta，一一二一年逝）所編的一百七十名西西里詩人詩選——則令侯傑伯爵的帕勒莫在他辭世後許久，仍然是希臘、拉丁與穆斯林文學、文化的重鎮。

多謀羅貝爾安眠於韋諾薩（Venosa）的修道院，他的幾名兄長也安葬於此。羅貝爾的墓碑上刻著：

多謀者長眠於此，世界因他而顫慄。

不過，羅貝爾與兄弟們絕不只是頭痛人物。他們締造帝國，創造王朝；他們幫助歐洲在文化與財富上更加豐富、更強大也更穩定。

事實上，真正的諾曼恐怖尚未降臨，它布滿血絲的雙眼正盯著基督教歐洲的敵人。

* * *

最後一位形塑了中世紀的諾曼人，生於約一〇五〇年。他的父母為他取名馬克（Mark），但他出生時就是個巨嬰，因此雙親——正好是多謀羅貝爾與羅貝爾的第二任妻子奧布莉（Aubrée）——根據當地諾曼神話中的巨人，戲稱他叫博希蒙德（Bohemund）。

男孩生來就是個傳奇。博希蒙德「跟他的父親根本是一個模子刻出來的」，皇帝阿歷克塞的女兒安娜．科慕寧寫道；她認識並痛恨這對父子。博希蒙德跟父親還有其他相似之處：他「熱愛冒險、強大、勇敢而無畏」。她以相當苦澀的口吻補充說，「你不妨把父子比作幼蟲與蝗蟲，〔多謀〕羅貝爾留下什麼，他的兒子就吞吃什麼。」

博希蒙德作戰指揮的啟蒙，來自與拜占庭人的戰鬥——一〇八一年，他幫助父親羅貝爾在東方的戰事，奪取科孚島（Corfu），佔領杜拉佐（Durazzo）。父親回師從日耳曼人手中拯救羅馬，博希蒙德則是勝利一場接著一場，控制阿爾巴尼亞與希臘北部，甚至威脅君士坦丁堡。這是諾曼人征服東歐最輝煌的時候，堪比他們在西西里與義大利的成就。

後來，皇帝阿歷克塞與麾下最老練的將領耗費極大的心力，才擋住諾曼人的攻勢，最後終於在一〇八三年，於拉里薩（Larissa）擊敗「野蠻人」（阿歷克塞如此稱呼博希蒙德的軍隊）。不出幾年，諾曼人被迫退出希臘與近東，博希蒙德則撤回南義大利的基業。

父子關係此時處於冰點。博希蒙德丟掉了家族在希臘與伊利里亞（Illyria）的帝國，大失所望的羅貝爾於是剝奪了長子的繼承權。他把整個基業留給二子侯傑；侯傑綽號「錢包」（義大利文Borso），因為父親注意到他老在檢查自己的錢包。

到了一〇九〇年代，三強爭霸的局面漸漸成形，分別是羅貝爾的弟弟大伯爵侯傑對上錢包侯傑，博希蒙德則與兩人敵對。阿瑪菲（Amalfi）圍城戰期間的某一天，博希蒙德準備上戰場時，卻得知有一大群來自諾曼第與西方其他地方的騎士與戰士抵達當地。他們一邊往城市前進，一面喊著陌生的言語，短袍上畫著奇怪的十字符號。

博希蒙德問這些軍隊是什麼人，十字符號是什麼意思，他們口裡在喊些什麼，旁人告訴他：「他們右手或左右肩膀之間畫的是基督的十字架，而他們一起高喊的是戰吼，意思是『神意！神意！』」

其實，這批人是諾曼與法蘭西騎士，奉教宗之命，肩負著從穆斯林手中解放耶路撒冷的使命。他們正是史稱「第一次十字軍」的先頭部隊。諾曼人征戰地中海的故事，即將迎來最奇怪的轉折，而多謀羅貝爾之子博希蒙德將處於漩渦的中心。

剛剛抵達的先鋒部隊誠摯提供阿瑪菲的諾曼人加入十字軍的機會。大伯爵侯傑無意為了遙遠東方的無謀冒險，放棄自己辛苦打下的江山。錢包侯傑對他們的目標表達同理心，但他同樣不想長途跋涉前往聖地。然而，博希蒙德卻停下來思索自己的選擇。不像自己的弟弟或叔叔，他既無土地，亦無頭銜。他在義大利沒有未來，至少他們還活著的話，就沒有未來。來自諾曼第的騎士提供他一個個機會，讓他能打下江山，開創自己的命運。這項提議他無法拒絕。

他停止圍攻阿瑪菲，以塔蘭托（Taranto）為臨時大本營，糾集一群強悍的戰友前往東方。

他招來的人都不是善類，全是諾曼騎士子弟，征戰南義大利與西西里島的名聲，有如戰鬥砥礪出的精鋼。陣容包括博希蒙德的外甥坦克雷（Tancred）；初代普利亞伯爵昂弗雷．奧特維爾之子，坎城的赫爾曼（Hermann of Canne）；蘇德瓦的羅貝爾（Robert of Sourdeval），他來自諾曼第葛唐丹，是西西里島伯爵侯傑的附庸；羅貝爾．費茨—圖斯丹（Robert Fitz-Toustan），是莫利塞（Molise）歷任諾曼人伯爵的子孫；博希蒙德之弟錢包侯傑的兩名附庸：卡亞佐伯爵萊努爾夫（Count Rainulf of Caiazzo）之子里夏，曾不止一次反叛博希蒙德的父親；魯辛諾洛伯爵哥弗瑞（Count Godfrey of Ruscinolo）；以及另一位哥弗瑞（Godfrey），他是多謀羅貝爾的親戚，曾鎮守斯卡利歐索山（Monte Scaglioso）的要塞，他的姑姑後來嫁給諾曼第公爵羅貝爾二世（Robert II）。

憑藉背後這群兇悍的傢伙，博希蒙德於一〇九七年三、四月間抵達君士坦丁堡時，已經攀上十字軍的領導層。君士坦丁堡的優雅街道，宏偉的賽馬場（Hippodrome）與高聳的聖智教堂，令布詠的哥德孚瓦（Godefroy de Bouillon）與新任諾曼第公爵——征服者之子羅貝爾二世等十字軍領袖個個目眩神迷，畢竟他們已經習慣了用粗割石材與半木造的西歐城鎮。但對博希蒙德來說，君士坦丁堡是舊敵的巢穴，所謂的舊敵也包括當今皇帝阿歷克塞本人。這位諾曼大人物絕不放下戒心。

雖然阿歷克塞熱情接待博希蒙德，以豐盛的晚宴招待他，但博希蒙德仍然懷抱戒心。他故作姿態，桌上的佳餚他一道都不碰，那場面值得拍一集《權力遊戲》。後來人家問他原因，他直白表示，「我怕他〔指阿歷克塞〕會設計殺我，在食物裡下毒。」

然而，阿歷克塞無法忍受冒犯。一〇七五年，中東新霸主——塞爾柱突厥人帝國軍在曼濟克特戰役（battle of Manzikert）擊潰帝國大軍。阿歷克塞失去的整個安納托利亞（Anatolia，今土耳其）與耶路撒冷落入了伊斯蘭入侵者手中。他承受巨大壓力，甚至懇求教宗烏爾班二世（Urban II），希望西方馳援，烏爾班則熱情回應。教宗號召十字軍解放各個聖地，成千上萬的志願者響應。他們從歐洲各地湧來，陸路與海路皆有。

偏偏十字軍吸引到的是軍武愛好者，而非諾曼人這種久經戰陣的老兵。第一批十字軍遭到穆斯林對手血洗，他們的骨頭有如火堆裡的木柴，在中東烈日下白化。根據當年一名史家所言，穆斯林粉碎他們的遺骨，調成砂漿，蓋新的堡壘。

如今，有了博希蒙德和他的戰士集團，十字軍有成功的機會。他在多利萊烏姆戰役（battle of Dorylaeum）展現自己的勇氣與兵法。突厥人衝向「如狼般嚎叫，狂放箭雨」的十字軍，後來有人坦承此時「我們全都像綿羊一樣縮成一團，四面八方都是敵人，根本無從改變方向」。穆斯林騎兵的戰術定住了他們的陣型。只有博希蒙德例外，呼叫人馬沿著河岸堅守戰線。「我們沿著戰線傳遞暗號，讚美神，『大家站穩腳步，信任基督，相信聖十字終將得勝。』」原本要一敗塗地的戰役，卻成了十字軍的大勝。若非博希蒙德統御有方，恐怕沒有人能活著離開戰場。

小亞細亞最富庶的城市安提阿（Antioch），成了博希蒙德及其人馬下一場大勝的舞台。基督徒包圍這座城，雖然攻守兩方都很疲憊，但博希蒙德仍消滅了來解圍的兩組穆斯林軍隊。一〇九八年六月三日，博希蒙德親自率軍，對安提阿的城牆發動最後的襲擊。接著他帶領十字軍擊敗又一支解圍軍，成就十字軍歷史上的重大勝利。

控制安提阿之後，十字軍出發前往耶路撒冷。然而博希蒙德不在其列。他另有規畫。他打定主意，無論如何都不能把安提阿交給希臘皇帝。諾曼人宣稱，阿歷克塞沒有親自加入十字軍，等於是背叛了他們。博希蒙德打算把安提阿留在手中，以此為都，在周邊開疆拓土。

這種作法相當蠻橫，但別人也沒有立場與他爭辯。尤其是阿歷克塞，他手上已經沒有軍隊能實現其意志。上帝似乎站在人多的那一方——視察安提阿的時候，人們找到一件文物，勒皮（Le Puy）主教（他是十字軍的隨行人員之一）宣稱是聖槍（Holy Lance，基督釘在十字架時，羅馬士兵用來戳刺他身側的武器），而此事更是加深了天助強者的印象。博希蒙德從安提阿殘破的城頭看著其餘十字軍開拔，他的血紅旗幟飄蕩在溫熱的微風中。

他將錯過隔年攻佔耶路撒冷的行動，也不會參與隨之而來的洗劫，以及對城中猶太人的大屠殺。但他已滿足。東方最富庶的其中一座城市，完全聽令於自己。一一〇〇年，比薩大主教授予他正式頭銜：安提阿大公。

敘利亞有了新主人，而且是諾曼人。一一一一年，博希蒙德辭世，把自己的公國留給外甥坦克雷。博希蒙德的領地傳了六代——比西西里島的每一個諾曼朝代都長久。甚至比最偉大的諾曼征服者在英格蘭王國建立的王朝還要久。

* * *

一〇六六年威廉公爵征服英格蘭時，其實已經先人一步，展現出十字軍的若干精神。他在戰艦船艏打著童貞女瑪利亞的圖像，黑斯廷斯戰役時也把教宗祝福過的聖髑戴在身上。他凱旋所帶來的戰利品，不亞於任何十字軍後來在聖地贏得的一切；其中有大量的金銀，後來威廉在一〇六七年復活節返回諾曼第時，圍觀的人都看呆了。數量之豐富，連他用來束縛英格蘭俘虜的鐐銬，都是實打實的金子。

儘管當時他只征服部分英格蘭，但他覺得情勢已經穩固，可以返回諾曼第了。從一〇七三年至一〇八五年，他幾乎都待在諾曼第公國。這段時間並非太平盛世。布列塔尼與附近梅恩（Maine）的貴族入侵的嚴重威脅從未停歇。法王有時友好，有時為敵。此時的英格蘭，受託推行統治的諾曼騎士，還在奮力鞏固對王國的控制，威爾斯和蘇格蘭邊境尤其不平靜。

不過，綜觀全局，最嚴重的威脅仍然來自斯堪地那維亞，丹麥尤甚。一〇六九年發生多起襲擊，情況在一〇七〇年依舊。最嚴重的一次入侵是一〇六九年夏天，愛絲特莉德之子斯文（Sven

Estrithson）帶領兩百四十艘船，來到亨伯河口下錨。斯文的到來，引發整個約克郡的叛亂，畢竟當地對丹人統治記憶猶深。這一年的九月二十日，斯文的軍隊在薩克森貴族協助下，奪回維京諾森布里亞舊都約克——三年前，約克也曾在沒有抵抗的情況下，向無情哈拉爾投降。當地村莊特別款待斯文的軍隊，空氣中瀰漫著解放的氣息。

威廉的整個王國一下子陷入危機。他趕忙返回英格蘭，第一步是往西進軍，弭平威爾斯邊界的叛亂。接著他對約克郡反抗軍的重鎮發動無情鎮壓。鄉間一片焦土，約克城化為廢墟。斯文與丹人急忙離境。獲勝的威廉鬆了口氣，回到南英格蘭，於一〇七〇年復活節前抵達溫徹斯特。

這一仗的決定性不亞於黑斯廷斯戰役——正是約克郡的動盪，讓威廉終於得以坐穩寶座。這麼說並不是因為丹人放棄了。斯文的艦隊在一〇七〇年春天再度出航，在薩克森叛軍幫助下襲擊彼得博羅（Peterborough）。一〇七五年，丹人的威脅捲土重來。一〇八五年，謠傳將有更大的攻擊，威廉因此返回英格蘭，並待到一〇八七年（丹麥的入侵計畫，最後因為主要發起人丹麥國王克努特四世〔Knut IV〕——威廉的諾斯死敵，愛絲特莉德之子斯文的兒子——遭到殺害而胎死腹中）。

但是，丹人遠征軍推翻征服者，將他趕下王座的期盼，至此是徹底落空了。不列顛群島再也沒有因為有人聽命於斯堪地那維亞領袖或國王而分裂。距離維京人首度襲擊林迪斯法恩的三個多世紀後，斯文的部隊成了最後踏上英格蘭的維京軍隊。

即便如此，征服者威廉的晚年並不順遂。他在人生的最後二十個月裡，面對斯堪地那維亞人再度入侵英格蘭的威脅，這一回是丹麥國王與其法蘭德斯盟友；此時，威廉才剛剛擊退蘇格蘭王馬爾科姆（Malcolm）的入侵。等到最新的一波威脅退去，威廉必須在一〇八七年春天重返諾曼第，鎮守公國南疆，防範法王。進攻與反攻韋克桑地區期間，征服者在芒特（Mantes）受了致命傷。一〇八七年九月九日，威廉死於盧昂。

從頭到尾，威廉這輩子始終與戰爭和緊張關係分不開來，鄰國、族人，甚至親生兒子都成了對手。他的人生是一段壯志凌雲、時機絕佳，以殘忍無情為標點符號的傳奇。至於同時代的諾曼人，無論是友是敵，對他最貼切卻又矛盾的致意，莫過於英格蘭修士兼編年史家奧德里克・維大里所做的描述：「強人領導下的諾曼人是最英勇的民族，精通各種戰技，用來解決困難，務求攻克每一種敵人。」

對於全盛時期的維京人，許多修士或抄寫員會做出類似的評價。十一世紀的抄寫員傑弗瑞・馬拉特拉（Geoffrey Malaterra）對於諾曼騎士的刻畫也是一樣的道理：「他們能以無比的耐心，忍受各種惡劣的氣候風土，忍受軍旅生涯的饑寒。」

奧德里克筆下的多謀羅貝爾，臨終前說了一番話，談到同樣的幾個主題（遷居美洲的斯堪地那維亞移民想必也說過類似的話）：「我們的父母身分卑微，名不見經傳；我們離開葛唐丹貧瘠的原野，離開生活難以為繼的家鄉……千辛萬苦才離開那地方」，他興許憔悴地笑了笑，「但此後憑藉神的幫助，我們統治了許多城市。」

這段令人難忘的紀錄，充分說明何謂諾曼版的維京魂。

但奧德里克也補充道，一旦諾曼人缺少強大的領袖，「他們就會分崩離析，為彼此帶來毀滅。」

威廉與博希蒙德盡力避免這種悲慘的命運。儘管兩人有過無情、殘忍的舉措，但他們與西西里島的諾曼人仍繼承了最初的維京精神。最後，諾曼的「勇士貴族」，從打家劫舍、為錢打仗的人，轉型為王朝統治者與文化傳遞者，為中世紀西歐的整合打下基礎。

7

從維京到斯堪地那維亞：從權力遊戲化為堅固保障

Vikings into Scandinavians: From Games of Thrones to Mighty Fortresses

上主是我堅固保障，
莊嚴雄峻永堅強；
上主是我安穩慈航，
助我乘風破駭浪。

——傳統路德會頌歌，歌詞出於馬丁·路德

中世紀的斯堪地那維亞故事與歐洲其他地方大相逕庭。維京時代的斯堪地那維亞本是變化的推動力，如今卻再度回到邊緣。

這種邊緣化究其核心，是因為適應歐洲政治局勢變化時一系列重大失敗所導致的。維京諸王躍上舞台之後，挪威、瑞典與丹麥卻未能建立強大的王權。它們無法推動封建，也就是歐洲其他地方先前用來抵抗維京襲擊者的機制。斯堪地那維亞教會甚至無法熄滅暴力異教的餘燼。

斯堪地那維亞民族非但沒有用他們標誌性的勇氣與精力踏入中世紀，反而退回隔岸觀火的孤立。處在這種失敗與破碎當中，有三名非凡的女性站了出來，試圖將北歐各王國從忘卻的深淵中救出來。將近一世紀的時間，男人袖手旁觀，看著自己的王國分崩離析，反而是這三名女子充分展現了維京魂的進化。這三人嘗試的雖然是不可能的事情，但從各個方面來看，她們都成功了。她們帶頭領導，指出通往現代斯堪地那維亞的路，指出斯堪地那維亞國家終將在近代實現的成就。她們也為下一項重要轉變——宗教改革的來臨——預作準備，而宗教改革將會賦予斯堪地那維亞文化與社會新的方向與力量。

失敗為成功之母。混亂之中將誕生新的、穩定的秩序。

＊　＊　＊

斯堪地那維亞在後維京時代的第一項重挫，在於整合的失敗。克努特大帝在一〇三五年辭世，此後除了中世紀末一段短暫的時期外，挪威、丹麥與瑞典始終無法整合在單一王室或王朝統治之下。法蘭西、英格蘭、西班牙甚至日耳曼都踏上了與北歐相反的發展軌跡。它們選擇穩定、發展日益強大的中央集權，由單一貴族世家統治——例如英格蘭的金雀花王朝（Plantagenets）與都鐸王朝（Tudors），法國的卡佩王朝與瓦盧瓦王朝（Valois），以及日耳曼的霍亨斯陶芬王朝（Hohenstaufens）與哈布斯堡（Habsburgs）王朝。

北歐模式卻是持續保持離心。混亂、內戰、王朝世家爭權（甚至同一家族內部）才是常態。以挪威為例。一〇六六年，無情哈拉爾在史坦福橋戰死之後，他的家族以和平哈拉爾（Harald the Peaceful，順帶一提，這綽號很不維京）為首，繼續統治挪威到一一三〇年。但西古爾德一世（Sigurd I，人稱十字軍西古爾德〔Sigurd the Crusader〕，因為他是首位踏上聖地的歐洲君主）辭世之後，內戰與無政府狀態卻延續了一世紀，直到他的孫子哈康四世（Haakon IV）統治時，才設法終結亂世。

哈康長久治世，為挪威帶來短暫的黃金時期，並兼併冰島與格陵蘭，但他的兒子與繼承人馬格努斯（Magnus）卻不得不把曼島與赫布里底群島交易給蘇格蘭王。持有奧克尼群島與謝德蘭群島的時間也未能長久。馬格努斯跟挪威教會長期不和，雖然哈康五世（Haakon V）彌補了關係，但後者卻沒能為國家帶來男性繼承人。

十一世紀的瑞典同樣經歷長期動盪與衝突，在刀劍未及之處，許多的國王皆難以政通令行。勝利埃里克辭世與斯滕克爾王朝（house of Stenkil）絕嗣後，瑞典在不到一世紀的時間內又經歷了兩次王朝更迭。一一五六年，斯渥克爾一世（Sverker I）被殺，引發一世紀的內戰，堪比瑞典版的玫瑰戰爭（War of the Roses），埃里克家（house of Erik）與斯渥克爾家（house of Sverker）交替控制著王位。接下來幾個世紀，瑞典歷史的重心不是強大的國王，而是像比爾格伯爵（Earl Birger）這樣的大貴族——雖然坐在王位上的是他的兒子瓦爾德馬（Valdemar），但大權在握的是他。不過，瓦爾德馬的弟弟馬格努斯掌權後，又引發了一場權力鬥爭，導致比爾格家（house of Birger）與瑞典的王權在一三一九年之後步履蹣跚。

同一時間的丹麥王權也一片狼藉。自藍牙哈拉爾以降，丹麥統治者的動力一直是統一整個王國，以因應來自南方的日耳曼皇帝與斯拉夫溫德人的威脅。統治者同樣覺得必須東向往波羅的海擴張，如舊日般用土地獎賞忠誠的追隨者。丹麥國王至少在一一九一年與一二〇二年兩度入侵芬蘭，但兩度都敗給瑞典對手。

此時，丹麥在波羅的海付出的努力幾乎完全落空——丹麥國王瓦爾德馬（Valdemar）遭到綁架，被迫放棄丹人曾經取得的一切，只剩呂根島（Rügen）與愛沙尼亞。丹麥愛沙尼亞首都塔林（Tallinn，愛沙尼亞語意為「丹人的城鎮」）建於一二一九年，在與波羅的海當地部落的一次戰役之後——根據傳統說法，丹人首次在此展開他們的民族旗幟，紅底白十字旗。瓦爾德馬的失敗本來會有更嚴重的後果，只是教宗親自介入，為丹麥留住了塔林。即便如此，塔林的日耳曼居民仍牢牢控制當地。丹麥的波羅的海帝國夢終究只是場夢。國君耗費政治與財政資本想打造帝國，但國力卻變得愈來愈弱。

到了一二〇〇年，斯堪地那維亞在另一個環節也出現了斷裂。從維京時代盛期以來，古諾斯語一直是這裡的通用語。古諾斯語是盧恩文字表述的語言，是史詩吟遊詩人使用的語言。數個世紀以來，古諾斯語在整個斯堪地那維亞地區皆維持驚人的穩定性與延續性，其使用範圍甚至擴大到諾曼第與英格蘭。盎格魯—薩克森人（例如《貝武夫》的創作者）所講的古英語，其實更接近古諾斯語，與現代英語有不小的差距。遲至十二世紀，人稱《灰鵝法典》（Grey Goose Law）的冰島法典顯示瑞典人、丹人與冰島人使用的還是同一種語言，「丹人講的語言」（Donsk tunga）。

但到了下個世紀，瑞典語（當然，此處說的是語言學家所謂的古瑞典語，而非現代瑞典語）開始跟古諾斯語源頭分道揚鑣，丹麥語隨後也走上類似的道路。雖然直到近代之初，一般仍視挪威語為丹麥語的方言，但挪威語也終將從中分離出來。

事實證明，冰島不僅是大部分維京文化，也是古諾斯語的最後家園。毛皮褲拉格納與藍牙哈拉爾識得的這種語言，保存在冰島的法庭、漁村與農場，但最重要的還是見於詩人的詩作與兩部《埃達》之中。接下來我們會談到，這對於冰島後來的文化有巨大的影響。但是，這無法掩蓋維京原鄉出現了語言的分野，確實為三個不同的國家指出三條獨特的命途。

例如丹麥。丹麥成為王國，其命運與南方各民族密不可分——先是信奉異教的溫德人，而後是日耳曼人與神聖羅馬帝國。隨著中世紀發展，丹人將與波羅的海、北海沿岸的漢薩同盟（Hanseatic League）城市在文化與經濟上相互依賴，丹麥本土的商人階級則每況愈下。

瑞典反而逐漸把能量導向東方；其統治者與商人受到難以抗拒的吸引力，踏上幾世紀前羅斯人走過的相同路線，深入波羅的海、芬蘭與更遠的地方。瑞典爭霸的對手不是日耳曼人，而是波蘭與俄羅斯的統治者——造化弄人，後者正是瑞典先祖留下的政治遺緒。

挪威的命運夾在兩個斯堪地那維亞鄰國之間，就像魚網裡的一條魚。但在維京時代，挪威人的活動範圍持續往西方擴大，先是哈拉爾王在一〇六六年功敗垂成的遠征英格蘭之舉，但不止於此，而是延伸到冰島與格陵蘭的諾斯殖民地。雖然挪威後來的政治史沒有兩個更有野心的鄰國那麼耀眼，但在接下來的幾個世紀，挪威始終是維京魂最珍貴的故鄉之一。

這三個社會最後都演變為君主國，並延續至今。至於冰島，無論古今都是異數。但在冰島以外的地方，模式都是一樣的：社會頂層長期勢弱，中層至底層則堅決抵抗改變，特別是抗拒那些削弱地方自主與社群的變化。

究其根本，頂層相對較弱，是因為王權無法代代相傳。推選國王是古老的日耳曼傳統，維京人始終沒有拋棄這種作法，傳統仍有其政治影響力。無論是否虛有其表（在這三個國家，決定下一任君主人選的不是百姓的意志，而是權貴派系），這項原則總是讓頂層難以累積權力。上層貴族保有力量，能夠把王冠從他們擔心會太過強大的人手中搶走，交給實力不足以挑戰他們權威的人。

法律成文化（codification）的潮流也是相同效果。對於法國卡佩王朝與英格蘭金雀花王朝來說，成文法逐漸成為王室擴權的手段；但在斯堪地那維亞，成文法卻成為保留傳統風俗的方式，就像把蜻蜓封在琥珀裡。成文法同樣令地方治理獨立自主的古老傳統保持生命力，從而抑制了王國官員的權力，無法僅憑國王之名斷事決行。

君主國期盼基督宗教與天主教會的機構能成為一股統合的力量來源。一個接著一個的瑞典與挪威國王設法控制教會，作為行使、建構其權威的手段。即便如此，這些目標與志向仍然難以實現，備受阻礙。異教儀式彷彿水面下令河道轉向的岩石，不僅流傳了下來，更讓斯堪地那維亞的基督教化，有如當時的人生命中一段漫長、折磨的挫折感練習——雖然對史家來說饒富興味。[1]

冰島一如往常，是規則中的例外。冰島成為保存維京文化與語言靈魂的關鍵，而保存的方式不僅豐富了斯堪地那維亞文化，更豐富了整個歐洲的文化主流。

＊　＊　＊

到了一二〇〇年，冰島已經成為諾斯人在北大西洋的重要前哨。冰島位於北方，離島格林賽島（Grimsey Island）輕輕掠過北極圈；本島大小與紐約州相當，人口卻不到今日紐約人口的百分之一。雖然人們一下子就放棄了葡萄之地，格陵蘭的聚落也緩緩縮小消失，但冰島居民與文化從維京時代開始就踏上了與眾不同的道路。冰島人沒有國王，也沒有爵位貴族。日耳曼與斯堪地那維亞的事庭早已消逝，但冰島的全事庭仍然維持其作用，甚至直到今天。事實上，當年選擇以基督教取代異教的就是全事庭的多數決，而非君主或王族。

「多數決」意味著冰島從奧丁與芙蕾雅的儀式，轉變為天主教彌撒的過程遠比挪威、丹麥或瑞典來得平順。說也奇怪，這也意味著冰島人能夠對異教昔日保有相當的自豪之情，視之為過往，同時保存古諾斯語為其民族語言。對於根源的自豪，反映在冰島對斯堪地那維亞，乃至於全世界最重要的貢獻中——也就是「傳奇」。冰島詩人、學者在一一〇〇年代末開始把傳奇訴諸文字。這項文學產業，將佔據他們接下來兩個世紀的心神。在一座冬季超過七個月的島上，哪有其他事情好做？

超過四十部傳奇在眾多手稿中保存下來，形式不一而足——有的類似《列王紀》，頌揚數世紀前早已作古的維京諸王，不時出現聳動的細節；有的描述冰島大家族的生活與起落，以及這些大家族在維京時代的恩怨情仇；有的純屬文學創作，例如《尼亞爾傳奇》——堪稱西方文明的第一部小說。時代較晚的傳奇（例如成文於十五世紀者），人物往往純屬虛構，劇情則以懷舊的目光，投向三世紀以前消逝的維京時代。

在這些傳奇當中，有兩部作品提供我們有關諸斯宗教與宇宙觀最最詳盡的觀察：《散文埃達》（*The Prose Edda*）與《詩體埃達》，創作者是最有名的傳奇作家——斯圖爾拉之子斯諾里。其餘傳奇的作者多半身分不詳。

「傳奇」（Saga）這個字在古諾斯語和現代瑞典語都是「故事」的意思。包括兩部《埃達》在內，所有的傳奇都是虛實交織，而這麼做只有一個目的：道出一段讓聽眾如癡如醉的好故事。這些源自維京人口傳傳統的故事，得到吟遊詩人的保存與發揚，而這些吟遊詩人後來也進入挪威諸王與貴族的宮廷裡。他們與他們的創作逐漸發展成冰島在十三世紀最主要的出口業（當時的冰島附屬挪威）。

許多故事以冰島本土的事件為主軸，反映出地位顯赫的頭領對傳奇發展的推動力：這些頭領找上吟遊詩人傳誦家族的歷史，許多淵源可以回溯到維京時代盛期。不過，最讓人印象深刻之處，在於恩主與詩人選擇用諾斯語寫下這些故事，而不是西歐中世紀的通用語拉丁語。光是動筆寫下這些故事的作法，便堪稱是斯堪地那維亞歷史的轉捩點。維京文化與宗教靠著口說傳統保存了數世紀，透過吟遊

1 見第五章。

詩人的傳唱代代相傳，如今覓得一種更能長久的形式。

事實上，冰島傳奇體裁是超過千年以來，斯堪地那維亞僅有的重要白話文學成就。說起來令人難以置信：千年來，書本與書寫向來是基督教世界主流的重要環節，猶太教的文字傳統更是悠久，但書本在斯堪地那維亞卻是初來乍到。丹麥地區最早的宗教文獻（以拉丁文寫就）年代是十一世紀。

無論是文字本身，還是以書寫為溝通、聯繫的習慣，在北歐都是姍姍來遲。這一點對諾斯社會與文化的演進有深遠的影響。相較於文字書寫，北歐地區始終保持口說傳遞的維京時代文化。連盧恩文也是用於紀念碑，而非撰寫文件或記錄，更別說像《聖經》或《古蘭經》那樣傳遞一套宗教信仰體系了。你的一言一行，遠比你或別人寫下的文字來得有意義。斯堪地那維亞盛行的是朋友、鄰人甚至敵人分享言行的文化，而非書籍的文化。

哲學家沃特．J．翁恩（Walter J. Ong）曾說，書寫文化追求的是「一種完結感」，而印刷文字可謂其極致。書寫文化中，人們「覺得文字中找到的就是定局，達到一種完整的狀態」，也安於這種感覺。口語文化則與此相反，始終開放新的增補、詮釋與訴說，端視聽眾與講者、背誦者的觀點而異。「典型的視覺理想是澄清，是分別，是涇渭分明，」翁恩如是說。「聽覺理想則是和諧，是結合。」因此，「『看』是孤立的，『聽』是整合的。『看』讓觀者處於所觀者之外，保持距離，而『聽』則是湧向聽者。」

儘管諾斯傳奇是以文字形式流傳至今，但它們保存了上述的堅實口說傳統，有明確的敘事線，既新穎卻又熟悉的人物、事件在敘事進行中穩定的流動。傳奇深植於圍著爐火講故事，或是漫長、無聊的航程中在甲板上天南地北的習慣；齊聚一堂說故事、聽故事的人，是同袍與親人。這樣的傳統形塑著冰島傳奇的特色。

大多數的中世紀文學作品，只有攻讀學位的人（例如當年在明尼蘇達大學念碩士班的我，就是個年輕的中世紀研究者）才會感興趣，但冰島的傳奇至今仍琅琅上口，其中一個原因在於傳奇是一種屬於民主社群的文學。當時的社群就像現代的冰島，成員都了解彼此，認識彼此的家人。故事裡的角色有貧有富，有男有女，有老有少，都是熟悉的面孔。

傳奇人氣不墜的另一項原因，在於其至臻完美的故事手法。小說家珍・斯麥莉（Jane Smiley）說，對於有志創作小說的人，認識傳奇就是最好的訓練——讓人了解如何建構劇情，創造難忘但又可信的人物，以及勾勒一條能帶出人物內在、卻又能貼近讀者或聽眾的敘事線。

這種說故事的傳統，便是從故事創作的情境中發展出來的。冰島人口少，文化同質程度極高，意味著社會高度流動，家族興亡與個人起落的速度超乎預期的快。島國環境相對孤立，讓島民得以在動盪的潮流橫掃斯堪地那維亞世界其餘地方時置身事外；詳盡的系譜與島上豐富的維京歷史，在自豪與懷想中代代相傳。

傳奇也揭露出冰島人凡人的一面。「人們總是做出輕率的承諾與愚蠢的選擇，」珍・斯麥莉寫道，「口無遮攔，冥頑不靈，無視旁觀者清，寧可賭一把而不是腳踏實地，拒不低頭，拉不下臉。」這樣的人是我們可以理解的人，傳奇的意義與魅力也因此放諸四海皆準。不過，傳奇也揭示了一個受到冰島價值觀、乃至於整個斯堪地那維亞價值觀所形塑的世界，其中的人們推崇勞動，對於親力親為蓋房子、煮飯、洗衣、牧羊、餵馬、航海與戰鬥感到自豪。

戰鬥，永不休止。為了土地、為了財寶、為了婚姻與女人、為了婚生或非婚生的子女，一切皆可戰。從現代觀點來看，傳奇的文學宇宙融合了一流的史詩與一流的肥皂劇。想想看，這些傳奇的主題、故事，甚至是人物都出現在後來的西方文學，但傳奇本身的作品名稱卻沒有那麼出名，實在是很奇怪的事。《沃松家族傳奇》（*The Saga of the Volsungs*）有屠龍者西古爾德；所有傳奇中最好讀的《埃以爾傳奇》，有遊走於道德邊界的主角斯卡拉格林之子埃以爾；最具現代色彩的傳奇《尼亞爾傳奇》，有飽受煎熬的核心人物索爾蓋之子尼亞爾；兩部《埃達》則充滿諸神、巨人、侏儒與精靈。這些典型人物散布在整個西方故事傳統中——理察．華格納的歌劇自然如此，還有J．R．R．托爾金的作品，《星際大戰》與哈利波特的故事更是不在話下。

這一切的大功臣，是最出名的傳奇作者，也是歷史上最著名的冰島人——斯圖爾拉之子斯諾里。斯諾里可不是個書呆子，而是維京戰士。他生於一一七八年或一一七九年，父親是冰島西部一位強悍的酋長。斯諾里兩歲時，冰島大頭領之一的洛夫圖之子尤恩（Jon Loptsson）提議由自家扶養斯諾里，藉此化解洛夫圖家與斯圖爾隆家（Sturlungs，斯諾里之父斯圖爾拉〔Sturla〕出身的家族）雙方的宿怨。接下來十六年，斯諾里生活在洛夫圖家位於奧迪〔Oddi〕的莊園，不只學會了說故事的訣竅，也熟習戰技。在十三世紀的冰島，人們視吟遊詩人的生活為崇高的天命。

斯諾里平步青雲。他娶了冰島最有錢的女子之一，並憑藉自己本家族的身分，成為重要的頭領。一二一五年與一二二二年，他兩度獲選為全事庭的述法人（law speaker）。冰島的述法人相當於美國最高法院的首席大法官兼眾議院議長。

他在庭原蓋了一間自用的大堂，命名為英靈殿；他與密友、盟友在此尋歡作樂，處理公務。我們不知道斯諾里何時開始利用閒暇時撰寫傳奇。他的空餘時間想必不多，畢竟他要管理自己的大莊園，主持全事庭，還為了鞏固自己在冰島的權力而兩度航向遙遠的挪威，尋求挪威大家族的幫助。即便如此，他的作品可不只那兩部《埃達》——足以躋身世界上最有影響力的文學著作之林——還有半神話的丹人諸王史——《列王紀》。

好景不長。評述者傑西．拜雅克（Jesse Byock）提到，「一二三〇年代，斯諾里在冰島與挪威樹敵無數。」一二四一年，挪威國王哈康四世把斯諾里的兩名前女婿招至麾下（斯諾里女兒與冰島酋長的聯姻最後破局，引發各方反感），試圖讓冰島擺脫斯諾里；哈康認為斯諾里是個傲慢、不受控的敵手。人在冰島西部雷克雅霍特（Reykjaholt）家中的斯諾里遭人突襲並殺害。

斯諾里之死，是冰島歷史的轉捩點。哈康四世多方運作，設法鞏固自己對這個島嶼領地的控制。但就像中世紀的斯堪地那維亞諸王，他們試圖擴權，卻多半功敗垂成，哈康的努力最後也白費了。斯諾里是他的頭號犧牲者。但是，無論在冰島或挪威本土，權力鬥爭的輸家總是國王——傳奇會延續，國王早作古。

＊＊＊

斯堪地那維亞在中世紀期間的另一項關鍵失敗，在於未能往封建制度過渡。這一點讓它有別於歐洲其餘地方，對未來亦有巨大影響。

最根本的原因，在於斯堪地那維亞人太少，達不到封建體系運作所需：人數少到不足以形成農奴群體（或是類似諾曼英格蘭的佃農）為地主做牛做馬；貴族家庭數量也太少，不足以將尚武的準則推向整個斯堪地那維亞，形成軍事階級。統治者需要軍隊時，必得仰賴自由農、農場主與鎮民自我武裝，響應他的大業。丹麥是個例外，當地出現類似歐洲其他地方的封建秩序。但就連在丹麥，丹人貴族也缺少日耳曼鄰人讓封建體系有效運作的關鍵要素——丹麥沒有農民願意自己或是看著家中子弟一輩子耕作別人的土地。

維京人留下的遺產中，斯堪地那維亞自由農始終扮演要角。他們耕種自己的土地，認為自己與貴族同樣有代代相傳的權利。歷史學家與政治學家或許認為，這種權力的分散阻礙了斯堪地那維亞的政治發展，恐怕也影響了經濟發展。不過，分權也帶來自然而然的權力制衡，比任何政治學家所能設想的更為精妙。在中世紀斯堪地那維亞的每一個地方，都有勢力穩固的貴族持續約束君主，自由農則持續約束著前述的貴族。

舉例來說，瑞典貴族與歐洲其他地方的貴族不同，他們沒有世襲的封地。根據法律，即便某個貴族分封到一座屬於王室的城堡，他的繼承人也不能因此在未來主張自己擁有與前人一樣的民事、軍事權利。不過，中世紀貴族的土地卻是自己的土地，而非某個封建主「委任」出去的土地。假如他們打算憑藉自己的財力興建城堡，設置守軍，那這座城堡就是屬於他們的。不過，守軍必須為國服務，受國王節制，而不是替原本招募他們的貴族撐腰——換作是西歐其他地方，守軍甚至可能加入貴族陣營，對抗國王。

這種狀況想必能讓歐洲其他地方的君主樂昏了頭。這並不意味著瑞典國王不會受到挑戰。事實相去甚遠。不過，瑞典的王權的確沒有抵押在最強大的敵人手中，不像後來的英格蘭金雀花王朝與法國的卡佩王朝。國王與貴族之間的權力鬥爭，發生在比較勢均力敵的情況之下。雙方也因此很難取得決定性的勝利。

瑞典同樣從未出現赤裸裸的農奴制。直到最後，瑞典貴族基本上仍然是小康階級，而非掌握他人性命、以此為權力基礎的菁英階級。所謂的「他人」也包括奴隸。雖然有許多財富是維京時代透過奴隸買賣賺來的，但奴隸制度本身在此卻逐漸式微，後來更是明文廢止。到了一三三五年的瑞典，奴隸制度的殘餘已經一掃而空。整體而言，成文法在斯堪地那維亞是朝強化個人自主權、無論貧富、不問鄉村或城市的方向演進的，而法律中沒有為「奴隸」這種身分留下餘地。從瑞典到挪威與丹麥，曾經為奴的人就這麼融入了社會景觀之中，與其他耕種田地的人或城市裡的僕役無異。

社會上層無法動彈，其餘階層則深受慣性影響——要想在中世紀時建立強大的王國，是絕無可能的。中世紀後期，斯堪地那維亞君主國一個接著一個，持續受到他們所無法控制的壓力所左右。到了一二〇〇年代末，它們的經濟命脈掐在漢薩同盟的日耳曼商人手中，領土則面臨鄰近競爭者的蠶食，例如在波蘭崛起的兩股勢力：立陶宛與條頓騎士團（Order of the Teutonic Knights）。十四世紀中葉，斯堪地那維亞面臨另一種災難：突然出現在日耳曼，同時隨著船隻由英格蘭傳入的黑死病。這場讓歐洲多達四分之一人口喪生的疫情，肆虐了挪威、丹麥與瑞典。

結果，中世紀晚期的北歐看來只剩一群乏善可陳的王公與教士，一個還在奮力撲滅維京異教餘燼的天主教會，以及一套似乎一蹶不振的政治與社會生態系。誰知突然之間，三名非凡的女性步入領導權的真空，不只扭轉了自己的斯堪地那維亞家鄉，甚至改變了整個歐洲。她們是瑞典的聖碧瑾（Saint Brigitte）、挪威女大公英格比約格（Ingeborg），以及丹麥女王瑪格麗特（Margaret）。

＊　＊　＊

過去在維京社會，男女地位不見得完全平等，但女性地位向來重要。成文法與教會法的興起，侵蝕了女性的部分自由，離婚與財產繼承的法條就是明顯的例子。愛普莉．迪康尼（April DeConick）等女性主義學者認為，基督教的降臨也改變了男女之間的相對關係。但改變不盡然負面，例如基督教化便終結了維京的殺嬰（尤其是女嬰）習俗。當然，這三位影響斯堪地那維亞走向超過一世紀的女性，都出身社會上層。英格比約格與瑪格麗特生於帝王家，碧瑾的父親則是法人（Lagman/Lawman，以瑞典而言，相當於高等法院法官）與非常富有的地主。

但是，這幾位女子之所以非凡，並不是因為她們的社會地位，而是因為她們全心全意，要讓同胞脫胎換骨。英格比約格與瑪格麗特帶來的改變，發生在政治領域，碧瑾則是宗教領域。她們三人結合超凡的智慧與堪稱不可思議的意志與自律，提振了同時代的人，促成他們採取過往所不習慣的正向行動。無限的勇氣，對家人與社群的投入，以及機敏與應變的能力——如果維京魂真有化身，想必就是這三名女子。

碧瑾的神視相當樸實，是基督直接對著普通人的內心說話（而且講的是流利的瑞典語）。這樣的神視，不僅在她摯愛的教會，也在碧瑾會（Brigittine）修女的持續奉獻上留下了深刻的印記；修女們秉持創始人直接、家常的精神行善工。碧瑾在國際舞台上揮灑的時間，早於此處所要討論的另外兩位女子；她的其中一位女兒最後成了丹麥女王瑪格麗特的女官。

碧瑾生於一三〇三年，其父佩爾之子比爾格（Birger Persson）是烏普蘭（Uppland）的法人，因此是王國裡影響力最大的官員之一。他也虔誠無比。另一位瑞典未來的聖人英格麗（Ingrid），則是他們家的近親。碧瑾從小接受深厚的宗教薰陶，這都多虧了堅定的姑母在碧瑾的母親過世後，負責了她的教育。儘管碧瑾顯然注定要過靈修生活，但她的父親仍堅持把她嫁出門——年僅十三歲的她，嫁給了大貴族古德瑪之子烏爾夫（Ulf Gudmarsson），而烏爾夫本人也才十八歲。

碧瑾相當幸運，因為她的丈夫和她一樣虔誠。兩人養育了至少八個孩子，而他們的女兒加大利納（Catherine）未來也得到宣福封聖。烏爾夫在一家人前往西班牙孔波斯特拉（Compostela，基督的門徒雅各伯〔James〕聖髑所在）朝聖的途中一病不起。一三四三年返家後不久，烏爾夫死於東約特蘭阿瓦斯特拉（Alvastrâ）的熙篤會修院。烏爾夫的死，讓遺孀碧瑾從婚姻生活的義務中解放，得以完全獻身於宗教。她跟瑞典教會高層關係相當友好，也是瑞典國王埃里克之子馬格努斯（Magnus Eriksson）的好友；身為這位統治者的精神導師，她的影響力與日俱增。

她最初的行動之一，就是成立修女會：總院設於瓦斯泰納（Vadstena）的至聖救主修會（Order of the Holy Savior），也就是後人所說的碧瑾會。但碧瑾的宏願是面見教宗，於是她在一三四八年前後出發，跨越當時仍受黑死病肆虐的歐洲。等到終於見面，她立刻把自己的神魂超拔與神視經驗告訴教宗（後來，一名熙篤會士將她原本的瑞典語版經驗抄寫下來），請他認可自己的修女會。

她意志堅定，說服力十足，教宗答應讓碧瑾會成為奧斯定會（Augustinian order）的分支。碧瑾會總會仍然設在瑞典瓦斯泰納，而碧瑾的女兒加大利納後來克紹箕裘，成為會長。不過，碧瑾本人餘生泰半在教宗國的羅馬度過，為歷任教宗提供建議，商討如何解決英法百年戰爭，以及如何為瑞典遠征諾夫哥羅德之舉解套——她恐怕不知道建立諾夫哥羅德的人也是她的瑞典同胞吧。

一三七三年，碧瑾從耶路撒冷朝聖返回羅馬，因力竭而死。她留下一部重要的遺產：她把孩提時以來所見到的眾多神視記錄下來，卷帙浩繁，內容尤其著重對童貞女瑪利亞的崇敬，以及與基督本人的內在對話。她深信基督對自己顯現，賦予她預測未來事件的能力——如此信念，雖然為她贏得許多人的尊重與崇敬（而且不只瑞典人），卻也引發其他人的懷疑與質疑。只能說，教廷在一三九一年宣聖她的作法，在當時也不無爭議。不過，她的《啟示之書》（*Revelations*）今日讀來，與其說像某個女版諾斯特拉達姆（Nostradamus），不如說像是直言不諱的斯堪地那維亞典型祖母，不僅無懼直抒胸臆，更確信自己比其他人更知道什麼才是最好的。

第四章有個段落是基督直接對碧瑾講話，用了牢固、不受風寒的溫暖房子作為隱喻，不僅家常，而且非常斯堪地那維亞風格：

> 我要跟你解釋，我要建造的房子有什麼意義。這間房子就是純潔的生命，而我——我創造萬事萬物，一切因我而造，因我存在——就是地基。這棟房子有四面牆。第一面牆是我的義，我將憑此審判那些不利這棟房子的人。第二面牆是智慧，我將用我的知識與理解，啟發建造這棟房子的人。第三面牆是我的權柄，我將強化造屋者的心性，抵抗邪惡的誘惑。第四面牆是我的慈悲，任何祈求的人都能獲得接納。在第四面牆上開了恩典的大門，凡祈求恩典者，都能通過大門進屋。房子的屋頂是愛，我用愛為愛我的罪人遮風避雨，讓他們不因自己的罪而受審判。至於讓陽光照進屋內的天窗，則是我慈悲的思諒，我的道的溫暖將透過這扇天窗，進入造屋者之內。

碧瑾的另一項遺產，當然就是她的碧瑾會。她辭世後，碧瑾會繼續發展，在歐洲各地有八十多所修院。她的女兒成為碧瑾會會長之後，修會才終於等到教宗批准會規。碧瑾會非常特別，不僅有修女，還有修士，兩者同屬一位女會長管轄：碧瑾想必會認同這種母系修院——其他追隨她的女強人亦是如此。

＊　＊　＊

挪威的英格比約格比碧瑾早兩年出生，她是國王哈康五世唯一的婚生女。英格比約格先是許配給比爾格之子馬格努斯（Magnus Birgerson），他是瑞典國王比爾格（Birger）之子與指定的繼承人。但這樁婚約未能延續，因為有其他更迫切的政治原因，得把她嫁給比爾格的弟弟，南曼蘭公爵埃里克（Erik, the duke of Södermanland）。兩人在一三〇五年訂婚，一三一二年於奧斯陸成婚，而且儀式上有兩對新人。她的堂姐，埃里克之女英格比約格（Ingeborg Eriksdottir）也在同一時間來到聖餐桌前，與埃里克與比爾格的么弟——馬格努斯之子瓦爾德馬公爵（Duke Valdemar Magnusson）成親。

這兩場婚姻本是為了鞏固複雜的政治盟約，只是好景不長，英格比約格與丈夫才生了兩個孩子，埃里克公爵與弟弟瓦爾德馬便遭到敵人綁架，音信全無。不久後，謠傳兩人皆已被殺。

兩位英格比約格立刻採取行動。一三一八年四月十六日，兩人在卡爾馬（Kalmar），與丹麥的哈蘭—薩姆索公爵克里斯多佛（Christoffer of Halland-Samsö）及大主教隆德的艾斯加（Esgar of Lund）就釋放其夫婿們達成協議，預計凍結與瑞典及丹麥國王的和平協商，直到夫婿們獲釋才恢復。作為交換，兩位女大公將要求夫婿們履行她們為取得盟友支持所做的承諾。只是她們的丈夫再也沒有機會實現她們的約定。一三一八年稍晚，不幸的謠言得到證實：兩人的丈夫皆已身亡。

挪威的英格比約格之子如今即位為馬格努斯七世（Magnus VII），英格比約格則正式成為攝政王太后。之後，瑞典貴族罷黜了受人不齒的比爾格，同樣選馬格努斯七世為王。英格比約格因此也成為瑞典攝政，在居城瓦爾貝里（Varberg）設立自己的宮廷。她的盟友凱提爾蒙之子馬茨（Mats Kettilumndsson）與兩位「英格比約格女大公」共同主持瑞典的攝政議會；不過，同時在瑞典與挪威國務會議擁有一席之地的，只有攝政王太后哈康之女英格比約格。她自己本來就是擁有采邑的女大公，由她自己統治，同時她也掌控許多具有戰略重要性的城堡與要塞。

現在，她的正式頭銜為「神恩瑞典女大公哈康之女英格比約格」。在當時的瑞典或挪威王國，她都是最有權的人。但是，中世紀斯堪地那維亞政局混亂，這種成就難以維持。不久後，英格比約格就因為未在瑞典和挪威的國務會議中磋商，以高壓方式施政而遭到抨擊。人們也批評她憑藉攝政之位遂行己意。

一三二二年，英格比約格與瑞典攝政議會爆發公開衝突。議會中的男性成員達成協議，但凡出自英格比約格的命令，都必須得到議會全體同意才能實施。隔年，她被迫接受此等喪權，並放棄自己最重要的幾座城堡與封地。

一三二三年二月二十日，挪威攝政議會也起事反抗英格比約格。到了一三二六年，她幾乎失去一切。屬於她的大量城堡與封地沒了，她的軍權也沒了。她還被迫流放自己的左右手兼半公開的情人——小貴族克努特．珀斯（Canute Porse）。即便如此，英格比約格仍然是個不可小覷的人物，但凡與她交手的人都怕她，一切都是她說了算。最後，英格比約格與情人克努特結婚，讓他在一三二七年成為哈蘭公爵，一三二九年兼愛沙尼亞公爵。

一年後，克努特過世。不過，英格比約格的長子馬格努斯此時也將屆親政之齡——而馬格努斯是個孝子。一三三六年，馬格努斯在斯德哥爾摩加冕，他的母親派自己的戰船艦隊出迎賓客，包括女兒尤菲蜜雅（Euphemia）、女婿梅克倫堡的阿爾貝特（Albert of Mecklenburg）、薩克森—維滕堡大公魯道夫一世（Rudolf I, duke of Saxe-Wittenberg），以及霍爾斯坦伯爵亨利（Henry, Count of Holstein）。

英格比約格從未放棄割下丹麥大片領土給瑞典的夢想。一三四一年，她成功慫恿兒子對什列斯維希與霍爾斯坦的統治者（丹麥的附庸），以及對丹麥的漢薩同盟日耳曼城市宣戰。一三六〇年過世時，她還在推動自己的征服大業。

此時，她的王國已經走向國運的低點。英格比約格的挪威與瑞典光榮大夢（包括宰制丹麥）已經化為灰燼。黑死病深深打擊了原本人數就不多的百姓。挪威每七座農場就有一座遭到棄置，有些更是再也沒有人回來。根據一些史家估計，全國幾乎三分之二的財富就此蒸發。挪威貴族的佃戶在受苦，貴族自己的日子也不好過。正式列入騎士階級的家戶數，從兩百七十戶銳減為六十戶，而丹麥與瑞典的社會金字塔頂層人數也進一步縮水。

瘟疫對丹麥獨立農場主的打擊尤其沉重，偏偏王室與貴族還在跟更少的人索拿更多的租稅。其間出現了人稱「受顧」（vornedskab）的習俗，佃戶必須有一個兒子在父親的田裡工作，作為一種向地主償債的方式。此舉的目的，在於防止農民離開地主的莊園，必要時可以訴諸法律。農奴制的陰影首度籠罩丹麥。

到了中世紀末，丹麥只有八分之一的土地為農民所有。挪威的比例稍高，來到四分之一，至於瑞典農民則還保有一半的財產。納稅的自由農對瑞典社會依然重要。農民忙著從瑞典北部與芬蘭的森林開闢出新的田地。芬蘭逐漸成為瑞典人與瑞典王室的美麗新世界。政府鼓勵人們大膽前往芬蘭海岸與偏遠地帶，一來推動當地異教徒改宗，二來為自己開拓新生活。假以時日，瑞典人與芬蘭人將化敵為友，合力馴服遼闊的荒野。這是個很好的訓練——未來，他們將一同橫渡大西洋，到美洲馴服不同的荒野。

不過，丹麥與挪威自由農式微，主要得益者並非貴族。黑死病之前，丹麥的貴族從未超過三百五十家。黑死病爆發之後，貴族戶數減少，只有三分之一的土地掌握在貴族手中。瑞典的貴族握有百分之二十一點八的土地，挪威的數字則只有百分之十三。土地所有權變遷的最大贏家是天主教教會。十四世紀中葉，教會擁有挪威將近半數的可耕地。事實上，黑死病餘波中最大輸家是王室。

國王需要收稅，才能武裝並保衛王國，但萎縮的人口難以撐起所需的稅基。而殺雞取卵的土地貴族與教會又致使人民支付佃租與什一稅的能力驟降。

有些事情不能再堅持了。如果各國無法獨力面對，或許可以試著合作。英格比約格女大公曾結合兩個王國。接下來輪到丹麥女王瑪格麗特，她在一三九七年至一四一二年這十五年間，將斯堪地那維亞三王國全數結合在一起——前無古人，後無來者。

＊　＊　＊

丹麥這個國家對於「女強人」完全沒有芥蒂，但即便是丹麥，瑪格麗特和她的故事也需要一點前情提要。

她的父親，丹麥統治者「新黎明」瓦爾德馬三世（Valdemar III Atterdag，之所以叫「新黎明」，是因為他承諾維持強大而有活力的統治）是個很有威嚴的人。他會為了恢復丹麥曾經的領土而大力打壓政敵，也曾為了把丹麥落入霍爾斯坦的土地買回來，而把丹麥對愛沙尼亞的所有權賣出去。瑪格麗特害怕父親，因此順從他的意思，嫁給挪威國王哈康六世（Haakon VI）——挪威宮廷窮困到瑪格麗特得跟父親借錢，才能付錢給傭人。

但她對父親的忠心也就到此為止。一三七五年，她的父親駕崩，原本預計由姐姐的兒子埃里克（Erik）繼承丹麥王位，但瑪格麗特迅速行動，讓丹麥的樞密院改立自己五歲的兒子奧拉夫（Olav）為王，瑪格麗特則擔任攝政。這是她第一次的重大政治政變，但絕不是最後一次。事實證明，瑪格麗特把攝政角色扮演得爐火純青。她善於操縱出席會議的男人，讓他們同意她所有的提議，無論內容多麼大膽，也無論是否一看就是為了擴權。借用一位崇拜者的話——「因為欽佩夫人的智慧與威儀」，丹麥樞密院不只同意由她擔任小奧拉夫的攝政，更在挪威國王哈康駕崩，時年十歲的奧拉夫繼承挪威王位時，強迫挪威樞府授予她類似的攝政地位。

兩個王國，一個君主——以及一位強大、堅定的攝政太后。這下子只剩瑞典尚不在囊中。此外，奧拉夫恰好可以繼承福爾康家（Folkung family）的王朝繼承權主張——一三六四年，福爾康家被人從王座趕下，而奧拉夫是最後一位尚在人世的繼承人。時機似乎正合適，可以推動奧拉夫的繼承主張，罷黜瑞典當時的國王阿爾布雷希特（Albrecht）。但是，瑪格麗特還來不及採取行動，奧拉夫就在一三八七年臥床，以十七歲之齡而夭。對於瑞典正統的主張也隨他而逝。

換作是別人，光是能令丹麥上院（Landthing）恢復自己為攝政（上院的措辭稱她為丹麥的「女主政閣下、主人與守護者」），召集挪威貴族，認可她為他們「強大的女主人」，也就能滿足了。換作是別人，想必會告訴自己：三個王國裡，可以直接且不受束縛地統治其中兩個，已經很不錯了。但她是瑪格麗特，壯志凌雲。

政治家奧托・馮・俾斯麥（Otto von Bismarck）嘗言，「政治家不能憑空創造。他必須等待、傾聽，直到聽見神的腳步聲響徹於事件中，才能一躍而起，攫住祂的衣角。」俾斯麥此言反映出瑪格麗特的精神。瑞典最有錢的貴族——「獅鷲」永恩之子波（Bo Jonsson Grip）過世之後，留下了大片采邑。如今，瑪格麗特以非凡的手腕，將控制其遺產的瑞典貴族全部找來，說服他們訂約將這些土地與堡壘的控制權轉移給自己。貴族們照辦了，並同意一如挪威與丹麥，認她為瑞典的「女主政閣下與合法的主人」。

現在只剩下罷黜瑞典現任國王阿爾布雷希特，拿下她的第三個王國——這可不是小事。不過，瑪格麗特麾下的丹麥與瑞典貴族大軍，仍然在一三八九年二月，於西約特蘭的法爾雪平（Falköping）擊潰阿爾布雷希特的軍隊——堪稱斯堪地那維亞史上的關鍵戰役。阿爾布雷希特被五花大綁帶離戰場。斯德哥爾摩又撐了九年，但瑪格麗特終究大獲全勝。

她深信，現在需要一紙正式條約，才能鞏固戰場上所贏得的事物。一三九七年六月十七日，三個王國的貴族、主教與樞密大臣齊聚於卡爾馬，在她肅殺的眼神之下，正式奉她的外甥孫埃里克（Erik，人稱波美拉尼亞的埃里克〔Erik of Pomerania〕）為三王國的國王。

這一刻是斯堪地那維亞歷史上，甚至是全歐洲歷史上前所未有的瞬間。其實，來到卡爾馬的與會者，可能已經準備把三個王國獻給瑪格麗特本人了。呂北克（Lübeck）代表甚至稱她為「女王陛下」。但瑪格麗特敏銳非常，認為最好讓男性持有國王頭銜。何況波美拉尼亞的埃里克（她的姐姐英格比約格的外孫）才十四歲，是個完美的傀儡。瑪格麗特可以繼續扮演她偏愛的角色——攝政。

但她沒有就此收手。卡爾馬協議底定後不過數日，瑪格麗特便要求與會者簽署另一紙文件，規定三王國將永久聯合，由一名國王統治，採取共同防禦與一致的外交政策。不過，挪威、瑞典與丹麥仍保有各自獨立的司法與行政體系。

借一位歷史學家的話來說，簽訂卡爾馬盟約（Union of Kalmar）是「北歐史上最為人熱議的單一事件」。這是哪一種類型的文件？一份現代意義上的憲法，確立正式的統治架構？將三王國合而為一的條約？抑或是簽約者之間的一份協議，旨在監察管理三個王國的特定協議？以上皆是？卡爾馬盟約令今日的史家與憲法學者大為困惑，當年的簽署者恐怕也是吧。

但是，無論他們簽署的是哪種文件或條約，無論盟約聲稱有何等法律約束力，都不過是紙上談兵。必須要有某個事物或某個人能賦予盟約真正的力量，才能建立聯盟。當然，瑪格麗特就是那個人。終其一生，她致力讓三王國的聯合成為可以運作的政體。即便埃里克在一四〇一年成年之後，權力仍然掌握在瑪格麗特手中。瑪格麗特任用一批官員與教士組成非正規的政策部門，繞過各國傳統的議會。加入這個委員會的主要資格，就是瑪格麗特提議什麼，就通過什麼。委員會只會說「同意」。

霍爾斯坦政敵口中的「這狡猾的女人」，不久後決心擴大她的政治版圖。她從波蘭手中搶回芬蘭，向哥特蘭島的地主立窩尼亞騎士團（Livonian Order）購島併入瑞典——事實上是她帝國的一部分。她還著手拿回什列斯維希公國，以確保丹麥故鄉的南疆。

她任命丹麥人到瑞典與挪威的主教區任職，讓瑞典人來丹麥擔任主教；其實，她人生的最後時光，待在瑞典的時間比丹麥更長，形同推翻了她說要以聯盟促進丹麥霸權的主張——此時的三王國是全歐洲第二大政體，僅次於神聖羅馬帝國。

人在瑞典時，她的施政重點擺在發揚聖碧瑾的遺產上——這也很自然，畢竟聖碧瑾之所以在一三九一年封聖，就是她的功勞。瑪格麗特和碧瑾一樣，總能令教宗如自己的意。她經常走訪碧瑾會在瓦斯泰納的總院，有些史家認為碧瑾會修院能從瑞典傳播到丹麥與挪威，得歸功於她。

這位非凡女子究竟是個什麼樣的人？我們不曉得。當時的人說她很美麗，烏黑的秀髮與雙眸，目光懾人，散發著握有絕對權威的人才有的自信光芒。但這些聽起來就像公關樣板，只是中世紀風格。她的官方肖像（傳世者不多）沒有透露任何一絲個性。她從未對知己吐露心聲，也沒有留下個人的隻字片語，而是透過公開場合的舉手投足來展露自我——顯然她有著鋼鐵般的意志，難以置信的聰慧，以及一定程度的無情。

她的優點清單裡，還有「戰略眼光」這一條。治世之末，她試圖跟英格蘭國王亨利四世（Henry IV）協商，推動一場雙重聯姻，讓埃里克娶亨利的女兒菲莉帕（Philippa），把埃里克的妹妹嫁給威爾斯親王，也就是未來的亨利五世（Henry V），只是沒有成功。倘若功成，等於是在四世紀之後重建克努特大帝的帝國，對「這狡猾的女人」來說將是傳世功績。

死神突然找上了瑪格麗特女王。一四一二年，她準備又一次遠征，這一回要對付霍爾斯坦大公，以完成自己對什列斯維希的征服。正當此時，她卻死於弗倫斯堡港（Flensburg Harbor）的船上。她是否自然死亡？答案仍然成謎，因此成了《權力遊戲》風陰謀論的好材料。無論如何，她毫無疑問是中世紀歷史最出色的人物之一，不分男女。包括亞奎丹的艾莉諾（Eleanor of Aquitaine）在內，同時代其他令人印象深刻的女性領導人與她一比，反而顯得積弱不振。無論男女皆難望瑪格麗特之項背。事實上，她的繼承人埃里克就搆不上自己那意志堅定、魅力獨具的姨婆所設下的標準。儘管她用心栽培埃里克，為他在哥本哈根留下一座首都與行政機構，讓他能夠從這座城市照看、統治自己的王國，但英俊、健美、聰慧的埃里克卻缺了一項關鍵特質：優秀的判斷力。

不懂進退應對的他，疏遠了一個又一個王國的貴族。同時，瑞典發生大規模民變，領導者是一位家境小康的小貴族（中世紀造成一定影響的農民起事，多半都是小貴族領軍者），名叫恩格布雷特·

恩格布雷岑（Engelbret Engelbretsen）。埃里克身為國王的威信大受影響。他為了恢復民間的安寧所做的讓步，令他名譽掃地。不過，只要埃里克的外交政策沒有失敗，人們不見得會記得前面這幾手臭棋。偏偏丹麥人痛恨的漢薩同盟卻連續擊敗、羞辱他，包括一次對哥本哈根的圍城戰。

到了一四三五年，埃里克已經厭倦了戰爭，便與漢薩同盟的日耳曼人議和。丹人、瑞典人與挪威人也厭倦了（至少領頭貴族如此）。丹人首先在一四三八年把他踹下王座，瑞典人在一年後依樣畫葫蘆。一四四一年，埃里克也被挪威人罷黜，失去王位。他無法接受一連串的罷黜，這也難怪。此時的他身分是造反的王族，持續武裝哥特蘭島，徒勞地試圖協商自己的復辟，直到死神在一四五九年帶走他。

此時，三王國選出了一位繼承人，這一回是個日耳曼的大公：巴伐利亞的克里斯多福（Christopher of Bavaria），他是埃里克的妹妹凱薩琳（Catherine）的兒子。這一層血緣讓克里斯多福多少有點傳承的架式。偏偏事實證明，他運作聯盟的功夫也沒有比埃里克高明。等到他在一四四八年過世時，瑪格麗特的豐功偉業——斯堪地那維亞三王國的聯合——已成空中樓閣。

這時，丹麥人找上另一個日耳曼貴族家庭——歐登貝爾格家（Oldenbergs）來擔任他們的統治者。第一位歐登貝爾格家的國王克里斯蒂安（Christian）拒不放棄瑞典主權正統，只是瑞典人多半無視之。他們自己選了自己的國王：克努特之子卡爾（Karl Knutsen）。對於瑞典的脫離，丹麥人基本上無計可施，畢竟只有一些瑞典人試圖為聯盟盡忠。卡爾的外甥斯登．斯圖雷（Sten Sture）打贏了一場規模雖小但慘烈的內戰，才獲得承認為瑞典的國督（Guardian of the Realm）。接下來不可避免的一步，便是將國督職化為一個完全不受哥本哈根控制的王室。一五二三年，瓦薩家（Vasa）的古斯塔夫一世（Gustav I）登上瑞典王座，正式脫離三王國聯盟。

整體來看，中世紀斯堪地那維亞的繼承鬥爭單調枯燥，甚至令人困惑。從王室系譜來看，斯堪地那維亞諸王治世結束的時間，幾乎沒有與他們過世的時間吻合。中世紀晚期的丹麥或瑞典統治者很難安坐其位。遭到罷黜、死於流亡或恥辱——或者既流亡又恥辱——才是常態。

因此，瑪格麗特女王的故事——其實以上這三位非凡女子的故事，都因為她們的成功才脫穎而出。她們也讓世人了解，維京魂不受生理與社會性別所限制。維京魂源自人性的經驗，源自根據個人願景形塑歷史的渴望。這是一種對行動自由的爭取，個人的勇氣強化了這樣的自由，社群則穩固了這樣的自由。只要情況合適，就能成長、茁壯——無論是在王家城堡、修道院、挪威海邊的漁村，還是北美大平原的農場。

但是，丹麥瑪格麗特的聯盟為何無以為繼？聯盟的失敗，不能完全歸咎於一兩個不像她那麼有領袖魅力與判斷力的領導人。有一部分得記在當時政治動態的帳上——貴族派系的傾軋主宰了政局，他們對於未來的願景，僅止於來年的土地收入與自家人是否人丁興旺。說得更全面些，這種心態也瀰漫在斯堪地那維亞社會的其他階層，直至自由農；他們最擔心的莫過於初霜若來得太早，是不是會讓來年小麥收成泡湯。到頭來，三王國聯盟是一位大無畏的女子達成的功業。她一死，維繫聯盟的精神也隨她而去。

聯盟要徹底，要長久，代價就會很高——貴族、商人社群與頑固的自由農都得放棄自己的部分獨立。但他們不打算這麼做。事實上，斯堪地那維亞所走向的未來，基礎是「分」，不是「合」。三個獨特的社會將會浮現各有其獨特的民族性格。

斯堪地那維亞的政治結合死透了，再也不會復活。不過，多虧宗教改革，新的精神結合正在成形。

＊　＊　＊

中世紀晚期的斯堪地那維亞社會由三種積木構築而成，分別是貴族、城鎮居民與商人，以及自由農。貴族強大又不服從，市民商人（其中也有來自漢薩同盟的外來日耳曼人）精心守護自己的錢與特權。自由農儘管吃力，卻從維京時代存續至今，甚至興家旺族；為了保護權利不受他人染指，他們甚至有武裝叛亂的心理準備。精明的國王得仔細檢查束縛自己的權力鎖鏈，找出其中脆弱的環節。結果，天主教教會居然是那環節。有兩個國王在聯盟解體餘波中，幾乎同時發現了這個環節。造化弄人，這兩個國王彼此卻是死敵。但兩人也都找到同一種能推進其野心的工具——路德宗教改革。

儘管碧瑾等人多方努力，天主教的教會組織在斯堪地那維亞仍然扎根不深。部分原因在於異教一直流傳到中世紀相當末期。教會人物無理又野心勃勃，捲入與國王、貴族等勢力的權力鬥爭，不僅場面不好看，也無助於鞏固教會。教會的組織中心遠在羅馬，又仰賴文士菁英來推動繁複的學術文化，或許這種等級分明的權威對北方人來說就是很陌生。

他們只缺統治者的允許，就可以把教會的桎梏拋掉。一五〇〇年代初期，丹麥的克里斯蒂安二世（Christian II）與瑞典瓦薩王朝古斯塔夫一世治下的北歐人得到他們需要的首肯。

兩位國王雖然成為死敵，但他們都意識到瓦解天主教會並沒收教產，是鞏固自己權力並贏得珍貴盟友最妥當的方法。他們彼此競爭敵對的野心，粉碎了恢復三王國聯盟的任何一絲希望。但他們都利用一場宗教革命，推動君主制為政府體制，並且為三個國家的土地及其百姓的宗教生活，賦予平易近人的面孔。

他們手邊的工具，就是從日耳曼南部逐漸往北傳播的改革思想，尤其是馬丁・路德及其追隨者的理念。路德掃除天主教會最放不下的陳詞濫調，例如聖禮體系，以及對羅馬教宗的服從（而且路德居然認為教宗就是敵基督（Antichrist））。他認為這一切並不符合《新約》中描述的早期基督教會習俗。路德提倡一種半民主式的信條，取代教宗的權威與天主教階級體系。其核心信念可以總結為（但不盡正確）「信徒皆祭司」（priesthood of all believers），也就是認為《聖經》已包含一個人成為真基督徒的一切所需，光是相信基督，就是救贖的根柢。

作為機構的天主教會，其餘的部分（包括其龐大的財產與土地）全都可以打成迷信，甚至有悖於正信的基督教。斯堪地那維亞諸王開歐洲統治者風氣之先，揭櫫路德的主張。他們立下榜樣，讓其他統治者（包括英格蘭王亨利八世〔Henry VIII〕）躍躍欲試。

不過，宗教議題也會遭到政治議題綁架。一五一三年——也就是路德把他的《九十五條論綱》（*Ninety-Five Theses*）釘上維滕伯格（Wittenberg）教堂大門的四年之前——丹麥的克里斯蒂安二世榮登大寶。當時，一股反對三王國聯盟的浪潮正在瑞典醞釀，身為聯盟名義共主的克里斯蒂安，決心阻止其發展。一五一九年至二〇年，他率軍深入瑞典領土；在斯德哥爾摩加冕後，他下令一口氣殺害大約九十名瑞典政敵，以粉碎殘存的抵抗。如此的冷血舉動，想必連馬基維利（Machiavelli）都會不寒而慄吧（他七年前才發表《君主論》〔*The Prince*〕）。克里斯蒂安的嗜血非但沒能穩定局勢，反而引發了聯盟的死劫。他的敵人可是瑞典人，堅決抵抗到底。不光是瑞典，連丹麥本地也發生大規模的反對聲浪，預示了克里斯蒂安的倒台——不過，事情是發生在他推動一系列改革，敲響丹麥天主教會的喪鐘之後。

克里斯蒂安曾經聽過來自日耳曼的新教牧師所做的巡迴講道。他不見得完全懂得其中的神學面向，但他把握到對自己的王權來說至關重要的精華：天主教會是失控、腐敗的組織，必須由世俗權威（包括他自己）勒住它的腳步。一五二二年一月，他頒布敕令，限制丹麥教士訴請羅馬教宗仲裁的權力，並規定其地產累積上限。教士因此反抗，一些投機的貴族也加入他們的行列。他們罷黜克里斯蒂安，推舉自己的盟友——克里斯蒂安的叔叔，五十三歲的弗列德里克．歐登貝爾格（Frederick Oldenberg）取代他。這就是丹麥的弗列德里克一世。

如果丹麥的主教以為弗列德里克會當聽話的傀儡，那馬上就要失望了。弗列德里克完成了克里斯蒂安起頭的丹麥教會改革。面對曾經助自己上位的恩主，他翻臉不認人，將他不喜歡的主教革職，安插聽令行事的人。他幾乎等於將丹麥各地的教產收歸國有。教堂與修道院遭到拆除（光是在一五二九年，維堡〔Viborg〕一地就有十二所教堂化為瓦礫），路德宗的傳教士則獲准自由行動，宣揚聖職婚姻、因信稱義等破天荒的說法，以及以《聖經》為基督信仰唯一基礎的重要性。《聖經》的丹麥語譯本迅速傳播，丹麥文的彌撒經本（而非拉丁文）於一五二九年在馬爾默（Malmö）刊行。

一五三〇年七月，傳統派的教士試圖在哥本哈根的顯貴會議（Herredag）反擊，譴責這些改變都是異端。弗列德里克在一五三三年辭世，司空見慣的王位爭奪隨之爆發，此時主教們選錯了陣營，支持落敗的一方。新王克里斯蒂安三世（Christian III）需錢孔急。他逮捕羅斯基勒、倫德與里伯的主教，並全面公告廢除主教制，重組教會財產——此舉當然有利於克里斯蒂安三世與君主制。

克里斯蒂安二世的瑞典死敵——瓦薩王朝的古斯塔夫一世在一五二三年獲推舉為王，不久後他也採取相同的改革派路線。古斯塔夫的大臣拉斯．安德森（Lars Andersson）帶領他接觸路德宗，他也熱情擁抱。一五二七年六月，瑞典的全階級會議（Riksdag）正式核准他大幅削減教會財產與瑞典教士自主權的方案。

進入一五四〇年代，瑞典與丹麥正如火如荼將教會土地收歸國有，以及採用路德宗為國教。至於在挪威、冰島與法羅群島，人們起先雖有抵制，但不久後也跟上兩個大國的腳步。十六世紀中葉的歐洲逐漸因信仰而分裂，斯堪地那維亞則堅定加入路德宗改革陣營——這個事實不僅對未來百年的斯堪地那維亞，甚至對歐洲也有劃時代的重要性。

這場迅速而（相對）不流血的信仰轉變，具有正面的意義。新教的到來，在法國與日耳曼引發數十年的內戰，在英格蘭與蘇格蘭開啟一段漫長的公開叛變與地下反抗歷史，在愛爾蘭造成大規模屠殺，但斯堪地那維亞卻繞過了所謂「宗教戰爭」的慘絕人寰。這不是斯堪地那維亞人第一次逆來順受，調整自己，也不會是最後一次。他們根本的民族韌性以及維京時期所打下的共同文化與傳承堅若磐石，讓他們得以生存，甚至扭轉劇變為己所用。維京魂的內在力量，將在未來幾個世紀多次受到考驗——不只斯堪地那維亞三國，冰島也包括在內。

與此同時，新教改革強化了斯堪地那維亞兩位國王統治各自領土的力量，而《聖經》丹麥語與瑞典語譯本也追認了講這兩種語言的人所踏上的不同道路。當時還沒有挪威語譯本的《聖經》，而早期在土庫（Turku）當地的芬蘭方言譯本，也有助於建立芬蘭人使用的國語。

路德宗還把一種新教倫理觀念密密縫在維京文化遺產上，為維京魂賦予一種新的道德律：認真工作等於敬拜上帝。我們姑且稱之為路德宗工作倫理——丹麥、瑞典、挪威與芬蘭移民將懷抱這種倫理，踏上美洲大陸。

這項道德律的基礎是馬丁・路德的「天職」（Beruf）概念，來自路德對於耶穌・西拉（Jesus Sirach）《耶穌・便西拉全善智慧書》（*Book of the All-Virtuous Wisdom of Yeshua ben Sira*）的解讀。這部文獻還有其他名字，像是《便西拉智訓》（*Wisdom of Sirach*）、《西拉書》（*Sirach*）或《德訓篇》（*book of*

Ecclesiasticus）。天主教的《聖經》有收錄這部猶太教經典，但路德的新教《聖經》則無。不過，路德認為《便西拉智訓》是一部「適合平凡人的經典」，因為它「展現了平凡人與神、神的道、祭司、父母、妻子、孩子、自己的身體、自己的僕從、財產、鄰人、友人、敵人、官員，以及其他人之間應有的關係」。路德補充道，「這是穩穩當當的『精神修養』，恰如其分。」

《便西拉智訓》第十一章二十至二十一節是關鍵的段落：「你要忠於你的誓約，謹守它，操練自己直到老年。不要因罪人的作為而驚奇，只要信靠主，持守你的勞苦；因為窮人突然間速速致富，在主的眼中乃是輕易的事。」

這段話打動路德的關鍵，在於即便補魚網或倒垃圾這種平凡的職業，也有神性留下的印記。社會學家馬克思・韋伯（Max Weber）觀察到，路德的教義為這些卑微的職責灌注一種特別、正向的重要性：「將世俗責任之履行，評價為個人所能成就最崇高的道德活動形式。」易言之，我們按照自己在世上的位置而承擔起的義務，在神的眼中都有內在價值，不分貴賤。

這完全是新教的觀念——路德成為宗教改革家的頭十年間得出這樣的想法，深深影響了他的會眾與追隨者。容我再引用韋伯的話：「對他來說，呼應天職而勞動，是一種表達同胞愛的外在表現。」對歐洲文明來說，這也是個嶄新的想法：符合神意的生活，並非進入修院避靜，脫離塵世（路德認為，這是天主教會所犯的過），而是實踐我們在世上的位置——無論是最卑微的僕從，還是最強大的國王。這種分工觀念，迫使每一個人將他或她的工作，最終視為為他人而付出，求待見於神目，成為更好的自己。像修士或修女那樣背棄這些職責，真是再自私不過了。與家人、鄰人一起安分工作，並且精益求精，反而才是實踐神意。上主眼中，每一種天職都是平等的。

路德的天職觀念迅速傳播到新教徒之間。「天職」成為世俗活動，以及透過活動功成名就的道德理據，是新教改革的典型觀念——甚至備受抨擊。不過，路德傳達的觀念，其實有別於約翰・喀爾文（John Calvin），也有別於人們經常與「新教工作倫理」畫上等號者，像是約翰・諾克斯（John Knox）的蘇格蘭教會，以及美國清教徒。喀爾文的天命，畢竟屬於天選的少數，屬於選民（Elect of God），是神透過預選，選定了誰能夠先後在塵世有所成就，而後進入天堂。喀爾文的天命觀，焦點終究是個人的福祉，個人的道德價值建立在成功——或者失敗——的能力上。

相形之下，路德教義的利他面向就很明顯。儘管路德容忍資本主義，但也不是資本主義的密友或支持者。例如高利貸與收利息，他可是深惡痛絕。

喀爾文的理想席捲英格蘭與蘇格蘭，在美洲的英格蘭殖民地深深扎根時，斯堪地那維亞人則因為馬丁・路德，對工作抱持著不同的倫理觀點。「認真工作」並非達到目的（創造財富）的手段，而是本身就是目的。我們會在將來的美國再次見到這種理想——挪威裔美國社會學家托斯丹・韋伯倫（Thorstein Veblen）的「手藝」（craftsmanship）概念，就是對路德工作倫理的仰望。在此之前，這種理想已經找到完美的家了——照顧親人與社群，本就是維京傳統的一環。

簡言之，路德工作倫理的首要目標，**並非**提升自己的社經地位——也就是馬克思・韋伯說，「解放了私人積累的能量」——而是提升社群。這種文化性格留下了深刻的印記，影響接下來的數個世紀，尤其是現代斯堪地那維亞慈善事業：不只出錢做善事，更是捲起袖子親自完成，甚至為此冒生命危險。

想當年，就是這種不顧一切的心，驅使維京人前往世界的彼端。十六世紀的宗教改革後，維京魂將再度驅使其鬥士踏上前路，只不過這一回是出於對人類同胞的奉獻之愛。

8

維京魂帝國：國王古斯塔夫斯·阿道夫斯與斯堪地那維亞世紀

Viking Heart Empire:
King Gustavus Adolphus and the Scandinavian Century

由四名船長
把哈姆雷特背上台，像個軍人：
因為，假如他能坐上王座，
原本是能成為最尊貴的國王；因此，為了他這一程，
軍樂與戰儀
要響亮獻給他。

——威廉·莎士比亞，《丹麥王子哈姆雷特》(*Hamlet, Prince of Denmark*) 第五幕第二景

在我的指揮之下，你們可以爭取救贖，但掙不了財富。

——瑞典國王古斯塔夫斯·阿道夫斯 (Gustavus Adolphus)

時值一六〇〇年。倫敦最頂尖的劇團——宮內大臣劇團（Chamberlain's Men）為觀眾帶來一場饗宴。他們搬演的劇目是威廉·莎士比亞的新作，領銜主演的李察·博比奇（Richard Burbage）堪稱是當年的勞倫斯·奧利佛（Laurence Olivier）。劇名叫：《丹麥王子哈姆雷特》。

故事場景設定在埃西諾城堡（Elsinore Castle），也就是丹麥女王瑪格麗特的外甥孫埃里克七世（Erik VII），為了保護哥本哈根，不受漢薩同盟侵

擾的要塞。《哈姆雷特》的成功眾所公認。根據史料，一六〇七年，私掠船「紅龍」（Red Dragon）的船員在遙遠的獅子山（Sierra Leon）海岸搬演這齣戲，兩年後甚至連荷屬東印度也上演了。

首場的觀眾應該與今天的多數人一樣，以為哈姆雷特的故事純屬虛構。時人與今人當中，只有少數人知道哈姆雷特真有其人（至少是半個真實人物）——丹麥歷史上稱他為阿姆雷斯（Amleth）。多虧有中世紀的史家博學的薩克索，我們知道此人是後維京時期的重要傳說人物。無論薩克索版的阿姆雷斯背後有幾分歷史真實，故事中都瀰漫著家族競爭與復仇的味道，想必能如一塊磁鐵般把莎士比亞吸過來。不過，阿姆雷斯可不像莎士比亞筆下那個自我懷疑的內向主角，丹麥王子阿姆雷斯是一名冒險犯難的自信勇士——他不只為父親的死報仇雪恨（還殺了個躲在掛毯後，像波洛涅斯〔Polonius〕那樣聽壁腳的間諜），還出發征服英格蘭與蘇格蘭。他凱旋返鄉，帶著不只一位、而是兩位美嬌娘：這是每個維京人的美夢。他是一位準備統治世界的北歐超級英雄。

莎士比亞的時代剛好有那麼一位真人版的阿姆雷斯，他真的想征服世界，也真的有與自己的志向般配的才能與軍隊。他是瑞典國王古斯塔夫二世（Gustav II），後人稱呼他古斯塔夫斯．阿道夫斯與「北方雄獅」（Lion of the North）。冠絕群倫的古斯塔夫斯．阿道夫斯，將會讓十七世紀成為斯堪地那維亞的世紀；身為北歐人，他震撼世界的能耐堪稱維京劫掠以來所僅見，此後也再無對手。事實上，古斯塔夫斯．阿道夫斯絕對有資格頂著「最後的維京人」的頭銜。

不過，他不像典型的諾斯領袖，甚至也不像阿姆雷斯。他的人格反映出維京時代之後，瑞典人與斯堪地那維亞文化上的轉變。首先，他很虔誠，是正信的路德宗信徒。身為君主與軍事指揮官，拯救新教宗教改革，不受天主教復興之破壞，是他的崇高使命。其次，身為瑞典國王，他精明運用前人

（尤其是瓦薩王朝的親戚）所留下的王權。他自幼受到父親栽培，了解政務的細節，掌握王室歲入的竅門。查理九世（Charles IX）將西曼蘭（Västmanland）公國交給他負責的時候，他才十五歲。他很早就學到如何將瑞典稀缺的財力與人力發揮出最大效果，甚至讓瑞典成為當時最強大的軍事力量。

第三，他的文化與政治視野比任何維京戰士都廣闊，甚至超越了丹麥女王瑪格麗特等等的所有中世紀君主。他不只成功因應了瑞典與鄰國丹麥、波蘭與俄羅斯的地緣政治，更與西歐的法國與尼德蘭建立堅定的關係。事實上，他就是從荷蘭那兒學會並精通荷蘭軍事家拿騷的莫里斯（Maurice of Nassau）開創先河的新戰術——之後我們會談到，古斯塔夫斯·阿道夫斯全心全意投入軍事，堪稱路德宗工作倫理的典範。

第四，古斯塔夫斯·阿道夫斯預料到，自己憑藉出色軍事行動所累積的力量，將足以主宰從萊茵河口到多瑙河流域的中歐。命運的捉弄，讓他在看似掌握局面的時候卻失去了頭彩——與莎士比亞筆下的丹麥王子頗有幾分相似。他的失敗籠罩了瑞典與整個斯堪地那維亞世界，最終注定了此地的未來。

就此而論，莎士比亞的故事還真的反應了當時的斯堪地那維亞。瞬間，長期低迷的斯堪地那維亞在十七世紀初再次一躍成為歐洲的樞紐。丹麥與瑞典雙雙蓄勢待發，站上前無古人、後無來者的新高點，兩國的發展軌跡形塑了整個歐陸的命運。丹麥與瑞典共同引發了兩場大型的地緣政治競爭，第二次世界大戰結束為止前這一直都是歐洲的政局主軸——其一是法國與日耳曼相爭，其二是日耳曼與俄羅斯相爭，波蘭則夾在中間。

但是，這兩個斯堪地那維亞王國將為了自己的野心、為了權力鬥爭而付出慘痛代價。

* * *

莎士比亞這部戲初演之時，站在國力巔峰的正是丹麥。丹麥君主是一位風行草偃的人物。除了自己的王國，他還統治了挪威與遙遠的冰島。他是瑞典厄蘭島（Öland）與古老維京貿易據點哥特蘭島的主宰。更有甚者，丹麥諸王掌控著厄勒海峽（Sund of Øresund）——這段狹窄的海道，控制了外界與波羅的海經濟體的貿易。厄勒海峽最寬處有十七英里寬，最窄處只有兩英里半，這裡將是未來兩世紀北歐政局的支點。

對英格蘭人來說，厄勒海峽是通往斯堪地那維亞的要道，而斯堪地那維亞是造船材料的主要來源，尤其船桅多來自挪威與瑞典的大片松林。對俄羅斯人與波蘭人來說，厄勒海峽讓他們得以通往遠洋，通往日益繁榮的大西洋世界。對瑞典人來說，厄勒海峽令他們擺盪在丹麥人與俄羅斯人之間，為了避免雙線作戰，他們必須採取平衡精妙的外交舉措。一言以蔽之，丹麥控制厄勒海峽，成為世界經濟與地緣政治半壁江山的掌門人。

此外，坐鎮哥本哈根的統治者，也是日耳曼神聖羅馬帝國政局的重磅選手，因為他同時是霍爾斯坦大公，而這個頭銜讓他得以在帝國議會中佔有一席之地。身為大公的他，無庸置疑是下薩克森行政圈（Lower Saxon circle）日耳曼諸國之間最強大的王公。一五五五年，日耳曼宗教戰爭的第一輪隨著《奧格斯堡和約》（*Peace of Augsburg*）簽訂而告終，下薩克森的新教王公從信奉天主教的哈布斯堡王朝皇帝手中贏得獨立。偏偏這只是第一輪戰事的結束。面對來自天主教哈布斯堡王朝的威脅，所有日耳曼新教王公把目光投向哥本哈根，投向其路德宗統治者，尋求支援與庇護。

與日耳曼走得這麼近，同樣讓丹麥付出了慘痛的人命代價。十六與十七世紀，發源於日耳曼的獵巫狂熱席捲全歐，北歐各國中最狂熱的就是丹麥。值此恐怖時期，斯堪地那維亞有兩千巫師遭處死，將近半數是在丹麥斷魂。即便如此，這個數字也遠遠不及成千上萬遭到吊死、燒死或邊吊邊燒而死的日耳曼人、瑞士人、英格蘭人與法國人，其中多半是女性。在挪威舉行的獵巫審判中，只有百分之二以死刑告終。芬蘭的審判只有百分之一判處死刑——甚至比瑞典與挪威的比例更低——日耳曼卻有百分之四十二，瑞士則有百分之三十五。

針對北歐審巫人數之低，人們提出許多解釋。有一種解釋認為，刑求與其他屈打成招的審問手法，在斯堪地那維亞法典中並不常見。還有一種解釋則指向北歐缺乏印刷機與印刷書——這意味著《女巫之槌》（*Malleus Maleficarum*）等風行全歐，教人如何獵巫的手冊在北方的受眾有限。

不過，最主要的解釋，想必是因為獵巫與北歐各國文化格格不入。女性獨立思考本就是維京傳承的一環，人們不會為此大驚小怪。但在歐洲其他地方，大規模獵巫的首要目標恰恰就是這種有自己想法的女性，尤其是年長的女性。北方就是沒有那種把聰慧女子施沉塘刑、上火刑柱或絞刑台的厭女情感反射。丹麥與挪威固然也舉行過惡名昭彰的大規模審巫，但真心獵巫的人想必會對兩國所指控、處死的人數感到失望吧——一六六二年跨六三年的冬天於挪威瓦爾德（Vardø）舉行的審巫，丹麥與挪威的受審者分別是三十人與二十人。[1]即便路德宗教改革影響深遠（路德本人就是迫害所謂女巫的好手），卻也無法抹除當地千百年來對女性的尊重，以及女性與男性一同面對挑戰與危險的同袍情誼。大體而論，我們可以斷言大抓替罪羊與群眾歇斯底里，通常不是維京魂的特色。之後我們還會看到，如此的美德將在納粹大屠殺期間展現光輝。

1 冰島的巫術審判最後反而判二十一名男子有罪，女子有罪者僅僅一人，實在耐人尋味。

總之，丹麥以斯堪地那維亞兩王國中的強者之姿，踏入了這個世紀。有一件事情清楚展現出丹麥的國力：英格蘭女王伊莉莎白（Elizabeth）的繼位者，英格蘭的詹姆士一世（James I）為了鞏固自己的權力而尋求聯姻。他選的對象是丹麥國王克里斯蒂安四世（Christian IV）的女兒安娜（Anne）。丹麥君主在一六〇六年抵達英格蘭進行國是訪問，堪稱詹姆士治世期間最大的外交成就。

不過，丹麥的競爭者瑞典迅速縮小差距。一切多虧有瓦薩王朝的古斯塔夫斯二世阿道夫斯，他在一六一一年登基，年僅十七歲。他繼承了瓦薩朝祖先的大無畏與自信，只要目標在能力所及範圍內，就算手中的資源尚不足以滿足其壯志所需，他仍然願意冒一切的危險去追求。古斯塔夫斯也從父親查理九世那兒繼承了一個受貧困所囿，深陷一場即將失敗的多線戰爭——不只兩線，而是三線作戰：波蘭人、俄羅斯人與丹麥人。他即位時還得面對一群瀕臨叛變的瑞典貴族——話說回來，瑞典貴族總是揮舞著叛旗。基本上，這是他們與生俱來的權利。

然而，不出幾年，青年古斯塔夫斯．阿道夫斯便憑藉出色的軍事統御力與巧妙的治國術，徹底扭轉情勢。到了一六三〇，三十六歲的他已經成為普照整個新教世界的希望。此後，他才終於把目光投向最大的目標：成為查理曼的傳人，繼承神聖羅馬帝國。

成功並非一蹴可幾。他治世的頭十五年，來來回回把時間花在波羅的海沿岸的一連串軍事行動上，將得自於父親的瑞典軍隊打磨成歐洲最精銳的戰力。其核心為瑞典籍的徵召步兵與輕騎兵，並以若干傭兵團補充，軍力最終達到十三萬人以上。之所以能糾集如此龐大的軍力，是因為古斯塔夫斯與重臣阿克塞．烏克森海納（Axel Oxenstierna）伯爵在國內推動改革，將瑞典轉化為現代國家——從各個角度來看，堪稱是各個現代國家的原型。古斯塔夫斯．阿道夫斯以聰明的方式運用稅賦，並操縱瑞典貴族，將之從叛服無常的後備造反者，轉化為軍隊與王權的支柱。他為將來數世代的歐洲君主指明了道路。無怪乎他在登基後僅僅十四年便聲名遠播，讓日耳曼新教徒不顧一切找上他，以阻擋天主教反宗教革命的浪潮。

他欣然應允，帶領國人展開偉大的冒險。冒險的最後，冉冉上升的瑞典，北方的巨人，成為全世界的巨人。

＊　＊　＊

古斯塔夫斯·阿道夫斯生於一五九四年十二月九日，他出身貴冑，父親是不久後稱王的查理九世，母親是霍爾斯坦的克莉絲緹娜（Christina of Holstein）。當時，瑞典王座並不穩固，且爭奪者眾。一六〇〇年——正好是莎士比亞準備將《哈姆雷特》搬上舞台的那一年——查理九世推翻國王西吉斯蒙德（Sigismund），後者前往波蘭尋求庇護，最終成為波蘭統治者。西吉斯蒙德設法奪回他的瑞典王銜，不僅引發戰爭，動盪更是持續到查理九世統治結束之後。俄羅斯試圖透過芬蘭在波羅的海佔有一席之地，此事則是另一個問題來源。第三，丹麥人牢牢控制著險要，也就是厄勒海峽兩岸；如今哈蘭與斯堪尼都是丹麥領土。查理九世想方設法，他封鎖當時屬於丹麥的港口里加，開闢經北冰洋的替代路線，想讓厄勒海峽東岸重回瑞典手中，只是不果。等到查理九世一六一一年駕崩時，國庫不僅空虛，他還把一場與丹麥的戰爭留給自己的繼承人。

古斯塔夫斯的父親在遺囑中告誡他要「愛民如子，懲惡揚善。與人為善，但不可無防人之心」。可謂亂世中的金玉良言。

別人認為無可救藥的局勢在十七歲的古斯塔夫斯眼中，反而是讓瑞典成為區域霸權的良機。他最親密也最信任的策士烏克森海納伯爵，將在接下來二十年籌款將瑞典打造成歐洲絕無僅有的戰爭機器，幫助他稱雄北歐。古斯塔夫斯透過一連串軍事行動調校這台機器，遏止丹麥對波羅的海的野心；迫使版圖兩倍於法國、人口六倍於瑞典的波蘭簽下和約，放棄西吉斯蒙德對瑞典王座的主張；為瑞典帶來位於歐陸的頭幾塊領土，往瑞典帝國邁出腳步。

只不過，除去他在波西米亞（今捷克共和國）一場王位繼承爭議中的角色，今人對古斯塔夫斯・阿道夫斯的印象卻是歐洲史上的次要人物。上面提到的這場爭議，一方面令歐洲陷入最慘烈的宗教戰爭，另一方面也為瑞典敲開躋身新教強權的大門。這場戰爭讓古斯塔夫斯・阿道夫斯化身為當時最厲害的軍事家。

我們可別忘了：對斯堪地那維亞人來說，「宗教改革」向來甘美滋補，是穩定政局、昇華性靈的泉源；但對歐洲其餘地方的人來說，「宗教改革」卻留下傷可見骨的疤痕。天主教打擊新教，喀爾文宗打擊路德宗，而它們也打擊那些它們認為是異端的各個小宗派。路德在一五四六年過世後，爭奪宗教至高權威的戰爭肆虐了半世紀以上。宗教的爭奪迅速與地緣政治霸權爭奪糾葛不清，斯堪地那維亞統治者與鄰國在這場愈演愈烈的衝突中亦有其角色。

一六一八年的迫切議題，在於由誰登上波西米亞寶座，繼承文策老（Wenceslaus，獲教會封聖）國王的王冠。根據傳統，波西米亞的王冠將由神聖羅馬帝國的繼承人戴上，而此人必然出身奧地利哈布斯堡家族，也必然是天主教徒。但在這一年，講捷克語、信奉新教的波西米亞人決定要由跟自己同一種信仰的人戴上王冠，只要信仰一樣，即便是外國王公也行。這個奇特的決定雖悖於傳統，但在當時的宗教氛圍中卻是大受歡迎。此外，從這個決定也能清楚看出，堅守原則甚於審時度勢的人，往往得付出沉重代價。

波西米亞人需要一名新教候選人，來對抗理所當然的哈布斯堡繼承人。他們找上萊茵河畔帕拉丁（Palatinate）的選帝侯腓特烈（Frederick）。對於自己即將引發的國際危機，年輕、理想性格的腓特烈完全沒有準備。他在布拉格的支持者，把哈布斯堡代表從市政廳的窗戶扔了出去——也有可能是他自己跳出去，以免下場更慘。總之，這場「布拉格拋窗事件」引發了國際衝突，無論天主教或新教國家，無論哈布斯堡、法國、英格蘭、丹麥還是瑞典，都擔不起置身事外的代價。

一開始局面對腓特烈非常有利。哈布斯堡軍隊在戰場上毫無表現可言，波西米亞騎兵兵臨維也納城下。整個歐洲屏息以待，新教與天主教之間的權力天平，似乎要永遠偏向羅馬的對手了。

接下來，戰局再度翻轉，日耳曼的天主教王公集結在哈布斯堡旗幟之下。波西米亞與捷克的獨立葬送在一六二〇年的白山戰役（battle of White Mountain），直到三世紀後的第一次世界大戰才恢復。腓特烈選帝侯成了倒楣的流亡者。新教的勢力範圍有如骨牌，一個接著一個倒在哈布斯堡軍隊面前，處境糟到腓特烈的岳父——一六二四年，英格蘭國王詹姆士，以及最後一位還保持獨立的日耳曼新教選帝侯——布蘭登堡的格奧爾格（George of Brandenburg），孤注一擲找上北歐的路德宗諸王。

他們第一個找的就是古斯塔夫斯．阿道夫斯，這不難理解。經過在波羅的海沿岸的軍事行動，他成了一名軍人國王，堅毅、守紀律，又有領袖魅力。三十二歲的他顯然壯志凌雲，卻也有超越年齡的睿智。他並不反對參與一場在日耳曼的戰爭，畢竟能拯救新教，又能（毫不意外）讓瑞典得到置喙歐陸的新影響力。但他要求的金錢與支持，卻是可能的日耳曼盟友所無法提供的。於是，他們轉求他的鄰居與對手——丹麥的克里斯蒂安四世。

從各個角度來看，四十七歲的克里斯蒂安都是典型的文藝復興時代君主。他用富麗堂皇的宮殿與教堂，讓哥本哈根改頭換面。除了丹麥語，他還會講德語、法語與義大利語，贊助藝術毫不手軟。他修築眾多防禦工事（例如厄勒海峽沿岸的雉堞），並打造一支所向披靡的丹麥海軍，超過六十艘戰艦，數量還不斷增加——有些船甚至是以他自己的設計為基礎。[2]他堪稱丹麥版的亨利八世，性欲方面也不輸人。他跟第一任妻子生了七個孩子，跟第二任妻子生了十二個孩子，丹麥到處都有他的私生子女。

他跟古斯塔夫斯．阿道夫斯打了好幾場仗，只是未能將丹麥的帝國延伸到波羅的海東部。不過，克里斯蒂安在北日耳曼的戰略地位相當穩固，因此當眾人請他出馬，率軍抵擋哈布斯堡不間斷的攻勢時，克里斯蒂安欣然應允。

克里斯蒂安懷著不祥的熱情參戰，跳下場對抗皇帝斐迪南（Ferdinand）與哈布斯堡軍隊。他有了新的朋友。偏偏事實證明，日耳曼新教王公雖然坐困愁城，但他們也不願意把自己知之甚詳的征服者（皇帝斐迪南）換成他們一無所知的征服者（克里斯蒂安王）。一六二四年的關鍵冬天，克里斯蒂安意外落馬，差點喪命的他無法指揮軍隊作戰，但這卻是他迎擊、挫敗哈布斯堡軍推進的最後機會。等到戰事持續到一六二六年八月的盧特戰役（battle of Lutter）時，帝國將軍蒂利伯爵約翰內斯（Counts Johannes Tilly）與阿爾布雷希特．馮．瓦倫斯坦（Albrecht von Wallenstein）已經集結足以對付丹麥及其日耳曼盟友的兵力。克里斯蒂安徹底潰敗。整個北日耳曼與丹麥本土任人宰割。

哈布斯堡主宰北海與波羅的海沿岸，加上一支哈布斯堡海軍——這種可能性是歐洲其餘地方，尤其是新教國家所無法容許的。瑞典與丹麥當然都這麼想，但克里斯蒂安與丹麥人已經無法主宰自己的命運。一連串的軍事失利，迫使他們放棄日德蘭半島以求守住島嶼。到了一六二八年，克里斯蒂安在哥本哈根被圍，帝國軍則進佔一座又一座的波羅的海城鎮。斯堪地那維亞的文藝復興君主失去了自己的王國。不過，正是因為克里斯蒂安的國土搖搖欲墜，加上瑞典與天主教重量級對手之間已無任何緩衝區，才刺激古斯塔夫斯．阿道夫斯最終採取行動。

瑞典的軍人國王與克里斯蒂安敲定結盟三年之約：他向這位垂頭喪氣的丹麥君主保證，只要兩人聯手，必能粉碎他所有的對手，「國王也好，皇帝也好，王公也好，共和國也好——就算是一千隻鬼也不怕」，他拍胸脯保證。但約定來得太遲：克里斯蒂安早已認為，自己僅有的選擇就是獨自與哈布斯堡家議和。城下之盟。丹麥必須讓出在北日耳曼的所有土地，並承認哈布斯堡對霍爾斯坦公國的宗主權。但克里斯蒂安的王座可以安然無恙。他在呂北克簽訂條約，為自己成為新教衛士與願景畫下句點。假如古斯塔夫斯．阿道夫斯有類似的大夢，那他得自己實現了。

幸好他有很多能實現的方法。

先前提到，封建制度——拯救歐洲，免於維京人全面統治的體系——一直未能在維京人的土地上扎根。法國、日耳曼、波蘭甚至英格蘭貴族都有能力利用自己的土地養一批龐大的武裝隨員，但斯堪地那維亞貴族一直無法將自己的土地武裝化。瑞典人和他們的維京祖先一樣，服兵役是義務，男人都要服役。古斯塔夫斯．阿道夫斯的瓦薩王朝先人已經把這種作戰的意願，化為一套為王室效忠的徵兵

2 建立（或者說重建）挪威克里斯蒂安城的奠基者也是他。他在一場大火後修復這座城市。克里斯蒂安城今名奧斯陸，也就是挪威首都。

體系。沒有人質疑，也沒有人挑戰。

國王得以藉此建立一支全瑞典人的軍隊，足以長時間與丹麥人或波蘭人，甚或同時與兩者作戰，而不用按照當時找外籍傭兵支援的標準作法。

軍事史家麥可・霍華（Michael Howard）提到，「古斯塔夫斯登基時，手上握有的國軍在同時代人眼中無比陳舊，但在我們眼裡卻是極為現代。」在古斯塔夫斯的軍隊中服役，是一種二十年之癢。不過，實際上每十名男丁只有一人須奉召服役，而寡婦之子、兄弟中已有人服役之人、採礦或軍需等關鍵產業工人，以及神職人員皆能免役（貴族也免兵役，但他們還是會擔任軍官，畢竟關乎地位與榮譽）。這種兵役固然對瑞典人口造成壓力，一個接著一個村子的年輕子弟在戰場上、病榻上消逝，但也足以讓瑞典國王得到可靠的、紀律嚴明的核心職業軍人——這支因語言、文化與對國王的忠誠而凝聚的軍隊，可說是獨步時代。古斯塔夫斯總掛在嘴邊，「不可否認，我的軍隊裡都是些貧窮的瑞典與芬蘭農民同胞，粗野又襤褸，但他們不會手軟」，隨著征服的範圍愈來愈廣，他們「很快就會穿上好衣服了」。

這是一種新式軍隊，接近現代民主國家的軍隊，而非當時的傭兵部隊。多虧古斯塔夫斯，新軍有了般配的新戰術。

古斯塔夫斯從父親的死敵波蘭人那兒，學會了有效運用騎兵的方法——他先讓滑膛槍兵連續發射（古斯塔夫斯的另一項創新戰法），在敵軍的戰線上轟出缺口，再讓騎兵衝鋒，將他們的威懾力提升到最高。還有一項重大改變：他讓長柄槍兵與滑膛槍兵並肩作戰，而不是獨立成團。此外，他還從荷蘭人處——尤其是拿騷的莫里斯身上，學到了如何讓滑膛槍兵交替發射以達到連射效果。古斯塔夫斯精益求精，引入破壞力極高的齊射，讓所有槍手同時發射。

上了戰場，他把上述所有戰法熔為一爐。首先由滑膛槍兵齊射，震懾對手，破壞其節奏。接下來，瑞典滑膛槍兵裝填子彈時，長柄槍兵（或者與騎兵輪流）朝戰線缺口衝鋒，槍尖劍刃所到之處都是死亡。假如敵人陣腳還沒亂，長柄槍兵就會後撤，由滑膛槍兵再來一輪射擊，而長柄槍兵與騎兵則預備新一輪衝鋒。這樣猛攻一兩回之後，對手幾乎都會棄陣脫逃，將戰場拱手讓給瑞典人——同時也把勝利獻給他們的指揮官，堅持親自在陣前指揮的瑞典國王古斯塔夫斯．阿道夫斯。

古斯塔夫斯不戴頭盔，不穿胸甲，騎在自己的馬上，經常帶領騎兵衝鋒。有人問他，為何他總是冒生命危險上前線？他說在戰場上，「我必須用自己的雙眼看著一切」。親上火線不只能獲得第一手知識，了解煙硝與士兵的潮湧間發生了什麼，同時也能激勵自己的部下。只要能看到自己的國王與指揮官，看到他飄逸的金髮與紅潤的臉孔，他們就知道勝利將屬於自己。

不過，若非古斯塔夫斯．阿道夫斯為砲兵引進變革，上述這一切只能算是戰術上的小變化。過往的瑞典軍隊無異於其他歐洲國家，將砲兵部署在固定地點，駐紮於受保護的位置。如今，瑞典人把砲兵改為機動單位，配備輕型火砲，與騎兵、步兵協同作戰。新的火砲發射三磅重的砲彈，個別步兵團與騎兵團都可以使用。古斯塔夫斯．阿道夫斯掀起一場軍事革命，每千人配備前所未有的九點四門砲（多數軍隊的數字不及一半），他的對手完全無法招架。瑞典與古斯塔夫斯的軍隊，已經成為一架精準的勝利與征服機器，成為歐洲最精良、最危險的一股力量。

同時，瑞典軍隊也即將成為歐洲最龐大的軍隊。一六二一年，在立窩尼亞的瑞典軍隊將近一萬八千人。到了一六三〇年十一月，古斯塔夫斯．阿道夫斯所指揮的軍隊已經超過四萬兩千人。雖然吃苦耐勞、紀律嚴明的瑞典人與芬蘭人部隊仍然是他軍隊的骨幹，但隨著軍事行動與征服的範圍漸廣，他發現自己還是得用荷蘭人、英格蘭人、蘇格蘭人、日耳曼人等外籍傭兵補充行伍。最後，瑞典軍隊每十人就有八人以上是外籍傭兵。

對於軍隊指揮官來說，傭兵有好處也有壞處，古斯塔夫斯．阿道夫斯自不能免。首先，雇傭兵是財政負擔，戰力愈高者成本愈高。幸好古斯塔夫斯戰費充足，這都多虧他與波蘭休戰（只不過西吉斯蒙德王依舊堅持自己擁有瑞典王座，真正的和平依舊不可能）。即便荷包滿滿，倘若沒有哈布斯堡君主國的兩大富裕地緣政治對手——法國與荷蘭的祕密金源，古斯塔夫斯依然不可能入侵日耳曼。對於包括古斯塔夫斯．阿道夫斯在內的任何人而言，這都是過於龐大的軍事行動，但法荷兩國打開錢包，清理了阻礙。

萬事俱備，瑞典的進擊即將化為歐洲一個多世紀以來最大的衝突。一六三〇年六月，古斯塔夫斯抱著四歲大的女兒，對國會成員演說：

> 這場危險的戰爭，讓我不得不遠離諸君，但我絕非不加思索便參戰。上天明鑑，我投身這場衝突，絕非為了自我滿足，亦非出於私利。日耳曼新教徒受到壓迫，難以呼吸，向我們伸出懇切的雙手。我們要幫助他們、保護他們，但求悅神。我很清楚危險等著我；我曾經歷許多危難，但蒙神恩幸能得存。但我感覺這一回或將命喪他鄉，因此在離開各位之前，我希望祝福各位能得到全能上帝的保護。

他率領一支二十八艘戰艦，以及同樣二十八艘載著一萬三千名步兵、騎兵與砲兵的運兵船艦隊，離開斯德哥爾摩。六月二十八日，大軍在波美拉尼亞烏瑟多姆島（Usedom Island）沿海村落佩內明德（Peenemünde）外的沙灘上登陸——這裡即將成為瑞典長期的前哨站。走下舷梯時，古斯塔夫斯一個踉蹌，傷到膝蓋。宣傳的人立刻扭轉風向，把意外說成好兆頭：他們說，這位新教的衛士一下船便跪地祈求上帝祝福自己的大業。正如歷史學家希絲莉．維多利亞．威治伍（C. V. Wedgewood）所言，「這個傳說體現出某種優美的真實，無論驅策著這位瑞典國王的是哪些力量，他個人對使命的信念從未動搖。」

一支無堅不摧的軍隊和它的領袖正準備締造歷史，重繪歐洲地圖。其他歐洲國家再次——也是最後一次——面對斯堪地那維亞人難以抵擋的猛攻。

更有甚者，這個諾斯人的後代還有盟友，而且不只法國與荷蘭，甚至包括波羅的海最富庶的口岸，日耳曼城市馬德堡。蒂利伯爵出於報復包圍馬德堡將其燒成平地；古斯塔夫斯本人說，此舉等於點燃了「整個日耳曼地區反叛的狼煙」。布蘭登堡、布倫斯維克（Brunswick）、波美拉尼亞、梅克倫堡、黑森—卡塞爾（Hesse-Cassel）、薩克森——日耳曼王公一個接著一個意識到自己正面臨兩種可能的命運：一是遭受天主教哈布斯堡王朝統治，一是遭受新教的瑞典人統治，而選錯了就意味著迫害與失去財產。大多數王公選擇後者，等到一六三一年九月七日，古斯塔夫斯．阿道夫斯終於在萊比錫以北四英里的布萊騰菲爾特（Breitenfeld），與斐迪南的手下大將蒂利伯爵對陣時，他的聯軍人數已超越了帝國軍。

一周前，他與部隊浩浩蕩蕩經過路德的故鄉與宗教基地維滕伯格；當地人對他們高呼萬歲，奉他們為對抗天主教勢力的新教捍衛者。如今，古斯塔夫斯．阿道夫斯準備在上帝的面前，把瑞典以及整個新教的命運，押在布萊騰菲爾特之戰。

帝國軍指揮官蒂利伯爵對這個戰場並不中意，設定戰場的人是他的副將古斯塔夫．帕本海姆伯爵（Count Gustav Pappenheim）；假如戰事失利，他們將有失去戰略要城萊比錫的風險。據說，蒂利得知帕本海姆的選擇後如是說：「這些傢伙會害我的尊嚴與名聲統統掃地，害我們的皇帝失去土地與人民。」他的部隊以傳統方式布陣，步兵置中，騎兵部署在兩翼，古斯塔夫斯及其人馬則小心推進。瑞典軍約有兩萬四千人，加上一萬八千名薩克森盟軍，對上三萬五千名帝國軍。但蒂利麾下的老兵擊潰薩克森人，古斯塔夫斯的人數優勢迅速消失。瑞典國王眼看就要兵敗。接著指揮瑞典軍左翼的古斯塔夫．霍恩（Gustav Horn）發動兇猛的反撲，而瑞典騎兵先是拖住位於古斯塔夫斯右側由帕本海姆伯爵指揮的敵方騎兵，然後反攻。

戰局瞬間扭轉。霍恩的反擊迅速讓哈布斯堡軍失去所有的火砲，而古斯塔夫斯指揮的瑞典中軍則在己方嚴密的彈幕下勢如破竹。蒂利本人負傷逃離戰場，留下兩萬傷亡；瑞典傷亡人數則是對方的十分之一。等到震撼的消息傳到維也納，皇帝考慮逃往格拉茨（Graz），甚或義大利。戰爭的藝術再也不同了。

布萊騰菲爾特戰役後，哈布斯堡原本穩定有利的態勢如潮水般退去。連皇帝的宗親，西班牙哈布斯堡王朝，也不得不採取守勢——西班牙軍隊正在與新教的荷蘭作戰，但古斯塔夫斯．阿道夫斯的軍隊橫掃萊茵地區，影響及於西班牙運補、增兵的生命線。古斯塔夫斯接著推進波西米亞，迫使帝國勢力撤出布拉格。新教城鎮一個個得到解放。古斯塔夫斯的隊伍，從巴伐利亞一路綿延到因哥爾斯塔特（Ingolstadt）的城門；這支大軍已集結超過八萬人，分屬七個獨立的指揮鏈。

古斯塔夫斯．阿道夫斯用來支付報酬的方式，但凡維京酋長想必都會認可：征服異地，對居民徵稅，用於支付士兵與傭兵。此舉一方面讓他的軍隊所向披靡，一方面卻也招來日耳曼王公的懷疑與敵意。連其中的新教王侯也意識到，他們的新教救世主——古斯塔夫斯・阿道夫斯——已經成了頭頂上的瑞典監工。

即便如此，他們仍然不打算與地緣政治的大勢或是勢頭背後的這個男人作對。三十六歲的瑞典國王正是如日中天，而且身心皆然。他紅潤的面頰，清澈的碧眼，麥稈金的頭髮，已經成為日耳曼各地的人氣符號。他上戰場時往往只穿一件皮背心保護自己：「神是我的軍裝！」他大聲宣告。他的戰吼「神與我們同在！」響徹布萊騰菲爾特的戰場上。古斯塔夫斯對於自己按部就班征服的神聖羅馬帝國，有著恢弘的規畫；一旦落實，將能使他成為查理五世（Charles V）以來最強大的統治者，甚至超越查理曼。北日耳曼的大片土地如今由瑞典統治，古斯塔夫斯著手組織歐洲新教教會大會（Council of Churches for Protestant Europe），由瑞典領導，透過這面地緣政治力網絡，確保歐洲最富裕的民族——荷蘭人、法國人與英格蘭人——結為長久的盟友。

歐洲的權力天平正在轉變，而天平拿在瑞典國王手中。

＊　＊　＊

到了一六三一年聖誕節，古斯塔夫斯已經憑著自己的成就，成為歐洲最強大的人。瑞典軍隊掌控了半個日耳曼。「從君士坦丁堡到阿姆斯特丹，到處都有他的探子在活動，四處宣傳他無人能敵。」古斯塔夫斯的傳記作家麥可・羅伯茨（Michael Roberts）如是說。支持者經常把他的豐功偉業與古代哥德人、維京人相提並論。他們要塑造一種感覺，彷彿這位瑞典國王無所不能，銳不可當。

古斯塔夫斯・阿道夫斯派使團前往君士坦丁堡與蘇丹朝廷，提議由他們在歐洲東南開闢第二條戰線，對付哈布斯堡的皇帝。蘇丹拒絕了，但古斯塔夫斯跟俄羅斯的交涉比較成功。其實，古斯塔夫斯．阿道夫斯的瑞典是第一個長期駐節莫斯科的國家（早已作古的瓦良吉冒險家留里克若地下有知，肯定會頷首而笑）。古斯塔夫斯與沙皇有共同敵人——波蘭。多虧行將就木的前瑞典國王西吉斯蒙德（即將於一六三二年四月辭世），瑞典人與俄羅斯人的聯盟就在眼前，雙方聯合向對手宣戰。與此同時，古斯塔夫斯的蘇格蘭將軍亞歷山大．萊斯禮（Alexander Leslie）則受託在瑞典佔領的日耳曼招募五千兵馬，以強化俄羅斯的軍力。

至於西邊，古斯塔夫斯展現的大膽——甚至可以說是傲慢——震驚了各國。瑞典的國王清楚表現出自己無懼於與任何人開戰，連強大的西班牙帝國也不例外。曾經金援古斯塔夫斯用兵日耳曼的法國宰相樞機主教利希留（Richelieu），絕對自忖過自己到底創造出什麼樣的怪物。他開始思考，或許該是時候讓瑞典方一些日耳曼王侯脫離陣容，免得斐迪南與哈布斯堡完全瓦解，把整個中歐留給北歐巨人宰割。「得想個法子遏止這危險的西哥德人，」據說這位法國樞機主教如是說，「他的成功不僅會要了神聖羅馬帝國的命，也會要了法蘭西的命。」

對日耳曼人本身而言，除了跟隨古斯塔夫斯的領導之外，似乎也沒有別的選擇了。雖然克里斯蒂安暗地運作下薩克森行政圈的政治，削弱古斯塔夫斯的影響力，但如今的他與丹麥力量太弱，不足以直接干預。一切似乎盡在瑞典與古斯塔夫斯掌握中。備受信賴的烏克森海納伯爵在一六三二年初來到美因茨（Mainz）會合，接手控制。瑞典日耳曼的中央行政機構也在成形，包括最高法院、常設的議會、司法體系，以及稅收機構。古斯塔夫斯堅持改善郵政在內的地方基礎建設，並為日耳曼路德宗地區頒布新的教規。古斯塔夫斯的日耳曼附庸為了名譽與官位展開激烈爭奪。日耳曼政局的頂層對他的崛起感到憤恨不平，但中層卻看到發展個人生涯、振興家運的契機——踩在掙扎中的哈布斯堡君主國身上往上爬。

真正能鞏固瑞典國王力量的頭彩，是成為神聖羅馬皇帝。這個頭銜畢竟是選出來的。七名可能的選帝侯中，至少有四人是他的盟友——或者說無力反對。[3]擁有查理曼的王冠，足以把他的地位推升到難以企及的高度，更能無視維也納的意願，自由與日耳曼各國（天主教與新教皆然）個別訂立和約。一份真正可以長久的和約，一份能終結中歐近一世紀以來宗教與地緣政治衝突的和約，已近在咫尺了。

但他真想當神聖羅馬皇帝嗎？當時的人肯定把他當成可能人選之一，甚至是必然的選擇。有些瑞典王國官員甚至認為這是個理所當然的結果。檯面上，古斯塔夫斯．阿道夫斯只有在對話中提到這個頭銜一次，是一六三二年一月與梅克倫堡的阿道夫．腓特烈（Adolf Frederick）交談時的事。「若我是皇帝，」他高喊，「閣下便為我諸侯。」不過，他之所以說出這番話，是因為梅克倫堡對於與瑞典的同盟表示猶豫，令他大為惱火，而不是真的作為嚴肅的提案。總之，很難說這位瑞典國王是否真的認真計畫罷黜斐迪南，打算獲選為皇帝取而代之。

不過，他確實對於鞏固瑞典的未來安全與利益非常認真。為此，他深信瑞典應該成為帝國的成員，以鞏固其日耳曼新領土。他同樣深信他的軍政複合體（corpus bellicum et politicum）——也就是他與烏克森海納所建立的、由瑞典領導的日耳曼國家，有點像北約，而瑞典扮演美國的角色——應當在神聖

3 支持者有布蘭登堡（Margrave of Brandenburg）、帕拉丁伯爵腓特烈，以及（新教的）美因茨與特里爾（Trier）主教。反對陣營有巴伐利亞、天主教的科隆主教，以及波西米亞國王——皇帝斐迪南本人。

羅馬帝國之內擁有某種正式的地位。他的對手蒂利與帕本海姆認為他只不過是又一個拿錢辦事的傭兵，但他本人當然不做如是想。何況，如果沒有人能阻止他踏上權力的最頂峰，他何必自己踩煞車？

無論如何，要是他真垂涎皇帝頭銜——和他渴望瑞典未來的安全與自己的榮譽一樣程度的話——還是有人會擋路。此人當然不是斐迪南，他的力量正搖搖欲墜。此人也不是利希留樞機，不過他現在對於自己曾經扶持、協助其稱霸日耳曼與中歐的對象確實改變了想法。古斯塔夫斯・阿道夫斯恐怕很快就會對法國波旁王朝構成嚴重威脅，一如對哈布斯堡王朝。

瑞典國王的攔路虎，是當時最強大的軍事產業家與全歐洲最有錢的人——阿爾布雷希特・馮・瓦倫斯坦伯爵。從波羅的海到波西米亞，都有他可以掌控的領地，而他就靠自己在這些地方的工廠與采邑，為皇帝提供彈藥與補給，數量前所未有。他在背後運作，削弱古斯塔夫斯的聯盟，然後才上戰場一決勝負。

冬日褪去，日耳曼的河流恢復滿水位，瑞典國王和他的軍隊在一六三二年三月二日採取行動。大軍抵達紐倫堡（Nürnberg），得到歡呼與禮物的歡迎。古斯塔夫斯又挑出四萬人，然後才奔赴奧格斯堡（Augsburg）與巴伐利亞——日耳曼天主教地區的心臟。

四月十二日，他抵達萊希河（Lech）。蒂利的軍隊駐紮在對岸。古斯塔夫斯策馬向前，勘查可能渡河的地點。蒂利的哨兵沒有認出古斯塔夫斯，還用嘲弄的問題向他打招呼：「你們國王在哪啊？」

「比你們以為的還近。」他大喊，接著信步離開。

沒人攔他。他命人在一夜間搭好浮橋，令精挑細選的三百名芬蘭戰士火速渡河，並堆好供砲兵使用的防禦土牆。古斯塔夫斯・阿道夫斯親自率軍對蒂利的據點衝鋒。這位帝國將軍腿上中了槍，他的副將則頭破血流。哈布斯堡軍再度撤退，皇帝斐迪南束手無策，才終於與瓦倫斯坦達成協議，以拯救自己剩下的帝國。

四月二十四日，古斯塔夫斯在奧格斯堡稍停。他對狂喜的市民談自己對他們、對上帝的責任，簽署協議提供三萬塔勒銀幣（thaler）的補助，接受當地一名少女的親吻，在群眾的起鬨聲中再度離開。他在因哥爾斯塔特城外停留，他的對手蒂利伯爵在此嚥下最後一口氣，而瑞典國王的坐騎也在一次短暫的遭遇戰中中彈。接著他繼續進軍，以哈布斯堡首都維也納為最終目的地。

接下來，瑞典軍推進的速度變慢了。由於瓦倫斯坦的密謀策畫，瑞典的盟友一個個脫離隊伍，最後只剩古斯塔夫斯忠心耿耿的瑞典部隊與傭兵團。整個夏天下來，古斯塔夫斯的軍容益發孱弱，瓦倫斯坦的軍隊則日漸壯盛。瑞典國王甚至對瓦倫斯坦提議，以和約交換所有新教王公的安全，並在重組後的帝國給予「古斯塔夫斯的北約」正式地位。瓦倫斯坦拒絕了。這位狡猾的西發里亞人嗅到自己對瑞典巨無霸的優勢正在增加。甚至連拋下瑞典大業的新教王侯也得出耳熟能詳的結論——認識的惡鬼總是比不認識的來得好，何況他們現在害怕後者的程度，幾乎不下於害怕他的哈布斯堡對手。大家都還沒準備好用斯德哥爾摩的暴政取代維也納的暴政。

古斯塔夫斯若想重振大業，只能在戰場上取得另一次決定性的勝利。九月，雙方在可以俯瞰雷德尼茨河（Rednitz River）的古堡（Alte Veste）發生激戰。古斯塔夫斯試圖把瓦倫斯坦逼出防守嚴實的大營，但他的騎兵派不上用場，只好撤退，造成四千人死傷。如今他的日耳曼盟軍一個個倒在路旁，只剩薩克森—威瑪大公貝爾納德（Prince Bernard of Saxe-Weimar）。古斯塔夫斯忠誠的瑞典部隊，以及麾下的芬蘭人與蘇格蘭人，是他僅剩的依靠。他必須在冬日降臨前展開決戰。

十一月六日，瓦倫斯坦與布萊騰菲爾特的敗軍之將帕本海姆兵匯一處。他們有超過兩萬四千人馬，而古斯塔夫斯手下不到一萬六千人。此時瓦倫斯坦犯了個錯。他認為瑞典軍弱得無法發動進攻，於是分兵給帕本海姆，試圖讓他從哈勒（Halle）包抄。帝國軍中的克羅埃西亞逃兵把這個情報告訴瑞典軍，古斯塔夫斯認為機不可失——趁敵人兵分兩地時迎頭痛擊。於是在十五日傍晚，他在萊比錫以西十五英里一個名叫呂岑（Lützen）的小鎮奇襲瓦倫斯坦。

十一月十六日的清晨潮濕而沉重，瑞典鼓手敲出集結號，讓部隊各就各位。瓦倫斯坦手下只有一萬兩千人至一萬五千人，能抵擋瑞典人的襲擊。他右倚呂岑，把騎兵、步兵與砲兵分為三股，在一條長長的壕溝中部署一整排滑膛槍兵，以擊退瑞典騎兵。

古斯塔夫斯的軍隊按照瑞典傳統方式部署，把三個兵種打散。古斯塔夫斯本人居右，薩克森—威瑪的貝爾納德居左——直接面對瓦倫斯坦的指揮部。

十點，濃霧籠罩了戰役即將打響的戰場。瑞典士兵高唱讚美詩為自己打氣，此時古斯塔夫斯喊出他招牌的戰吼：「神與我們同在。」接著他策馬沿戰線前進，昭告麾下兵馬：「終於到了這一天，輪到你們展現自己在戰爭裡學到了什麼。站穩你的腳步，像個老練的士兵一樣作戰；堅定為你的神、你的國家與你的國王而戰。」士兵們歡呼時，他補充說，「鼓起勇氣前進！……我會以身作則。我準備與你們一同出生入死，揮灑熱血。跟我來，相信神，帶走一場勝利，讓你們與子孫永遠撿拾勝利的果實。」

因為濃霧——說不定是有史以來籠罩主戰場最濃厚的霧——雙方幾乎看不到彼此。歐洲的未來在此一舉。

古斯塔夫斯與瓦倫斯坦同時決定進攻。古斯塔夫斯率軍大膽衝鋒，橫掃帝國軍騎兵，還佔領兩軍之間關鍵的壕溝，而瓦倫斯坦的部隊則席捲貝爾納德的戰列。古斯塔夫斯折回來幫助貝爾納德抗擊，此時帕本海姆伯爵突然從瓦倫斯坦的左翼冒出來，推擠瑞典軍的背後。

中午，濃霧加上濃煙，這是因為瓦倫斯坦決定放火燒了呂岑。建築物一面燃燒，煙霧飄過貝爾納德的部隊，雙方的戰鬥員都沒有清楚的視線。局勢一陣混亂。一枚流彈正中帕本海姆的胸口，他隨之落馬。部下紛紛高喊，提醒古斯塔夫斯抓住機會，率領最後的衝鋒。

可是國王人呢？有人看見他下令集合精銳的斯莫蘭騎兵團，對瓦倫斯坦一時猶豫的部隊發動新一輪衝鋒。接著他便消失在煙霧中。幾分鐘後，他的戰馬慢跑回來，馬鞍卻是空的。

謠言四起，震驚了瑞典陣中士兵：他們的國王不僅落馬，而且恐怕已經身亡。憤怒的軍隊集結起來再次衝鋒，衝散了帕本海姆的騎兵，薩克森盟軍則把瓦倫斯坦的人馬逼近呂岑的悶燒餘燼中。瓦倫斯坦痛風發作，加上無法打破瑞典軍陣型，戰意全失逃離戰場。他的軍隊失去了火砲；撤退的過程幾近潰逃。

呂岑戰役結束。瑞典人大獲全勝。但是，勝利的一方直到傍晚才找到他們落馬的國王。他背後中了一槍，將他從馬上擊落。另外兩槍打在手臂上，不知是誰用短劍刺穿了他的胸膛。然後是致命一擊：趁他無助倒地時，一槍命中他的頭。敵人把他的頭盔、戒指、懷錶與項鍊全都取走，還拿走其中一支馬刺。

是夜，瑞典人、芬蘭人、蘇格蘭人、日耳曼人、英格蘭人、波蘭人、法國人與荷蘭人全聚在一起，悼念自己死去的領袖。他是出了名的與他們共苦共享榮耀的領袖。他關心部下的程度，輸給了他對自己安危疏忽的程度。「他認為，只要船上載的是他，就不會沉。」一位英格蘭崇拜者如是說。烏克森海納伯爵在十一月二十一日得知慘痛的消息，一整晚在悲痛與絕望中踱著步，思索每個人心裡都有的問題：最偉大的國王一死，瑞典還撐得下去嗎？

答案出人意料，居然是肯定的。古斯塔夫斯所打造、完美調校過的這架戰爭機器，扎扎實實讓瑞典的霸權在動盪中又維持了兩年多。古斯塔夫斯死後，哈布斯堡王朝才回了魂。一六三四年，瓦倫斯坦在諾德林根戰役（battle of Nördlingen）中大獲全勝，報了在呂岑吃下敗仗的仇，瑞典人戰無不勝的神話就此粉碎。不過，即便古斯塔夫斯已逝，繼承王位的是個六歲大的女娃，烏克森海納伯爵仍然設法讓瑞典在比賽中堅持下去。瑞典固然在諾德林根大敗，但仍然是個強國，擁有一支精良的職業軍隊。一六三六年，寒冬令波羅的海冰封，導致瑞典指揮官陸軍元帥巴納（Baner）得不到補給。但巴納仍然在維特施托克（Wittstock）打出教科書等級的勝仗，以不到一萬八千的兵力擊敗帝國軍。天主教的運勢進一步退兩步。史學大家漢斯．德爾布呂克（Hans Delbrück）說過，「就計畫之大膽與勝利之輝煌而論」，維特施托克一戰「其實連坎尼（Cannae）也難以比擬」。

巴納的繼任者，陸軍將領托爾斯騰之子倫納特（Lennart Torstensson）連續斬獲勝利，最輝煌者如一六四二年十一月二日在布萊騰菲爾特二度凱旋，以及在十二月的嚴寒中（對瑞典士兵來說從來不是問題）在于特博格（Jüterbog）決勝。古斯塔夫斯．阿道夫斯之死引發的厄運幾乎已經消失了，瑞典稱霸日耳曼與中歐的可能性似乎捲土重來。

不過，瑞典人這次得應對第二條戰線：與丹麥人的戰爭。一六四二年，這兩個斯堪地那維亞國家再度爆發衝突，而瑞典又一次大獲全勝，這一回則是在海上。與此同時，托爾斯騰之子倫納特則在帝國領土深處用兵，芬蘭工兵在多瑙河上搭橋，部隊則推進維也納。他常勝的軍旅生涯甚至能令古斯塔夫斯瞠乎其後。偏偏瑞典的盟友再度脫隊，儘管瑞典人包圍布拉格，但和平才是歐洲此時大勢所趨，不是戰爭。

氣氛的轉變終究化為全面的條約——一六四八年，齊聚於西發里亞與奧斯納布呂克（Osnabrück）的外交官在條約上簽字，史家將之合稱為《西發里亞和約》（*Treaty of Westphalia*）。《西發里亞和約》為三十年戰爭（Thirty Years' War）的衝突畫下句點；儘管瑞典仍保有日耳曼大片土地至十九世紀，但這個王國對歐洲霸權的追求，就像有志成為北國查理曼卻中道崩殂的古斯塔夫斯·阿道夫斯一樣，已經結束了。

談到古斯塔夫斯·阿道夫斯的生涯，以及他這輩子的深意，實在很難保持中立。綜觀歷史，崇拜他的人要多於詆毀他的人。前者包括奧利佛·克倫威爾（Oliver Cromwell）、拿破崙一世，以及現代世界幾乎每一位偉大的軍事指揮官與戰略家。

儘管古斯塔夫斯悲劇戰死，瑞典的希望撞得粉碎，但後人認為他遺留下來的是個大獲全勝的局面。他阻止天主教贏得中歐，並拯救了新教宗教改革。他的勝利也為《西發里亞和約》及和約中最重要的原則打下基礎：任何一個國家，無論是哈布斯堡帝國、法蘭西甚或瑞典，皆不得控制歐洲的中心，包括查理曼舊帝國心臟地帶的日耳曼地區。除了這個締造長期和平的前提，和約還以兩項新原則為基礎——民族國家主權，以及帝國間的穩定權力分配。

此外，除了拿破崙，古斯塔夫斯對現代戰法演進的影響大過所有人。他讓步兵、騎兵與砲兵三個兵種，在戰場上緊密協同作戰的構想，讓歐洲的戰術徹底轉變。瑞典的軍紀成為訓練部隊的標竿。團級輕砲兵大為流行，瑞典式野戰砲兵直到腓特烈大帝（Frederick the Great）時代為止始終是標準。

以線形陣式肉搏或射擊，也就是所謂的「線式戰術」（linear tactics），直到十九世紀都是戰場的主流——有人甚至認為直到一九一六年索姆河戰役（Battle of the Somme）才改變形態。但是，歐洲的線式戰術也愈來愈僵化，失去創造力，不像古斯塔夫斯能靈活運用機動火力，搭配滑膛槍兵，由騎兵與長柄槍兵（其武器最後為刺刀所取代）帶來威懾效果。

對瑞典來說，古斯塔夫斯・阿道夫斯短暫卻重要的治世——「萬王之王，眾將之將」，他麾下一名英格蘭裔軍官如此感佩——率先大致上勾勒出了現代瑞典的國家輪廓；一個受到帝國經驗而改頭換面的國家與民族，而改變有好也有壞。有些瑞典人對於他把瑞典的金錢與人命在歐洲各地豪擲，豪擲於他自己的新教十字軍而大失所望，但連他們也承認他在瑞典國內的進步改革極為重要。我們甚至可以說，就算他從未在戰場上開過一槍一彈，人們記憶中的他依舊會是個偉大的國王。

深入精神層面，他的生涯將維京魂代表的奮鬥精神發揮到極致。這句話也能用來描述那些冒著失去一切的危險，追隨他上戰場，追求榮耀或戰死的普通瑞典人與芬蘭人。當然，維京魂的炫目特質——不屈不撓的勇氣、絕對的忠誠、民族情懷與力量，加上宗教熱情與魅力四射的遠大志向——透過古斯塔夫斯・阿道夫斯的身軀，差點就把軍事征服化為斯堪地那維亞人長期統治歐洲的現實。

然而，他還留下了一項我們不可忽視的遺產。古斯塔夫斯的統治結束，也引發六百多年來，第一波從斯堪地那維亞航向北美洲的船隊。一開始只是涓滴細流，日子一久便化為一道洪流：一場大遷徙將徹底改變兩塊大陸，以及生活其上的人們。維京魂將隨著魅力獨具的倡議者，找到新的家園。

9 斯堪地那維亞人登陸美國

Scandinavians into Americans

記得那天，我們離開挪威料峭的峭壁，讚美上主，主的智慧帶領我們，讓我們大家來到充滿權利與自由的土地上生活，享有身而為人所應有的一切特權。回想起來仍喜不自禁。

——芝加哥沃斯通訊社（Voss Correspondence Society of Chicago），一八四九年五月一日

可是美國就不是挪威。總有一股揮之不去的不對勁，不像家鄉，我實在不覺得我們能感到完全自在。

——烏勞斯．杜烏斯（Olaus Duus）牧師的信，一八五六年七月三十日

一六三六年，阿克塞．烏克森海納伯爵成了大忙人。四年前他敬愛的國王古斯塔夫斯．阿道夫斯在呂岑的戰場上不幸殞命，至今他還在努力保持瑞典這艘船的平穩。而在位的克莉絲緹娜女王（Queen Christina）又還僅僅是個十一歲的女孩，他身負的重擔只有愈來愈重。

不過，無論是否煩心，這位瑞典首相總能為撒姆埃爾．布魯瑪特（Samuel Bloomaert）騰出時間。烏克森海納曾經在走訪低地國時見過布魯瑪特一次，深深為這位安特衛普（Antwerp）本地出身的荷屬西印度公司（Dutch West Indies Company）董事所折服，於是他安排讓布魯瑪特在荷蘭商業帝國蓬勃發展的最中心——阿姆斯特丹，出任瑞典的領事。現在，布魯

瑪特的朋友彼得．米努伊特（Peter Minuit）從新尼德蘭（New Netherlands）美洲殖民地遠道而來造訪斯德哥爾摩，布魯瑪特希望烏克森海納能接見他。烏克森海納也很有興趣。

彼得．米努伊特說服力十足。何以見得？據說（或許是捏造的），他只用價值二十四塊錢的一堆小玩意，便從原住民手中買下曼哈頓島，也就是此時新阿姆斯特丹（New Amsterdam）所坐落之地。他對烏克森海納的提議同樣很有說服力。米努伊特打算成立新的貿易公司，由公司建立類似於米努伊特先前所建立的美洲殖民地，只是地點選在更南方的南河（South River，今德拉瓦河〔Delaware River〕）河口。這一回，米努伊特希望用瑞典資金建立殖民地。雖然以米努伊特本人為首，但瑞典人將有機會與當地部落進行貿易，像荷蘭一樣大發利市。

雙方最後達成協議：半數創業資金由荷蘭人支付，另一半則由瑞典人出資。同理，派往美洲的人員，荷蘭人與瑞典人各佔半數。不過，載運第一批殖民者的船隻與護衛艦，兩艘都用瑞典船隻。雙方從一開始便同意，整座殖民地將由瑞典王室所控制。得到烏克森海納首肯，「卡爾馬之鑰號」（*Kalmar Nyckel*）與「獅鷲號」（*Griffon*）兩艘船便在一六三七年八月下旬駛出斯德哥爾摩。詹姆士敦（Jamestown，維吉尼亞州）殖民地建立的三十年後，以及登陸普利茅斯灣（Plymouth Bay）的十七年後，斯堪地那維亞人才正要開始體驗美洲。

一場暴風差點吹毀卡爾馬之鑰號，迫使該船與護衛艦停靠荷蘭港口泰瑟爾（Texel）整修。將近一六三八年新年，這兩艘船才再度駛入英吉利海峽，像過去的維京長船那樣，把船艏對準大西洋的深處。

一行人中途停靠西印度群島，接著在一六三八年三月初抵達北美洲海岸。他們在一處能俯瞰德拉瓦河的岬角登陸，地點是今日德拉瓦州的威明頓（Wilmington）。在此，米努伊特締結了類似當年購買曼哈頓的土地買賣約定。五名當地酋長同意把德拉瓦河西岸的土地所有權讓予米努伊特，南起小樹岬（Bombay Hook），北至德拉瓦河與斯庫基爾河（Schuylkill River）的匯流處——今日的費城便坐落於此。瑞典人接著辦了一場臨時的貿易集市，跟原住民購買毛皮與其他本地物產，由十來名瑞典士兵守衛。到了一六三八年六月，他們已經有足夠的商品能夠運回斯德哥爾摩故鄉了。

但他們得在彼得．米努伊特缺席的情況下返航。卡爾馬之鑰號先前停靠聖基茨島（Saint Kitts）補給時，米努伊特下了船，去隔壁的船上拜訪一位荷蘭友人。他上了另一艘船，此時颶風侵襲聖基茨島，把那艘船連同米努伊特一起颳到海上。船上的人從此下落不明。

卡爾馬之鑰號雖然意外失去領袖，但船員仍然能從聖基茨島帶回足夠的煙草，讓瑞典政府從此行中賺得淨利。下一次從斯德哥爾摩出發的遠航，仍然是由荷蘭人負責；殖民地的土地迅速擴大，遠至更北方的特倫頓（Trenton）。不過，直到一六四三年，才終於有瑞典人前來掌管這個聚落。他名叫約翰．普林茨（Johan Printz），是個身高將近七呎，體重將近四百磅的巨漢。三十年戰爭期間，普林茨在日耳曼打過好幾場仗，也曾經指揮過活躍於呂岑與布萊騰菲爾特戰場、名震天下的西約特蘭騎兵團（Västgöta cavalry regiment）。普林茨決心在美洲為瑞典爭取「太陽下的一席之地」，即便任務難如登天，他也不會退縮。

「此地美麗無比，」他在寄給佩爾．布拉赫（Per Brahe）伯爵的信上興奮寫道。「夫復何求？人世間所有的榮耀盡在於此……」他毫不懷疑，新瑞典（New Sweden）及其首都克莉絲緹娜堡（Fort Christina，以瑞典女王之名命名），「假以時日……將成為瑞典王冠上最閃耀的明珠。」

普林茨錯了。到頭來，克莉絲緹娜堡太小，易攻難守，而且人手實在太少，無法阻止荷蘭與英格蘭鄰居把瑞典人擠出去。為了跟上周邊荷蘭人與英格蘭人的步伐，普林茨親自打造了艾爾森貝里堡（Elsenberg Fort Point）。但城堡外的改變終將席捲整個殖民地，他無法阻止。

普林茨抵達五年後，殖民地只剩九十四名男性，包括十多名芬蘭人、四名荷蘭人、四名日耳曼人、一名丹麥人，以及從獅鷲號上帶下來的一名黑奴。新阿姆斯特丹行政長官彼得．斯泰佛森（Peter Stuyvesant）是普林茨的死對頭，他不斷蠶食瑞典殖民地，直到普林茨的繼位者約翰．里辛（Johann Rising）在一六五四年勾起與荷蘭要塞卡西米爾堡（Fort Casimir）的一場衝突，徹底攤牌。就爭取區域霸權而論，此舉失敗到家。里辛輸掉戰役，也輸掉戰爭。威明頓克莉絲緹娜堡殘存的瑞典部隊投降，新瑞典就此告終。

新瑞典不幸的歷史並不讓人意外。殖民地實力太弱，無法抵抗，加上殖民母國別有旁騖。總之，大概十幾二十年後，英格蘭人取代了荷蘭的統治，剩餘的瑞典人與其他斯堪地那維亞則融入整體歐裔居民。新瑞典消失了，幾乎沒有在美洲生活中留下一絲記憶。有兩百多年時間，瑞典人自己，甚至連他們的歷史學家，都對這段歷史興趣缺缺。從許多角度來看，這都是個「失落的殖民地」。

不過，斯堪地那維亞人對新世界的衝擊才剛要展開。

* * *

古斯塔夫斯．阿道夫斯死後，斯堪地那維亞經歷了不少戲劇性的轉變，大多數都是負面的。問題始於瑞典。古斯塔夫斯．阿道夫斯的女兒——克莉絲緹娜女王是個了不起的人物，也是一系列堅強、聰慧的北歐女性之一，但她卻是個糟糕的國君。她在一六五四年退位，坐在王座上的時間只夠讓她的王國在經濟與政治上步履蹣跚。她的後繼者——包括優秀的戰士國王查理十二世（Charles XII）在內——試圖對鄰國（波蘭、俄羅斯，尤其是丹麥）發動無止境的戰爭，重振瑞典的國威。

大北方戰爭（Great Northern War，一六九七至一七二一）以及其他無謂的衝突吞沒了整個區域，直到十八世紀末。偏偏連年征戰也無法掩飾付出的代價，已經讓丹麥與瑞典淪落為二流或三流國家。斯堪地那維亞世紀已山窮水盡。國內政治動盪紛擾，成為這兩個斯堪地那維亞孿生王國難看的正字標記。長期的衰落更演變為瑞典國王古斯塔夫斯三世（Gustavus III）被人暗殺，而丹麥國王的近臣約翰・弗里德里希・斯特魯恩澤（Johann Friedrich Struensee）遭公開斬首。

十八世紀末更是糟糕。丹麥與瑞典雙雙捲入法國大革命與拿破崙戰爭引發的全球動盪。兩國統治者一連串災難性的決策，導致國家與百姓多災多難。丹麥曾經睥睨群雄的海軍，在一八〇一年遭到不列顛海軍粉碎，終結了自克里斯蒂安四世以來的海上強權。不久後，不列顛陸軍包圍哥本哈根，在一八〇五年佔領該城。一八〇九年，瑞典把芬蘭輸給俄羅斯，確定了瑞典再也不是北歐強國的事實。

到了一八一五年的維也納會議（Congress of Vienna），斯堪地那維亞的黯淡下坡路已經是不爭的事實。歐洲各國外交官上一次齊聚一堂議定和約，重劃歐洲地圖，是一六四八年的西發里亞。當年的丹麥是個大國，瑞典則是強國。兩國控制了日耳曼與波羅的海周邊的大片土地。但一個半世紀後，外交官齊聚維也納，此時這兩個斯堪地那維亞國家的聲音差點傳不過厄勒海峽。

對兩國來說，幸好在維也納集會的各個強國態度偏向調解：不是因為瑞典與丹麥在世界舞台上分量吃重，而是因為他們無足輕重。丹麥得以重獲在北美加勒比海的殖民地（例如聖巴特島〔Saint Bart's〕），各國也懶得為荒涼格陵蘭的主權而爭。瑞典的顏面，則是靠新統治者——前法國陸軍元帥、拿破崙的對手尚─巴蒂斯特．貝納多特（Jean-Baptiste Bernadotte）扳回來。他設法把挪威的控制權，從丹麥手中搶過來，彌補失去芬蘭的損失。

丹麥與瑞典（此時是瑞典─挪威聯盟）已經從過去兩世紀的戰爭、衝突與混亂中學到了不少慘痛的教訓。由於政事失措，加上地緣政治衝突的分心，北歐三國將近兩世紀來都錯過了經濟與社會發展的契機。從特勒馬克（Telemark）至哥特蘭島與日德蘭半島，貧窮與低度發展可謂常態。不過，和平一夕間降臨，為斯堪地那維亞帶來另一項變化。

一七六九年，丹麥、挪威與瑞典三國的路德宗牧師進行人口普查，了解信徒人數。這是歐洲史上第一次貨真價實的人口調查。他們在一八一〇年前後再度核實結果，數字的改變不大。但到了四十年後的一八五〇年，人口激增幅度令人震驚——以及不安。一八一〇年，瑞典人口落在兩百五十萬。到了十九世紀中葉，數字已接近三百五十萬。丹麥從一百萬升至一百五十萬，而挪威的人口將近翻倍，從八十萬增加到一百四十萬。由於斯堪地那維亞國家沒有明顯的都市或工業成長能吸收額外的人口，因此遽增的人口無處可去，也沒有方法能吃飽。

馬爾薩斯（T. Malthus）的人口陷阱森然浮現。十九世紀初斯堪地那維亞的人口爆炸，導致農村無產階級化；農工與酪農場女工愈來愈多，他們收入甚少，前途黯淡。到了一八五〇年，鄉間貧窮勞工構成多達百分之四十的人口。

接下來六十年，移民美國成了斯堪地那維亞普通人最好的出路。挪威人、瑞典人、丹麥人與芬蘭人寄希望於大西洋彼端的國度，背後的動機幾無異於日耳曼人、蘇格蘭人、愛爾蘭人、波蘭人與匈牙利人等來自歐洲其他地方的移民。對他們來說，雖然同樣艱難，但橫渡大洋到陌生土地上為新生活奮鬥的困難，確實比在故鄉謀生的困難簡單多了。

不過，美國對斯堪地那維亞人有特別的吸引力，反之亦然。十九世紀的美國需要一個民族，擁有不懈努力開荒墾地、闢建農場、養育家人的意願，在往往並不肥沃的土地上投入精力與專注力，為自己與後代子孫創造長遠的將來。斯堪地那維亞人正好不缺這些特質。瑞典、挪威、丹麥與芬蘭這些維京人移民如同他們的先人一樣，都在尋找可以征服的新天地，但也在尋找能以之為家的新環境，形塑出的生活方式要能結合個人成就與對家人、教會與社群的奉獻——都是這些美國夢的關鍵要素。

斯堪地那維亞也帶來其他美德。他們是馴服自然的高手，能夠取其無盡，卻不損其豐美。他們深信個人自由——美國之所以如此吸引人的其中一個原因——但他們也尊重社會上的規矩。假如以古今斯堪地那維亞嬉皮為題的書，想必寫不了幾頁。

這些新移民也非常重視教育，甚至認為教育是幸福生活的必要條件；他們和蘇格蘭移民一樣，在新國度致力於設立中高等教育機構。斯堪地那維亞人得到了新教自省精神的真傳，有時甚至到了病態的程度，但他們時刻都懷抱著「有最高貴的動機，才有最純粹的行動」的意識。他們對於「故國」的美善與特質懷抱著堅定的自豪（包括維京的往昔），連他們對美國新家的愛都染上了遺憾的色彩，沁入神魂。

他們熱愛冒險、適應力強，而且勇氣十足，有時簡直魯莽——狂戰士的傳統，仍然活在某些斯堪地那維亞移民身上。重點是，這些人是路德工作倫理的化身：把追求卓越當成一種友愛他人的實踐，而不只是種超越他人的方式——只不過在美國，許多人可以兩者兼得。

總之，維京魂在美國找到了新家。

＊　＊　＊

表面上，新瑞典殖民地是一場失敗。但一些困在當地的瑞典人，最後仍設法建立了在美洲的第一個殖民地，不受饑荒或天災的威脅。他們也建立了路德宗在美洲的第一所教會，以及最早的磨坊與造船廠，並繪製出德拉瓦河谷最早的詳細地圖。加總起來，其實不算是壞的影響。而且，一旦瑞典人定居下來，過著農耕與伐木的生活，他們就是真的安居樂業，無論統治者是誰都無所謂：瑞典人也好，荷蘭人也好，英格蘭人也行。最後，瑞典移民成為美國殖民社群不可或缺的一環。

相較於新瑞典的瑞典人，最早來到美國的丹麥人多半有些財產，相對富裕——人數也相對少。延斯．孟克（Jens Munk）是個例外，他是出身挪威的船長與航道探索家，在一六一九年試圖為丹麥國王找到傳說中的西北航道（Northwest Passage）。他是第一個探索哈德遜灣（Hudson Bay）西緣的歐洲人，後來在跟瓦倫斯坦的軍隊作戰時負傷而死。比較典型的移民是揚．范布雷斯第德（Jan van Breestede）——意思是「來自布雷斯第德的揚」（布雷斯第德位於什列斯維希），他落腳在新阿姆斯特丹，並名列彼得．米努伊特在一六二六年的委員會名單中。或者像姚阿幸．佩特森．庫伊特（Joachem Petersen Kuyter），他在新尼德蘭殖民地買了四百畝地，是最早開墾哈林（Harlem）的人。還有庫伊特的朋友約拿斯．布朗克（Jonas Bronck），他以六枚金幣、兩把步槍、兩只水壺、兩件大衣、兩把斧頭、兩件襯衫與一桶蘋果酒為代價，向原住民購得哈林河（Harlem River）河畔的五百畝地。紐約行政區布朗克斯（Bronx）是他農場曾經的所在地，而行政區的名字就來自他的姓。

一七〇四年，紐約的丹麥社群人數已多到足以自建教堂，坐落在百老匯街（Broadway）與雷克托街（Rector）交叉口。從加勒比海的聖克羅伊島（Saint Croix，丹麥在一七三三年取得該島）與聖托馬斯島（Saint Thomas，一七五二年成為丹麥王室直轄殖民地）等加勒比海島嶼航向紐約的丹麥商人，可以在此參加以丹麥語舉行的主日聖事。一七四八年，林奈（Linnaeus）的學生、前途璀璨的植物學家彼得．卡爾姆（Peter Kalm）帶著班傑明．富蘭克林（Benjamin Franklin）親筆所寫的介紹信，從烏普薩拉大學來到費城。此時，他也可以到沃特街（Water Street）的瑞典教會參與聖事——教堂建於一六九八年至一七〇〇年間，供城內生活的瑞典人使用。[1]

儘管如此，以十八世紀來到美洲各殖民地的歐洲人來說，丹麥人、瑞典人與偶有的挪威人，人數跟日耳曼人、蘇格蘭人、荷蘭人與英格蘭人一比簡直不值一哂——當然也無法和下一世紀前來的斯堪地那維亞人相提並論。某些人，像是逐漸定居在賓州伯利恆（Bethlehem）周邊的丹麥摩拉維亞人（Danish Moravians），他們之所以選擇生活在相對自由的美國，有其宗教因素。

接下來，美國獨立戰爭爆發時，有丹麥與瑞典軍人前來響應革命的號召。有人功勛彪炳，像是丹麥裔的克里斯蒂安．費比格（Christian Febiger），他是丹麥屬西印度群島（Danish West Indies）的移民，曾經打過邦克山（Bunker Hill）、白蘭地河（Brandywine）與約克鎮（Yorktown）戰役，部下喚他「老丹麥」。還有斯特丁男爵（Baron von Stedingk），他和許多瑞典人一樣，在獨立戰爭時擔任法軍軍官（而非大陸軍〔Continental army〕），並且在一七七九年的薩凡納圍城戰（siege of Savannah）指揮一個師，效命拉法葉侯爵（marquis de Lafayette）。他在此役嚴重負傷，只得後送返回歐洲故鄉。這位出身波美

1 卡爾姆發表一部三冊巨作，描述自己在美洲的行旅，西至五大湖區，北至加拿大。該書成為歐洲文學經典，先後譯為德語、荷語、法語與英語，書名叫《一七七〇年至七一年的北美行腳》（*Travels in North America, in 1770–1*）。而提到尼加拉瀑布的文字最早就出現在卡爾姆的作品中，他也是率先預測美洲將從大不列顛獨立的人（卡爾姆此書寫於一七五〇年代）。

拉尼亞的勇敢男爵後來率領瑞典軍隊對抗拿破崙，還當過瑞典駐俄羅斯大使。一八三七年，高齡九十的他以陸軍元帥銜過世。

然而共和國新成立時，斯堪地那維亞人在美利堅合眾國人口中幾乎毫無分量。

引發挪威第一波美國移民潮的，是母國國內的事件，尤其是宗教事件。一八二五年十月九日，丹麥單桅縱帆船「歸正號」（*Restauration*）緩緩駛入長島灣（Long Island Sound），船上有四十六名來自挪威的乘客（包括一個在海上出生的小嬰兒）與七名船員。這些挪威人恰好大都是貴格會徒。自從他們的祖國挪威在一八一四年與瑞典合併後，國家支持的路德宗教會令這些貴格會徒處境相當艱難。在一位名叫克倫．佩爾森（Cleng Peerson）之人的敦促下，他們出發航向美國。

佩爾森生於挪威羅加蘭郡（Rogaland）的蒂斯韋爾（Tysvær）。一名崇拜者說他是「生於維京時代結束幾世紀之後的維京人」。兩度出現在挪威郵票上（一九四七年與一九七五年）的他，對於移居美國的挪威人來說，他就跟威廉．布拉德福（William Bradford）一樣有名，而歸正號就是挪威版的「五月花號」（*Mayflower*）．只不過噸位只有四十噸，是後者的四分之一。

他們這趟旅程行駛了十四個星期，途中停靠馬德拉島（Madeira）的豐沙爾（Funchal），然後才在紐約港下錨——一上岸，移民們馬上因為用小船載太多人而被處以罰鍰。

六百美元的罰鍰遠遠超過貴格會徒，以及接待他們的紐約貴格會社群所能承擔，簡直是大難臨頭。但他們與船東為了此事請願，並且在一八二五年十一月十五日得到約翰．昆西．亞當斯（John Quincy Adams）親自簽署的總統特赦令。這位在未來解放了「友誼號」（*Amistad*）船上黑奴的人，同樣願意幫助歸正號上的挪威人。

這些人稱「船殼仔」（sloopers）的貴格會徒往北落腳安大略湖（Lake Ontario）湖畔的肯德爾鎮（Kendall Township），此時他們仍仰賴紐約貴格會徒的善款才能度日。直到一八三〇年代初期，他們才達到自給自足的程度。此時，領他們出挪威的摩西——克倫．佩爾森，已經替他們找到下一個落腳處，也是未來挪威移民的首選：伊利諾與美國中西部。

佩爾森一步一腳印，從紐約州西部出發，雙腳走過俄亥俄、印第安納，來到一八一八年建州的伊利諾。到了一處能俯瞰寬闊河谷的山坡，他才停下腳步，雙膝跪地，感謝上帝。他已經為挪威同胞找到了應許之地。

他急忙趕回肯德爾說服移民同胞，讓他們相信自己所夢想的農地如今正等著他們。不出幾年，幾乎所有人都離開了肯德爾鎮，前往芝加哥西南方六十英里處的福克斯河（Fox River）河谷；到了一八三六年，幾乎所有船殼仔都往西遷。佩爾森得到傑爾特．額我略森．霍夫蘭（Gjert Gregoriussen Hovland）的助拳，霍夫蘭透過文字，把伊利諾與美國的美好消息傳遞回挪威。不久後，但凡識字的人（以及許多目不識丁者）都知道了大西洋彼岸的樂土有什麼等著自己。

霍夫蘭的文字充滿細節，不光是令人讚嘆的風土，還有人文與美國的共和制度——在這裡，平等與自由才是王道。對於在瑞典統治下不安度日的挪威人來說，這並非不切實際的期盼。他勸大家，只要能力許可就移民美國，「何況神從未禁止人們在自己喜歡的地方安家落戶。」

很顯然就這麼一句話，便足以清空挪威內陸。一八三六年，又有一批船載著挪威移民前往紐約，這一回不止四十六人，而是一百六十人，用的更是兩艘雙桅橫帆船——「北國號」（*Norden*）與「挪威峭壁號」（*Norske Klippe*）。一上岸，幾乎所有人都直接前往伊利諾州與拉薩爾郡（LaSalle County），後者在整個一八四〇年代，一直是挪威人聚落的輻輳之地。不久後，移民們就在威斯康辛的曠野開枝散葉。

瑞典人緊跟在後。第一批移民是一八四一年抵達的十六個家庭，一到美國便逕直前往威斯康辛。瑞典移民是循著定期航線，也就是載運瑞典鐵礦砂的航路來到美國。從瑞典進口的原物料，規模很快便不亞於輸往日耳曼與東歐的量。

瑞典人在威斯康辛的家園——松湖（Pine Lake）是個相當簡陋的聚落，幾間圓木小屋，其中一間甚至住了二十一名拓荒者。他們當中只有一名貴族——叫作托特男爵（Baron Thot）的人，他甚至得親自下廚，才能勉強維持生計。但拉力無法阻擋。一八四四年秋天，新一批來自瑞典的移民抵達美國；一八四五年又有一批，而這一回他們走的路線不同：從紐約到匹茲堡，順俄亥俄河而下，然後溯密西西比河而上。這些移民抵達的目的地也不同，是甫成立的愛荷華州。瑞典人以伯靈頓（Burlington）以西四十二英里的傑佛遜郡（Jefferson County）為家，並將之稱為新瑞典，作為一種期盼。

他們的領袖是瑞典磨坊主彼得．卡塞爾（Peter Cassel），曾經是東約特蘭一片大農場的管理人；他還發明過手動脫粒機。他付了每個人二十美元，在一八四五年春天帶著大家離開哥特堡（Gothenburg），原本很可能預計加入在松湖開墾的瑞典人。接著卡塞爾遇見佩爾．達爾貝里（Pehr Dahlberg），他是最早前往密西西比河彼岸沃土發展的瑞典人。他勸卡塞爾忘掉松湖（當時幾已人去樓空），改往愛荷華發展。

不像松湖，新瑞典堅持了下來。一八四八年一月，卡塞爾與同行的開拓者正式構成會眾，是未來的北美洲福音路德宗奧格斯堡教會（Evangelical Lutheran Augustana Synod of North America）當中最早的一分子；到了一八六〇年至六一年，住在新瑞典的五百個家庭在洛克里奇郡（Lockridge Township）人稱

「四方」（Four Corners）的地區，蓋了一座教堂。教堂至今猶存。

這些移民活動全都按照一種業已成形的模式進行：一位大無畏的斯堪地那維亞先鋒，遇見曾前往更遠的地方冒險的同胞，而這位同胞說服了他與他的追隨者往遠方的地平線前進，抵達更豐美的應許之地。接著，有一兩人的信寄了出去，鼓勵故鄉同胞加入自己的行列。例如卡塞爾，他的信寄回瑞典故鄉，對於生活在美國的好處大書特書，從人滿為患的農場與村落拉來新移民。有些人前往新瑞典，其他人則朝愛荷華其他地方發展，在靠近得梅因河（Des Moines River）找到一塊地方定居下來，稱之為瑞典地（Swedish Point）。

另外一批七十五人的隊伍從斯德哥爾摩出發，展開一段駭人的旅途，途中甚至有兩名女子與三個小孩過世。到達美國後，他們由紐約北上，又經過一段同樣令人斷腸的伊利運河（Erie Canal）旅途，期間遭人搶劫，錢財跟補給品都沒了。不久後，身無分文的他們在水牛城外登岸，進退兩難，連一句英語都不會講。「我們簡直就像一群嚇壞了的羊，無助地杵在岸邊。」有人回憶道，無情的冷雨傾盆落在湖面上。

此時，一名男子宛如奇蹟般出現了。他認出了這群人的口音，用瑞典語跟他們說話。此人名叫斯韋德貝里（Svedberg），同樣是初來乍到的瑞典移民，是跟著斯德哥爾摩同鄉友人哈格隆（Haglund）來到這裡的。斯韋德貝里為他們找到地方留宿，還有夠一整群人撐過周末所需的糧食。接下來，來自洛克波特（Lockport，一八二五年建立）附近聚落的一位挪威男孩幫助這些瑞典人在農場找到打工機會。他們在水牛城待了兩年，男人做工，女人幫傭洗衣，最後終於在紐約州的詹姆斯鎮附近安家落戶。詹姆斯鎮成為整個紐約州最大、同質性最高的瑞典聚落。北美洲最大的瑞典教會也坐落於此，當地瑞典社群甚至發行瑞典語周報，直到二戰為止。

不過，規模最大的一批瑞典移民在一八四六年來到，其人數是以前一次幾個家庭所遠不能及的。這一回來到美國的移民超過千人。他們在宗教領袖埃里克・楊森（Erik Jansson）的號召下一同前往美國，人稱楊森派（Janssonists）。

一八〇八年，埃里克・楊森生於烏普薩拉一處名不見經傳的農場。他自學認字，從十五歲起熱情投入宣教工作，從路德宗轉奉瑞典虔敬派。他和那些帶頭脫離國教的各教派男女領袖（女性雖少，但不是沒有）如出一轍：他們都很聰明，但多半是無師自通的《聖經》讀者，認為自己能獨立詮釋經典，而不是根據國教會的指點。楊森深信《聖經》是世人唯一需要的宗教訓誨來源，相信神不僅透過基督赦罪，更是完全將之抹除。

這種教義絕對能吸引信徒，也必然招致官方的反對。不過四五年，楊森便引發夠多的爭議，以致當局逮捕他。之所以捉拿他，部分是因為他安排一次焚書，公然燒毀官定本宗教經典，此舉本身就犯了瑞典法律。楊森設法越獄，不斷逃跑。他旋即領悟自己必須離開瑞典，為自己與愈來愈多的信徒尋找新家園。美國是個明顯的選擇。楊森於是找最忠實的信徒之一協助。

他遣烏魯夫・歐森（Olof Olsson）去美國找個合適地點，以便在人間建立理想中的快樂天堂，建立一座終將遍及全世界的「新耶路撒冷」。歐森在伊利諾州的亨利郡（Henry County）找到這塊風水寶地。一八四六年八月一日，紅橡林（Red Oak Grove）附近六十畝地的權狀上，寫下了烏魯夫・歐森的名字。歐森與楊森付了兩百五十美元，等於每畝地四美元多。楊森抵達之後，根據自己的出生地——烏普薩拉郊區的主教山（Biskopskulla）——為這個新天地冠名。

聚落發展飛快，他們用一千美元蓋了佔地一百五十六英畝的農場與農舍。接下來的九月二十六日，他們又以每畝一點二五美元的價格，購買兩筆加起來共四百八十畝的國有地。一切準備就緒，就等第一批開墾者在秋天抵達。第一個冬天相當辛苦。許多人被病魔擊倒，恐怕是因為來時路實在太過艱辛。但在一八四七年至一八五四年間，有九批拓荒者從瑞典來到主教山，讓此地成為北美最大的斯堪地那維亞聚落。一開始，主教山只有帳篷，接著漸漸有了以木頭圍牆、以泥土為地的半地穴居，最後才終於有了手工磚頭蓋的房子、一處麵粉磨坊、兩處板材廠，以及一間三層樓的教堂。挪威摩西——克倫．佩爾森也在一八四七年定居於主教山。他以《聖經》為本，在此建立一個奉共產（沒有私有財產）、人人共享為原則的的道地諾斯公社（《共產黨宣言》〔*The Communist Manifesto*〕此時尚未成文）。

「我執筆的這一刻，」一名殖民者在一八四七年寫信回故鄉，「想到的是神如何眷顧在這片新土地的我們，賜給我們比在祖國擁有百倍以上的精神與物質。」他們所享有的，「用大半個瑞典也換不到。」

但是，距離開始拓墾才三年，居民便得接受失去救世主的事實。巨蛇以約翰．魯特（John Root）的樣子，溜進了這座大草原伊甸園。魯特娶了楊森的外甥女，希望帶著她離開主教山；但每一回嘗試，楊森都阻止了他。魯特最後抓狂，理智斷裂，用手槍殺了楊森。

此事堪稱致命一擊，許多瑞典人心碎離開主教山。但楊森的兩個門徒約拿斯．歐森（Jonas Olsson）與烏魯夫．約翰森（Olof Johnson）接過棒子，將社群凝聚起來，直到一八六一年才因為財政困難，放棄共產制度。主教山鎮正式宣告解體，其財產分給剩餘的居民。新耶路撒冷就此告終。

不過，主教山對於美國瑞典移民史的影響始終存在。包括歐森的兒子在內，有好幾位主教山居民打過美國內戰；他們寄信回故鄉，對美國的好大書特書，也讓移民水龍頭的水流個不停。主教山如棋盤般整齊畫一的房舍至今猶存，教堂也還在為總人口一百二十五人的小鎮服務。直到二〇〇四年，楊森的直系子孫——他的五代外孫T．A．米羅斯（T. A. Mylross）仍然住在鎮上；米羅斯在擔任義消時殉職。

主教山的瑞典人在一八四六年移居至此。一年之前，四百名瑞典學生與一百五十名挪威學生，在泛斯堪地那維亞精神的感召之下，齊聚於與馬爾默隔著厄勒海峽對望的尼托波（Nytoldbod）做出「神聖的承諾」，發誓他們忠於「我們共同的偉大民族」，「我們的忠誠至死不渝」。丹麥畫家約恩．索內（Jorgen Sonne）在一八四七年以一幅畫紀念此事。不過，將斯堪地那維亞各民族結合為一大民族的夢，其實已經實現了——不在北歐，而在美洲。

＊　＊　＊

加州成為吸引斯堪地那維亞移民的另一塊大磁鐵。大多數移民選擇在後人稱為農業鐵三角（Homestead Triangle），也就是夾在密西西比河、密蘇里河之間，包括威斯康辛州、明尼蘇達州、愛荷華州與東達科他領地（Dakota Territory）的地方定居（達科他在一八五八年有了最早的諾斯拓墾者），一八四九年的加州淘金熱也吸引不少希冀一夜致富的新移民。但瑞典人與丹麥人並未一頭栽進去。

相較於挪威人與瑞典人，丹麥人大規模移民的腳步相對較晚。但加利福尼亞對他們來說有獨特的吸引力，甚至早在發現黃金之前便是如此。其實，薩特鋸木廠（Sutter's Mill，最早找到黃金的地方）旁邊的地，就屬於威廉．亞歷山大．萊德斯朵夫（William Alexander Leidesdorff）所有。這位船長生於聖克羅伊島，父親是丹麥人，母親是混血兒。一八四一年，萊德斯朵夫來到舊金山，就此生根，成為墨西哥公民（當時的加利福尼亞是墨西哥領土）與旅館業主，同時還擔任該市的教育委員會主席。他的公館是當時加州最大的建物，就坐落在今天美國銀行（Bank of America）大樓所在地。

不像約翰．薩特（John Sutter），萊德斯朵夫並非不在籍地主。發現黃金時，薩特邀請這位混血旅館業主合夥，在後者的產業——美洲河牧場（Ranch Rio de Los Americanos）尋找金礦脈。萊德斯朵夫甚至雇用一開始在薩特鋸木廠找到黃金的詹姆斯．馬歇爾（James Marshall）來調查自己的土地。

馬歇爾在美洲河牧場找到龐大的金礦脈，但萊德斯朵夫五月時就辭世了，發現黃金的震撼消息甚至還不為民眾所知。等到一八五六年，萊德斯朵夫的產業遭到法拍時，價值已經超過一百四十四萬五千美元，而這個數字甚至還不包括從他的土地所挖出的大量黃金。要是萊德斯朵夫沒那麼早死，美洲河牧場說不定會比薩特鋸木廠更出名，加州淘金熱的歷史則會帶有更濃厚的斯堪地那維亞裔與加勒比海非裔色彩。

其他人在加利福尼亞的丹麥人，則是沿著太平洋海岸開設木材廠與造船廠；對於挪威人與瑞典人來說，這個海洋世界同樣是個舒適圈，這也難怪。但就西部甚至是整個美國來說，丹麥人最多的地方就是猶他州。

原因是摩門教。

第一個改信摩門教的丹麥人是彼得．克雷門森（Peter Clemmensen）；改宗時，他住在波士頓。他讓另一個丹麥人——水手漢斯．克里斯蒂安．漢森（Hans Christian Hansen）也改信摩門教。漢森曾經在波士頓上岸過，後來返回利物浦，在那兒受洗為後期聖徒（Latter-Day Saint）。

漢森不過是摩門教的冰山一角。當時的摩門教與今天一樣重視傳教；摩門教長老不停從這一家拜訪到下一家，傳播他們的信仰。一八四九年，摩門教會對蘇格蘭與斯堪地那維亞在內的歐洲北部展開第一次大規模外展活動，他們挑了漢森的兒子彼得（Peter）與另一位丹麥人伊拉斯圖・斯諾（Erastus Snow）前往丹麥傳教。兩人在一八五〇年春天抵達宣教地，此時丹麥國運正隆。丹麥國王弗雷德里克四世（Frederick IV）所簽署的新憲法，為這個國家開啟一段宗教自由新年代（但這樣的自由並未及於羅馬天主教）。摩門教與浸信會、衛理會與各種新教異議派一起享受這種前所未有的自由（只不過因為摩門教接受一夫多妻制而引發一些爭議）。

對於像是日德蘭半島的雲德斯澤爾（Vendsyssel）等地來說，改宗變得稀鬆平常。雖然一本正經的丹麥人對於一夫多妻制沒什麼共鳴，但摩門教居然挺能吸引女眾，不下於對男眾的吸引力。事實上，改信摩門教的人當中，擁抱一夫多妻制的人不到百分之十（他們的維京祖先想必跟他們想法大不相同）。改宗的丹麥人反過來成為傳教士，在祖國傳教。

不過，他們都感受到來自大西洋彼岸的拉力——對他們來說，那裡提供的精神自由簡直前所未有。摩門教的發源地美國對丹麥人來說，其吸引力非常引人注目。一八五二年以前，從丹麥往美國的人數只能說是涓涓細流。但丹麥人不久後便被一條令人難以抗拒的簡單信息說服：離開丹麥，前往「約瑟之地」（Joseph's Land，「約瑟」指的是摩門教奠基者約瑟・斯密〔Joseph Smith〕），到猶他州展開新生活——有數以畝計的土地，等著身為後期聖徒教會成員的你。整個一八五〇年代，移居美國的三千七百四十九名丹麥人當中至少有兩千八百九十八名是摩門教徒。到了一八六〇年代，一萬三千零一十一名丹麥移民中，有四千九百四十二人是摩門教徒。這些人讓猶他州成為全美國最多丹麥出生人口的地方。

摩門傳教士也爭取到其他斯堪地那維亞信徒，包括挪威人與瑞典人。但丹麥人似乎對摩門教的福音最有共鳴，而且原因不是只有宗教信仰。丹麥人故鄉的路德宗信仰，畢竟與斯堪地那維亞其他地方並無二致。但是，成為摩門教徒，意味著在改宗的同時也改變語言與文化，而丹麥人說不定最能適應這種轉變。丹麥有不少人本來就通雙語——丹麥語和德語；對他們來說，改成參加以英語而非丹麥語進行的聖事，或許沒有其他人那麼彆扭。此外在整個近代早期，他們的故鄉對跨文化交流的態度都很開放，適應美國文化似乎也沒那麼困難。研究美國斯堪地那維亞移民的學者，普遍同意丹麥人顯然最快融入整個社會，無論是不是摩門教徒皆然。丹麥國教會——移民母國的路德宗官方教會——在美國始終無法吸引超過百分之二十五的丹麥移民。

然而，成為摩門教徒亦有風險。許多改宗的丹麥信徒面對激烈的公開反對，甚至是死亡威脅。別忘了，創立摩門教會的約瑟·斯密，就是在密蘇里被暴徒私刑殺害的。不過，最嚴重的威脅，也許是摩門教移民打造新生活的地點——猶他州的荒野。例如一八五四年改信摩門教的延斯·尼爾森（Jens Nielsen）。尼爾森與妻子愛西（Elsie）在奧爾路斯的住家附近遇到來訪的傳教士，而後改宗。夫妻倆直到一八五六年才遷至美國，抵達紐約港，啟程前往猶他州。他們為這趟兩千英里長的旅途準備好給養，一開始用敞篷貨車載運，後來居然改用手推車。

尼爾森夫婦估計這一旅程需要七十天。事實上，他們用了九十多天才抵達。夫妻倆幾度無糧可吃，一路上收購的牛隻則在跨越內布拉斯加州時逃得無影無蹤。他們失去了半數的牲口。

接著是不只一場的暴風雪，兩人的獨子也不幸身亡。差點凍僵的夫妻倆終於在一八五六年十一月九日抵達鹽湖城。道友同修必須用擔架抬他們，因為他們已經無法行走。延斯一恢復健康，便再娶了兩名妻子——包括不離不棄的愛西，他總共有三名妻子。接著他銜命前往猶他州東南的納瓦荷郡

（Navajo county）建立摩門社群。納瓦荷人管尼爾森叫「歪腳仔」——他在跨越美國的途中腳掌已永久變形。延斯設法在納瓦荷郡蓋了兩棟房子，一棟給愛西，一棟給他的第二名妻子——他回到丹麥傳教時，施洗的克絲頓·約翰森（Kirsten Johnson）。他天天都在克絲頓的房子吃午餐。八十六歲生日前兩天，延斯過世了。

延斯·尼爾森在猶他州寫下了一段迷你美國史詩。另一位名字也叫延斯的丹麥摩門教移民，則是在大約十年後的愛達荷與加州寫下了類似的故事。一八六四年，延斯·柏格魯姆（Jens Borglum）從哥本哈根移民至美國，前往猶他州，想到「大鹽城」的「約瑟之地」開闢新生活。他與同為摩門教徒的伊妲·米克森（Ida Mikklesen）結婚——當時他們在哥本哈根港等著上船，為了緩解人太多、位子太少的問題（丈夫與妻子可以共用一間艙房，而不是佔用兩間），也為了鼓勵移民在抵達美國之前便建立新家庭，於是在港邊舉行了集體婚禮。

一開始，他和伊妲沒有前往比內布拉斯加更遠的地方。一位與他們同行的女子，回憶北美大平原對來自丹麥的移民來說有多麼艱困危險。遍地「長滿野牛草。路很爛，到處是轍痕與煙塵，彷彿在我們前面有一對車輪重壓出來，往無窮遠處蜿蜒而去」。在第一次涉水而過時，「整頭牛和牛車就這麼沒了。駕車的人差點丟了性命……」

包括伊妲的妹妹克莉絲緹娜（Christina）在內，他們一行人終究抵達鹽湖城。到了鹽湖城，延斯便娶了克莉絲緹娜，然後三人結伴前往愛達荷，在當時還是一片荒野的地方建立新的摩門社群。他們以奧維德（Ovid）的熊湖界（Bear Lake Stake）為家。延斯用原木搭了簡單的兩房小屋，外觀和丹麥或挪威農民在自家旁邊地勢高處蓋的小屋差不多，方便照料牛羊。後來，伊妲與克莉絲緹娜的母親也到愛達荷農場與他們團聚。

一八六七年三月十七日，克莉絲緹娜就是在這個地方產下了一名男嬰——莫瑟柏格魯姆家的約翰・古聰（John Gutzon de la Mothe Borglum）。約翰長大以後，寫下了自己三四歲時與美國原住民相遇的記憶：「我記得最清楚的第一件事，是一張緊緊貼著我們家客廳窗戶的蘇族印第安人面孔。當時我坐在外祖母的大腿上，她正在對我講諾斯人的故事，結果我再也無法把丹麥維京人跟蘇族印第安人分開來。」

古聰・柏格魯姆和家人在生根落戶之前，住過許多地方。但他總懷抱一股渴望，想在曠野間塑造出美麗的事物，而這股驅力最後帶著他來到南達科他。就是在這裡，古聰・柏格魯姆在拉什摩爾山（Mount Rushmore）雕出了巨大的美國總統頭像。

＊　＊　＊

丹麥人為何受到摩門教吸引？也許和吸引他們與其他斯堪地那維亞人到美國生活的特質一樣。他們拋在腦後的社會，是個由貴族所主導，有許多傳統規矩的地方。美國沒有這樣的規矩。美國還能讓他們脫離物質的匱乏，而這是故鄉所無法辦到的。不像歐洲北部其他地方——尤其是不列顛、荷蘭、法國與日耳曼——斯堪地那維亞並未進行土地改革，也沒有經歷工業化。

自由的希望，解放了這些移民內心的驅力，他們已經準備好要見識美國中部遼闊的視野了。雖然都是一望無際，但美國中部的一望無際，肯定比他們的維京祖先乘船渡過的一望無際，或者開拓冰島等地的荒野時那種一望無際來得安全。維京魂在這裡找到了扎根、重新開始的空間。此外，斯堪地那維亞人有一種衝動，想在世俗中覓得神聖，在平凡中覓得超越，在荒涼空曠的地方覓得與至高無上的連結，清楚感受自然蘊含的深度，而美國中部對此來者不拒。有些人已經探索過這股衝動所能及最遠的地方，像是埃里克之子萊夫、滑雪橫跨格陵蘭的弗里喬夫·南森（Fridtjof Nansen）、孤帆橫渡太平洋的索爾·海爾達（Thor Heyerdahl）與極地探險家麗芙·阿內森（Liv Arnesen）。不過，幾乎所有斯堪地那維亞人都能感受到桀驁不馴的荒野所帶來的內在自由與平靜。

但早期斯堪地那維亞移民也是得到了美國中部之後，才能體會這個新家園究竟桀驁不馴到何種程度。一八五三年跨一八五四年的冬天，牧師娘伊莉莎白·可倫（Elizabeth Koren）和她的丈夫從挪威搬到愛荷華州的華盛頓大草原（Washington Prairie）。到的時候，迎接他們的是一場伸手不見五指的冰風暴。當然，寒冷與風雪對挪威人來說只是小菜一碟。但是，當地是個不滿四年的挪威人聚落，沒有牧師館，代表他們得和另外一個四口之家，同住一間十六英尺乘十五英尺大的無隔間農舍。拿塊布簾把農舍唯一的空間隔成兩半，這兩家人就有自己的「臥房」了。可倫家在此住了三個月。這就是美國給他們的熱烈歡迎。

她在日記中提到，他們不久後就發現自己在華盛頓大草原居民中算是比較幸運的。伊莉莎白與丈夫威廉（Wilhelm）拜訪會眾家時注意到，即便一家人蜷縮在全家最寶貴的財產——柴火爐邊，木材之間的空隙大到牆壁根本擋不了風雪或寒冷。她還發現，一間屋子住了十二到十五個人，屋子甚至比他們與主人同住的農舍還要小。每當因威廉行牧而出行（一位挪威路德會牧師在美國，牧區難免非常廣大），他們有時候會睡在廄樓，甚至可以透過屋頂看見星星。

他們倒是避開了斑疹傷寒與天花等流行病的考驗。對整體斯堪地那維亞美國人聚落而言，疾病不是常見的問題。他們在故國學到維京祖先代代相傳的衛生標準，幫助他們在新國家維持良好習慣——

不過，華盛頓大草原東部在一八五四年爆發霍亂時，確實讓當地人大為驚慌。可倫家的經歷，對一八五〇年代的移民來說不可謂不尋常。其實，就連伊莉莎白也常常在日記中提到，他們一家算是幸運兒。許多人甚至不用深入美國內陸找苦，也會吃到苦頭。

一八六五年，一位瑞典教士遇到一小群剛來到紐約的瑞典移民，寫下自己親眼所見：「許多人在沃德斯島（Ward's Island）病倒；有些人已經不治，還有兩名婦女生了孩子。其中一名婦女據說已經過世，但我住在六英里外，沒法過去致哀。孩子的父親去了西部，沃德斯島據說還有個流離失所的男孩，渾身髒兮兮，滿身蝨子。」他提到，沃德斯島有二三十名身無分文的難民，抓住他的外套哭喊，「牧師，帶我離開這裡，我想離開濟貧院。」

但移民仍然不斷來到美國，尤其是（當時的）挪威人。

僅僅一八四九年與一八五〇年這兩年，就有將近八千人離開挪威前往美國。移民人數在一八五〇年代不斷膨脹，在一八六一年達到八千人高峰。挪威松恩（Sogn）一位名叫豪格教長（Dean Hauge）的牧師定期就自己牧區的挪威人移民美國一事提出報告。他發現，幾乎所有人都渴望能為自己爭取更好的生活環境，並抱著讓自己的孩子在美國過更好生活的「高貴情操」。

與已經在美國的家族成員團聚，也是一種穩定的拉力。假如他們的親人有能耐在荒涼、無趣的大草原上半地穴居，或是跨越好幾英里未經探勘的山區與荒野，甚或面對原住民部落（或是山賊與其他仇視新來移民的人）襲擊的威脅，那自己也可以。儘管生活艱困危險，先到的移民卻仍然在寄回故鄉的家書中謳歌新的土地——這個事實說服了他們，感覺移民值得一試。

一八五〇年代，單一年度的瑞典移民人數從未超過五千人；到了一八六〇年，人數更是大幅下降。但我們先前也提到，挪威的情況完全不同。挪威在一八四九年至五〇年經歷蕭條，接著在一八五九年與一八六〇年的歉收與一八六一年的寒害之後又發生了第二波蕭條。大批挪威人逃離貧困的祖國，十分之九都是經魁北克前往美國中西部。

此時，其他挪威人意識到移民是一門好生意，卑爾根（Bergen）的港口就成了重要的根據地。「我們划船進港，」一名移民追憶當年，「港內有許多大船，桅杆都是森林裡砍下來最高的樹幹——這些船全都要航向美國。」有一位挪威船東，光是在一八五〇年代就造了至少六艘船，將挪威同胞載運過大西洋。

船票相當便宜。前往美國的票價，成人為三十至六十美元（大約是當時挪威貨幣的三十五至七十元，等同於當時兩周的普通工資），小孩半價，嬰兒免費。

紐約仍然是部分人的目的地，但魁北克逐漸成為主要口岸，移民由此繼續上溯聖羅倫斯河（Saint Lawrence）到五大湖區，抵達底特律、芝加哥等港口。不過，無論是紐約還是魁北克，這一段都不容易。在海上航行九或十個星期是常有的事。幾個月看不到陸地是正常的。每位乘客得自行準備被褥與飲食；海象不佳時，舷窗必須關上用壓條封住，密不透光，乘客感覺自己彷彿生活在木頭棺材裡。環境擁擠又不衛生，就連最硬頸的斯堪地那維亞人也有可能不敵病魔。疾病與死亡總是悄悄接近往美國途中的旅客。

劇作家亨里克・易卜生給這種移民船起了個不祥的名字，叫「棺材船」。名副其實的船還真不少。一八六一年，一艘從阿倫達（Arendal）出航前往魁北克的船，就有三十七人死在船上，六十多人重病。另一艘靠岸的船則有三十三人死亡——多半是六歲以下的兒童，因麻疹流行而病死。

這些初來乍到的人去了哪裡？他們和稍晚來到的移民（例如愛爾蘭人、義大利人或波蘭人）不同，很少人想留在自己入境的口岸。曼哈頓下東區（Lower East Side）或布魯克林沒有小卑爾根、小斯德哥爾摩這樣的地方。挪威人想要可以耕種的土地，而且要很大一片。因此，大多數新移民前往一八三〇年代與四〇年代在威斯康辛州成立的挪威聚落。對挪威人來說，那兒的風景很像自己熟悉的故鄉。無論男女都能輕易認出熟悉的動植物。柳樹、榿樹、梣樹、楓樹、橡樹，以及隨處可見的樺樹：這些樹種與挪威的差距並不大。「如此的景象彷彿在招呼他們，讓他們覺得自己仍然在神創造的土地上，」十九世紀末一部挪威小說中的人物如是說，「覺得自己終將能適應新的家園。」

但這片新家園卻有其他令移民驚訝之處。烏勞斯．杜烏斯是一位威斯康辛州牧師，他的教區相當廣大，東起沃帕卡（Waupaca）與尼納（Neenah），西至波蒂奇郡史蒂芬斯角（Stevens Point, Portage County）的會眾，還有沃帕卡郡的瑞典會眾都是他牧養的範圍。他來到坐落在威斯康辛河畔的史蒂芬斯角，發現河面上「滿是原木或其他木材拼成的筏子，要從松林經威斯康辛河與密西西比河，順水漂去松樹不多的南方州」。他認為，在河上工作的人「偏偏都是敗類，是歐美的人渣。他們整天喝酒、賭博、罵髒話、詛咒人，甚至不時殺人。他們逃過司法制裁，加上美國這裡講的語言都一樣，很難從口音抓到他們」。[2]

針對杜烏斯的牧區居民來說，這個觀察並不正確。他們講的挪威話口音不同，方言各異，有時甚至無法彼此溝通。人在美國反而有另一項好處：只要學會講英語，挪威人就可以跟瑞典人、丹麥人，

2 順帶一提，史蒂芬斯角就是我的老家。

甚至跟其他挪威人溝通無礙——在故鄉時反而不可能。

儘管如此，杜烏斯牧師還是覺得，雖然這片窮山惡水需要會眾與自己的辛苦付出，但在威斯康辛草原上和森林中的生活卻有美妙之處。「聖誕節這天，我在一棟相當大的屋裡布道。這間屋子坐落在一片清整好的土地上，一邊是蒽鬱的山脊，另一邊則是一座大湖，湖邊是茂密的橡樹、白楊與松樹林。天氣彷彿挪威可人的四月天，空氣澄澈、陽光普照，溫暖的氣溫讓融雪在凍土上凝成大片的水塘。」

但天氣不是那一日最大的驚喜。正當杜烏斯與會眾唱著頌歌時，他注意到有人在窗邊聽。「是個高大、強壯的年輕印第安人，身穿黃褐色的鹿皮衣，頭戴五顏六色的髮飾，」步槍就在身旁。「我們唱詩的時候，他聽得很專心，彷彿想知道這群人聚在一起唱歌有什麼意義。他就在窗外站了一個小時，聚精會神。過了好久，我往窗外一瞥，看到他肩著步槍，消失在旁邊的林子裡。」

兩個團結的社群擦肩而過，一個久居於此，一個初來乍到。對於這片新家園，牧師在日記中補上這一句：「就我所知，每個人過的生活都比在挪威好太多了。」

挪威人也知道。他們（以及來自老拓墾地的其他人）正忙著把家園往愛荷華擴大，然後是明尼蘇達。與此同時，新一波移民潮也在下一個十年之初，也就是一八六〇年至六一年來到，是迄今為止最大的一波移民潮。剛來的這批人面臨雙重的衝擊。他們發現自己不只來到一個新國家，而且是個瀕臨內戰的國家。

他們還不曉得，維京魂在美國即將經歷目前為止最嚴峻的考驗。

10

「我們來啦，亞伯拉罕老爹」：美國內戰中的斯堪地那維亞裔

“We Are Coming, Father Abraham”: Scandinavians in the American Civil War

我們在祖國以自由農的身分，學到要愛我們的自由、政府與獨立，然而這一切正遭受毀滅的威脅。

——上校團長漢斯．克里斯蒂安．海格（Hans Christian Heg），一八六一年十月

斯堪地那維亞人深深影響了自己選擇的新家園，而這股衝擊力將在美國內戰中第一次被人感受到，甚至堪稱同時影響了戰爭的走向，以及斯堪地那維亞在美國的未來。

＊　＊　＊

一八六一年七月中的第一次牛奔河戰役（first battle of Bull Run）結束後，亞伯拉罕．林肯（Abraham Lincoln）看著疲憊的傷兵隊伍，意識到這場跟造反的南方打的仗，會是漫長、艱困的較量。聯邦軍需要更多的志願軍，需要更多老百姓願意拋下平民生活，為了憲法與自由冒生命危險。尤其是西部，起伏的地形與多不勝數的河谷，等於得守住許多要地，抵擋一支軍心大勝的軍隊——也等於還有許多據點得從敵軍手中搶下。

也就是說，要從第一線的州，像是愛荷華、明尼蘇達與威斯康辛募兵。這幾個州都是鐵桿的聯邦派廢奴州——州內可觀的斯堪地那維亞裔人口自不例外。早在一月，也就是桑特堡（Fort Sumter）一槍未發時，明尼蘇

達州議會便通過決議，堅稱南方去年的分離之舉形同革命。決議文宣誓，明尼蘇達將提供聯邦政府所需之「人力與經費」，以維護其權威。威斯康辛州長亞歷山大・藍道（Alexander Randall）也在差不多時間提醒該州議會，很有可能要投票通過提供必要的人力與手段，「維持聯邦的完整性，並阻止組織叛亂者的叛國謀畫。」

時序進入八月——牛奔河戰役的一個月後——藍道號召威斯康辛人組織五個新的團參戰。其中威斯康辛第九步兵團（Wisconsin Ninth）將專門從威斯康辛近年來的日耳曼移民中招募。威斯康辛第十一步兵團（Wisconsin Eleventh）則以愛爾蘭裔為主體。威州首府麥迪遜（Madison）的挪威裔商人J・A・約翰生（J. A. Johnson）不禁自問：何不從克許克農（Koshkonong）與穆斯基沃（Muskego）等社群中糾集挪威裔組成步兵團？八月底，他廣發藍道的募兵號召，並且在九月時與另外五名威斯康辛挪威裔公民致信州長，希望獲得允許招募挪威移民，捍衛聯邦。信上還有一項提議：任命執筆人之一的漢斯・克里斯蒂安・海格為該步兵團的上校團長。

海格一開始就參與組織挪威或斯堪地那維亞部隊的工作，當時連約翰生都還不敢確定招募到的挪威志願者夠不夠一個連，更別說整個團了。一八二九年，漢斯生於挪威克里斯蒂安城外的小鎮；他是艾佛・海格（Ever Heg）之子，艾佛在一八四〇年春天攜家帶眷移民美國，定居穆斯基沃。艾佛在此成為一名成功的挪威語報紙發行人，也是社群中的名人。

之所以成就斐然，是因為以挪威語出版印刷品，影響範圍是超越美國的。就母國的政治當局來看，挪威語遲至一八四〇年代，還正在往獨立語言的路邁進中。詩人兼政論家亨里克・維格蘭（Henrik Wergeland）是這項發展的關鍵人物，他結合P・A・蒙克（P. A. Munch）的歷史研究（蒙克致力於從丹麥歷史中將挪威歷史分離出來）與民俗學者P．C．亞柏容森（P. C. Asbjørnsen）和J．E．莫（J. E. Moe）所蒐集的傳統故事。維格蘭的目標在重塑挪威方言，從丹麥當局認可的「王國語」（riksmal）轉化成挪威百姓的日常用語，也就是「本土語」（landsmal）。

一八三六年，農工之子伊瓦．奧森（Ivar Aasen）宣布自己正努力為挪威創造一種正港民族語言，將挪威人口最多的地方（挪威西部，也就是奧森出生的地方）所使用的方言，與原本的古諾斯語語源相結合。直到一八五八年，奧森發表的文法才獲得廣泛採用，挪威語也才真正以獨立的民族語言之姿誕生。

發行挪威語報紙，讓艾佛．海格成了先驅。事實證明，他的兒子漢斯比他更愛冒險。二十歲那年，漢斯便經由拉勒米堡（Fort Laramie）與鹽湖城，前往加利福尼亞加入淘金熱的行列，花了兩年試圖挖金礦發財。直到一八五一年，他接獲父親過世的消息，才回到威斯康辛。

漢斯．克里斯蒂安．海格沒有當農夫，而是轉入政界，加入甫成立的共和黨。內戰爆發時，他正擔任威斯康辛的獄政委員。海格不是官老爺，也不求官運亨通。早在一八六一年四月，對奴隸制度深惡痛絕、以守護聯邦為己任的他，就在沃旁（Waupun）投筆從戎，響應林肯招募志願軍的號召。現在有了招募，甚至是指揮一個團為聯邦大業效力的機會，他把整副心力全部投入進去了。

他有志於拯救聯邦，而威斯康辛的挪威人有不少人和他志同道合。在這場令國家、社會，甚至家人之間彼此為敵的衝突中，斯堪地那維亞人絕大多數是聯邦派的。武裝叛變合眾國政府——光是想到畫面，就足以令人大呼反感：路德宗教育他們要由衷尊重現有政權，無論在新國家或舊國家皆然。他們也傾向支持廢奴與平權。

當然，加入南方的人亦有之，有些人官階相當高。一八六二年四月，夏羅戰役（Battle of Shiloh）的邦聯軍砲兵指揮官J．H．哈隆奎斯特（J. H. Hallonquist）少校就是瑞典移民之子，生於南卡羅萊納的西點軍校畢業生。一八六二年二月，馬里蘭的羅傑．韓森（Roger Hanson）在唐納森要塞（Fort Donelson）指揮邦聯軍右翼。唐納森要塞戰役以邦聯軍戰敗告終，尤利西斯．S．格蘭特（Ulysses S. Grant）一戰成名，人稱「無條件投降」（unconditional surrender）格蘭特。其他來自德州的移民加入南方，一部分算是對新家園的認同。

不過，有些斯堪地那維亞裔德州人盡可能避免為分離派作戰。例如S．M．史雲生（S. M. Swenson），他在奧斯丁（Austin）擁有非常成功的棉花事業，也是德州瑞典社群的要人，並以廢奴立場聞名。德州脫離聯邦時，史雲生選擇離開德州，而不是支持邦聯的目標。其他人則尋求當地瑞典領事的幫助，希望能躲過兵役。

以威斯康辛的例子來說，去信州長藍道提議募兵之舉，得到熱烈響應。

「我們新國家的政府正在危亡之際，」海格在一八六一年秋天呼籲大家，「我們在祖國以自由農的身分，學到要愛我們的自由、政府與獨立，然而這一切正遭受毀滅的威脅。身為勇敢、有智慧的公民，出手捍衛我們國家與家園的原則，難道不是我們的責任嗎？」

海格認為他提議設立的步兵團，不會只由挪威裔組成，而是所有斯堪地那維亞裔都可以加入，包括瑞典裔與丹麥裔志願者。「我們斯堪地那維亞人，難道就眼睜睜看著我們的美國裔、日耳曼裔與英格蘭裔公民同胞為我們而戰，結果自己不幫他們？」他質問。「來吧，年輕的諾斯人，加入行列，捍衛我們國家的標竿……讓我們集結起來，把諾斯人古老的美名完整無缺地傳給後代子孫。」

他把斯堪地那維亞人與歷史上的諾斯人相提並論，不只是破天荒之舉，而且非常新潮。斯堪地那維亞故國才重新發掘自己的維京傳承。[1]北歐戰士的豐功偉業，在他們的傳人心中有了新的浪漫色彩，尤其是挪威後代。挪威人才剛讓他們的民族語言得到承認，加上缺少自己的國家，挪威裔因此渴望回溯長船和無畏戰士的世界，作為榮耀與認同的源頭。海格對於自己的挪威文化認同非常強烈，維京人想必是種人格楷模。

他並不孤單。一八六一年十一月十八日，海格投書至挪威語報紙《移民報》（*Emigranten*），提出自己的呼籲時，已經有六百多人響應加入步兵團了。不過，海格期盼至少能有一千人。十月時，他改變方向，穿越中西部北方，來到芝加哥、愛荷華的德可拉（Decorah），以及明尼蘇達的菲爾摩（Fillmore）與休士頓（Houston）兩郡。他想必是在這趟北行途中，招募到我的曾曾外祖父。

他名叫伊佛．雅可布森．索爾利（Iver Jacobsen Sorlie），一八三五年七月二十五日生於挪威奧普蘭（Oppland）的哈德蘭（Hadeland）。「索爾利」是他父親擁有的農場的名字，因此當他在一八五三年，也就是十八歲那年移民到美國時，他把這個名字給去掉了。伊佛．雅可布森跟許多同鄉一樣，第一站到了威斯康辛的戴恩郡（Dane County），在松樹林區工作，把原木沿著威斯康辛河漂到聖路易——首屈一指的白松木市場。接著他搬到愛荷華州的德可拉，在當地結婚，婚後與新娘子前往明尼蘇達州夫力朋郡（Freeborn County），時為一八五九年十月。

兩人的第一個家位在山坡上，是個典型的半穴居屋，正面是原木堆成的牆壁，四面各挖一扇小

1 見第十一章。

窗。索爾利夫妻身邊帶著一個爐子、一個床架，床框之間綁上編繩，好支撐塞了稻草與牛毛的床墊。他們用兩個箱子當桌椅。索爾利的女兒還記得父親的工具中有一把板斧，「大概是史上功能最多的工具」——這也是維京人作戰武器的明確傳承標誌。

抵達夫力朋郡後兩年多一點，伊佛在一八六一年十一月二十四日加入聯邦軍，並於一八六二年二月十一日正式進入編制。一同入伍的還有他的鄰居艾爾倫德．埃里克森（Ellend Erickson），至於招募兩人入伍的蒙斯．格蘭傑（Mons Grainger）則成了他們的上尉連長。對於結了婚的男子來說，把照顧家人與農場的責任擺到一邊，肯定相當難受。入伍的三百美元津貼想必能幫助他減少一點猶豫——也能在自己離家時幫助妻子與兩個小小孩度日。

他加入的團是稍早於一八六一年十二月組成的，編成威斯康辛第十五步兵團（Fifteenth Wisconsin）。團部設於藍道營（Camp Randall），伊佛．雅可布森（當時他如此自稱）抵達團部時，大約有三千人住在營帳裡。經過汰選後，人數減至九百人，而我的曾曾外祖父編入K連，連上多數人不是來自明尼蘇達，就是愛荷華。[2]

無論如何，他們的單位都是個貨真價實的挪威團，只有幾個瑞典人與丹麥人，加上一些日耳曼人和盎格魯—薩克森美國人。對軍官來說，這些大兵的名字想必有點挑戰性。比方說，光是F連就有五個奧利．奧森（Ole Olsen）。B連有三個奧利．安德森（Ole Andersen）。全部九百人裡，至少有一百二十八人名叫奧利。招募兵有一大群來自伊利諾州，包括七十二人來自芝加哥——快速成長的斯堪地那維亞飛地。這些芝加哥人裡面有一對父子，老加百列．索姆（Gabriel Somme Senior）與小加百列．索姆（Gabriel Somme Junior）。父親從戰爭與邦聯戰俘營中生還。兒子沒有。

有些應募者其實才下船沒多久。像是貝斯文・尼爾森（Bersven Nelson），他離開挪威，於一八六一年七月十六日抵達拉克羅斯（La Crosse）。四個月後，他就成了威斯康辛第十五步兵團的二等兵。

團內大部分人只會講一點英語。一開始建團就已經預設軍官要用挪威語下命令（威斯康辛第十五步兵團裡的瑞典裔與丹麥裔對此作如是想？已不可考）。伊佛和戰友採用跟故鄉的傳統有所共鳴的方式，為自己的連命名。「聖奧拉夫步槍兵」（St. Olaf's Rifles）由前芝加哥警官安德魯・托爾克森（Andrew Torkelson）為連長。此外還有「奧丁步槍兵」（Odin's Rifles）、「挪威獵熊人」（Norwegian Bear Hunters）、「海格步槍兵」（Heg's Rifles）與「克勞森衛隊」（Clausen's Guards）。最後一個就是我曾曾外祖父的K連，上尉連長克勞森（Clausen）同時身兼隨團牧師。

當然，雖然他們多半是挪威裔，但這仍舊不代表他們講的是同一種語言。基本上，他們就是八百多名來自挪威各地，甚至是偏鄉的人；他們發現彼此常常聽不懂對方的話，身處他們當中的瑞典裔更慘。「天曉得我們到底在怎麼樣的一群人裡頭，」有一部小說以威斯康辛第十五步兵團的實際經歷寫成，故事中有個角色如是說，「他們說自己是挪威裔，用挪威語罵髒話，但從頭到尾我都聽不懂他們講啥。」造化弄人，在這段語言不通的北歐版巴別塔故事裡，多數的應募兵非得用自己那口洋涇濱，彼此才能溝通，講得再差也沒辦法。

一八六二年三月二日，威斯康辛第十五步兵團從麥迪遜火車站，在壯盛的軍樂聲中前往聖路易。抵達芝加哥時，有個挪威同鄉會送給他們一面團旗，用美國與挪威的國徽——紅底的持斧雄獅——搭

2 有趣的是，明尼蘇達（一八六二年剛建州）的官員對於海格與其他威斯康辛人侵門踏戶，跑到他們那兒招募新兵非常生氣。

配星條旗。團訓為「為神為國」（fur god og vort land）。

他們還有團歌，雖然歌詞是英文，但旋律居然是丹麥愛國歌曲〈勇敢鄉兵〉（Den Gang Jed Drog Afsted）的調：

我絕不會忘記那天
第一次離開故鄉——
少女啊，她不會等我回來！
她當然不會為我守候！
你活不過，
活不過戰爭、衝突和密密麻麻的敵人，
但若他們殺不了我，寶貝，我會唱著歌回來；
姐妹，如果沒有危險，我也想與你廝守，
但你也知道，北方每個女孩都得靠我了，
所以我會上戰場，
跟左右夾攻的叛軍作戰。好耶！好耶！好耶！

威斯康辛第十五步兵團朝著三年烽火前進；他們將在密西西比、肯塔基、田納西與喬治亞各地打仗，西戰區最慘烈的戰役幾乎無役不與。等到戰爭終於結束，那一天離家趕赴聖路易的人，每三人就有一人戰死或殘疾。

＊　＊　＊

瑞典裔美國人就像其他諾斯鄰居，熱情擁護聯邦的志業。最早響應組織志願者單位的社群之一就有主教山，而已逝的埃里克．楊森，他的兒子艾瑞克（Eric）正是第一位軍官。二十三歲的艾瑞克成為伊利諾志願步兵團（Illinois Volunteers）的中尉，後來參與了夏羅與匹茲堡登陸地（Pittsburgh Landing）的戰鬥。直到一八六二年春天，他在科林斯圍城戰（siege of Corinth）期間染上傷寒，才不得不退役。

其他主教山居民擔下了他的職責，像是艾瑞克．福賽（Eric Forsse）、艾瑞克．貝里蘭（Eric Bergland）與安德魯．華納（Andrew Warner）這三位中尉，他們在夏羅戰役並肩作戰。其他伊利諾州的部隊也有瑞典裔的英雄，而伊利諾的「西部神槍手」（Western Sharpshooters）——奔走於美國內戰西部戰區的跨州民兵團，就是由瑞典移民——上校團長約翰．W．伯吉（John W. Birge）指揮。

不過，為聯邦大業貢獻最多的瑞典人，卻跟這些典型的移民形象完全不同。戰爭簡直是意外找上了人在美國的他，此時美國迫切需要他的效力，而他的效力也改變了戰局的走向。

工程師約翰．愛立信（John Ericsson）是個暴躁、高傲、專橫的超級天才。見過他的人都曉得他天賦異稟，只是跟他共事實在難如登天。只要是值得獻身的目標，瑞典人都不會退縮，愛立信也不例外。這一回的目標不只是聯邦，還有他獨一無二的船隻設計。

愛立信生於韋姆蘭（Värmland）一處叫朗巴恩屋（Langbahnshyttan）的小村落，父親是冶礦工程師。事實證明，約翰是個天生的工程師：五歲時，他就把破爛的舊時鐘改造成可以動的風車。他的父親監造約塔運河（Gota Canal，寬度橫貫整個瑞典），同行的約翰飛也似的吸收大量工程與測量的知識。十六歲時，他就已經帶領六百人的團隊，負責繪製整個運河的平面圖，以及操作、維護的示意圖。

天賦如此，世人不可能忽視。一八二〇年，約翰．愛立信在北極圈內為瑞典陸軍服務，調查地形，成果立刻成為公認的傑作，送到皇家檔案館仔細保存。但也是在軍中，愛立信發現了自己真正的天命：製作蒸汽引擎。他一心想證明自己的理論，他認為在效率上，目前主流仰賴蒸氣為動力源的「濕式」蒸汽引擎比不上他打造的「乾式」熱空氣引擎。他稱之為「火焰引擎」（flame engine），而他的開發工作吸引到倫敦銀行家集團的注意，對方邀請他離開瑞典，才能得到更多的支援。於是他速速打包，啟程前往英格蘭。後來他再也沒有看過故國。

他製作乾式引擎的計畫，從一開始為蒸汽引擎製作外殼就注定徒勞無功。燃煤的火力不足以有效加熱他的發明，無法帶來正常蒸汽機的動力輸出，令他大失所望。但約翰．愛立信再度轉移注意力，這一回是造船。不列顛海軍（其實全世界的海軍都是）正經歷技術變革：船帆與木頭船殼正讓路給蒸汽動力鐵殼船。愛立信深信，自己就是能引領這兩項科技——蒸汽動力與鐵板製作的不二人選。兩者的完美結合，在十九世紀中葉讓海軍作戰方式徹底改頭換面，就像當年北歐長船與方帆加起來，讓維京人成為黑暗時代不敗的海上霸主一樣。若缺少蒸汽動力，鐵甲戰艦將笨拙緩慢，難以操作。無獨有偶，假如船上的蒸汽鍋爐少了一層層鐵殼的保護，實無異於一場致命的大火，何況是作戰中呢。

世界上第一艘鐵殼戰艦是一八六〇年下水的「勇士號」（HMS *Warrior*）。但是，愛立信在二十多年前的一八三七年，就設計出擁有蒸汽動力與鐵殼為裝甲的砲艦了。愛立信自始至終的困境，在於他總是比時代早了那麼一點。當時的皇家海軍仍為傳統所囿，對他的計畫深表懷疑。雖然他的原型艦「法蘭西斯．奧登號」（*Francis Ogden*）採用全世界最早的螺旋槳（也是此後所有螺旋槳的典範），在泰晤士河上試航成功，但海軍高官對此完全無視。於是他再度收拾行囊，加入愈來愈多的瑞典同胞，前往相同的目的地：美國。

愛立信的目的，不在定居美國，而在推銷自己的創新設計。他也的確找到更能接受新事物的受眾，尤其是聯邦政府中人。[3] 一八四二年，他與美國工程師羅勃．史塔克頓（Robert Stockton）聯手打造原型艦，取名為「普林斯頓號」（*Princeton*）。這艘船確實代表航海科技的一場革命，完全根據螺旋槳的工作原理為原則去打造，採用一種前衛的蒸汽引擎設計，安裝在甲板之下，讓普林斯頓號在水上的剪影非常低調。此外，船上還裝了愛立信自己設計的十二吋砲。但在一次試射時，由於裝填不小心而膛炸，八人不幸喪生。史塔克頓怪罪於愛立信，計畫隨之中止。

再度失敗。但愛立信不屈不撓，他接觸法國皇帝拿破崙三世，提供一項全新但發展充分的設計，他稱之為「半水下海戰系統」——一種徹底的鐵甲艦（普林斯頓號為木造，而且有一組帆），不僅露出水面的面積小，上面還用旋轉砲台搭載艦砲：「六英寸厚的鐵甲半球形旋轉砲台，基座以蒸汽動力傳動裝置旋轉。」這艘船正是美國海軍「莫尼特號」（USS *Monitor*）的先驅。

這一年是一八五四年，整整比皇家海軍的勇士號成為尖端鐵甲艦代表的時間早了六年。假如拿破

3 大力支持的政界高層之一，是阿拉巴馬州參議員史蒂芬．馬洛里（Stephen Mallory），後來的邦聯軍海軍部長，真是造化弄人。

崙三世跟這位有機會為他效力的瑞典船艦設計者一樣大膽有遠見，「統御波濤」直到十九世紀末的說不定就不是不列顛人，而是法國人。

愛立信並不走運，法國皇帝的反應不慍不火；法國海軍專家也是興趣缺缺。實話實說，愛立信對他的大業沒有幫助。愛立信的各項設計遭受一連串的拒絕，原因到底跟這些設計整體完備與否有關，還是因為他這個人的性格使然？沒人知道。採用他的設計，意味著好幾個月甚至好幾年，都得跟某個會對崇拜者暴躁對待、苛刻要求，會對批評者嗤之以鼻、不屑一顧的人共事。有勇氣面對這種命運的人不多。

總之，愛立信的「半水下海戰系統」和其他設計一樣束諸高閣。他毫不氣餒，在紐約市櫸樹街（Beech Street）的自宅兼辦公室（他已經在一八四八年歸化為美國公民）著手其他的工程設計。一八六一年夏季的某一天，海軍部得知消息，稱不久前脫離的邦聯正著手利用「梅里麥號」（USS *Merrimac*）留下的船殼（叛軍佔領諾福克的造船廠時，燒了這艘船）為底，設計鐵甲戰艦。邦聯軍這項計畫的推動者不是別人，正是當時為愛立信的普林斯頓號計畫奔走的人——當年的阿拉巴馬州參議員，如今的邦聯海軍部長史蒂芬・馬洛里。

幸好聯邦海軍部長吉迪恩・韋爾斯（Gideon Welles）是愛立信的另一位擁護者。愛立信把自己革命性的新設計——全裝甲半水下船艦——提交給海軍部。韋爾斯不得不告訴他的被保護者，海軍委員會傾向於否決，因為他們擔心這種設計並不可靠。「不可靠？」愛立信怒吼。「能浮的船沒有一艘能比她更可靠。這是她了不起的地方之一！」

無論對這種非正統的鐵甲船設計還有什麼疑慮，美國如今已退無可退。韋爾斯與林肯總統別無選擇。機械時代的第一場軍備大賽，瑞典裔移民約翰．愛立信人在場中央。

＊　＊　＊

打造莫尼特號，堪稱當時美國工業界最艱難的計畫。幾乎所有參與的承包商都位於紐約市或紐約州各地。奧巴尼鐵工廠（Albany Iron Works）與連瑟勒鐵工廠（Rensselaer Iron Works）位於特洛伊（Troy），大陸鐵工廠（Continental Iron Works）位於紐約市，諾沃特尼鐵工廠（Novelty Iron Works）位於與大陸鐵工廠一河之隔的布魯克林，這幾間負責打造旋轉砲塔；迪拉米特鐵工廠（Delameter Iron Works）——愛立信的摯友（恐怕是他**唯一的**朋友）柯尼留．迪拉米特（Cornelius Delameter）所持有的公司，負責打造鍋爐與主引擎的機械裝置。旋轉砲塔將設置兩門巨大的滑膛砲，設計者是海軍中校約翰．達格倫（John Dahlgren）；達格倫的父親烏爾里克．達格倫（Ulrick Dahlgren）是瑞典商人，也是瑞典駐紐約市領事。

一八二六年，約翰．達格倫加入海軍成為官校生之後，對槍砲愈來愈著迷。一八四七年，他來到華盛頓海軍造船廠（Washington Navy Yard），擔任海軍軍械廠廠長助理。他的天命在兩年後浮現——一門三十二磅的火砲在精度測試過程爆炸，導致一名砲手喪生。達格倫意識到，此時應該開發更安全、更強大的艦砲，一方面威力足以滿足現代海上惡戰所必需，一方面不能對船艦或船員造成威脅。

當時裝填槍砲的方法與中世紀無異，也就是從前端槍口或砲口裝填。為了把大顆的砲彈打得更遠更準，就需要更多火藥，砲基（即後膛）爆炸的風險也更高：一八四九年發生在海軍造船廠的悲劇意外就是這樣。

達格倫深信，解決方式就是把砲體設計得更光滑、更流線，加重並集中砲膛金屬重量，以抵銷發射砲彈所需的初始爆炸力。只要穩穩控制推進氣體的膨脹，就很可能避免膛炸，甚至裝填更多火藥也不要緊。人們因為達格倫砲獨特的輪廓，於是取了個「汽水瓶」的綽號。

這種新的彈道學思維，顛覆了艦砲的發展，程度簡直就像愛立信的鐵甲船顛覆船隻設計。達格倫的設計在內戰前不久成為美國海軍的標準配備，等到達格倫的上司辭去華盛頓海軍造船廠的職務，林肯總統便打算提名達格倫接任。但達格倫官拜中校，而海軍造船廠指揮官必須是上校或旗艦指揮官，達格倫因此錯失此職。

不過，根據達格倫原則打造的火砲，將主宰這場戰爭。無論海陸，達格倫都成為超強破防火砲。雖然約翰·達格倫和瑞典裔美國同胞約翰·愛立信無緣相見，但愛立信需要把兩門十一英寸口徑的達格倫砲裝在莫尼特號的旋轉砲塔上（邦聯鐵甲艦梅里麥號也配備八門類似的達格倫砲，愛立信的莫尼特號注定在戰場上與之兵戎相見）。

不只美國內戰，整體海戰走向正開始轉變，而一切都是因為這兩位瑞典裔美國工程師。

儘管設計相當困難（而且沒有人能忍受跟這位設計師共事），但一八六二年元旦時莫尼特號居然已接近完工。一月三十日，莫尼特號正式下水，無數群眾注目——哄堂大笑的人也不少。

但凡內戰戰史愛好者都曉得這艘船的外表，將之活靈活現形容為「筏子上的乳酪盒」。莫尼特號與其他大型水面艦長相實在差太多，旁人很快便稱之為「愛立信的蠢舉」（Ericsson's Folly）。這艘船用五英寸厚的鐵甲包裹著二十四英寸厚的木材作為船殼，船上沒有桅杆、船帆，也沒有索具。海軍雖然要求莫尼特號必須配備這三者，但愛立信當作沒這回事。這艘鐵甲船吃水線低得嚇人，距離水面僅兩英尺。聚集在布魯克林海軍造船廠（Brooklyn Navy Yard）的群眾統統都以為船離開斜坡道之後就會沉沒。事與願違，這艘船與船上四十九名官兵則毫不客氣，逕直從東河（East River）河口出海了。

圍觀的人看不到發生在吃水線以下的事物。船上沒有舷窗，但軍官艙房還是煞有介事裝了窗簾（愛立信對這個細節相當堅持）。艦長約翰．沃登（John Worden）的艙房有獨立淋浴間與廁所。但是，馬桶的位置低於吃水線，要怎麼沖馬桶？愛立信有解決之道。排遺會清進一條通往船殼下半部的管道。管道在船外的一端打開時，船內一端可以密封，如此一來就可以把排遺沖進海中。這是最早的水下廁所，遲至二戰的潛水艇都還在使用。其實，莫尼特號上至少有四十七件擁有專利的發明。愛立信的鐵甲船就是一間水上實驗室，堪比曼哈頓計畫（Manhattan Project）與登月小艇。憑藉愛立信的專業，維京魂得到了工程與機械設計的新出口。

莫尼特號一抵達外海，輪機長阿爾班．斯狄默斯（Alban Stimers）動員船員四處檢查是否漏水。除了甲板與前側主艙口有幾個小滲漏處，整艘船非常乾燥。是夜，艦長沃登與其他軍官設宴慶祝，斯狄默斯寫信給愛立信，「就她昨天的表現來看，我從沒見過有哪艘船浮力更足，更平穩。」

這是好消息，畢竟已經沒有時間可以浪費。謠傳邦聯版的鐵甲船已經可以部署，傳聞也得到證實。但就莫尼特號的水密性，斯狄默斯的樂觀來得太早。隔天，天氣轉壞，海象惡劣，連艦長沃登與船醫都嚴重暈船。大量海水從砲塔周圍湧入，一時有沉船的危險。海水淹進引擎室，船上的雙引擎在一陣劈啪聲響後罷工。靠著幾乎所有船員排成人龍舀水，加上小心將船駛入比較平靜的水域，莫尼特號才沒有沉沒。第二夜，船又差點沉沒，這一回換成大量的海水從錨鍊處灌入，引擎差點又熄火。

等到抵達平靜水域，船員們危機解除；星期六早上他們通過馬里蘭州東岸，朝維吉尼亞州亨利角

（Cape Henry）前進。通過門羅堡（Fort Monroe）——聯邦在此最後的前哨站時，他們聽到不遠處有砲火聲。當年的梅里麥號，如今的邦聯海軍「維吉尼亞號」（CSS *Virginia*），正狠狠修理防守漢普頓錨地（Hampton Roads）的木造船隻。等到莫尼特號當晚加入戰局時，聯邦海軍已幾近全滅。

艦隊中最強大的戰艦——「昆布蘭號」（USS *Cumberland*）與乞沙比克號（USS *Chesapeake*）已雙雙沉沒。起火燃燒的「國會號」（USS *Congress*）照亮了夜空。「明尼蘇達號」（*Minnesota*）擱淺，「洛亞諾克號」（*Roanoke*）無法航行，護衛艦「聖羅倫斯號」（USS *St. Lawrence*）也擱淺。邦聯軍的維吉尼亞號在戰鬥中也有受損，但顯然掌握了局勢，準備在早上返回收拾殘局。

莫尼特號是夜受到牽制，國會號的火光讓夜空泛著紅暈。午夜，火勢波及國會號的彈藥庫，船隻爆炸，轟然巨響。

華盛頓方面大為震動。有人陷入恐慌，要求莫尼特號航向華盛頓，保護首都，就怕維吉尼亞號來犯。戰爭部長愛德溫．史坦頓（Edwin Stanton）憂心忡忡望著辦公室的窗外，心想邦聯的鐵甲船隨時會溯波多馬克河（Potomac）而上。但莫尼特號不為所動，做好戰備。三月八日，拂曉大霧，濃霧在八點時消散，維吉尼亞號駛入眼簾，一名萬分恐懼的目擊者說該艦彷彿「龐大、半潛的鱷魚」。維吉尼亞號完全沒看到莫尼特號，直直朝擱淺的明尼蘇達號而去。

艦長沃登下令就戰鬥位置，準備在這場世紀海戰中會會自己的邦聯對手——富蘭克林．布坎南（Franklin Buchanan）艦長。雙方用達格倫對彼此轟了兩個小時，砲彈打在鐵甲上，在整個港灣裡彈來彈去。兩艘鐵甲船內的船員都知道不能靠著艙壁——砲彈命中時，就算碰一下鐵殼，都有可能致命。

艦長沃登與舵手彼得．威廉斯（Peter Williams）在駕駛室操舵。維吉尼亞號試圖衝撞自己的對手，威廉斯眼明手快，操舵閃避。「他看維吉尼亞號看得比我們誰都清楚」，另一名水手回憶道；這艘邦聯鐵甲船有幾次甚至就在幾英尺外擦過。

再度擦肩而過，威廉斯發現維吉尼亞號的艦砲正對著自己的視線。「艦長，對方瞄準我們了。」他警告聲剛落，齊射的砲彈就飛了過來。

砲彈精準命中駕駛室。沃登遭飛濺的破片擊中，重傷倒地，流血昏厥。威廉斯冷靜掌舵，設法躲過敵艦又一次的衝撞，直到莫尼特號大副終於來到駕駛室，下令把昏迷不醒的艦長帶下去。

兩艘戰艦不停地彼此開火，但沒有造成嚴重傷害。過程中，維吉尼亞號短暫擱淺，但仍能脫困。維吉尼亞號大致上沒有受損，但燃料與彈藥幾乎耗盡，因此快速脫離戰場，返回漢普頓。維吉尼亞號駛離時，莫尼特號的船員們高聲歡呼。他們並不知道，自己剛剛打贏了內戰中的關鍵戰役之一。

維吉尼亞號再也沒有參戰。聯邦軍後來奪回維吉尼亞半島，逼近諾福克船塢，守船的人炸毀了船。莫尼特號也沒有再度參戰。那場鐵甲戰艦歷史大戰不到一年，莫尼特號便在暴風雨中沉沒。但是，就這麼一年時間，一名瑞典工程師就打造出這艘船，拯救美國海軍，協助對邦聯的封鎖，讓南方注定失敗，徹底改變了海戰方式——只花了一個早上加一個下午。一名挪威出生的水手帶領莫尼特號取得勝利，並獲頒國會榮譽勳章。

一八三一年，莫尼特號舵手彼得・威廉斯生於挪威。他來到加州，在民船上做事，後來加入美國海軍服三年役期，他也因此登上了莫尼特號。除去他因為在三月九日的英勇行動而贏得榮譽勳章，我們對他所知不多。一張在戰役後拍攝的照片裡，他人在甲板上，靜靜坐在和其他弟兄有一段距離的地方看報紙。

妙的是，在這場州際戰爭（War Between the States）中，他不是唯一一位來自挪威，姓「威廉斯」的榮譽勛章得主。一八四二年出生的奧古斯都．威廉斯（Augustus Williams）也因為一八六四年進攻費雪堡（Fort Fisher）的戰功而授勛。事實上，有八名挪威裔官兵在南北戰爭中獲頒勛章，其中六人是海軍，證明（哪裡需要證明呢）挪威人海上作戰的工夫獨步天下。

＊　＊　＊

莫尼特號與彼得．威廉斯還在努力從苦戰中回魂，其他的挪威裔則展開行動。

威斯康辛第十五步兵團開拔後的第一個駐地是伊利諾州南端，密西西比河上的一座小島，位於開羅（Cairo）南方約五十英里。這座島標號為「十號島」（Island No. 10），頂多兩百英畝，但島上的邦聯大砲位置極佳，能封鎖密西西比河的航運。不過，聯邦部隊在四月初準備包圍這座島的時候，邦聯軍就撤出了。威斯康辛人佔領曾經的叛軍營地，把一些掉隊的邦聯軍人集中起來之後，才發現十號島是個瘴癘之地。

根據統計，內戰中喪生的六十萬美國人裡面，有三分之二死於疾病，而不是砲彈或子彈。威斯康辛第十五步兵團在十號島上，只有一人是因敵軍行動而陣亡，卻有四十二人死於斑疹傷寒、傷寒、慢性腹瀉、結核病或鏈球菌感染等或此或彼的疾病。傷寒與痲疹特別要命。六月初，步兵團奉命離開該島，渡河前往肯塔基州時，便因疾病而留下將近七十五名成員。

駐守十號島期間，海格上校始終保持健康。他的副手里斯（Reese）少校則因病後送。海格與威斯康辛第十五步兵團保持穩定速度通過肯塔基州，前往納許維爾（Nashville）——邦聯軍在該戰區的主要匯集處。來到鮑靈格林（Bowling Green），海格上校見到新的上司羅斯克蘭思（Rosecrans）將軍。海格在給妻子的信上提到，「他總把我叫成『海克』（Heck）。」到了這個駐地，他還是染疫倒下了，臥床好幾個星期才恢復到能動身的狀態。一八六二年十二月初，他前往納許維爾附近的營地，與弟兄會合。十二月十一日，他懷著反覆思量的心情，寫信寄給威斯康辛的妻子。這是兩人結婚紀念日的隔日。

「十一年前，」他寫道，「在那間老木頭房子——我覺得好像沒有那麼久——如今改變了多少呢。我想，我們這十一年過得就和其他人一樣幸福；再過十四年，我們就可以慶祝銀婚了。」

他在平安夜又寄了一封信。部隊正推進邦聯在諾稜斯維爾（Nolensville）的據點。據海格所說，他們在諾加普（Knob Gap）激戰。他親自率領威斯康辛第十五步兵團往山頂方向朝叛軍砲兵衝鋒，繳獲一門砲、一車彈藥以及大量戰俘與馬匹——麾下無人陣亡。「要是幾天沒有我的消息，請你別擔心」，他寫道。他有一股不祥的預感，感覺大戰將至。

他的預感很準。不到一星期，部隊在十二月三十日朝叛軍在田納西州默弗里市（Murfreesboro）的據點進攻，地點在斯通斯河（Stones River）附近。海格派E連為先遣；中午前後，他們遭遇敵軍。等到整個第十五步兵團跟上，海格發現E連上尉連長因格蒙森（Ingmundson）已經陣亡，一人負傷。部隊穿越濃密的雪松林，奮力前進。在葡萄彈與砲彈猛烈的砲火下，海格上校發現敵軍重兵藏匿在威廉史密斯太太（Mrs. William Smith）家附近的一道籬笆後。

海格的部下原本沒有退後，海格後來寫道，自己的弟兄「在我所見過最猛烈的砲火下」作戰。但他們右翼的另一個團驚慌失措逃離戰場，這位挪威團長別無選擇，只能撤退。因格蒙森上尉陣亡之外，還有兩名上尉負傷；海格的馬也腹部中彈。

這些諾斯人和古代的祖先一樣，在戰場上與對手你死我活，只不過這一回他們的武器不是劍與戰斧，而是步槍、大砲和米尼彈（minié balls）。不知道，他們心裡是否有想到這一前一後的巧合處。對美國的維京魂來說，此刻正是最嚴酷的考驗。海格的弟兄們通過了考驗，令他一輩子自豪不已。

海格後來告訴妻子，敵軍在「我們撤退的時候給我們來了兩輪扎扎實實的齊射」，連他身邊的軍官與僚友都中彈了。倒地的人有「C〔連〕的君德．韓森（Gunder Hanson），奧利商店（Oles Store）那個老人家的兒子」；另一個則是他們在瓦特福（Waterford）的鄰居。但他向妻子保證，「我們把陣亡與負傷的弟兄都帶到附近的房子裡好好照料了」。

當晚，威斯康辛第十五步兵團的生還者在戰場上紮營，沒有生火，周圍都是傷兵的哀號聲。海格與弟兄一夜無眠，自忖著明天會發生什麼事。「這一夜又冷又冰，」他寫道，「我走在我少少的步兵團弟兄身邊，不禁想到老家的人恐怕不曉得士兵承受了多少苦。」

其中一個受苦的士兵剛好就是我的曾曾外祖父，奧斯卡．雅可布森，他人就躺在幾百碼外。撤退時他的腿中彈，儘管邦聯軍盡可能俘虜傷兵，但他想盡辦法，沒有被俘。他在戰場上躺了三天，期間，戰事就在他的身邊來回拉鋸。有一刻，他叫住經過他身邊的叛軍士兵，求人家給他一點吃的。「你是搞不清楚狀況嗎？我們自己都沒東西了。」他們衝著他發脾氣，但還是給了他一點水，接著又回去打仗。

戰鬥才剛打響。經歷一整夜的風雨潮濕之後，一八六二年最後一天的黎明降臨了。海格與弟兄正要煮咖啡喝，便開始聽見西南方出現斷斷續續的槍響，接著是大砲的聲音，然後是人稱「叛軍戰吼」

（Rebel yell）的尖銳叫喊聲。邦聯軍在布拉克斯頓．布拉格（Braxton Bragg）將軍指揮下發動突襲。不到幾分鐘，聯邦軍亞歷山大．麥考克（Alexander McCook）將軍指揮的整個軍團瓦解，部隊、輜重與馬匹紛紛湧向後方。

對威斯康辛第十五步兵團來說，他們即將投身的戰局，甚至比前一天還要慘烈。「麥克菲（McKee）中校陣亡，頭部中彈；唐貝里（Tanberg）中尉負傷，E連的布朗（Brown）中尉也受傷，雙雙被俘。」海格的諾斯人部隊被迫在撤退時穿越空曠地，「叛軍則對我們一陣猛烈的滑膛槍齊射。」最後「我剩下大概一百人，在戰場的另一側集合，和整個旅一起往默弗里市收費站（Murfreesboro Turnpike）撤退，知道老羅〔指羅斯克蘭思將軍〕在那裡等整個軍抵達。」

昆布蘭軍（Army of the Cumberland）設法守住該地，「叛軍像印第安人那樣高喊湧來……。我無法形容他們碰上的是什麼樣的一場屠殺。」聯邦部隊終究在人稱「朗德森林」（Round Forest）的關鍵要地撐了下來。他們擊退邦聯軍一次又一次的猛攻，直到夜幕低垂。海格站在一株小樹後，對弟兄下命令，此時子彈一枚又一枚打在樹幹上。到了早上，他數了數，至少有五枚米尼彈扎進樹裡，還有一枚射穿了他的外套，但沒有打中他。

隔天，兩軍都疲憊到無法再度戰鬥。等到接下來的一月二日與三日，也只有偶發的衝突。直到一月四日，羅斯克蘭思、海格和他們的弟兄才終於把叛軍逼退——他們打贏了斯通斯河戰役，這是昆布蘭軍參加過最大的戰役。但是，所有單位都蒙受慘重的傷亡，威斯康辛第十五步兵團也不能倖免：八十五人傷亡，三十四人失蹤。海格的副手戰死，三名連長負傷。

至於伊佛．雅可布森，友軍終於找到他，把他後送納許維爾的傷兵營。醫生們對於是否截肢意見不一。隔壁床的人高喊，「死也要留著你的腿！」所以我的曾曾外祖父便拒絕手術。他在納許維爾養傷三個月，接著又到新奧巴尼（New Albany）養傷三個月，最後在一八六三年五月因傷退役。他已經為自己的新國家竭盡心力了。未來他將從明尼蘇達搬到達科他領地，和其他斯堪地那維亞人一樣，在內戰槍聲平息後到那裡展開新生活。

＊　＊　＊

伊佛．雅可布森．索爾利在一八六三年五月十三日退伍。兩星期前，他的老長官漢斯．克里斯蒂安．海格獲得晉升，指揮昆布蘭軍第一師第三旅：威斯康辛第十五步兵團也隨他轉調。那個夏天，部隊不斷往南推進（八月時，海格有幸率領聯邦的先頭部隊度過田納西河），直到聯邦軍與邦聯軍終於在九月第三周時，沿著喬治亞北部一條流速緩慢的小河「奇卡毛嘎」（Chickamauga）展開遭遇戰。

「叛軍在我們前方布陣，我們恐怕得跟他們打一場仗，」他寫信給妻子，寫在他的最後一封信上。「假如真打了，肯定是一場大戰。」他補上一句話跟妻子保證，「我會盡我可能，用上我所有的謹慎與勇氣，其餘就聽天命了。」

對於這場戰役，他的看法沒錯。就傷亡而論，奇卡毛嘎是這場傷亡慘重的內戰中死傷人數第二高的戰役，僅次於蓋茨堡（Gettysburg）。偏偏在聯邦軍的一萬六千名傷亡者中，漢斯．克里斯蒂安．海格就是其中之一。這位威斯康辛第十五步兵團出身的英雄，在這場為時兩天的大戰的第一天，被狙擊手的子彈擊中，地點距離他的舊部屬為自己性命而戰的地方不遠。是夜，幾位曾經在他麾下的軍官來到戰地醫院，探望漸漸走向死亡的他。

「第十五步兵團像好漢子那樣挺住，堅守到最後，我放心了，」他告訴步兵團的新任指揮官奧利．約翰遜（Ole Johnson）中校。「告訴第十五步兵團的大家，我會待在需要我的地方，而我知道他們沒有我也沒問題。」他在九月二十日近中午時過世，此時戰鬥正酣。他的遺言是：「我已為大義奉獻一己之命。」

對此，成千上萬為聯邦而戰的挪威裔、瑞典裔與丹麥裔志願軍，以及他們的家人肯定都會同意。在這場州際戰爭裡，他們選擇的新國家要求他們為了自由大業，「竭盡熱忱」。就像漢斯．海格和我的曾曾外祖父，他們抬頭挺胸，面對考驗。

為了紀念海格的領導素質與英勇，威斯康辛州議會前廣場豎立了他的雕像；時至今日，他仍然是最有名的挪威裔美國人之一。不過，內戰中斯堪地那維亞裔美軍生涯最輝煌的人，也可以是一名瑞典人。他名叫查爾斯．約翰．斯多布蘭德（Charles John Stolbrand），一八二一年生於瑞典南部的克利欣斯塔（Kristianstad）。他本姓斯達布蘭德（Stalbrand），意為「火紅的鋼鐵」。事實證明名副其實。

他原本是瑞典砲兵，從列兵迅速晉升為上士。一八五一年，他偕妻子卡羅琳娜．佩特森（Carolina Pettersson，同砲兵團另一位士官的女兒）移民美國。來到芝加哥，在庫克郡書記辦公室（Cook County Recorder's Office）覓得一職後，他在一八六〇年總統大選期間成為林肯的死忠支持者。南北戰爭爆發後，他立刻志願入伍，成為聯邦軍中炙手可熱、寶貴的砲兵軍官之一。他在維克斯堡（Vicksburg）打過仗，後來在一八六四年五月遭邦聯軍俘虜。身為戰俘的他，進了惡名昭彰的喬治亞安德森維爾監獄（Andersonville Prison）——對於成千上萬的聯邦戰俘，包括四十九名與我的曾曾外祖父同為威斯康辛第十五步兵團的戰俘來說，進了這裡等於判了死刑。

兩度越獄失敗後，斯多布蘭德居然還是設法逃出安德森維爾，回到自己原本的單位。他在南卡羅萊納州的博福特（Beaufort）度過了剩餘的內戰——威廉．T．薛曼（William T. Sherman）將軍曾斷言，「全軍上下，你找不到比斯多布蘭德將軍更勇敢的人了。」戰後，斯多布蘭德買下一處位於博福特郊外、曾經使用奴工的種植園，並成為南卡羅萊納在重建時期最出色的政治家。他協助起草州憲法，賦予釋奴投票權，並在一八六八年代表出席芝加哥的共和黨全國大會，會上他的老長官尤利西斯．S．格蘭特獲得提名競選總統的門票。

斯多布蘭德、漢斯．海格、健壯依舊的榮譽勛章得主水兵威廉斯，以及成千上萬斯堪地那維亞裔美國人，幫助拯救他們移居的國家，不至於永遠撕裂。至少約翰．愛立信與約翰．達格倫這兩人，提供了聯邦政府贏得戰爭所不可或缺的手段。至於斯多布蘭德，若說他以自由與正義為原則，幫助南卡羅萊納乃至於美國重建，想必實屬公允。

但是，戰後浮現的將是什麼樣的美國？這個問題幾乎從戰爭的第一天起，便在亞伯拉罕．林肯的腦海裡揮之不去。等到戰爭終於結束，南方戰敗，林肯立刻召開內閣會議。他把自己不久前做的夢告訴閣員，和他在內戰中每一次重大戰役前——從桑特堡、斯通斯河的槍響，到蓋茨堡戰役與佔領亞特蘭大——夢到的是同一個夢。總統描述細節時，海軍部長吉迪恩．韋爾斯——找來約翰．愛立信，打造莫尼特號的人——把內容寫了下來：

「林肯說，那個夢跟我管的，」韋爾斯寫道，這話意思是「跟水有關；他彷彿置身在一艘奇特的、難以言喻的船艦上……船往某個黑暗、看不清楚的海岸飛快前進。」其他閣員大惑不解；大家似乎都搞不懂這個夢的意涵。就算林肯懂，他也沒告訴別人。事實上就在當晚，他到福特劇院（Ford's theater）觀賞《美國老表》（*The American Cousin*）時遇刺身亡。

林肯在自己夢中看到的是哪一種船？他不會說，或許也說不準。會是愛立信的莫尼特號嗎？還是內戰後數十年間，載著包括斯堪地那維亞人在內的大批歐洲移民，來到美國的船呢？

說不定是好幾個世紀以前最早航向美洲，航向「黑暗、看不清楚的海岸」的維京長船？

我們永遠不會知道假如林肯沒有遇刺，會重建出什麼樣的美國。我們只知道——超乎打過內戰的斯堪地那維亞裔老兵所想像——數不盡的船隻即將從他們的「故國」啟航，駛向美國海岸，駛向倖免於難的自由之地。

11

「比財富更美好」：美國熱與大遷徙

"More Wonderful Than Riches": American Fever and the Great Migration

再會，瑞典母親呀，我得揚帆出海了。
由衷感激您育我養我。
您給的麵包太少，實在活不下去
——雖然您給了其他人各式各樣的財富。
——瑞典移民歌謠，約一九〇〇年

整個一八五〇年代，是挪威人移民美國的黃金十年。接著在一八六七年與一八六九年，數以萬計的瑞典人渡過大西洋，前往同一個目的地。光是一八六九年，就超過三萬兩千人。但十多年後，一波低價的美國穀物運往瑞典，讓原本就已經養不活國內百姓的瑞典農業承受持續的壓力——造化弄人，大部分的穀物來自挪威移民經營的農場。這也意味著移民人數大爆炸，從一八六〇年代晚期到第一次世界大戰前夕，不曾中斷。湧入的挪威人與丹麥人，進一步推高了浪潮。經過一八八一年至一八九〇年的八萬八千人高峰，瑞典大遷徙的人數再度在一九〇〇年至一九一〇年間膨脹到六萬五千人。

以人數而論，挪威移民規模最大。一八六六年至一八七九年，移民美國的挪威人達到十三萬七千九百五十四人。這個數字在接下來十六年間翻倍：一八八〇年至九六年，移民人數達到二十七萬九千九百二十人。光是一八八八二年，就有將近三萬挪威人離開故鄉前往美國——是個前無古人、後無來者的數字；接下來三年人數連年下降，加起來只有一萬五千九百一十九人。但人數在一九〇〇年再度攀升到一萬零七百八十六人，此後直到一戰爆發，年平均人數為一萬四千三百三十二人。第二個高峰出現在一九〇三年，超過兩萬五千名挪威人朝大西洋彼岸前進。到了一九一〇年，美國已經是超過四十萬挪威裔移民的家了。

丹麥移民人數也來到高峰：一八七一年至一八八〇年間的三萬一千七百七十人，在接下來十年的一八八一年至一八九〇年間成長幾乎三倍，來到八萬八千一百三十二人。接下來二十年，又有十一萬五千五百一十六名丹麥人登上美國海岸。

大戰結束後，挪威移民人數不斷攀升，在一九二〇年代時總數已達八十八萬八千五百二十人。如果光就數字而論，他們造成的人口衝擊，無法與愛爾蘭、義大利或東歐的移民相提並論。但就文化影響而論，挪威裔與其他斯堪地那維亞裔堪稱越級挑戰。他們在各方面都是移民的典範，是美國族群大熔爐的榜樣，但他們並未完全喪失族群特質，也依然忠於那個造就自己的世界。

大遷徙也改變了美國人口中斯堪地那維亞裔的輪廓。首先，新移民多半是年輕人。一八六五年至一九〇〇年間抵達的十七萬兩千名丹麥人當中，百分之五十五的人介於十五歲至二十五歲之間。其中單身者較已婚者多，他們的目的地也比前人來得城市導向。比方說，一八六五年的挪威裔移民中，在城鎮落腳者不到五分之一；但到了一九〇〇年，在城市打天下的比例已經超過三分之一。

這些初來乍到的人抵達美國時，已經有堅強甚至英勇的斯堪地那維亞前輩為他們鋪好了康莊大道，像是在愛荷華（我外婆離開挪威之後，便前往蘭辛鎮與親人相聚）、明尼蘇達、威斯康辛、北伊利諾與南密西根，以及達科他各地。他們在芝加哥、明尼亞波利斯、底特律與密爾瓦基（Milwaukee）

看到的是根據熟悉的教會與宗教信條為核心所建立的社區，有斯堪地那維亞裔成立的各級學校來照顧社區的特定需求，有民族語言印行的報紙（斯堪地那維亞初等教育在十九世紀晚期發展蓬勃，意味著幾乎所有新移民都有讀寫能力），還有成長中的移民同胞人際網絡，已經有眾多前輩藉此為自己和家人在美國建立卓然有成的生活了。

為何有這麼多移民在這些年間來到美國？當然有「為了生計」這股推力。但除此之外還有一股渴望，渴望從故鄉那令人倦怠、窒息的僵硬社會體系中逃出，前往相較之下自由廣闊得多的美國。對丹麥人來說尤其如此：一八六四年，為了爭奪什列斯維希與霍爾斯坦而起的戰爭，帶來了沉重的創傷；戰後的殘酷情勢，導致該國失去至少百分之四十的人口。[1]數以萬計的丹麥人因為不想被普魯士與德國統治而逃離家園，許多人選擇朝大西洋彼端的美國尋找出路。據估計，大約五萬人在戰後離開了什列斯維希，大多數前往新大陸。

對瑞典人與挪威人來說（許多丹麥人也有同感），他們從家人與朋友寄來的信裡看到美國，那股拉力也讓他們難以抵擋，在漫長冬夜中止不住地出神，止不住腦海裡浪漫的想像。「整個冬天，我都在幫媽媽收拾整理，」一位挪威女子回憶當時。「在黝暗的夜裡，我常常跟兄弟同坐，幻想著等我們到了美國，要做些什麼。」

美國成為山崗上的閃耀之城，是各種嶄新自由的故鄉——不只宗教自由，還有政治與社會自由。一八四五年一月六日，八十名挪威人聯名投書至挪威語報紙《早報》（*Morgenbladet*），而這封公開信後來以〈穆斯基沃宣言〉（Muskego Manifesto）之名聞名於世。信上說明，為什麼即便困難重重，「缺少最基本的謀生工具」，但他們還是遷來美國。信上提到：

我們並不懷抱致富的心，而是希望能生活在一片豐饒的土地上，得到自由開明的治理，宗教與公共事務以自由平等為要務，無須特許就能從事幾乎每一種職業，踏實生活。我們認為這比財富更美好，只要胼手胝足、認真勤奮，就能掙得滿意的收入；因此，我們對搬到這裡的決定完全不後悔。

內戰終結了可憎的奴隸制度，鞏固了對自由的承諾，上述這種信念也愈來愈強烈。不過，大西洋兩岸對於美國與斯堪地那維亞之間特別的關係，出現了一種新的體悟，認為可以回溯到九世紀以前第一個抵達北美洲的斯堪地那維亞人：埃里克之子萊夫。

點燃這種天啟熱情的居然是一本內容平庸的書——拉斯穆斯．比約恩．安德遜（Rasmus Björn Anderson）的《哥倫布沒有發現的美洲》（*America Not Discovered by Columbus*）。安德遜稱不上一流作家或史家，這本書也有不少內容錯得離譜。不過，安德遜就是憑藉這個簡單的論點，編織出一股歷史的絲繩，直接把美國斯堪地那維亞裔移民的世界，與他們光榮的維京歷史聯繫在一起。

＊　＊　＊

一八四六年，安德遜生於南威斯康辛克許克農挪威裔聚落的一處農場。他的父母在一八三〇年代冒險犯難移民美國，先是落腳於同樣吸引眾多挪威移民的福克斯河谷，接著在克許克農草原開闢農場；克許克農不久後就成為內戰前最大、最繁榮的挪威裔聚落。

1　見第十四章。

家裡人設法攢積足夠的錢，送兒子就讀新落成的路德學院（Luther College）——一八六三年，挪威裔移民在州際戰雲籠罩下，於愛荷華德可拉成立了這間學校。事實證明安德遜是個問題學生——思想上來說。他跟教授們齟齬不斷，最後被學校退學。他也支持走自己的路的挪威福音路德宗教會（Norwegian Evangelical Lutheran Church），即挪威路德會（Norwegian Synod），該教會與主流路德會眾在一八五三年因奴隸議題而分裂（挪威路德會裡的主要倡議者恰好是C．L．克勞森牧師，後來成為威斯康辛第十五步兵團隨團牧師，也是我曾曾外祖父的連長）。

不過，這一切都不影響安德遜發展自己的思想軌跡；他一心一意，認定美國的自由有著深厚的北歐根源。內戰結束時，他十九歲，人還在念大學。儘管沒有念完最後一年大學，但他在阿爾比翁學院（Albion College）短暫教了一段書，然後進入威斯康辛大學就職。到了威斯康辛，他終於憑藉自己的狂熱與堅持，讓校方答應他的要求，開設斯堪地那維亞研究課程，包括挪威語、冰島語等諾斯語言，以及斯堪地那維亞文化與歷史——維京人的歷史也在內。

安德遜第一部重要著作《諾斯神話》（*Norse Mythology*）便誕生於此。這本在一八七五年出版，由安德遜掛作者名的《諾斯神話》，簡直是「剽竊」的習作（也可以說是訴訟訓練）。百分之八十的內文，是直接從哥本哈根大學教授N．M．佩特森（N. M. Peterson）的丹麥語著作翻譯過來的。這種抄襲手法顯示安德遜身為學者，方法實在令人不敢恭維，但就推廣諾斯神話，力圖將其地位提升到超越希臘與羅馬神話來說，他則是舉世無雙的大師。他堅稱「神話是真相最早的形貌」，北歐人「是個永遠保持純潔的種族，討厭希臘藝術那種令人反胃的裸露」。佩特森用丹麥語，安德遜用英語，但主張的內容大致相同——而且跟史實相去甚遠。不過，安德遜成功地讓英語讀者了解重點：對於宇宙與人生百態，維京人的世界其實蘊藏著豐富而深刻的認知，遠超過多數人此前所知。

安德遜接任挪威語報紙《美國》（*Amerika*）的總編一職，發行二十二年。總統格羅佛・克里夫蘭（Grover Cleveland）後來任命他為駐丹麥大使。不過，拉斯穆斯・比約恩・安德遜的文字與成就當中，影響力最大的就數他在一八七四年發表的小書——《哥倫布沒有發現的美洲》。

一開始，這本宣傳用書是為了募集資金，為埃里克之子萊夫立雕像。提出這個計畫的人是安德遜與另一位公關大師兼音樂廳經理人——也是天才小提琴家、挪威所鍾愛的音樂之子奧雷・布爾（Ole Bull）。兩人結識於一八六〇年代晚期，當時安德遜還在阿爾比翁學院教書。布爾曾撰祈禱文給就讀阿爾比翁學院的挪威裔學生，文章的結尾是：「為真理與自由而活！」安德遜與布爾再聚首，是在一八七三年安德遜第二次前往挪威旅行的途中；他們醞釀出想法，希望在威斯康辛大學麥迪遜分校為埃里克之子豎立雕像。

挪威當地對維京人的興趣突如其來，而一八八〇年高克斯塔船的出土更強化了這股熱潮。挪威人漸漸意識到，諾斯人不只是隱身於神話與傳說中的遙遠先祖，而是看得見、摸得著，為挪威的現在與未來投下燦爛的光輝。安德遜肩負的使命，就是把光打在美國的挪威裔身上。

第一場募款音樂會在卑爾根舉行，埃德瓦・葛利格（Edvard Grieg）親臨現場聽布爾演奏。布爾的巡演上了頭條，但募到的錢不多。最後，在威斯康辛立雕像的計畫無以為繼，安德遜大失所望。但布爾沒有放棄。一八七六年，他在波士頓組成委員會，推動類似計畫。委員有詩人詹姆斯・羅素・洛威爾（James Russell Lowell）、法官奧立佛・溫德爾・霍姆斯（Oliver Wendell Holmes）、詩人亨利・華茲華斯・朗費羅（Henry Wadsworth Longfellow）等名流，迅速募得在聯邦大道（Commonwealth Avenue）為這位維京英雄立像所需的資金。

安德遜在威斯康辛立雕像的計畫雖然失敗了，不過，正是從這份計畫的灰燼當中誕生的著作，讓安德遜本人與埃里克之子萊夫大大出名。《哥倫布沒有發現的美洲》開篇就說明其宗旨：「向讀者闡明，簡要敘說早期諾斯人航向並開拓西方大陸的相關發現，證明哥倫布早在開始尋找美洲之前，必然對諾斯人的發現略有所知……」接下來，他列舉維京人航向美洲的證據，不光是諾斯傳奇（此時，諾斯傳奇在諾斯人的原鄉正經歷一場復興），[2]還有不萊梅的亞當等中世紀史家的記載。書裡也提出安德遜所謂諾斯人發現美洲的實證，以證明「第一個為了發現美洲、掉轉船艏朝西方航行的白人」的美名，應該歸埃里克之子萊夫所擁有。安德遜還補充道：

> 別忘了他的兄弟埃里克之子索爾瓦爾德是第一個葬於美洲土地的歐洲人與基督徒！別忘了是索爾芬與古德莉在新英格蘭建立了第一個歐洲殖民地！更別忘了他們的小兒子斯諾里是第一個出生在新大陸的歐洲後裔！

這幾個名字和他們的事蹟當然都摘自《格陵蘭人傳奇》與《紅髮埃里克傳奇》，不是拉斯穆斯·安德遜的原創。其實包括美國學者在內，已經有好幾名作家根據他們在傳奇中找到的線索，討論諾斯人在美洲的情況。根據美國作家亞實別·戴維斯（Ashbel Davis）在一八三九年的講座而著成的《諾斯人發現美洲》（*The Discovery of America by the Northmen*），光是在十年內就再版二十一次。

不過，安德遜為故事帶來明確的挪威焦點，聚焦於道地的挪威英雄——埃里克之子身上。他主張某些實物是維京人來到北美洲留下的痕跡，但這些說法大有問題。比方說，他列舉所謂的「戴頓岩」（Dighton Rock，麻州河床上一塊四十噸重的巨石，上面有奇特的岩壁畫）與紐波特塔（Newport Tower，羅德島紐波特〔Newport〕一座圓形石塔，有人認為時代早於哥倫布），但其實紐波特塔是英格蘭移民在十七世紀所建的風車基座。此外還有麻薩諸塞州福爾里弗（Fall River）找到的人類骨骸，一些自封的專家說是一位維京酋長的遺體。

安德遜無視於這些所謂的實物證據早在數十年前就已遭人揭穿。他還自損八百，試圖把克里斯多福·哥倫布塑造成騙徒——安德遜堅稱諾斯人比哥倫布早了將近五個世紀就來到新大陸，地點就在麻州沿海，距離普利茅斯岩（Plymouth Rock）不過咫尺，但那個義大利水手居然假裝不知道這麼明顯的事情。

儘管安德遜的說法漏洞百出，卻足以讓奧雷·布爾說服波士頓的聰明人，讓他們相信在自己城裡為埃里克之子萊夫立像，是一件符合且尊重史實的事情。重點是，《哥倫布沒有發現的美洲》確確實實打動了最重要的讀者群：挪威裔移民。這本書在他們之間造成轟動。安德遜說（引自亞實別·戴維斯），「讓我們歌頌埃里克之子萊夫的勇氣，為他的熱情鼓掌，敬佩他的動機，畢竟他雖渴望開拓知識的邊境，為的卻不是征服或掠奪其他民族」，他的讀者也樂於買單。

安德遜的學術功力馬馬虎虎。他的文筆形同悲劇，他的人設虛榮浮誇。但他的書卻讓挪威裔美國同胞看到自己與新家園的關聯，遠比以往想像的還要密切。斯堪地那維亞人與美國顯然是天造地設。維京的過往為當下的現實賦予新的光輝。難怪我的挪威裔祖父在明尼蘇達鷹湖（Eagle Lake）湖畔家中

2 見第十四章。

的火爐邊，還擺了一本有水漬的《哥倫布沒有發現的美洲》。

「維京人的精神，」安德遜斷言，「依然活在英格蘭人、美國人與諾斯人心中，開拓他們的生意，在面對暴政時姿態堅定，為他們所在的這幾個國家帶來美好的提升。」當安德遜寫道（無獨有偶，他不是原創，原話出自戴維斯）埃里克之子「抵達心心念念的土地」，他的挪威移民同胞一定會覺得埃里克之子這一段航程，跟自己飄洋渡海的過程不只一分相似：這一程是航向未知、航向更好的生活、航向對世界與對自己更深刻的理解：

此時，西下的太陽
灑落在原野與洪流，
灑落在每一個生靈，
泛起喜悅安寧。

＊　＊　＊

像埃里克之子萊夫這樣的維京人，自然是搭乘長船出航。對一八四〇年代與一八五〇年代渡海來到美國的挪威人、瑞典人與丹麥人來說，當時跨大西洋的航程還沒有改用蒸汽船，這一趟不比搭乘長船安全多少。乘客得在海上航行好幾周甚至好幾個月，一旦自己帶的存糧吃完了，就只有難以下嚥的食物，加上無法避免的髒污與疾病，何況下了船後踏上的是語言不通的陌生土地。假如維京祖先在天之靈有知，想必會同情頷首，說「Eg skil pad!」（冰島語的「我懂」）。

進入一八六〇年代晚期，早期的蒸汽船開始服務於歐洲至美洲的定期航線，讓旅程減少好幾星期。到了一八七五年，每一艘從挪威港口出發的客船都是蒸汽船。但是，斯堪地那維亞出發的路線不是直線。多數瑞典人與挪威人會渡過北海，前往英格蘭口岸，例如南安普敦（Southampton）或利物浦，因為這裡有前往美洲的定期航班。丹麥人還可以選擇從日耳曼口岸出發，尤其是漢堡港——漢堡航線載運了數以萬計的移民，包括斯堪地那維亞人、波蘭人、俄羅斯猶太人，以及其他東歐族群。

即將成為移民的人，經由不列顛或日耳曼的航運公司經營的航線，在二或三星期內抵達美國——這一航程以前原本要十六周。票價也下降了。由於航程需時減少，票價降低，年輕人也更願意鼓起勇氣自己乘船，連年輕單身女子也不例外。我的外婆安娜．卡爾松原本生活在挪威烏勒佛斯，她就是在十八歲那年，突然收到兄長寄給她的船票，讓她先到愛荷華州蘭辛與堂兄弟待一段時間，之後再往更西方去與他會合。她本來沒計畫去美國，但她告訴我，她覺得自己別無選擇。何況二三十年前人們還覺得危險異乎尋常的越洋之旅，如今似乎已在合理範圍內。

有些人存錢買船票，或許是拿美國雇主預支的來年薪水相抵。不過，美國薪水更高，對於已經在美國的人來說，買張船票給故鄉的人，負擔相對較少。安娜．卡爾松的哥哥就是這樣。

到了一八九〇年代，專業的移民教戰守則大量出版。什麼該做，什麼不該做，待辦清單在有志移民的人之間很受歡迎。挪威裔的奧利．林寧（Ole Rynning）是非常早期的移民專家，他堅認早春是最適合出發的時節，這樣移民抵達新家園的時候，正好可以種植蕎麥（六月底）、蕪菁（七月初）與馬鈴薯。根據歷史學家西奧多．布列根（Theodore Blegen）所說，「結果就是三月、四月與五月等春季月分，成為〔從挪威〕外移的旺季」。

最暢銷的丹麥語移民教學手冊，是霍爾格・羅森貝爾格（Holger Rosenberg）一九一一年發表的《移民教戰守則百條》（*100 nyttige Raad for Udvandrere*）。他的教戰守則以三大原則為起點：

1 假如你決定移民，別猶豫，立刻學一點英語；
2 仔細選擇旅行路線，買一張直達目的地的票；
3 買最便宜的艙等，挑最好的抵達時間。

接著羅森貝爾格深入討論現下的移民法規：

美國人已經〔在一九〇七年〕緊縮移民政策。因此，光是想進入美國，你就必須滿足以下條件。拒絕入境的情況將發生在：

i 癡呆與身心障礙者；
ii 重病或感染危險傳染病者；
iii 行為不端經定罪者；
iv 一夫多妻者〔摩門教徒已經修改其教規〕；
v 入境時表明自己有書面或口頭工作保證者（但私僕不在其列）；
vi 仰賴救濟、無法工作，或經判斷為對政府造成負擔者，尤其是六十歲以上、傷殘、失明、失聰與聾啞、未婚懷孕婦女、帶著非婚生子女的母親、帶著幼童的單身女性，以及十六歲以下單獨旅行的兒少。

作者指出，v類移民若能「提出人在美國的近親所出示經公證的文件，證明其有能力與意願接納給養之」，則法律允許他們入境。禁止憑口頭或書面工作保證者入境亦有其道理，因為一九〇七年的移民法旨在減少契約勞工，以免外國臨時工湧入就業市場。

羅森貝爾格還貼心提醒啟程之前必備之物：「訂一份丹麥語報紙，到了美國能給人安慰；這份報紙會成為你跟故鄉之間不渝的連結，而且你到哪裡，報紙就能寄到哪裡。出境之前記得訂閱。」

他最睿智的建議，跟如何在美國存錢與避免惹麻煩有關：

58 在美國，時間寶貴，城市又大到沒辦法從這裡走到那裡。好好運用路面電車。

59 不要浪費錢搭計程車或買車。

60 就算你覺得美國的街道跟地獄一樣吵，也別衝動。放輕鬆，學著怎麼保持冷靜。

61 整體而言，警察是你的好朋友。碰到任何問題，就找警察幫忙。

62 美國另一種好處多多的地方叫「藥房」。缺什麼東西，就上藥房。感冒藥粉、火柴、郵票、信紙、最新的言情小說，以及藥到病除的成藥，這裡都有賣。

63 需要上廁所，就去旅館。旅館廁所不收錢。

羅森貝爾格提點了一些禮貌，望初來乍到的人能融入美國社會。這幾點精準觸及這個新國家的關鍵特色，也就是對個人自由的無比尊重：

世界上很少有地方像美國一樣自由，想做什麼就做什麼。但是，即便在這麼自由的地方，還是有些規矩不能逾越。試舉其大要：不要管別人的閒事；不要從並肩而走的人中間硬擠過去；與女士同行時，要走在她和馬路之間；假如屋裡有女士，必須脫帽；若無，帽子可以繼續戴著。

羅森貝爾格的最後幾項建議跟故鄉有關：「增廣見聞與戶頭數字增加之後回丹麥故鄉走走，讓一切為祖國所用。接下來換年輕子弟前往大西洋彼岸，和你一樣力爭上游。」

這項建議非常中肯。斯堪地那維亞人都不想當最後一個前往美國的人。早在一八八〇年代，瑞典當局就開始擔心人口流向美國而造成「外移枯竭」，[3]但只要本國形勢依舊艱困，且美國依舊願意接納所有登岸的人，這股潮流在可見的未來恐怕不會停歇。

* * *

霍爾格．羅森貝爾格對於出國的這一程也有建議：「衣服穿暖，仲夏時節也不例外。船在海上，傍晚時氣溫很低，甚至白天也會冷。」他補充道：「讓越洋之行成為一段愉快的旅途。對此你有一定程度的影響力。」如果放在一八四〇年代與五〇年代的「棺材船」時代，這些話說了也沒用。但過了二三十年，跨大西洋帶來的是完全不同的體驗，即便搭乘統艙的旅客也能感受到差異。對於一般挪威農民來說，從利物浦出發前往紐約或魁北克的輪船，簡直堪比宮殿。

移民們登上前往美國的船，首先碰到的就是名副其實的巴別塔。瑞典語、挪威語、丹麥語和芬蘭語（以及各種方言），加上俄羅斯語、波蘭語、意第緒語、德語、愛爾蘭語與英語，統統在三等艙與統艙中迴盪；家人在此靜靜吃飯、一同祈禱，小孩子爬行、哭鬧，男女吵架拌嘴，偶爾還會演出全武行。但正是在三等艙與統艙裡，各國同胞彼此團結，乘客聽音樂（像是挪威的哈丹格爾小提琴〔Hardanger fiddles〕與丹麥、日耳曼的手風琴等樂器）、玩遊戲——無止境地玩，打發每天每周的時間。

在過去，移民會設法盡可能多帶東西上船，包括謀生工具與飲食，那是他們在這一趟船上唯一的給養了。汽船乘客需要攜帶的東西少得多，畢竟船票裡已經包括餐費，以及必要時的醫療。船上提供的飲食通常很單調，但至少整趟船程都有東西吃。早餐會有咖啡跟煉乳、麵包和丹麥奶油餅。晚餐的話，第一天會有水煮肉湯，接下來就都是船員餐——鹹魚或鹹豬肉，搭配各種乾燥豆類。點心有乳酪、香腸與醃鯡魚。

如果跟東歐猶太人一起搭乘漢堡線，還會有特別餐。許多猶太家庭自己會帶牛絞肉，壓成肉餅加快煎熟的速度，用小爐子煎或是直接火烤，然後用兩片麵包夾著吃。速食「漢堡」的名字，就來自漢堡線。同船的丹麥與挪威移民一同見證了漢堡的誕生。

汽船固然提升了舒適程度，但衛生問題依舊難解。無論老少都會暈船，而垃圾積在牆角與地板，讓途中的生活糟糕透頂。將來的核子科學家格倫．西伯格（Glen Seaborg），他的父母在一八六七年移

3 見第十四章。

民美國，對於他們的行李是怎麼樣在嘔吐物上滑來滑去仍記憶猶新。不過，甲板下雖然還是有各種疾病，但常備藥已經有長足進步，傳染病也不會像過去那樣害死整船人。然而，船上供應的水只能拿來喝，不能洗澡或盥洗。經過在海上的一兩個星期後，餿水味、煙味、垃圾味和一大堆人的體味想必讓統艙臭氣薰天。

直到旅程剩最後幾天，即將可以看到陸地時，乘客才可以用水洗澡。洗完澡才能登上清新、乾淨的甲板，一窺標誌性的自由女神像。

自由女神像由弗雷德里克·奧古斯特·巴托爾迪（Frédéric Auguste Bartholdi）設計，是法國政府送給美國的禮物，於一八八六年落成。原本設計的時候，巴托爾迪並不是要以此為美國的象徵來召喚「一群群窮苦、蟻集」的移民，不過後來人們卻都作如此想（一九〇三年，愛瑪·拉撒路〔Emma Lazarus〕的朋友、紐約名媛喬吉娜·絲凱勒〔Georgina Schuyler〕致贈鑄有拉撒路此詩的銘牌，安於自由女神像基座內牆）。法國的贊助人原意並非讓這座塑像的自由火炬**召喚人們前來**，而是要**把光芒投射出去**：象徵著美國的理想如何鼓勵其他國家與民族。

是移民賦予自由女神像新的意義，成為張開雙手擁抱新移民的有利符號。「他們眼中的自由女神像，不是照耀其他土地的火炬，」史家約翰·海厄姆（John Higham）如是說，「而是對他們自己的一種致敬。那激動人心的瞬間，以及其中蘊含的無可言喻的致意，是一件值得珍惜、一定要告訴孩子的事情。」這對斯堪地那維亞移民來說也是如此。他們第一眼看見自由女神時，心中的感觸想必與一九〇六年旅行家愛德華·斯坦納（Edward Steiner）看到這尊塑像時相去不遠，「他們來到這位新神祇庇佑之地，把自己託付之。」

當然，能夠看到自由女神像的都是在紐約入境的人——一開始是在曼哈頓南端的花園堡（Castle Garden），一八九二年後才改到埃利斯島（Ellis Island）。[4]許多人（例如我外公卡爾斯滕・弗拉滕）則是在魁北克入境，然後換搭汽船溯聖羅倫斯河而上，經過五大湖，前往密爾瓦基或芝加哥——這兩個地方在一八七〇年代已經成為斯堪地那維亞裔移民的發展重點。對不少人來說，也是最後一站——到了這裡，錢已經不夠用了。

從紐約出發的路線同樣是往西，指向芝加哥，然後抵達明尼亞波利斯，或者再經水牛城（對於積極的斯堪地那維亞來說，水牛城也是典型的停靠地，可以在城裡的工廠或作坊找到工作）前往明尼蘇達北部的杜魯司（Duluth）。不過，幾乎所有人都認為跟紐約市打交道，是他們最大的創傷。「紐約市本身，」學者桃樂絲・伯頓・斯卡岱爾（Dorothy Burton Skardal）說，「在斯堪地那維亞移民心中留下揮之不去的惡劣印象。」

噪音、擁擠的人群、路上深及腳踝的馬糞、巨大的建築物：「外形之巨大，內裡之貧乏！」這是一位在一八七四年來到紐約的哥本哈根詩人失望的反應。另一位挪威詩人同樣因自己所見而幻滅，他看到壯觀的自由女神像其實覆滿了鏽蝕與霉斑，內心失落不已——進入新應許之地的入口，卻是如此開張大不吉。霍爾格・羅森貝爾格確實也警告過將來的丹麥移民，光是踏上美國的街道，就是一種痛苦的體驗。許多斯堪地那維亞人還記得，不用再看到紐約的時候，自己有多開心。他們懷著一絲期待

4 他們其實不是窮苦、蟻集的人。人們往往忘了，根據規定，抵達埃利斯島的移民身上必須有一筆錢（四十美元——在當時不是小數字，何況到了美國之後，還要買一張能前往最終目的地的票）。

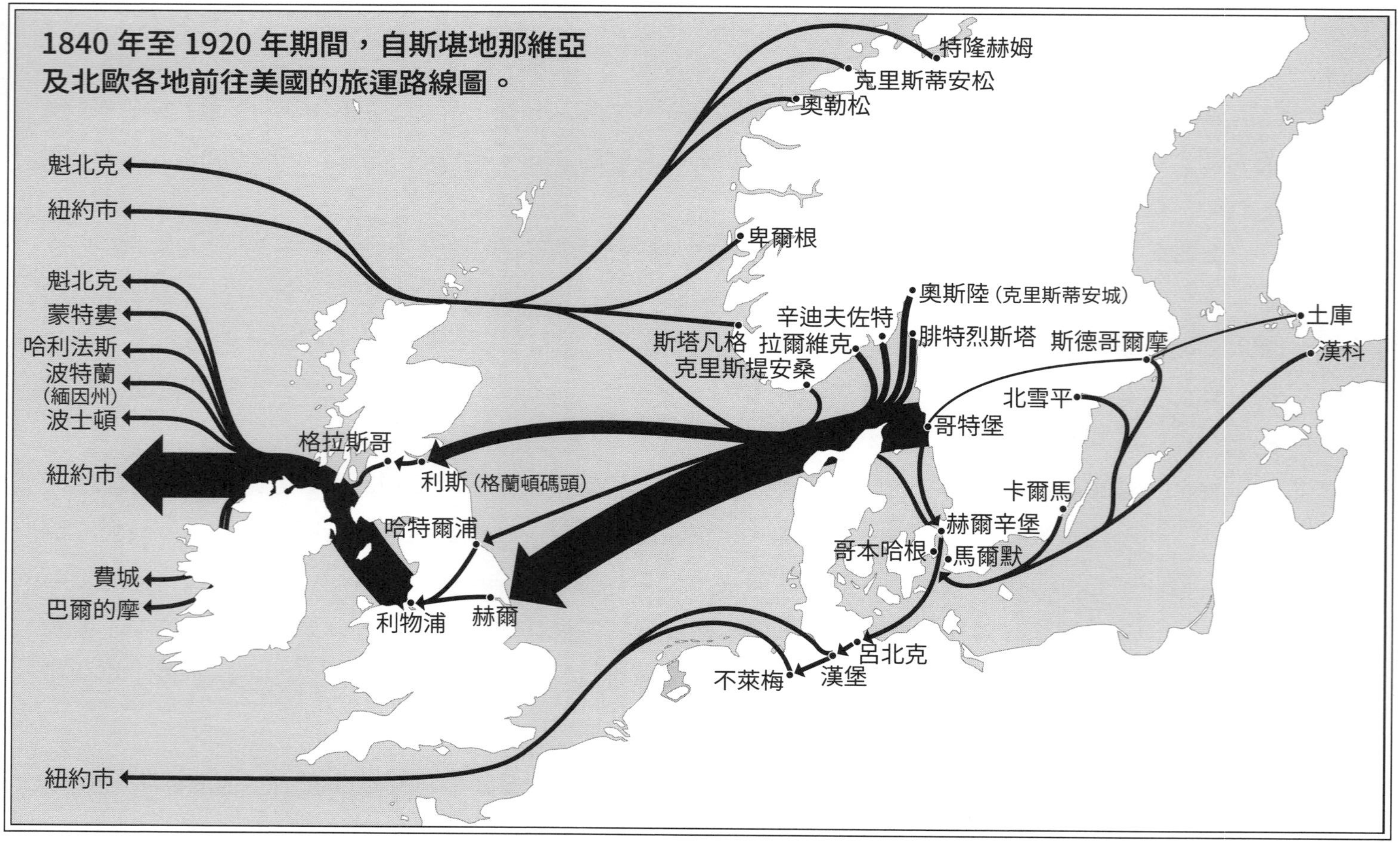

1840 年至 1920 年期間，自斯堪地那維亞及北歐各地前往美國的旅運路線圖。

與解脫，啟程前往美國內陸的目的地。

此時，斯堪地那維亞移民的分布範圍也擴大了一點。幾乎所有新加入美國的人，都遵守羅森貝爾格濃縮成三個字的《移民教戰守則百條》第七十七條：「往西走！」數十年前，伊利諾、愛荷華與威斯康辛已經夠「野外」了，但還是有些吃苦耐勞的人，把目的地設定在更遙遠的猶他與加利福尼亞。如今，對於朝明尼蘇達州、達科他與蒙大拿領地前進，打算根據自己的美國願景，形塑這些地區的斯堪地那維亞人來說，威斯康辛與愛荷華只不過是中轉站罷了。

以前移民得仰賴運河駁船與篷車，現在已經有火車可搭了。事實上，當時還有移民專車，從紐約、魁北克等大城市與貨物集散地發車，把人載去內陸。最早的火車（一八五〇年代開始營運）設計簡陋，完全沒有內裝；往返魁北克與底特律的列車甚至用牲口車廂載運乘客。挪威裔美國商人哈勒・斯迪恩斯蘭（Halle Steensland）在一八五四年就是搭這種火車從魁北克到芝加哥，移民們基本上就是在貨車廂裡，坐在粗木板上，連靠背都沒有。

二十年後，情況已經改善，火車乘客可以放鬆一下，欣賞自己經過的土地。眼前的風光與他們拋在腦後的故國大不相同。連日光都有不同的特質：雖然氣溫熱到讓人不舒服，但美國夏天的曙光來得很早，令挪威人、瑞典人或芬蘭人嘖嘖稱奇。移民同樣驚訝地發現，日夜長度幾乎整年都差不多。

他們也注意到經過的農場與原野，牛馬看起來長得都比老家最有錢的莊園裡的還大隻。甚至有剛來的移民認為美國的牛肯定跟大象一樣大。此情此景令新移民不禁期待起前方還有什麼。報紙《斯堪地那維亞人》（*Skandinaven*）的總編尼可萊・葛雷夫斯塔（Nicolay Grevstad）寫道，誰不會「從挪威山坡上的小塊地，筆直奔向在西方等著自己的一百六十英畝開闊地？」

旅人們一到新家園，就發現這裡確實有令人熟悉的一面——有其他的斯堪地那維亞移民。才剛踏上威斯康辛或明尼蘇達土地，他們通常都會遇見等著接待自己的瑞典人或挪威人，甚至是自己的家人。教堂看起來也不陌生；聖事是用故鄉的語言主持的。丹麥或瑞典移民開的雜貨店也有賣家鄉味。

對於想要受教育的移民來說，新家園也有各級學校構成的支援體系。來自高識字率國家的北歐移民，自然會對移入國的水準有一樣的期許與堅持。一九一四年，學者肯德里克・巴布考克（Kendric Babcock）提到，「斯堪地那維亞人對於公立教育體系的堅持，不僅對移民本身，對整個美國社會也都有無遠弗屆的影響。」至於高等教育方面，「他們成立多所神學院與所謂的學院」，而且一開始全都是教會學校。愛荷華德可拉的路德學院可能是第一所。其他學校迅速加入行列，例如明尼蘇達聖彼得（Saint Peter）的古斯塔夫斯・阿道夫斯學院（Gustavus Adolphus College）、伊利諾岩島（Rock Island）的奧格斯堡學院（Augustana College）、堪薩斯林茲堡（Lindsborg，堪薩斯草原上的瑞典飛地）的貝沙奈學院（Bethany College）、明尼蘇達雷文（Red Wing）的雷文神學院（Red Wing Seminary，一八七八年創校），以及一八八四年成立於內布拉斯加布萊爾（Blair）的丹麥教育園地達納學院（Dana College）。一八九六年，密西根漢考克（Hancock）的芬蘭移民成立了他們的索米學院（Suomi College，今芬蘭大學〔Finlandia University〕）。到了一八九三年，一位研究美國斯堪地那維亞裔高等教育的學者估計，國內的斯堪地那維亞學院、中學與神學院達到三十六所，學生超過五千人。

其中十六所（將近一半）位於美國斯堪地那維亞裔重鎮：明尼蘇達。

＊　＊　＊

一八五〇年代，明尼蘇達領地開始吸引挪威拓荒者，例如我的曾曾外祖父伊佛・雅可布森・索爾利就在夫力朋郡落地生根。到了一八八〇年，這個郡已經高度「挪威化」；其他還有休士頓、道奇（Dodge）、萊斯（Rice）、法里包特（Faribault）、斯蒂爾（Steele）與沃西卡（Waseca）。事實上，休士頓郡的春林鎮（Spring Grove Township）可說是「美國挪威裔移民最密集的僑居地」。當地移民多半來自哈林谷（Hallingdal），他們開闢的農場在挪威哈林人眼中想必很熟悉，「一大堆小房子聚集在一起，像是馬廄、牛棚、羊欄、豬圈、狗屋、雞舍、車庫、穀倉、玉米槽、乾草棚——差不多就是四根柱子上加個屋頂——甚至還有燻肉間」，加上距離屋子不遠處的茅廁，讓人在漫長的冬季方便使用。

但到了一八九〇年代，吸引大量挪威人來到美國的已經不再是密西西比河或福克斯河流域的大片土地，而是都會中心明尼亞波利斯。一九〇三年時，明尼亞波利斯已經成為全世界第二大斯堪地那維亞裔城市，僅次於斯德哥爾摩。挪威、瑞典與丹麥移民盤據了城中的大片土地，包括華盛頓大道（Washington Avenue）到雪松大道（Cedar Avenue）之間，人稱「鼻煙大街」（Snoose Boulevard）的地方——這個名字來自斯堪地那維亞裔居民最常見的壞毛病，也就是**抽鼻煙**（snoose）。作家林肯・史帝芬斯（Lincoln Steffens）把明尼亞波利斯描述成「清教徒圓滾滾的頭顱，開闊的草原心臟，和偉岸的斯堪地那維亞身軀」。

雪松南道是明尼亞波利斯挪威裔聚集區的商業重鎮，用走的就能走到各個挪威社區。一八八〇年，明尼亞波利斯已有三千三百一十五名挪威移民。到了一八九〇年，人數已超過一萬六千人。瑞典裔人數次之，丹麥裔人數最少。但他們都在都市經濟體中找到工作；日復一日的農事是老一輩人的夢想。

霍爾格・羅森貝爾格於一九一一年著作的書裡，就有提到一些都市導向的工作技能，或許可以應用在各種職業中，而這些工作也是斯堪地那維亞移民擅長的範圍。他們擔任僕役、廚師、鐵路工人（詩人卡爾・桑德堡〔Carl Sandburg〕的瑞典裔父親和我的挪威外公卡爾斯滕・弗拉滕都是可靠的鐵路工人）、工匠、工廠工人、商人與上班族。隨著美國產業變革腳步往中西部與草原各州邁進，斯堪地那維亞人也證明自己是不可或缺的基層力量。

生活在明尼亞波利斯或芝加哥這樣的都市環境，同樣意味著挪威移民很可能遇到其他非挪威裔鄰居與雇主。當然，這往往包括其他斯堪地那維亞人，尤其是瑞典人，他們發展社區與小鎮的速度與挪威裔的男男女女幾乎不相上下。許多市民組織如雨後春筍般興起，響應這股潮流，特別滿足北歐移民的需求，例如斯堪地那維亞路德宗戒酒會（Scandinavian Lutheran Temperance Society）、斯堪地那維亞早期拓荒者協會（Scandinavian Old Settlers Society），以及斯堪地那維亞銅管樂隊（Scandinavian Brass Band）。

無獨有偶，他們也會密切接觸非斯堪地那維亞裔，例如日耳曼人、斯拉夫人、蘇格蘭人、愛爾蘭人、匈牙利人、猶太人與美洲原住民（尤其是在明尼亞波利斯或威斯康辛的麥迪遜等大城）。人們對於族群界線的認知有時候很模糊，甚或完全誤解。一位作家記得，以前在挪威童軍團裡，童軍和他們的爸媽把所有非斯堪地那維亞裔的小孩都稱為「愛爾蘭人」，而且沒有改正的意思。同理，所有非斯堪地那維亞裔的童軍，都把他與斯堪地那維亞裔的童軍稱為「瑞典人」，而且**死都不改口**。

其他挪威裔還是喜歡農耕生活。等到紅河的明尼蘇達沿岸看來到處都是聚落與農場時，許多挪威移民便把注意力放到更西邊的達科他領地。

當時的斯堪地那維亞記者稱之為「達科他熱」。這股熱潮最早出現在一八八〇年代。「挪威人唱

著讚歌，乘著希望的浪尖，開墾將來的北達科他」，史家西奧多．布列根寫道。一八八二年，一位住在達科他領地邊緣的小男孩記得，

我們看著〔草原〕篷車從南邊駛來，沿著曲折的車軌蜿蜒前行，彷彿逆風行船。車子緩緩駛近——有時只有一輛，有時是五六輛組成的車隊。女人通常會坐在車前指點方向，身邊會有一群髒兮兮、頭髮蓬亂、搖頭晃腦的小孩。她手上很可能還抱著小嬰兒。

男孩還提到，車後會有一小群牛跟著，男主人則走在牲口後面。接著「篷車緩緩經過，小孩子從篷車後方探出頭來，然後車子漸遠漸小……消失在地平線」。

畫面很美，卻掩蓋了事實：北美草原上的這個聚落之所以可能，泰半是因為用暴力驅逐了居住其上的美洲原住民部落。我們自然不能忽視過去所謂「贏得西部」的黑暗面，但我們也不能不考慮前往美國的斯堪地那維亞人抱持的心態。迫切需要土地的他們，已經準備好承受任何磨難（包括美洲原住民的抵抗在內），只求為自己與家人建立新生活。白種人政權告訴他們，土地隨他們佔領，而他們則盡可能利用這個原本不是他們造成的處境。

其中一個例子，就是我的外曾祖父奧斯卡．索爾利，斯通斯河老兵伊佛．雅可布森．索爾利的兒子。內戰結束後（卡斯特〔Custer〕也已死於蘇族起事，期間我的曾曾外祖母曾經在自家門廊，為一些來訪的蘇族人提供食物），他進入德可拉商業學校（Decorah Business School）就讀。他母親本希望他念路德宗的神學院，但他對此不感興趣，反而在一八八六年前往北達科他，在希爾斯市（Hillsboro）

經商。然而，挪威人對土地的執著還是咬住了他，他最後來到紅河河谷開闢農場。唯一的規則是，「最好的土地要先搶先贏。」一九〇〇年，奧斯卡．索爾利終於安家落戶，此時挪威人已經把北達科他形塑成一個由二十多個郡組成，東起明尼蘇達，北至加拿大邊境的飛地。實質上的首府法哥（Fargo），人口有一半是挪威移民或是其後人。

無論如何，達科他的土地都令人讚嘆，連已經習慣在美國務農的人也是。一望無際的平地往萬里無雲的地平線延伸而去，欠人耕地種田的肥沃黑土，頭頂的浩瀚天空沒有親眼見過都無法置信。「這達科他究竟是個什麼樣的地方啊！」一名來自挪威的農工在一八八〇年代寫道。達科他的日暮是他從未見過的景色，「血紅的色調，其濃烈簡直無法比擬。」這名農工名叫克努特．哈姆笙（Knut Hamsun）。後來他會返回挪威故國，成為最知名的作家之一，並贏得一九二〇年的諾貝爾文學獎。

不過，返回挪威的他變得憤世。他的第一本重要著作《新世界大冒險》（*Adventures in the New World*）是對他在美國所見一切的連篇謾罵：假文化（他覺得明尼亞波利斯的公立圖書館是個笑話）、宗教偽善（明尼亞波利斯有一百四十多所教堂，哥本哈根只有二十九所，哈姆笙不禁諷刺反問，「明尼亞波利斯的神比較厲害？」），還有最糟糕的物欲——他認為物質追求已經污染了他身邊的斯堪地那維亞裔。批評的人不只他。危機正在斯堪地那維亞裔美國人的樂園裡醞釀。

＊　＊　＊

「在美國，不要期待人家出手相助。自己靠自己。」對於有意移居美國的丹麥人，這是霍爾格．

羅森貝爾格給他們的行前提醒。對於所有斯堪地那維亞人來說，這都是個好建議。當年的「社會安全網」幾乎就是由家人與摯友所構成的。幸運的話，會有丹麥、瑞典或芬蘭同胞社群的支持，幫助新來的人站穩腳跟。不過，新移民會發現美國這個「自由之地」同樣是個得自力更生、貼著警告標語「買家自慎之」（caveat emptor）的地方。

雖然心靈手巧的工人用一兩個月，就能賺到比在故鄉一年還要多的錢。但美國物價也更高。從大海彼端小心翼翼帶來的救命錢一下就用完了。比方說，人在達科他的丹麥移民會發現，光是為妻子和家人搭一間簡陋的平房遮風避雨，得花超過一百五十美元。移民心心念念的、從芝加哥或明尼亞波利斯用火車運來的牛馬，標價同樣堪稱天價。有些人根本買不起，只能在別人的土地上工作，以求收支平衡。

此外還有犯罪。有許多警世之言，旨在保護剛下船、容易受騙的移民，像是不要告訴陌生人自己身上帶了多少錢，不要相信有人說要幫你出到下一個目的地的火車票或船票錢。最讓人難過的莫過於瑞典或挪威同胞居然是騙子。有些移民在紐約或芝加哥坐困愁城，因為他們把自己的信任（和金錢）託付給某個正好跟自己講一樣語言的人。心碎往往隨著「歡迎來到美國」而來，受騙上當就是其中一部分。

許多移民——幾乎全部了——把自己來到新國家的第一個階段稱為「狗日子」，一面謀生，一面費盡心力學習新語言、新風俗與新文化。整體來說，丹麥人受的文化震撼之苦程度最輕，融入也最快。先前談到，丹麥人之所以比較順利，可能是他們已經習慣跟不同文化打交道，而且許多人（因為跟日耳曼地區有密切關聯）擁有雙語能力。丹麥移民在十九世紀末與二十世紀初大批來到，相較於更早前往美國的瑞典人與挪威人，他們的融入過程容易許多。早期移民仰賴家人與同鄉社群，才能融入美國生活。或許丹麥裔男性之所以能更快融入，是因為美國的丹麥裔女性人數不多。許多男性期待族群團體外婚，建立家庭。

此外，普魯士在一八六四年佔領丹麥大片土地。經過這次慘劇之後，丹麥人已經眼睜睜看著自己的國家陷入衰頹一段時間了。何必留戀一個已經不存在的舊家園呢？一八九六年，一位丹麥裔美國作家在提到這種幻滅感瀰漫在他所遇到的丹麥人之間：「愛國心與民族榮譽感也在減弱……民族無助感才是主流。」對於覺得自己已經一無所有的人來說，「徹底擁抱美國」恐怕才是理所當然。

不過，犖犖大者在於丹麥人很容易接受美國都市生活中的民主平等價值觀。相較於其他斯堪地那維亞人，芝加哥這種生活步調飛快的城市，似乎更合他們的脾性。「北道（North Avenue）有半數商店的招牌上出現丹麥名字，」在一部丹麥裔美國作家所寫的小說裡，有個人物剛剛移民到芝加哥，在城裡的丹麥人居住區洪堡公園（Humboldt Park）駐足：「這裡有六、七間丹麥麵包店，銀行可以兌換丹麥克朗，餐廳有供應開放式三明治，食品行還有賣豬肝腸、豬肉香腸和丹麥乳酪。」酒吧更是不在話下，「你可以在裡面用母語大罵髒話，喝奧爾堡牌生命之水（Aalborg Aquavit）喝到酩酊大醉。」

這倒也不是說瑞典或挪威移民（或者偶有的芬蘭與冰島移民）的美國化就很艱苦。他們都有一定程度的優勢。這些移民幾乎都是白種新教徒，得益於今天所說的「白人優勢」。除了芬蘭人，他們的語言雖有差異，但都屬於日耳曼語系，因此能比尋常俄羅斯、匈牙利或義大利移民更容易學會英語。肯德里克．巴布考克在一九一四年提到，斯堪地那維亞移民非常信賴美國公立教育體系，而這個體系「最能證明這些北國人渴望美國化」。無論是當下或是將來，比起其他移民族群，公立教育更能打動挪威語或丹麥語使用者。古諾斯人與盎格魯－薩克森之間歷史悠久的關係（早於維京入侵），為許久之後移民美國的斯堪地那維亞人帶來回報。

除了這種隱而不顯的感受，許多斯堪地那維亞移民都認為美國是自由、解放的應許之地；克倫・佩爾森、漢斯・克里斯蒂安・海格與拉斯穆斯・安德遜讚美歌頌之，海格甚至為之獻出自己的生命。來自世界上其他地方的移民或許對於移入國也有一樣的感受，但對挪威人、瑞典人、芬蘭人與偶有的冰島人來說，美利堅合眾國彷彿是專為維京魂的未來所保留：我們稱之為「美國夢」。

不過，隨著時日漸長，光是去衡量新舊國家的價值觀，或許也意味著前者可能缺少了什麼。桃樂絲・伯頓・斯卡伐爾在《靈魂的撕扯》（*The Divided Heart*）一書中，研究大遷徙餘波中斯堪地那維亞裔美國作家的小說，追出對於新國家的三種不同態度。第一種是如魚得水派，覺得美國一切都比故鄉好。他們樂得拋去包括語言在內的習俗，爭相成為百分百的美國人。第二種是祖宗家法派，踏出每一步的時候都奮力保有舊習慣，痛惜於在美國文化大舉進攻下喪失的傳統斯堪地那維亞認同與美德。這一派的批評者中最出名的或許就數生於挪威的小說家奧利・埃德瓦・勒爾瓦格（Ole Edvart Rølvaag），《大地巨人》（*Giants in the Earth*）的作者。他對於挪威移民在達科他草原建立新生活的描繪，為美國斯堪地那維亞裔的經歷留下了永不磨滅的畫面。

不過，這種描繪其實與勒爾瓦格本人的經歷不符。他抵達美國的時間相對晚，一八九六年二十歲時才離開挪威，到南達科他當農夫，而後執起教鞭，最終成為諾斯菲（Northfield）聖奧拉夫學院（St. Olaf College）的教授。他的小說以挪威文寫就，事實上是回顧一八五〇年代與六〇年代的農家生活，而非世紀之交的明尼蘇達。勒爾瓦格將之描繪為一連串嚴峻的鬥爭，與天氣鬥，與窮困鬥，與孤獨鬥——主人翁往往敗下陣來。對他來說，美式價值觀日復一日對斯堪地那維亞性格的打擊，是最慘烈的鬥爭。他的寫作高唱著要抵擋民族熔爐的理想：「假使讓這種掩蓋所有族群特徵以達到齊頭平等，讓所有人一個模樣的過程發展下去，美國就注定變成地表上精神最貧乏的土地；從我們歌頌的熔爐中誕生的，將是一種單調……沾沾自喜，再怎麼努力，創造力還是一樣貧瘠。不久後，我們就能達到完美的貧瘠民主了。」

第三種是傳統派，他們通常不願意跟勒爾瓦格一樣走向黑暗的文化鄙視路線，也不願意為克努特．哈姆笙的嚴厲批評背書。他們希望保有一些能讓自己記著故國的事物，維繫與故鄉家人與社群的紐帶。但一開始他們之所以移居，是因為美國有其優點，對此他們同樣不願放棄。獨立與自由精神本是維京傳承的一環，而新的國家讓它們有空間可以伸展——即便移民口袋裡沒幾塊錢能響叮噹。

「這就叫中庸，」丹麥裔美國作家M．索倫森（M. Sorensen）筆下的小說人物如是說。「我們一面保守我們老丹麥文化的精華，一面了解如何吸收這裡最完美的部分，這樣我們就能發揮自己的作用，發揮影響力。如此一來我們就有能賴以生存、為此而生的事物。」

無論好壞，大多數斯堪地那維亞移民選擇了這條中間路線。有一位瑞典移民說得好，他們的目標是把舊國家當母親來愛，把新國家當新娘子來疼。當然，事情不見得能兩全其美。不過，日子久了，一些斯堪地那維亞人漸漸體會到，帶著自己來到「自由之地，勇士之家」的那些個性，是可以幫助美國更上一層樓。

＊　＊　＊

至此，斯堪地那維亞裔經驗也已成為美國文學的一環。最出名的是奧利．勒爾瓦格，但其他作家也幫助形塑了人們對美國斯堪地那維亞裔經驗的認知，例如生於瑞典的埃德溫．比約克曼（Edwin Bjorkman）、丹麥移民卡爾．漢森（Carl Hansen），以及挪威裔的瓦爾德馬．阿格（Waldemar Ager）與桃樂絲．達爾（Dorothy Dahl）。拉斯．斯登霍（Lars Stenholt）的作品（由瓦爾德馬．克里特〔Waldemar Kriedt〕在明尼亞波利斯出版）深受讀者喜愛，斯登霍甚至可以靠寫作維生，是當時斯堪地那維亞移民所僅見；不過，他的書其實是在偷偷抨擊自己的挪威裔美國同胞偽善、貪婪、通姦。猶太人與超級富豪同樣也有努力工作。

此時，還有兩位斯堪地那維亞人以原創、鮮明的方式，記錄新與舊的交會。此二人雖然樂於當美國人，但也意識到美國夢的若干環節並不令人滿意。其中一位滿足於記錄這些面向，而另一位則非得做點什麼改變才願意罷休。

後者是雅各布．瑞斯（Jacob Riis）。一八四九年，瑞斯生於丹麥里伯，在一八七〇年移民美國。他抵達紐約時，還沒有舉著火炬的自由女神像。其實，瑞斯發現美國完全不是他所期待的「翡翠城」（Emerald City），幹過各種駭人的工作之後，反而落得在曼哈頓街頭身無分文、無家可歸。

他睡在門廊，在垃圾桶裡找東西吃。他和許多無家可歸的人一樣，收養了一隻流浪狗。有一回，他棲身在某棟建築物的門廊，巡警來找他麻煩。他養的狗發出兇狠的低吼聲，結果門口的警衛把狗的兩條後腳一把抓起，接著在人行道上打碎了狗的腦袋。

一八七三年，瑞斯突然時來運轉。他成為紐約通訊社（New York News Association）記者，後來當上《布魯克林日報》（*Brooklyn Daily News*）總編，甚至成為這家報社的老闆。瑞斯把報社賣人，回到丹麥結婚，然後帶著新娘子重返紐約，接著找了個不尋常的工作——《紐約論壇報》（*New York Tribune*）的刑案記者。此時是一八七七年。瑞斯在茂比利街（Mulberry Street）三〇一號設立自己的觀察所，未來二十四年，這兒就是他的世界中心。

在瑞斯眼底，美國最讓人失望之處，就是紐約市的駭人貧困——這個國家最有錢的大都會，同時也是犯罪、貪腐與窮愁潦倒的淵藪，對初來乍到的移民尤其如此。大多數新移民在下東區與格林威治村（Greenwich Village）的廉租房裡擠沙丁魚，生活在不停工作也無法改善的赤貧之中，只能借酒與鴉片澆愁。生活在一個不想當獵物、就得當獵人的世界裡，許多人自然會認為犯罪生活是個合理選擇。

瑞斯決心運用自己的新聞平台推動改革。除了動筆寫字，他還發現一項祕密武器——攝影。他是最早採用室內打光攝影，記錄眾多紐約居民悽慘生活處境的記者；一開始他透過一系列幻燈片加講座發表作品，然後在一八九〇年首度發表成書——《另一半人的生活》（*How the Other Half Lives*）。

瑞斯只能透過嘗試，從錯誤中學到閃光藥粉的正確劑量——必須足以照亮黝暗的房間或巷弄，但不至於把房子炸了。他曾在一次意外中燒了自己在里奇蒙丘（Richmond Hill）的家，另一次差點弄瞎自己眼睛。

不過，只要調出正確比例，帶著相機與三腳架前往連警察都不願去的地方，一場苦難攝影展就出爐了——無家可歸的孩子餐風露宿，血汗工廠、「一文繩」（penny hangs，窮人旅館，用一分錢買繩子的一段空間，可以靠在繩子上睡覺）與鴉片窟。美國人從來沒看過這種光景，哪怕是紐約客也沒有見識過。於是，他的作品令全國各地都揪了心。總統西奧多．羅斯福（Theodore Roosevelt）親自為新版寫推薦序。

放到今天，《另一半人的生活》有些內容會讓人讀不下去。瑞斯無情批判某些移民群體——尤其是非裔與華裔美國人——未能改善自己的生活。他不時表現出族群刻板印象，包括對猶太人的惡意，現代讀者想必會退避三舍。唯一沒有受到抨擊的族群團體是瑞斯的斯堪地那維亞同胞，而這多半是因為他們人不在場。紐約不是他們偏好的那種城市。不過，瑞斯幾乎就像在暗示其他出身背景的移民都很不走運——他們不是丹麥人（也不是瑞典人）。

姑且不論種族論調，瑞斯想強調的是：移民的生活之所以不幸福，責任完全落在美國社會的雙肩上，而非移民自己應該承擔。他的書振聾發聵，呼籲改善城市中心的處境，並改革都市景觀——可謂開下個世紀眾多改革之先河。無論標準為何，《另一半人的生活》都算得上是歷來出版物中最有影響力的社會報告之一。

在這樣的時空背景下，相較於《另一半人的生活》，他後來寫的自傳《一個美國人的造就》（*The Making of an American*）所蘊含的悲觀主義，讀起來有那麼一絲造化弄人的感覺。瑞斯從不後悔離開丹麥故土。完全相反。丹麥是他們家的故鄉，對此他也表現出誠摯的孺慕之情，但他始終相信美國注定偉大，信念毫不動搖。但到頭來，他的人生與作品卻反映出一種觀點——對他與人數日益茁壯的斯堪地那維亞人來說，這個新國度雖然前景看好，但仍然有很大的不足之處。

* * *

托斯丹・韋伯倫以自己獨門的方式，推敲出大致相同的結論。托斯丹生於威斯康辛的卡托（Cato），在韋伯倫夫婦托馬斯（Thomas）與卡麗（Kari）的十二個孩子裡排行老六。韋伯倫夫婦在一八四七年移民美國。托馬斯是個木匠，為一家人在明尼蘇達內斯特蘭德（Nerstrand）郊外打造了一座模範農場。

雖然托馬斯英語始終講得不流利，但一想到一家人都智慧過人，想必也令他寬慰了。他所有孩子都讀到大學——在十九世紀晚期，這可是了不起的成績。托斯丹．韋伯倫的姐姐愛蜜莉（Emily）是第一位從美國高教機構畢業的挪威移民之女，畢業於卡爾頓學院（Carleton College，卡爾頓學院的姐妹校是挪威裔提供資金，在明尼蘇達諾斯菲成立的聖奧拉夫學院，該校一八七四年才成立）。托斯丹的哥哥安德魯（Andrew）成為物理學家，在愛荷華大學（University of Iowa）任教。安德魯的兒子奧斯瓦爾德（Oswald）長大以後，成了出色的數學家，是阿爾伯特．愛因斯坦（Albert Einstein）在普林斯頓大學的同事。

不過，家裡最有天分也最出名的，卻是叛逆孩子托斯丹。

一八八〇年，他從卡爾頓畢業，隨後進入約翰霍普金斯大學（Johns Hopkins University）深造，師從發揚蘇格蘭常識哲學的美國實用主義哲學之父C．S．皮爾士（C. S. Peirce）。接著他就讀耶魯大學，修了威廉．格雷厄姆．薩姆納（William Graham Sumner）教授的課，引他進入社會達爾文主義學說的大門。薩姆納的社會演化論打動了韋伯倫，但這位挪威裔美國人卻用自己獨有的方式加以翻轉。正統的社會達爾文主義者，多半傾向認定「凡存在，即合理」，而韋伯倫不變的結論卻正好相反：「凡存在，即**不合理**」。

他因此成了知識圈的另類。韋伯倫在一八九九年發表《有閒階級論》（*The Theory of the Leisure Class*），將自己的想法昭告天下。《有閒階級論》對鍍金時代（Gilded Age）的鉅富們——也就是經營美國最大的企業，在紐約第五大道（Fifth Avenue）與羅德島的紐波特（Newport）興建雄偉公館的男男女女——做了一番生猛無情的描繪。韋伯倫在書中創造了「炫耀性消費」（conspicuous consumption）一詞——曾有學者說，光是這個詞就讓《有閒階級論》成為美國最多人引用、卻最少人讀透的書。

然而，就韋伯倫的觀點來說，這個詞遠不只是金句而已。炫耀性消費揭露了美國夢的背面，亦即暗含地位意識的物質主義。韋伯倫認為這是一種社會擾流（social entropy）的形態，而他對這種功能失調趨勢的披露，恰好與描述美國社會光譜彼端恐怖景象的《另一半人的生活》同時問世。

《有閒階級論》成為名副其實的經濟學與社會學經典。但到頭來，那一個個恣意揮霍的范德比爾特（Vanderbilts）與阿斯特（Astors）之所以令韋伯倫感到如此不快，主要還是因為他們的行為有悖於他的挪威魂，觸犯了數世紀以來的路德工作倫理。無怪乎韋伯倫後來寫了另一部專論——名氣雖然沒那麼響亮，但的確是對斯堪地那維亞裔美國經驗，以及維京魂本身的一番省思。

《匠心本能》（*The Instinct of Workmanship*）運用了他的老師C．S．皮爾士，以及皮爾士的實用主義同道中人威廉．詹姆斯（William James）的概念。相較於理性的行為模式，兩人對於習慣、本能的力量更有興趣。《匠心本能》在一九一四年發表，探討經驗老到的工匠與手藝人——就像他的父親托馬斯．韋伯倫——專注於把細節灌注於其勞動中的現象，以及這種專注底下的心態與脾性。

韋伯倫承認，這種善工者的本能難以定義、分析，這一部分是因為人們忽略了這種本能。思想家習慣把這種本能視為理所當然，而不是認真進行哲學探討。不過，韋伯倫認為，「匠心本身其實就值得關注與研究。」它「代表有意識地追求客觀目標，而這就讓上述本能本身有了價值」。

這種努力背後的驅動力，並非傳統經濟學家所認為的渴望利潤或自我提升。韋伯倫認為，那其實是一種「勞心費神的癖性」，是一種外於任何物質、金錢追尋的「自賞」（self-rewarding），甚至是「自娛」（self-delighting）。韋伯倫的原話是，這種推動力是「手邊已經有工作，而且前面還有更多工作等著」的時候，「一件接著一件做，盡可能做得一樣好的個性」，哪怕是打造長船還是蓋房子，是補魚網還是犁溝，是鍛劍或繪製肖像，或者——等到時代晚一點——把鋼材鍛造為工具，或是打造成汽車或四引擎轟炸機的零件。[5]

匠心本能「體現在於盡力提升工匠個人的技能手藝，與在社群整體上精益求精並深刻理解自身社群……」。它「從已知的知識累積出發，從當下出發，作為生活中的實質手段，發揮其潛力」。事實上，假如缺少這種特質，就不可能有創新或持續進步的空間，無法在物質或金錢上更上一層樓。社會反而會變得倦怠停滯，屈服於習慣，甚至屈從於一種用老成與世故去掩蓋的自得與自滿。

「匠心本能，」韋伯倫得出結論，「將人類的生命從獸性層面提升到人性層面，而且在後來的文化發展中，這種本能始終一貫存在於人類的成就中，未曾消失。」這是人類生存的關鍵。唯一一種能與之遙相呼應的本能，叫作「親體本能」（parental instinct）。「兩者確實有不少共通點。」

追根究柢，「把工作做好」的習慣與期待，才是社群與整體人類福祉的基礎——物質上與精神上**皆然**。韋伯倫認為，一旦這種本能衰退，他所謂的「推銷術」（salesmanship）就會輕易取而代之。真正的匠心在於「全神貫注於實際效益、方法與手段、器械、有效而簡潔的設計、精通與熟練、創造性的成果，以及掌握技術層面上的事實」，推銷術的焦點則是在瓶身的標籤上，而非瓶子的內容物。推銷術以及充斥於社會的推銷員本能，是很危險的跡象——韋伯倫感覺到，當時的美國已經因此蒙上一層陰影。

自從造出那些石器時代的船隻以來，斯堪地那維亞人讓心、手、魂相輔相成，和諧發揮了好幾個世紀。斯堪地那維亞移民和他們的子孫保有、砥礪著這樣的匠心本能，如今恐怕要靠他們來拯救美國夢了。

識得匠心本能之後，我們也抵達了追尋維京魂途中的里程碑。憑藉身心的技藝，在塑造事物時也追求完美——正是這種本能，形塑出維京領主的長船、寶劍，以及冰島自由人的農場。正是這種本能，形塑出了吟遊詩人的傳奇故事，最終驅使最偉大的斯堪地那維亞統治者，不分男女，奮力去成就超乎現實所允許的政治統一——無論是卡爾馬聯盟，抑或布萊騰菲爾特戰場上。「勞心費神的癖性」是精神力量的來源；少了它，維京魂就會變得自掃門前雪，甚至害人害己。

韋伯倫本身未曾明確用這種說法來表達論點。不過，據韋伯倫的繼女所說，他認為自己最好的作品與思想的關鍵不是《有閒階級論》，而是《匠心本能》。這本書可謂直指本心，洞察社會的未來、過去與現在。

托斯丹．韋伯倫死於一九二九年八月三日。他能夠從華爾街股票市場的熱絡，看出推銷術本能正走向何方——但他在股市崩盤之前的兩個月就過世了。他的《匠心本能》始終是塊令人想一探究竟的路牌，將諾斯傳承與盡善盡美、盡其所能的渴望連結在一起，指向一個大不相同的未來。

5 見第十三章。

12

奇蹟之地：
改變爵士時代美國的兩大斯堪地那維亞標誌人物

Land of Wonders:
How Two Scandinavian Icons Transformed Jazz Age America

隨便找個美國人，他肯定是個熱心、進取、好冒險的人，尤其一定革故鼎新。

——托克維爾伯爵阿列克西，《民主在美國》，一八三五年

一九一七年四月六日，美國參加第一次世界大戰。總統伍德羅．威爾遜（Woodrow Wilson）向國會發表對德宣戰演說，高分貝談論如何「求得世界民主體制之安全」，保護「人類公權」，並以「犧牲吾人之生命財產……」作結。美國避免捲入歐洲衝突已一個世紀，但在一九一八年十一月十一日之後，卻以世界最強國家之姿從戰爭中浮現。美國有了新的命運，成為經濟、金融，乃至於軍事與文化的霸權。新的命數不僅深深改變了美國，也讓世界改頭換面。

然而，威爾遜的甚高陳義卻在國內跌落雲端——幻滅、不滿的大兵從法國返國，告訴同胞，他們的犧牲（超過十萬人陣亡）不僅沒有讓世界更適合民主，反而削弱了民主。族群暴動與禁酒令緊跟著戰後蕭條而來，美國加入新創立的國際聯盟的希望，也在國會中遭到粉碎。威爾遜總統原本表示這場血腥的衝突將是「止戰之戰」（the war that ends all wars），結果他的承諾狠狠摔了一跤。一九二〇年代伊始的美國，幻滅、消沉又乏味。更有甚者，人們為了該接納哪種移民，以及如何接納的問題而激辯，導致美國政治出現前所未有的分裂。

美國移民史上有許多出人意料的轉折。當然，今日的相關爭議絕非新鮮

事。無論是過去還是現在，關於移民的辯論總是圍繞特定的口號打轉：是「大熔爐」（在一九〇八年首度風行），還是「多色掛毯」；是驅逐出境，還是開放邊境；是獲得公民權，還是非法入境；是單獨拘留兒童，還是阻止 MS-13；是砌高牆，還是展開歡迎的紅地毯。論辯如今似乎無比情緒化，也無比混亂。

其實，早在一戰之前，無論對其他新移民，還是對斯堪地那維亞裔來說，這個議題都很棘手。一九一〇年，美國人口有百分之十五出生於國外。藍道夫・伯恩（Randolph Bourne）等人相信，包括來自北歐國家的外國出生者注入美國，是件好事。一九一六年，他在《大西洋月刊》（*The Atlantic Monthly*）發表一篇吸睛的文章，指陳「我們需要這些新族群——日耳曼人與斯堪地那維亞人的秩序，斯拉夫人與〔匈牙利人〕的多變——才能把我們從自己的泥淖中救出來」。

姑且不論文化刻板印象。由於美國不到一年後便參加世界大戰，伯恩和他的觀點也成了絕對的少數派。日耳曼裔美國人（美國國內人數最多的非英語少數族群）成為懷疑、迫害的目標，甚至有私刑殺害的偶發情事。德語課不得開設。在南達科他，用德語講電話是違法的。甚至連演奏貝多芬等日耳曼作曲家的作品都遭到禁止。悄悄進入英語中的德語詞彙都要換掉：「德式酸菜」（sauerkraut）改成「自由酸菜」（Liberty cabbage），「漢堡」（hamburger）改成「自由肉餅」（Liberty steak）。

這種歇斯底里的懷疑，多少也外溢波及日耳曼裔的北歐同胞。在一場協約國稱為「文明之戰」的衝突裡，斯堪地那維亞祖國始終保持中立，彷彿放棄了道德立場。[1]總之，戰爭在一九一八年結束時，美利堅合眾國正處於移民問題的十字路口。外國出生的公民是至寶還是風險？許多位高權重的

1 見第十五章。

人，已經準備表示美國的大門必須關上——至少要把縫隙關小一點。

若從今天來看，斯堪地那維亞裔美國人的故事，似乎對闡發這個議題沒有幫助。畢竟以今天的標準來說，他們就像所謂「白種特權」的一分子。此外，他們絕大多數都是新教徒，從來沒有承受過愛爾蘭裔、義大利裔或匈牙利裔等天主教徒非得承受不可的歧視。以識字率而言，斯堪地那維亞族群也比其他外籍移民族群更高（以挪威為例，十八世紀中葉之後幾乎沒有文盲），或許只有蘇格蘭裔能勝過他們。

但是，美國同樣對斯堪地那維亞裔帶來挑戰——尤其是挑戰他們的傳統觀念與認同。斯堪地那維亞移民與原鄉之間的文化紐帶面臨存亡關頭；感覺起來，美國大熔爐要求他們放棄這種紐帶，卻沒有提供其他明確的文化認同加以彌補。對許多人來說，相較於身為丹麥人、瑞典人或挪威人，身為美國人的意義始終是個謎。小說家奧利．勒爾瓦格將這些文化焦慮感總結如下：「對於我們留在身後的那些人來說，我們是陌生人；對於我們加入的那些人來說，我們也是陌生人。祖國是我們千年以來的傳承，如今我們放棄了祖國，而我們這些第一代移民卻再也找不到另一個祖國……」

大遷徙之初或許如此。但對移民第二代，甚至連某些直接從斯堪地那維亞而來的第一代來說，美國**就是**他們的家。不過，這個家園對移民的反彈，也包括試圖限制新移民進入美國的人數。「族群排他」成為美國改革派與知識分子的新十字軍運動，而新移民則發現別人根據不斷演變的稱許與偏見標準評判自己，有些人被捧上天（如英格蘭裔、日耳曼裔與斯堪地那維亞裔），有些人被批得體無完膚（如匈牙利裔、義大利裔與東歐裔）。

「天殺的歐陸，」小說家F．史考特．費茲傑羅（F. Scott Fitzgerald）一九二一年寫信給他的普林斯頓同窗艾德蒙．威爾森（Edmund Wilson），信上這麼說。「提高移民標準，只允許斯堪地那維亞人、條頓人、盎格魯—薩克森人與凱爾特人入境。」

有些純化論者甚至認為這樣還不夠。同年，斯堪地那維亞團體與愛爾蘭裔、日耳曼裔美國人組織聯手，抗議以配額制為基礎的新移民法——新法規定，來自不列顛群島的移民應佔整體移民池的百分之五十七，包括北歐各國在內的其他西歐國家移民人數則相應減少。支持新法的人對抗議者嗤之以鼻，把斯堪地那維亞團體打成「外來團塊」的一分子，說他們試圖破壞美國為防止不受歡迎者顛覆國家所訂的防禦措施。

斯堪地那維亞裔美國人突然間發現，自己所身處的新家園因戰爭而幻滅，受到經濟蕭條拖累，種族主義與反移民情緒沸沸湯湯，同時還在經歷禁酒令造成的動盪（禁酒令的主要目標也是外國出生的移民），甚至準備把挪威、瑞典、丹麥與芬蘭的移民跟所謂不受歡迎的外來者一視同仁。

儘管處於如此逆境，仍然有一群傳奇般的（有幾個應該說是惡名昭彰）斯堪地那維亞裔美國人挺身而出，為他們的國家帶來新的樂觀、希望，讓美國夢的信念得以重生，甚至為國家帶來嶄新的英勇形象——雖然他們自己的舉止有時候也留下難以抹滅的污點。

關鍵在於斯堪地那維亞裔美國人的經歷，確實觸動到美國認同的深處，反之亦然。

歸正號載著第一批挪威移民停靠在紐約港的十年之後，托克維爾伯爵阿列克西發表了他的里程碑之作——《民主在美國》，深入分析這個新共和國何以有別於其他國家，包括其歐洲前人所屬的國家。從各個角度來看，《民主在美國》始終是美國例外論的奠基之作。托克維爾[2]看到的美國，不僅

2　順帶一提，「托克維爾」一詞本身就源於維京人（明確來說，是諾曼人）。見第四章。

鼓勵發明、創業，更重要的是鼓勵冒險精神。這位法國人寫道，對美國人而言，「不存在的事物，只不過是有待嘗試罷了。」

托克維爾同時發現，美國人重視教會、家庭、社區與志願結社等紐帶。他們決心走自己的路，開創自己的一片天，但也力求為家人創造美好未來。對美國一般人來說，生活是一場比賽，一場測試，一場名副其實的「革命」。生活就是對人類知性與道德特質的終極考驗，至於試煉的結果，托克維爾只能用「英勇」形容之。

「美國，」托克維爾寫道，「是一塊奇蹟之地。」一個世紀後，斯堪地那維亞裔美國人帶回這種驚嘆，紓解美國在戰後的病恙——他們喚醒冒險之情，喚醒對無窮可能性的自豪之情，喚醒實現個人與民族使命的榮耀之情。一言以蔽之，美國是發展維京魂的完美孕育之地。

美式足球教練克努特・羅克內（Knute Rockne）、飛行家查爾斯・林白（Charles Lindbergh）、雕塑家古聰・柏格魯姆（Gutzon Borglum），以及詩人卡爾・桑德堡，全都是移民之子。威廉・「大比爾」・克努森（William "Big Bill" Knudsen）與查爾斯・索倫森（Charles Sorensen）這兩位第二次世界大戰期間的自動化工廠主管，擘畫了美國的「民主兵工廠」（Arsenal of Democracy），而他們本身就是移民。上述所有人都成了活傳奇，只是出發點不見得都是好的。尤其是查爾斯・林白與古聰・柏格魯姆，他們也免不了受到戰後美國特定地方盛行的排外心理所影響。儘管如此，他們所有人都在美國留下了痕跡——而這樣的印記將以獨特的方式，化斯堪地那維亞裔美國人的經驗為美國獨有的經驗。

* * *

一八九三年，拉斯・羅克內（Lars Rokne）一家離開了挪威沃斯（Voss）的故鄉。拉斯・羅克內（移民美國之後，他立刻在姓裡加了個字母c，變成Rockne）在挪威原本專為王室打造馬車。這位修繕大師手工打造的車輛遠近馳名，連德皇威廉二世（Wilhelm II of Germany）都為自己的私人馬廄下訂過一批。一八九一年，拉斯前往芝加哥參與世界博覽會，在會場為他精妙絕倫的車架揭幕，贏得大獎。他在城裡走了一圈，便感受到自己與家人的未來就在這裡。於是他寫信給妻子瑪莎（Martha），請她準備收拾，在一年內帶著三個孩子來美國與自己相聚。

一家人來到芝加哥之後，在高架捷運終點站的羅根廣場（Logan Square）附近，一間小小的公寓裡安家落戶。芝加哥已經是知名的外國移民輻輳，而挪威人就是其中的佼佼者。一八三六年，芝加哥河北岸已經出現小小的挪威裔聚落（其中有一家人就是來自沃斯）；十四年後，聚落人數已超過五百六十人。芝加哥的這個挪威飛地以核心家庭為主，人數相仿的男女或出外就業，或經營店面，兩性的勞動分工與辛勤工作都與故鄉的農業聚落無異——甚至連匠心本能亦然。

一些家庭隨著工業發展腳步，往南遷到金賽街（Kinzie Street）與密爾瓦基大道（Milwaukee Avenue）周邊的街區；到了一八六二年，住在這裡的一千五百七十三名挪威人有不少活躍於五大湖航運業，擔任水手或是工匠。其他人則投入開鑿伊利諾與密西根運河（Illinois and Michigan Canal），運河在一八四八年啟用。

芝加哥的斯堪地那維亞裔人數有增無減。羅克內家遷居至此時，城裡據估計有六萬兩千名挪威裔，三萬五千名丹麥裔，以及十萬名瑞典裔。事實上，芝加哥是全世界斯堪地那維亞裔人口的第四大城，僅次於哥本哈根、斯德哥爾摩與克里斯蒂安城（奧斯陸原名）。同時間的明尼亞波利斯只能排第六或第七。羅克內家開心地發現，北道沿線的挪威商號、餐廳與酒吧當中，有許多來自自己小鎮的同鄉。到了一八九〇年代，沃斯人已經成為芝加哥生活中，乃至於整體挪威移民生活中不可或缺的一環。

比方說，出身沃斯的尼爾森家（Nelsons），出了一位明尼蘇達州州長與一位參議員。另外同為沃斯同鄉的內斯托家（Nestos），則出了一位北達科他州州長。同樣來自沃斯的文格家（Vinges），也有子孫成為威斯康辛州最高法院法官。未來的《芝加哥日報》（*Chicago Daily News*）發行人維克托．勞森（Victor Lawson），也是來自芝加哥的沃斯人。但所有沃斯人當中最有名的——拉斯的兒子克努特，將徹底轉變美式運動的意義。

克努特小的時候，但凡見過他的人，都知道他跟其他孩子不同。剛開始上學時，他幾乎連個英語單字都講不出來，後來卻迅速名列前茅，數學天賦過人，歷史過目不忘。他就跟其他移民小孩一樣——斯堪地那維亞裔也好，非斯堪地那維亞裔也罷，生活就是讀書跟幫忙家計。放學後，他便到城北做些擦窗，或是去農場挖甜菜、撿穀子的零工。不過，運動始終是他最大的熱情所在。當地小孩子心目中的英雄都是運動員，像是拳擊手喬．甘斯（Joe Gans），或是芝加哥白襪隊（Chicago White Sox）教練與明星球員安森隊長（Cap Anson）。正是在家附近打野場棒球的時候，一顆漏接的彈地球砸斷了克努特的鼻子。這個傷讓他有了一張家喻戶曉的拳擊手臉孔，被專欄作家威斯特布魯克．佩格勒（Westbrook Pegler）形容成「油壺子凹凸不平的表面」。他還補上一句：「壺裡倒出來的是香檳。」

還有美式足球。他們踢的是那種急就章的野場足球，沒有頭盔，沒有護具，由當地斯堪地那維亞裔組隊對抗愛爾蘭裔。羅克內後來回憶道，比賽時場邊通常會有五名警察，確保觀戰的大人不會把小孩子之間的比賽，變成成年人限定的大混戰。

進了西北區高中（Northwest Division High School）之後，克努特踢足球——而且是正規的足球。讀大學是他嚮往的目標，要麼是芝加哥大學（University of Chicago，當年足球隊眾星雲集），要麼是厄巴納（Urbana）的伊利諾大學（University of Illinois）。但是，學生拿體育獎學金讀大學的制度，還要數十年才會出現。尤其一旦家人要求他從高中輟學，到郵局工作，年薪六百美元（從午夜值班到早上八點半），大學似乎成了遙遠的夢想。

他在郵局待了三年半，直到兩位愛爾蘭裔友人（都是田徑明星）告訴他，他們正要前往印第安納南灣（South Bend）的聖母學院（College of Notre Dame），說服他一起申請。聖母學院是美國當時少數接受高中同等學力考試入學的大學。他參加考試，高分通過，並且在一九一〇年春天對家人宣布自己即將就讀天主教修會主持的聖母學院。

羅克內家震驚不已，一家人魂差點都飛了。身為虔誠路德宗信徒，他們和大多數挪威人（或是瑞典人、丹麥人）一樣，對天主教會觀感極差。[3]兒子去了那裡，恐怕近朱者赤近墨者黑，甚至是改宗……他們想必憂心忡忡。但他們曉得，只要克努特想要，什麼也攔不住他。總之，那年九月，他到了南灣火車站，拎的皮箱裡只有兩條褲子、幾件襯衫和三條領帶。

他二十二歲，已經謝頂，在聖母學院只認識那兩個朋友。此外，他對於校園裡的羅馬天主教信仰

3　我的挪威外婆差不多也是這樣，她一聽到我在大學修拉丁文，就擔心我結交壞朋友——她的意思是羅馬天主教徒，或是更糟的耶穌會士。

也相當陌生，他更發現自己是班上唯一的斯堪地那維亞裔。化解宗教分歧需要精妙的平衡感，而他終其一生都保持這種微妙的能耐。就算在學校裡教書、主持校務的神父對他真正的信仰有所疑慮，克努特的化學天賦（校方一度考慮雇用仍就讀大學部的他開課教化學），尤其是他的足球天賦，仍然能讓他得到垂青。

當時的大學足球還是一種野蠻運動，球員確實有可能喪命，這種運動也差點遭到禁止，最後總統西奧多．羅斯福出手干預，實施一套能拯救這項競爭型運動的比賽規則（包括禁止雁行陣〔flying wedge〕在內）。不過，是克努特．羅克內徹底改變了美式足球，從他就讀的那所名不見經傳的學院出發，將足球由少數人的興趣愛好，化為長期發展、人人都想投身的大學產業。

追根究柢，羅克內是個創新者。一九一三年，聖母學院與陸軍官校（Army）校隊的比賽中，查爾斯．「好膽」．杜雷斯（Charles "Gus" Dorais）傳給羅克內的一系列傳球，為聖母學院帶來比賽勝利。咸認前傳球從此風行起來。一九〇六年起，規則便允許前傳球，但當時採用的人不多。一九一四年畢業時，羅克內得到兩份聘書：一是化學老師，一是在主教練傑西．哈珀（Jess Harper）手下擔任聖母學院足球隊助理教練。但直到一九一八年一戰結束，美國大兵準備從戰爭中復員，他才成為主教練與體育主任。

接下來的十三年成了一段傳奇。一九一八年至一九三一年，羅克內主掌兵符，帶領聖母學院贏下一百零五場勝利，僅僅十二敗五平局。他們在一九二四年、一九二九年與一九三〇年稱霸全國（當年還沒有正式票選冠軍的投票）。羅克內最有名的球員是喬治．吉普（George Gipp），這位遊刃有餘的明星後衛與開球員只為羅克內踢了兩個賽季（其中一九一九年賽季打出一波九連勝），後來在一九二〇賽季中不敵病魔。吉普在十二月時過世，令全校師生與全國各地的球迷悲慟不已，而這件事也成了羅克內傳奇的一部分——羅克內對球員的喊話，「替吉普贏下這一場」，成了美國成語。

聖母學院的傳奇人物還有所謂的「四騎士」（Four Horsemen），羅克內星光熠熠的進攻後場——從一九二一年大一時到一九二四年，哈利・斯圖垂爾（Harry Stuhldreher）、唐・米勒（Don Miller）、吉米・克勞利（Jimmy Crowley）與愛爾默・萊登（Elmer Layden）稱霸了大學足球界。運動作家格蘭特蘭・賴斯（Grantland Rice）把他們比作天啟四騎士，只要他們一上場，就是對手的末日。四騎士名號響亮。羅克內不僅不覺得冒犯，甚至還真讓四個男孩各騎一匹馬，在足球場上合照——美國運動史上最有名的照片之一。

羅克內堪稱宣傳大師。比方說，他知道「小小天主教學院加上挪威裔移民教練與無敵球隊」的故事自然會有很高的媒體曝光率，而他充分利用這點。聖母學院之所以廣為國人接納，不只是因為校隊表現優秀，也是因為羅克內不懈宣傳，並栽培優秀的運動寫手。羅克內把自己的姓借給一個代筆，讓他在新聞專欄與許多雜誌上同時登載文章；不在賽季中的時候，他也是知名的宴會致詞專業戶，甚至還為許多公司與產品代言，其中最高調的就是斯圖貝克汽車（Studebaker）。

一九二八年，聖母學院挫敗陸官校隊之後，運動記者紛紛報導故事，提到羅克內在中場休息時激勵隊員，「替吉普贏下這一場」。但他很清楚，自己成功的關鍵，並非那一番熱血精神喊話（不過，他倒是樂於讓錄音公司把喊話內容錄成熱賣的唱片），而是對比賽、球隊與球員每一個細節的關注。

「我努力讓自己隊上的所有球員，認為自己是推動我們這架機器的火花，」他曾經如此說過。「我們的成就與勝利都要仰仗他。」球員們之所以會這樣想，多少是因為羅克內注重球員裝備與健康狀況的每個環節。他常常親自打點全隊的用具，連藥品也不例外。「我知道一定會有人忘記東西，」他咕噥埋怨。「搞不好一場比賽就因此輸了。」

他從不找醫生隨行。羅克內自己就是隊醫。「他是自己的醫生、訓練師、跌打損傷與包紮專家。」為他寫傳記的傑瑞·布隆德菲爾德（Jerry Brondfeld）如是說。四騎士之一的吉米·克勞利記得，羅克內總是自製藥浴液，在比賽前的早上花一個小時讓克勞利藥浴，包紮他的腕關節。另一位球員喬治·維加拉（George Vergara）已經習慣讓教練幫自己包紮膝蓋或腳掌的傷處。「我們知道他很懂，」維加拉後來提到。「我們完全信任他。」

曾經有骨科醫生從梅約診所（Mayo Clinic）來到學校拜訪他，討論運動傷害問題。談了兩小時之後，這位外科醫生實在印象深刻，於是問羅克內的一位助理教練，想知道羅克內是哪一所醫學院畢業的。得知羅克內連醫學預科課程都沒修過，醫生只能目瞪口呆。

羅克內深深感到自己對球員有責，而他也期待球員禮尚往來。他紀律嚴明，但他自己也遵守同樣的紀律。他非得如此。羅克內擔任美國常勝足球教頭期間，絕大多數時候還身兼聖母學院最受歡迎的化學老師，每天上兩班課，每星期在研究室待兩個小時。他的課並不輕鬆：「他要求我們隨時保持全神貫注，」曾經在他隊上踢球的羅傑·凱利（Roger Kiley）回憶當年，「他在足球場上也是這麼要求我們。」

一九二五年賽季前夕，校方終於說服羅克內，要求他把所有時間用於足球校隊。羅克內不情不願，掛起自己的實驗白袍，把試管與本生燈永遠擱在一邊。他表示，自己最失望的其實不是放棄化學，而是校長逼他放棄同時擔任田徑隊教練。

羅克內的終身職，標誌著聖母學院登上校際足球的頂峰，並且在羅克內的眾多繼任者任教時仍維持在這個高度。不過，此君的成就有另一個關鍵面向，是媒體關注比較少的。

無論是聖母學院足球校隊，或是全校學生，絕大多數都是非北歐裔的羅馬天主教徒，隊上有許多愛爾蘭裔、義大利裔與波蘭裔球員，而時人反天主教情緒仍然高漲。該校足球隊眾所熟知的隊名「愛爾蘭鬥士」（Fighting Irish），直到一九二〇年代晚期才開始採用。原本的隊名漫步與游牧者（Ramblers and the Nomads），反映出附近的十大聯盟（Big Ten）不願意跟這支全天主教徒球隊比賽，因此球隊不得不到全國各地比賽。羅克內的天才，把這種「不得不」化為優勢。聖母學院校隊往返全國各地，跟陸軍官校、喬治亞理工學院（Georgia Tech）、南加州大學（Southern California）、南美以美大學（Southern Methodist）與內布拉斯加大學（University of Nebraska）等學校，以及聖十字學院（Holy Cross）等同為天主教學校的球隊比賽，因此躋身為全國性的球隊，擁有全國性的球迷基礎。校方不久便體悟到，作為國內天主教徒與新移民（當然也包括掌舵的挪威裔移民教練）的代表學校，對於公關好處多多。

如此這般，克努特．羅克內成了足球界第一位名教頭。聖母學院在他的主導下，開設全國首創的足球學程，成為將來所有人的衡量基準。他的成績彷彿金剛不壞，因此當他在一九三一年三月因飛機失事墜毀於堪薩斯的玉米田而罹難時，全美國都不敢置信。全國各地紛紛表達哀悼之意。總統赫伯特．胡佛（Herbert Hoover）表示這場悲劇是「國家的損失」，挪威國王哈康七世（Haakon VII）更派了駐華盛頓大使館的特使團參加喪禮致哀。

載著羅克內靈柩的列車駛入南灣時，有十萬人夾道致意。哥倫比亞廣播網（Columbia Broadcasting

System）安排東西兩岸同時進行的即時廣播轉播，然後由運動播報員泰德．哈辛（Ted Husing）主持長一小時的紀念節目。

克努特．羅克內辭世時年僅四十三歲。

無論是好是壞，羅克內開闢先河之後，人們再也不會用師資、藏書量或實驗室設備來衡量一間學校的好壞，而是用足球隊與教練為標準——教練是球隊的最高指揮官與戰略首腦，對於球員與崇拜他的球迷，甚或對謾罵他的敵隊球迷來說，他也是宛如父親的角色。羅克內為每一位跟隨自己腳步的教練，留下了這般智慧之言：「輸一場比賽對球隊來說不是壞事，但若是連輸好幾場，教練肯定沒有好下場」，還有「一個實踐運動家精神的人，勝過一百個談論這種精神的人」。

＊　＊　＊

對這位傑出的斯堪地那維亞裔美國人來說，飛機成了死刑判決。但對另一位同胞，也就是查爾斯．林白來說，飛機卻讓他在美國歷史殿堂中流芳。

林白的父親查爾斯．奧古斯特．林白（Charles August Lindbergh）一八五九年生於瑞典，是奧古斯特．曼森（August Mansson）的私生子。曼森有著好壞參半的過去——曾經擔任瑞典全階級會議議員，也是一位優秀的金融經理人，最後卻因挪用公款遭到指控而逃離瑞典，拋下了妻子與七個孩子。接著他在十九歲的情婦洛薇莎（Lovisa）和兩人的私生子查爾斯．奧古斯特陪伴下前往美國尋求新生活，改姓林白。

他加入瑞典人在一八五〇年代晚期的第一波移民潮，於一八五九年抵達明尼蘇達。他逃離動盪的瑞典，卻栽進動盪的美國。不久後，美國陷入內戰，而後是蘇族酋長小烏鴉（Little Crow）起事，殺害三百五十名拓荒者，明尼蘇達各農場都陷入恐懼。奧古斯特、洛薇莎和他們人丁漸多的家庭（包括長子查爾斯．奧古斯特在內，兩人最後有八個孩子）不得不逃離自家農場。但他們返家後，發現農場完好無缺。一八六七年，奧古斯特在斯特恩斯郡（Stearns County）取得一百六十英畝地。這座農場簡直是場災難。一連三年，蝗災吃了他們的莊稼，林白家更有三個孩子死於百日咳。一次使用輪鋸的意外，害奧古斯特終身殘疾；醫生從肩膀處截斷了他的左臂。他跟醫生要了那條手，好好埋在自家菜園，接著奧古斯特．林白便繼續過生活。收成時，他會綁上一條特製的腰帶，方便自己割草，不會影響步伐。

奧古斯特．曼森．林白在新國度吃盡苦頭。但他在一八七〇年歸化為美國公民時依舊自豪，尤其因為自己聰明、帥氣的兒子查爾斯．奧古斯特而感到光彩。奧古斯特．曼森．林白沒有見到自己的孫子。但查爾斯．奧古斯特確實在自己優秀的兒子——小查爾斯．林白的人生中扮演關鍵角色。事實上，若不了解父親，就無法了解兒子。查爾斯．奧古斯特．林白身高六呎，英俊又有魅力，如果時光倒流二三十年，聲如洪鐘、常帶微笑、眼神深邃的他想必會成為一位路德宗牧師。他能夠感動會眾，帶來歡笑、淚水與奉獻。

查爾斯．奧古斯特．林白反而在政壇找到自己的未來。他從密西根大學法學院畢業，娶了富醫之女，成為明尼蘇達莫里森郡（Morrison County）的檢察官。接著他在一九〇六年，也就是兒子小查爾斯出生後一年，獲選成為美國眾議員。當時，美國中西部湧現一批斯堪地那維亞裔美國政治人物，讓進步主義（progressivism）成為兩黨政治局面中不可或缺的一環，同時也是斯堪地那維亞移民浩浩蕩蕩踏入政界的開始。查爾斯正是其中一員。

尼爾斯·豪根（Nils Haugen）在一八九〇年代掀起這股風潮——豪根生於挪威，一八五四年五歲時隨父母移民美國，後來成為威斯康辛參議員。威斯康辛的豪根村便是以他為名。

一九〇五年，明尼蘇達州的瑞典移民之子約翰·強生（John Johnson）獲選成為州長，後來甚至三度回鍋。這位民主黨員氣勢如虹，足以讓他在一九〇八年爭取總統提名，但最後輸給威廉·詹寧斯·布萊恩（William Jennings Bryan）。若非在一九〇九年猝逝，他肯定會在一九一二年再度出馬，與伍德羅·威爾遜一較高下。一九〇九年繼位強生擔任州長的，是生於瑞典韋姆蘭一個村莊的共和黨人阿道夫·艾伯哈特（Adolph Eberhardt）。艾伯哈特的繼位者是約瑟夫·伯恩奎斯特（Joseph Burnquist），這位丹麥移民之子在一九一五年至一九二一年擔任州長。後來進入一九三〇年代，佛洛伊德·歐爾森（Floyd Olson，明尼蘇達人會稱他為異族通婚的結晶，因為他的父親是挪威裔，母親是瑞典裔）在一九三一年至一九三六年擔任州長，一九三三年至一九三六年的副州長則是康拉德·索爾柏格（Konrad Solberg）。康拉德·索爾柏格與賈爾瑪·彼得森（Hjalmar Petersen，一九三六年至一九三七年任州長）都來自政壇新勢力——農工黨（Farm Labor Party）；該黨後來成為民主農民勞工聯盟（Democrat Farm Labor）的基礎，和斯堪地那維亞的社會民主黨性質類似。[4]

不過，明尼蘇達最有影響力的斯堪地那維亞裔政治人物，恐怕是安德魯·沃爾斯泰德（Andrew Volstead）。他是揚·弗拉爾斯塔特（Jon Vraalstad）之子，生於肯揚（Kenyon），畢業於聖奧拉夫學院。沃爾斯泰德擔任花崗岩瀑布市（Granite Falls）市長，後獲選為明尼蘇達第七選區眾議員，連任二十年。他的姓將永遠與催生美國「崇高的禁酒嘗試」（Noble Experiment of Prohibition）的法案相連——人稱《沃爾斯泰德法》（*Volstead Act*），不過法案內容泰半是由反酒館聯盟（Anti-Saloon League）的韋恩·

惠勒（Wayne Wheeler）所起草。這項法案足以把沃爾斯泰德送上《時代》（*Time*）雜誌封面——第一位獲此殊榮的斯堪地那維亞裔美國人——但在人們記憶中卻是一場災難。禁酒令以及沃爾斯泰德，將在一九三三年被解禁的修正案掃進遺忘的深淵。

只是沃爾斯泰德值得好一點的下場。他的另一項遺產是《卡珀—沃爾斯泰德法》（*Capper-Volstead Act*），讓美國農村最具斯堪地那維亞風格的組織——農民合作社，得以豁免於《謝爾曼反壟斷法》（Sherman Antitrust Act）。這項豁免延續至今。

一九二〇年代禁酒期間，負責將違反《沃爾斯泰德法》的人起訴的，是明尼蘇達州檢察長——又一位瑞典裔美國人，亞倫·揚奎斯特（Aaron Youngquist）。揚奎斯特生於瑞典哥特堡附近的小農場，他本來可以在一九二九年輕鬆獲得共和黨提名參選明尼蘇達州長，但他最後決定前往華盛頓特區，到胡佛政府的司法部任職。他在最高法院起訴的案件有六七十件，其中最有名的就屬起訴艾爾·卡彭（Al Capone）規避欠繳所得稅，從而終結這名走私犯在芝加哥的犯罪樂園——算是沃爾斯泰德不經意間造成的。

上述政治人物和他們在南北達科他（例如南達科他州長彼得·諾貝克〔Peter Norbeck〕）與伊利諾（例如參議員弗雷德里克·倫定〔Frederick Lundin〕）鄰近地區的斯堪地那維亞裔美國人同胞，幾乎都是進步派，認為「治理」是一股良性的力量，能水漲船高——在他們的北歐故鄉，這是一種常見的觀點。在威斯康辛掀起進步浪潮，未來成為該州最知名總統候選人的，是聯邦參議員羅伯特·「鬥

4 關於斯堪地那維亞社會民主黨，見第十四章。

士鮑伯」・拉福萊特（Robert "Fighting Bob" La Follette）。他雖然不是斯堪地那維亞裔，但他在威斯康辛丹郡（Dane County）的挪威裔住宅區長大，懂得如何包裝自己的訊息，以打動這一批重要的威斯康辛選民。甚至有傳聞說，拉福萊特小時候跟挪威裔的玩伴學到了松恩農家方言，能夠用這種語言做選民服務。

然而，當時斯堪地那維亞裔美國政治人物裡，威斯康辛人厄文・路德・倫羅特（Irvine Luther Lenroot）的命運想必最是陰錯陽差。倫羅特生於蘇必利爾（Superior），是瑞典移民之子。他在一九〇九年至一九一八年間擔任眾議員，一九一八年至一九二八年擔任參議員。一九二〇年，倫羅特是沃倫・G・哈定（Warren G. Harding）預定的副總統搭檔，本來會與他一同代表共和黨競選，但芝加哥全國黨代表大會的大老們在煙霧繚繞的會場中，決定需要由新英格蘭人擔任副手，才能平衡選民結構。他們挑了麻州的卡爾文・柯立芝（Calvin Coolidge），哈定則從善如流。若是按哈定的意思，倫羅特就會當選當年的副總統；哈定在一九二三年過世時，繼位總統的人也就不會是卡爾文・柯立芝，而是倫羅特——他將會成為第一位（也是至今唯一一位）在美國土地上擔任最高統帥的斯堪地那維亞裔。[5]

* * *

一九〇八年，弗雷德・倫定角逐眾議員時，《瑞典裔美國人》（*Svenska Amerikanaren*）周報登出了這段文字：「假如下次選舉情況順利，將會有三位瑞典裔美國人進入國會：威斯康辛的厄文・倫羅特，明尼蘇達的查爾斯・A・林白，以及伊利諾的弗雷德里克・倫定。目前，這三位候選人態勢大好，有機會以明顯的票數優勢當選。」

報導內容寫得沒錯，尤其是查爾斯・A・林白的選情。當時林白已是人們口中的「明尼蘇達律師界明星」，他決心支持本州辛勤工作的農民，對抗他所謂的大銀行與信託投機寄生蟲。當選眾議員之後，他立刻成為進步派陣營的一員，參議院的同道中人還有威斯康辛的鮑伯・拉福萊特，愛達荷的比爾・博拉（Bill Borah），以及印第安納的亞伯特・貝弗里奇（Albert Beveridge）；不過，根據其中一位成員——威斯康辛的約翰・尼爾遜（John Nelson，父母都是挪威裔）所說，林白是「全體中最激進、最獨立的人」。扒糞記者艾妲・塔貝爾（Ida Tarbell）封林白為「有夢相隨的瑞典裔」，因為他對財大氣粗、掌控美國經濟的金融鉅子發動一場不懈的戰爭——有時候能為他贏得同僚支持，有時則否。

他煩惱華爾街的權勢，他憂國憂民，甚至到了走火入魔的程度，最後連婚姻都受到影響。他的妻子愛芳潔琳（Evangeline）離開華盛頓，返回明尼蘇達，用心扶養小查爾斯在內的孩子們。她終究訴請了離婚，導致當時在國會與選區早已問題纏身的老查爾斯政治生涯遭到重挫。

老查爾斯的政治生涯終歸失敗——他在一九一六年競選參議員不果，後來角逐州長大位也是一樣的下場。繼續在眾議院任職的他，在一九一七年投下反對參加歐戰的票，是五十六名反對者之一。他與許多斯堪地那維亞裔一樣，堅決擁護美國中立（挪威裔的北達科他參議員阿斯勒・格羅納〔Asle Gronna〕也投下反對票）。許多北歐裔與日耳曼裔美國人認為，總統伍德羅・威爾遜對德國的敵意，以及對英格蘭與協約國的鍾愛，實在令人費解。

5 此後的總統候選人休伯特・韓福瑞（Hubert Humphrey，母親是挪威裔）與華特・孟岱爾（Walter Mondale）同樣未能斬斷命運的枷鎖，以斯堪地那維亞裔身分入主白宮。

但林白投下的反對票卻不待見於家鄉。由於戰爭激起美國人的愛國心，查爾斯·奧古斯特·林白發現自己去到哪，憤怒的群眾就包圍到哪。在雷文（挪威裔美國人最大神學院的所在地，真是諷刺），有人吊死他的假人以洩憤。有一回，甚至有一群暴民把他從演講台拉下來，差點就用私刑伺候。還有一回，他與隨行人員居然被人「亂槍趕出鎮上」。他所寫的反威爾遜書籍《國家何以陷入戰爭》（*Why This Country Is at War*），印刷版被人搶去砸了。

雖然競選參議員失利，但林白的政壇分量仍足以讓威爾遜的軍需產業巨頭——伯納德·巴魯克（Bernard Baruch）延攬他到軍需產業委員會（War Industries Board）服務。但民眾的抗議迫使林白離開委員會。一九二〇年，美國輿論風向轉變，從支持戰爭轉為擔憂與幻滅，此時林白試圖挽救政治生涯，再度參選——這一回是他以前的眾議院席次。只是為時已晚，他以些微差距落選。

小林白把父親仕途的不順遂都看在眼裡，他得出一項重要教訓：媒體幾乎能在一夜之間讓人封神或成魔。他想必也忘不了父親苦澀的發言：「你明明自始至終支持美國不渝……結果卻被主流媒體打成親德派。」查爾斯·奧古斯特還補了一句警世之言：「戰爭之所以壞，是因為會害死一個國家裡最好的人。」

困在這個母親怏怏不樂、父親深受折磨的家庭裡，小查爾斯·林白成了個孤僻的男孩，對於機械的愛好就是他唯一的慰藉。一九〇七年，他第一次看見飛機。多年後，他依然能憶起頭頂上的天空襯著那架機器，記得斯情斯景的每個細節。飛機的模樣再也不曾離開他的腦海。

他加入美國陸軍，為的就是在航空隊覓得一席之地。退役後，他更上一層樓，在美國中西部成為一位大膽的巡迴機師，以低廉票價載著想飛上雲霄的人升空。一九二〇年代中葉，他加入航空郵政行列，擔任飛行員，他也正是在此時有了獨自駕機飛越大西洋的構想。他夢想到入了魔，只缺金援此行並提供飛機的合夥人。

二十多歲的查爾斯・林白是個安靜、謙遜的青年，身長六呎三吋的他鶴立雞群，永遠高人一截。但他能點燃別人的熱情。一九二六年與一九二七年間，他的越洋夢得到兩家飛機製造商的關注，一在紐約，一在聖地牙哥。林白最後選擇加州雷恩航空（Ryan Airlines）設計、生產的飛機。一九二七年五月二十日，他在長島集合團隊，準備展開世紀壯舉。

人們難免拿他跟埃里克之子萊夫等涉險於未知的維京人相比。不過，在那個星期五早上，林白就是維京魂的現代化身：「我感受到凡人從自己的機械得到的力量，宛如神力，」他後來寫道，「高空不朽的視野。」林白在五月的這個多霧早晨催出了一股信心，相信個人有能力憑藉熟練的技術，選擇自己的命運——托斯丹・韋伯倫將之歸功於匠心本能。他的單人飛行將能讓他用稍微低於三十六小時的時間，飛越三千英里的距離——至少他預計如此。

他在回憶錄《我們》（*We*，我在四年級時第一次讀到這本書）以及其他書中描述這段單人飛行的過程，甚至還拍了一部電影。途中有不少驚險瞬間，像是機翼結冰，或是因為差點睡著結果飛得太貼近海面，浪花甚至噴到他的臉上。接近巴黎時，他還一度切換錯油箱。

這些都是講述這段歷史性飛行時眾人耳熟能詳的篇章，電影《壯志凌雲》（*The Spirit of St. Louis*）也勾勒了這一切。不過，整趟飛行在林白心中最玄的片刻，反而沒有那麼出名。當時，他人在遼闊的大西洋上空，從長島起飛的二十四小時後。剎那間，他發現身邊有許多靈體與意象：他的原話是，「輪廓模糊的形體，透明、靈動、來去自如，與我一起在飛機上。」透明的人形輪廓。他們彷彿用人類的聲音對他說話——但他聽不懂——講完便消失了。

林白的說法如此。我們沒有理由懷疑他是否真看到、聽到**什麼**。想像力豐富的人，說不定會覺得那些是昔時維京人的鬼魂——說不定就是埃里克之子萊夫，他同樣跨越同一片大海，只不過是乘坐長船，不是飛機。這些魂靈說不定在照看著這位千里單騎，和自己一樣傲視北大西洋風雪濃霧的子孫？或許這一切只是缺乏睡眠導致的幻覺。這個經驗想必令人困惑不安，足以讓林白把這番奇遇從回憶錄《我們》裡拿掉——這個神祕莫測的書名會不會跟此番遭遇有關？總之，過了將近三十年，他才做好談論這次經驗的心理準備。

一九二七年五月二十一日，「聖路易精神號」（*The Spirit of St. Louis*）降落在勒布爾熱機場（Le Bourget Airport）。隔天早上，林白在巴黎的美國大使館客房中醒來，各國媒體聚集在他的房門外，此刻他意識到自己已享譽世界。此外，對他來說更重要的是，他推動了一個新紀元——揭開的不只是航空旅行或機械時代，更顯現人類擘畫、實現至高夢想的能力。這是維京魂的凱旋瞬間。

「我很訝異，自己成功降落法國，居然對世界各國有這麼大的影響，」他寫道。「在我眼中好似一根火柴引燃了篝火。」

美國舉國歡騰。各界讚譽吹捧不斷，從報紙文章到賀電（其中一封來自總統卡爾文・柯立芝），以及下標為〈幸運林仔〉（Lucky Lindy）、〈孤鷹〉（The Lone Eagle）、〈雲頭鳥林仔〉（Lindy, the Bird of the Clouds）與〈天空的哥倫布〉（Columbus of the Air）的歌曲、舞蹈與音樂劇，一應俱全（可惜沒人寫一首〈天空的埃里克之子萊夫〉〔Life Erikson of the Air〕）。到高雅藝術這一端，作曲家庫爾特・魏爾（Kurt Weill）與劇作家貝爾特侯特・布雷希特（Berthold Brecht）甚至創作一部十五幕清唱劇供獨唱家、合唱團與管弦樂團演出，題為〈林白的翱翔〉（Der Lindberghflug）；扮演林白的男高音必須遭遇象徵「濃霧」、「暴風雪」與「睡眠」的敵手。

林白幾乎一夕間成為全世界最有名的人。他頂著名人光環遊歷歐亞，漸漸培養出對造訪遠方的熱愛和閒不下來的習慣，從此成為人生的一部分。他也結了婚；一九三〇年二月，他與妻子安．莫羅．林白（Anne Morrow Lindbergh）喜獲一子。要說誰最幸福，莫過於查爾斯．林白了。

誰知幸福的樓房轟然頹傾。一九三二年三月，林白的幼子遭到綁架，成了當時的轟動大案。瞬間，「不到五年，查爾斯．林白的世界再度天旋地轉」，林白傳記作家A．史考特．伯格（A. Scott Berg）如是說。全國動員協尋失蹤的孩子，數以萬計的關懷電報湧入，其中有胡佛總統、娛樂界名人兼社會觀察家威爾．羅傑斯（Will Rogers）——甚至連艾爾．卡彭也捎來消息。林白的孩子是最早播出的電視畫面之一。每一個美國家庭突然間都感到惴惴不安；林白綁票案改變了人們對孩童脆弱性的認知，從這方面來看，美國歷史上沒有案件可以與之相提並論。

經過七十二天的愁雲慘霧——其間林白收到四萬封信——一具孩子的遺體在林白家四英里外的田裡找到了。驗屍確認這就是他們失蹤的孩子，死因為頭部遭受重擊。全美國的擔憂與同情轉為舉國哀悼，等到嫌疑犯布魯諾．豪普特曼（Bruno Hauptmann）被捕時，更是舉國震怒。這起「世紀罪案」（Crime of the Century）之後就是「世紀審判」（Trial of the Century）與豪普特曼的伏法——死刑的執行兩度暫緩，這種懸念簡直就像故意延長林白家的苦。

幸好查爾斯．林白已經決意好好過日子。他醉心於各種科學實驗，而翱翔天際的驅力又回到他身上。一九三三年，他簽約飛越父親的祖國瑞典，山川之美令他屏息。他後來表示，「我真不曉得，我的同胞為何要離開這樣的地方？」

如今他也漸漸涉入國家大事，尤其是美國軍事航空器的現況。他注意到，美國曾經的戰爭盟友大不列顛居然放棄繼續提升這個領域的科技，令他沮喪不已。接著，德國邀請他擔任一九三六年奧運的座上賓，帝國元帥赫爾曼．戈林（Hermann Göring）還親自陪同他參訪空軍設施。

這次參訪，以及林白後續發表的評論，終將反咬他一口。他表示，「即便我對某些措施非常反對」，但希特勒「確實為德國做了不少事」，而他看見「今日德國充滿青春、希望與活力」。如此的說法為他帶來一輩子揮之不去的惡名。林白也傾向於無視納粹對猶太人的歧視，一部分是因為據說許多猶太人支持德國共產黨。他的太太安甚至大讚希特勒打造的新德國，並把兩人此行引發的惡劣觀感歸咎於猶太人擁有的報紙。

林白絕非唯一對納粹德國印象深刻、相信其宣傳內容的人。一九三六年至三七年間，只有極少數的人能看見奧斯威辛（Auschwitz）即將來臨的陰影。不過，這一趟巡禮有件事令林白大為震撼：德國空軍力量的穩定成長。一九三七年他再度回訪，所見令他憂心不已。他親眼看見德國空軍的新戰機——梅瑟許密特 Me 109（Messerschmitt Me 109），與多尼爾 Do 17（Dornier Do 17）轟炸機。他在飛機製造商福克—沃爾夫（Focke-Wulf）的工廠看到世界上第一架可運行的直升機。他很清楚，無論是不列顛軍或法軍，機械方面的實力都差得太遠，更別說美軍了。等到一九三九年四月第三度訪歐後返國，他決心立刻採取行動。他致電友人——陸軍航空兵團（Army Air Corps）指揮官哈普．阿諾（Hap Arnold），安排在西點軍校舉行一場祕密會議。

這場會議本來或將造成重大影響。當時，林白的首要目標並非讓美國做好戰爭準備，而是想阻止戰爭。他與不少人同樣深切以為，倘若歐洲爆發戰爭，美國及上次世界大戰的前盟國恐怕都無法一戰。他記得父親那番話——戰爭如何毀滅一個國家最優秀的人才。「設法讓美國避開下一場戰爭」成了他的引路明燈。因此，他把自己的名字與聲望借給「美國優先遊說團」（America First Committee）使用。

等到一九三九年九月，戰爭真的爆發了，數以百萬計的美國人跟林白都很擔心：他們認為這場戰爭跟美國沒有地緣政治、經濟，甚或道德關係，但親英派的富蘭克林．羅斯福（Franklin Roosevelt）會加入不列顛陣營，此舉必然將美國捲入衝突。當然，今日你我已經知道納粹大屠殺的事實，自然能理解道德實為迫在眉睫的關鍵。但許多美國人不知道希特勒鐵蹄下的歐洲發生什麼事，他們眼中的道德天平是傾向另外一方——尤其一戰戰後的幻滅經驗，此時仍徘徊不去。鬥士鮑伯．拉福萊特的兒子，威斯康辛州參議員小羅伯特．拉福萊特（Robert La Follette Jr.）表示，「我絕不會拿我這一票，把美國青年送去舊世界戰死沙場」——美國人已經做過這種事了。「美國優先」的大老、參議員伯頓．K．惠勒（Burton K. Wheeler）認為，面臨存亡關頭的「是我們美國生活方式的存續」。

然而，打過仗的林白還有其他擔憂：不列顛與法國恐怕會在德軍空優下戰敗。一九四〇年五月到六月間，法國不到六星期便兵敗如山倒，顯示這樣的預測極有可能成真。林白投書《大西洋月刊》，堅定表示歐洲的戰爭不過是「西方國家為爭奪全球物資利益的舊調重彈」。美利堅合眾國必須遠離這種爭奪，尤其不能跟勢必在衝突中敗給希特勒的輸家——不列顛與法國同一陣營。他補充道，強大的德國其實是歐洲安定所不可或缺，「畢竟光是這個國家，就能阻擋亞洲鐵蹄，或者成為他們滲透歐洲的先鋒」——他要喚醒人們對於德國與蘇聯長久結盟的恐懼，畢竟兩國已在一九三九年八月簽訂互不侵犯條約。

林白為反對參與歐戰而益發聲嘶力竭，他也徹底成為美國優先遊說團的封面人物。遊說團是反戰政治人物、知識分子與工商界領袖的聯盟，成員包括進步派的蒙大拿民主黨參議員伯頓・K・惠勒、俄亥俄的共和黨保守派參議員羅伯・塔虎脫（Robert Taft），以及社會主義領袖諾曼・湯瑪斯（Norman Thomas）。不過，大多數斯堪地那維亞裔美國人（看著丹麥與挪威祖國被納粹推翻）反而對林白等美國優先者的中立論調愈來愈沒興趣。

林白的發言，引來富蘭克林・D・羅斯福持續的敵意。羅斯福把他貶斥為「一條銅頭蝮」，比作內戰期間親邦聯派的北方人。林白感到自己的「忠誠、人格與動機」和榮譽都受到質疑，因此決定辭去陸軍航空兵團預備役上校的委任。對林白來說，這是痛苦的一刻。「軍隊對他意義非凡，」他的妻子安・莫羅・林白在日記中寫道。「那曾經是個遼闊的世界，是他的第一個機會，是他初露頭角之處。」如今，他就像自己反戰的父親一樣，阻止美國參戰，結果反遭吞噬。

一九四一年整個春夏，林白代表美國優先遊說團，在一場又一場的集會上演說；同時，歐陸的戰況益發激烈，規模也隨著希特勒（Adolf Hitler）在六月入侵蘇聯而益發擴大。批評者因為林白的聽眾包括德裔美國人聯盟（German American Bund）與美國命運黨（American Destiny Party）等親納粹團體成員而抨擊他。全國各地的圖書館把他的書從架上拉下來，曾經為了向他致敬而起的街道名稱也盡皆改名。他的故鄉明尼蘇達小弗斯（Little Falls），則是為了遮蓋他的名字而重新粉刷水塔。

林白遭受的批評愈來愈強烈，最後在九月十一日達到頂峰——這天，林白在愛荷華德斯莫恩（Des Moines）演講，講題是〈誰在鼓吹戰爭？〉（Who Are the War Agitators?）。他在演講中，把一部分戰爭的情緒歸咎於美國猶太人身上：「他們對這個國家最大的危害，在於他們掌握我國電影、媒體與政府，有絕大的影響力。」林白斷言，「他們覺得什麼最符合自己的利益就去追求，我們不能為此責怪他們，但我們也得照顧好自己的利益。」

林白的說法引燃了熊熊烈火。《紐約時報》（*New York Times*）表示：「美國優先遊說團碰了反閃主義（anti-Semitism）的瀝青，焦油沾上了手指」；《自由》（*Liberty*）雜誌則稱林白為「美國最危險的人物」；甚至有個支持介入戰事的團體發送宣傳品，標題是〈林白是不是納粹？〉（Is Lindbergh a Nazi?）。

林白內心真正的想法為何？曾經用「偉人」形容希特勒，接受德國政府授勛（金鷹勛章〔Order of the Golden Eagle〕）的他，究竟是個天真的傻子，還是像羅斯福的內政部長哈洛德．艾克斯（Harold Ickes）所說，是個糟糕透頂的「美國頭號納粹同路人」？諷刺的是，這場為林白招致惡名與敵意的演講，其實旨在致敬猶太人與不列顛人——他認為，這兩群人是呼籲美國參戰最力的群體（羅斯福政府除外）。

「我沒有攻擊猶太人或不列顛人的意思，」林白在同一場演講中如是說。「我們不難理解猶太人為何渴望推翻納粹德國。換作其他種族，若遭受猶太人在德國遭受的迫害，都足以讓他們與納粹為敵。」但林白接著表示，他認為猶太人所受的苦，不能作為處心積慮的藉口，「出於非美國的因素」將美國拖進一場只有大不列顛一國能獲益的戰爭。

林白說猶太人是個「種族」，自然會讓今人皺起眉頭，但這種措詞在當時其實相當常見，甚至猶太人自己也會這樣說。同理，暗示美國猶太人「不是美國人」，恐怕比誹謗還要嚴重——繪聲繪影攻擊猶太人，說他們掌控了好萊塢與媒體，也跟反閃主義者為了打擊所謂的以色列遊說團體而採用的說詞遙相呼應。

究其根本，林白傳記作家溫斯頓．格盧姆（Winston Groom）指出，如果林白發言的程度算是反閃，「恐怕許多與他同時代的美國人都算反閃。」但是，沒有任何史料能證明林白支持納粹。儘管小說家菲利浦．羅斯（Philip Roth）在《美國外史》（*The Plot Against America*）對林白有一番異想天開的描繪，但沒有證據能證明這位著名飛行家有法西斯傾向。早在一九三九年九月歐戰爆發之前許久，他就沒有跟任何納粹德國相關人士聯絡了，戰爭爆發後亦然。無論態度是正是反，那場演講其實是林白唯一一次公開提到猶太人。

當然，這不能用來為他的所作所為開脫，史冊也不容抹去。他擁抱負面刻板印象，信誓旦旦說猶太人操縱媒體與政治機構，反而證明他缺乏理解，甚至不厚道，有違良知，也站在現代維京精神的對立面。無論怎麼看，他身為美國英雄的聲望，都放大了他的罪愆。溫斯頓．格盧姆說得好，林白的光環成了他的枷鎖。他的聲望曾經飛上雲霄，最後卻墜入萬劫不復的深淵。美國優先的積極支持者跟克服困難飛越大西洋的孤鷹，兩者實在很難畫上等號。

他的太太安一如既往，對他的支持無比堅定。污衊詆毀從四面八方而來，落在林白的頭上。此時，安在自己的日記裡寫道，她寧可眼見美國參戰，也不想被「暴力反閃」的納粹標籤所傷害。她曾大力要求先生在那場演講中加一句話，說明自己並非反閃，也沒有攻擊猶太人不是美國人的意思。

但他拒絕了。她寫道，對查爾斯來說，問題在於「光是**點名**那些將國家推向戰爭的群體，就有被人罵『反閃』的風險。但問題在於你是不是沒有勇氣指名道姓，結果讓自己的國家就這麼陷入一場災難性的戰爭。」

這種辯解顯然不夠。美國最後還是參加了第二次世界大戰——我們知道這件事多麼重要（但林白還不知道），就像我們知道林白演講時，希特勒對歐洲猶太人發動的戰爭，已經達到了大屠殺的程度。歷史無情批判林白，也確實有理。

林白招惹來的敵意，一度煙消雲散——三個月後的一九四一年十二月七日，日本襲擊珍珠港。美國優先遊說團消失在歷史上，林白幾乎一夜間從堅定反戰，變成全力支持美國戰勝敵人。羅斯福總統拒絕讓他回到陸軍航空兵團，林白於是以完全志願的平民身分投入戰備。他在梅約診所當人體白老鼠，參與高空環境對飛行員身體影響的相關實驗。他幫助曾經同為美國優先遊說團成員的亨利・福特（Henry Ford），在威洛倫（Willow Run）興建廠房生產B－24轟炸機，後來更是在太平洋戰區飛了五十趟作戰任務——顯然違反他以「技術代表」身分派駐太平洋的相關規定。他本該向陸軍航空兵示範如何掌握他們的雙引擎新戰機P－38「閃電式」，而不是親自參戰。

他也以類似的技術人員身分，在納粹戰敗後不久飛往德國。他曾經親眼見證號稱無敵的德國空軍，如今他重訪故地。第三帝國已經在美軍轟炸機下化為瓦礫。林白踏進希特勒在巴伐利亞山區貝希特斯加登（Berchtesgaden）老巢的廢墟，「如今已成故人的希特勒，曾在此規畫、實現自己的計畫」。林白在日記中寫道，「此人不出幾年，就讓人世間陷入史上最慘痛的災難，需要好幾代的時間才能復原。」他說，希特勒「掌握如此權力，本能藉此為人類謀福祉，結果卻犯下如斯罪孽……。」

許多人認為他崇拜希特勒，同情納粹。如此說來，他道出這番悼詞，豈不奇怪？如果林白能在戰前看透納粹政權的真面目，而不是事後才恍然大悟，他在今日的地位會更加崇高——而他在維京魂歷史上的位置也不會那麼矛盾。

歷史上的造化弄人，多如雨後春筍。林白看似美國優先論者，但他同樣為擊敗希特勒與日本做出最重要的貢獻之一，時間甚至早於第二次世界大戰爆發前。

一九三九年三月，剛從德國返美的他立刻在西點軍校密會陸軍航空兵團指揮官哈普．阿諾將軍。兩人在足球場邊的露天座椅聚首，林白表示自己對德國空軍實力愈來愈擔憂，尤其是德國的轟炸機聯隊，認為航空兵團有必要打造出自己的先進轟炸機。阿諾因此聯絡華盛頓州的波音公司——波音公司的挪威裔工程師克萊爾．艾格特維特（Claire Egtvedt），他當時正著手設計四引擎戰略轟炸機，B－17空中堡壘（B–17 Flying Fortress）就是成果。艾格特維特與另一位斯堪地那維亞裔美國人、瑞典移民之子菲利浦．強森（Philip Johnson）合作，監造了歷史上最先進的戰略轟炸機：B－29。一九四五年八月七日，艾格特維特銀光閃閃的龐然心血結晶在廣島上空投下原子彈，接著四天後投彈於長崎，迫使日本投降，結束第二次世界大戰。

若是沒有B－17或B－29，美國與同盟國能打贏戰爭嗎？很難說。若是沒有林白協助，艾格特維特等工程師能否開發出這些能打贏戰爭的武器？答案八成是肯定的。林白的愛國無庸置疑，而他個人冒著失去一切的風險，也要飛向未知的那種勇氣或決心，同樣是維京魂應有的特質。但他少了其他的一些特質：同理心，對於他人困境的認知，以及對於他人苦痛折磨的真誠體會。只要擁有這些特質，種族歧視與偏見就無法毒害人心。

林白在自傳中問，「科學、自由、美、冒險——人生，夫復何求？」好問題。一股強烈的道德與社會責任感，在人間一片火海時有更好的判斷力——維京魂想必會這麼回答。一九四一年十二月，林白一醒來，得知世界上發生的事，此時想挽救自己的名譽已經太晚——但努力扭轉潮流，則尚未太遲。

其實，當時有兩位丹麥裔美國人——都是第一代移民——正在讓美國的工業力量做好準備，設法在這場史上最嚴重的全球衝突中創造勝局。

13

幕後英雄：維京魂與美國民主

Men at Work: The Viking Heart and American Democracy

齊心協力，萬事可成。

——威廉．克努森（William Knudsen）

全體知名斯堪地那維亞裔美國人當中，查爾斯．林白始終是最有爭議的人物。批判他最力的兩個人也是斯堪地那維亞裔美國人，只不過其中一人的道德缺陷無疑應該受到同等標準的深入檢視——說不定應該要扒得更深。

他名叫古聽．柏格魯姆，父母都是丹麥移民。他是一九三〇年代美國名氣最響亮的雕刻家，原因泰半是他幾乎以一人之力構思、雕琢出來的傑作：美國特殊論的不朽豐碑，拉什摩爾山的總統頭像。美國究竟該不該參加第二次世界大戰？各方為此激辯時，柏格魯姆多次猛烈抨擊林白對納粹德國的支持：「凡文明人皆不能容忍如此蠻行。」柏格魯姆在一九三八年「水晶之夜」（Kristallnacht）等事件後如此對媒體表示。至於林白個人，他說，「現在這個從希特勒政權行納粹右手禮的人渣手中接受金章的青年，已經不是當年那個飛越大西洋的小夥子了」，他說的人渣，是空軍總司令赫爾曼．戈林。

柏格魯姆原本是林白鐵粉。他女兒記得當年住在德州的聖安東尼奧（San Antonio）時，父親興奮地衝進客廳，揮舞著報導林白單人飛行的報紙。她的父親興奮喊叫，熱淚盈眶。然而，歐洲局勢惡化，納粹與法西斯威脅日增——林白不僅看不出這種威脅，甚至似乎想鼓勵其對外擴張——柏格魯姆的態度隨之轉變。對柏格魯姆來說，納粹的威脅是切身的。納粹在一九三九年佔領波蘭。柏格魯姆有一件作品，他雕的美國總統伍德羅．威爾遜像立於波蘭波茲南（Poznań）中央廣場上，此時成了希特勒的犧牲品——希特勒下令將這尊「礙眼的藝術品」摧毀，以報復這位曾幫助波蘭解放的美國總統。

不過，柏格魯姆本人對於猶太人的看法，連林白都黯然失色。最新的柏格魯姆傳記披露了「古聽認為猶太人是寄生蟲，猶太教則是瘟疫」——但這並不妨礙他的密友圈裡有猶太裔的最高法院大法官費利克斯．法蘭克福特（Felix Frankfurter），也不影響他聘請猶太裔銀行家保羅．瓦伯格（Paul Warburg）擔任自己的金融顧問，或是接受猶太裔山謬．柯特（Samuel Colt）與尤金．邁爾（Eugene Meyer）等猶太裔富翁為自己的贊助人。柏格魯姆對於非裔美國人的看法也同樣矛盾。他一度與「三K黨」（Ku Klux Klan）友好，同時是亞伯拉罕．林肯的超級仰慕者。其實，他的長子便是以這位美國第十六任總統的姓氏為名。

柏格魯姆有害的種族觀點和他在美國藝術中的角色也很矛盾。這位斯堪地那維亞之子，在拉什摩爾山用浩大的創作，為美國藝術的徹底改變付出了一份心力。事實上，一九三〇年代的美國正因大蕭條而舉步維艱，亟待新政（New Deal）實施。古聽．柏格魯姆在此時展開規模龐大的計畫，激勵當下與未來的世代，以嶄新的角度觀看美國自由與偉大的奠基者。

拉什摩爾山的總統紀念像在美國公共藝術史冊中無與倫比。無論我們如何看待其創作者，他的創作始終是匠心本能的輝煌勝利。

＊　＊　＊

因為柏格魯姆的父母為丹麥裔摩門教教徒，所以他就在有兩位母親的家庭中長大。一八九〇年代，他的父親帶著全家遷居洛杉磯。包括古聽在內，他五個天資聰穎的兒子都將在此找到通往成功職涯的康莊大道。古聽對繪畫有著一等一的熱愛，雕塑則是其次。結果顯示，他對大理石或青銅有著獨一無二的天賦。一股放飛天賦的渴望，令他大膽帶著新妻麗莎（Lisa，本姓帕特南〔Putnam〕）前往歐洲，以利他展出自己的作品，也與當時引領潮流的藝術家建立聯繫，包括雕塑大師奧古斯特．羅丹（Auguste Rodin）。他正是在巴黎展出了自己第一件重要雕塑——一尊小型青銅像，是一匹小馬朝一位倒地的美洲原住民戰士俯身垂首。這尊名為《酋長之死》（*Death of the Chief*）的作品為他贏得滿堂采。《酋長之死》為他開創了號稱「美國羅丹」的生涯——但就像他的知名精神導師，對他的讚譽與爭議也隨之而來。

柏格魯姆的才能以多面手的方式展現。他和妻子搬到倫敦，以畫家的身分，繪製約翰．辛格．薩金特（John Singer Sargent）風格的肖像畫獲得成功。但他也沒有冷落自己的雕塑天分。他的青銅作品《阿帕契的追跡》（*Apaches Pursued*）表現出三名阿帕契青年騎在野馬上，不僅為他贏來藝評的讚賞，還有不少的收入。他成為王家不列顛藝術家學會（Royal Society of British Artists）會員。一九〇一年四月返回美國時，三十一歲的他已經在三個國家獲得三個榮譽藝術家學會的會員資格。重點是，他找到了自己最重要的創作主題：一八六四年春，他的父親延斯．柏格魯姆離開丹麥，移居美國，而他要創作的就是這個國家的歷史。

延斯來到美國時，美國各地正發生許多重大事件——亞特蘭大圍城（siege of Atlanta）、莽原戰役（battle of the Wilderness）與史波特斯凡尼亞戰役（battle of Spotsylvania）。不過，延斯和他的新娘（兩人在登船時結婚）卻依舊前往這個戰火蹂躪的荒野之地，找一個杳無人煙的邊遠角落，以後期聖徒教會成員的身分開創新生活。

然而，柏格魯姆一九〇一年返回美國時，這個國家正進入某個截然不同的新時期。工業化的步伐從東海岸走向中西部；華爾街的財富、一排排的煙囪與一船船的移民，正徹底改變美國的面貌——有人認為變化是往壞的方向去。柏格魯姆發下宏願，要提醒美國同胞——移民也好，土生土長也好——都要記得祖先英勇的出身，以及曾經的奮鬥。他想召喚回維京魂仍然是本能反應的時代（甚至連非維京人亦然），讓這樣的價值觀成為普世價值。

熱情的受眾聽進了柏格魯姆的啟示。他的職涯一瞬間飛上枝頭。他在自己的紐約工作室想出各式各樣的提案，同時也獲得他人的委託；他大多數的題材都跟美國歷史與希臘神話中的英雄有關。他成為華盛頓特區炙手可熱的人物，以大理石或青銅為素材，為在世者或已逝者打造官方的塑像。其中包括幾座菲利浦・謝里登將軍（General Philip Sheridan）的雕像，一座一九〇八年完成的林肯胸像（如今安放於美國國會大廈）與一座一九一一年完成的林肯座像。柏格魯姆以「林肯」為自己的長子命名，就是完成座像後不久的事。

此外還有北卡羅萊納州議會的亨利・勞森・懷亞特（Henry Lawson Wyatt）紀念像；芝加哥進步派前市長亨利・阿特格爾德（Henry Altgeld）紀念像；紐約州薩拉納克湖（Saranac Lake）為作家勞勃・路易斯・史蒂文森（Robert Louis Stevenson）立的像；以及紐澤西州紐華克（Newark）一處公園內，名為《印第安人與清教徒》（*The Indian and the Puritan*，一九一六年落成）的雕塑作品。除了為美國國會大廈附屬國立雕塑展覽館（National Statuary Hall）製作的林肯胸像，柏格魯姆更得到委託案，為這座殿堂再打造三座雕像——展覽館內就數他的作品最多。

不過，美國西部——尤其是他生長於斯的愛達荷與內布拉斯加平原——才是他心之所向。世人肯定他以西部主題創作的銅像，已臻藝術大師之境。他原本可以踏入美國不朽雕塑名家的萬神殿，與弗雷德里克·雷明頓（Frederick Remington）或奧古斯都·聖高登（Augustus Saint-Gaudens）齊名，偏偏他還有另一個心之所向——在第一次世界大戰前夕與戰後捲土重來的組織：三K黨。

三K黨起源於內戰戰敗的美國南方，是個由來已久的後邦聯時期白人至上恐怖組織。受到轟動一時的電影《國家的誕生》（*Birth of a Nation*）推波助瀾，三K黨以美國精神捍衛者的身分上了神壇，對抗所謂一窩蜂湧向美國海岸的外國移民。甚至連對美國的黑人人口並無敵意的沃倫·G·哈定總統，也成了三K黨的榮譽黨員。柏格魯姆也被三K黨重新粉飾後的訴求所吸引——為了守護美國文化與政治自由而堅守美國的人種傳承——明明他自己也是外來移民的孩子（只不過是為人所接受的北歐移民）。

柏格魯姆擁抱三K黨的種族歧視宗旨，甚至將之與政治進步表象混為一談（許多人都這麼做）。他其實很崇拜西奧多·羅斯福。柏格魯姆一九二〇年代最出名的雕塑作品中，就有一件是勾勒美國司法不公的標誌性進步派殉道者：尼可拉·薩柯（Nicola Sacco）與巴托羅梅歐·范澤蒂（Bartolomeo Vanzetti）。雖然從他的若干公開言論與私人信件來看，他可能是個狂熱的反閃主義者，但先前我們也談到他的密友圈有不少傑出的猶太人。事實上，最高法院大法官費利克斯·法蘭克福特談到他這位經常受到折磨的複雜朋友時如是說，「有些藝術家雖然知道什麼是政治，但就是不適合從政，而他就是其中之一……。他一切都要清清楚楚，非黑即白，熱情積極，絕不妥協……。人家不會有錯，他們只是走偏了。人家並沒有不同意他；他們只是耍他。」

柏格魯姆的下一項大案子就有這種問題，而且下場並不好。他固然是亞伯拉罕・林肯的頭等仰慕者，但他也深受邦聯的「未酬壯志」所吸引。邦聯之女聯合會（Daughters of the Confederacy）委託製作一段規模驚人的浮雕，描繪邦聯英雄羅伯特・E・李（Robert E. Lee）與石牆傑克森（Stonewall Jackson）。機會一出現，柏格魯姆欣然應允。委託案規模驚人：一旦作品完工，將幾乎跟喬治亞石山（Stone Mountain）山峰一樣寬。柏格魯姆從來沒有進行過這麼大規模的創作。任誰都沒有。為了把原始草稿轉到山壁上，柏格魯姆發明了一種新投影機，能夠把影像打在他要雕刻的位置上。

但柏格魯姆對於石山的願景，卻跟出資者中的關鍵成員——三K黨的願景有所衝突。柏格魯姆的進步政治觀與黨的反動民粹思想相悖。雕塑計畫因第一次世界大戰爆發而擱置，可謂雪上加霜。柏格魯姆也逐漸捲入與三K黨競爭主導權的惡戰中——三K黨員未能募足委託案進行所需的資金。直到一九二三年六月二十三日，柏格魯姆才終於能動手雕刻。一九二四年一月，紀念像的第一部分——李的頭像揭幕了。但是，計畫此時已注定告吹。

柏格魯姆終究受夠了黨的無能與扭曲，他在一九二五年三月砸爛黏土與石膏模型，頭也不回離開喬治亞。警長發布通緝令，要以「故意毀損相關資產」為由逮捕他，柏格魯姆於是展開飛車逃亡，衝進北卡羅萊納。他在岩壁上完成的頭像遭炸藥炸毀，好為接替他執行委託案的亨利・奧古斯都・盧克曼（Henry Augustus Lukeman）騰出空間。浪費了將近十年——但也不是一無所得。柏格魯姆掌握了在如此龐大的量體上雕塑的技法。他缺的只是一個合適的題材，以及合適的創作地點。

＊　＊　＊

轉機隨著南達科他州立歷史學家多恩．羅賓森（Doane Robinson）拍來的電報而至。電文如下：「您是否能〔到南達科塔他〕設計並監造一座巨型雕塑……若蒙應允……我方將為該計畫準備資金。」

柏格魯姆在一九二四年春收到這封電報，當時他還在為石山的計畫焦頭爛額。現在，新的想法盤據了他的腦海。他走訪南達科他後寫道，正好「多年來我一直有計畫，要在這個國家的中心打造雄偉的北方紀念像」——而這座紀念像無論尺寸與規模，都不能輸給他本想在石山打造的雕塑。不過，這次的作品卻有完全不同的焦點，要揭櫫的不只是內戰中的南方將士與領導人，而是「聯邦的原則本身」。

小說家F．史考特．費茲傑羅曾言，有能耐一次掌握兩種相反的構想，還能同時發揮，那才是第一等的智慧。這話簡直在說古聰．柏格魯姆。崇拜亞伯拉罕．林肯的三K黨同路人；有猶太人密友與金主的知名反閃主義者；一面歌頌贏取西部之人，卻用青銅為材料多次向美洲原住民深深致敬——到頭來，他所抱持的美國願景卻太宏大、太海納百川，以致不見容於單一的意識形態或政治信條。柏格魯姆需要一塊地方，能夠接納他以非凡的視覺手法打造的非凡願景。他在南達科他黑山（Black Hills）拉什摩爾山的花崗岩峭壁上找到了這樣的地方。

從一九二七年到一九四一年，柏格魯姆這十四年著魔一般的動力與願景，讓拉什摩爾山紀念像的概念與完成有了實現的可能。總統頭像堪稱斯堪地那維亞匠心本能的巨幅展現。不過，若是沒有南達科他州長彼得．諾貝克的付出，沒有這位瑞典與挪威移民之子耐心調集資源——資金與材料皆然——柏格魯姆的夢想無論如何不可能成真。工程原本估計需要五十年才能完成。有了諾貝克的助拳，柏格魯姆設法用不到十五年的時間便完工；為了讓這項大計畫得以推行，柏格魯姆必須前往歐洲，完成其他能夠賺錢的委任案，此時則由他的兒子林肯負責監督工程與數以百計的工人。柏格魯姆總是盡快返國，這樣才能看著自己最偉大的創作漸漸成形。

柏格魯姆親自選擇紀念碑的主題對象（但必須遵守一個條件——一九二七年，卡爾文．柯立芝總統堅持其中至少要有兩名共和黨人）。喬治．華盛頓是顯而易見的人選。亞伯拉罕．林肯是柏格魯姆的偶像，這位總統也逐漸成為人們心中的國民英雄，林肯傳記的瑞典裔美國人作者——卡爾．桑德堡功不可沒。柏格魯姆選中湯瑪斯．傑佛遜（Thomas Jefferson），因為他促成路易斯安那購地（Louisiana Purchase），讓當時的美利堅合眾國版圖多了兩倍有餘。柏格魯姆甚至打算在紀念像上鑿出購地協議的複製品，但花崗岩的特性讓這難以實現，於是原定位置改為林肯的頭像。為了補齊總統山四重奏的陣容，他最後選擇西奧多．羅斯福——柏格魯姆心中的進步派偶像，同時也是創設國家公園管理局（National Park Service）的人。拉什摩爾山將是管理局的明珠至寶。

工程的難處在於心理恐懼。工人必須爬五百級階梯，才能登上山峰雕鑿岩壁。雕工必須繫上安全索，懸在數百英尺的高度，下方就是山谷，然後揮動手裡的槌子與鑿子，刻出岩石頭像。柏格魯姆本希望紀念像是半身像，但資金只堪堪能製作出頭部與臉部。

錢的問題——精確來說，是時不時缺錢的問題——不僅令人持續擔憂，更是緊張與意見分歧的原因。這個問題終究壓垮了諾貝克的健康，他在一九三七年去世。柏格魯姆只能期盼，身處政府大型工程的新政時期——像是博爾德大壩（Boulder Dam）、大古力水壩（Grand Coulee Dam）與邦納維爾水壩（Bonneville Dam），以及田納西河川管理局（Tennessee Valley Authority）——拉什摩爾山也能成為華盛頓揮注大筆資金的類似工程。然而事與願違，國會撥款金額一再遭到刪減，整個工程只能靠私人捐款穩定的涓涓細流才能保持下去。

即便如此，柏格魯姆仍然充分運用每一尊頭像的揭幕，作為公關廣告的契機。喬治．華盛頓的頭像打頭陣，一九三四年七月四日揭幕。林肯頭像按預定在一九三七年九月十七日面世，以躬逢美國行憲一百五十周年之盛。西奧多．羅斯福的頭像直到一九三九年七月二日才完工，此時歐戰陰影已經籠罩。

工程最終花費一百萬美元，不過是博爾德大壩總預算的九牛一毛；此外，雕塑花費的時間大約只有建造該水壩的三分之一左右。更有甚者，打造如此龐大的紀念像，過程中居然沒有人因工安而死亡，堪稱奇蹟——相較之下，博爾德大壩工程中有九十六人死亡。工程即將完工時，柏格魯姆寫了一封私信給羅斯福總統，請他撥出八萬六千美金給已完成的總統頭像花崗岩做拋光工程。是時為一九四〇年。柏格魯姆已經七十四歲，而歐洲已再度陷入戰火。他在寫給羅斯福的信上還說：「希特勒等人所代表的，絕對不能讓他們成功。假如那摧毀捷克斯洛伐克，消滅波蘭，洗劫丹麥，長驅直入挪威，現在又要讓尼德蘭與比利時數以萬計無辜百姓生靈塗炭的鬼魂——要是那鬼魂得逞的話，人間就再也回不到如今的高度了……。恕我直言，我對眼下局面憂慮異常。」

他寫信給另一位友人，進步派共和黨參議員伯頓．惠勒，「如今，所有為人父母者與所有政府的面前，都有一項身而為人必須完成的義務——**阻止希特勒和他的劊子手**。」

柏格魯姆於一九四一年三月辭世，距離拉什摩爾山徹底落成只差幾個月——六個月後林白在愛荷華德斯莫恩講出那番爭議演說。林白的種族觀點偏離了現代維京魂，古聽也是。兩人彷彿他們的古代先人，奮力征服外在世界，其一以岩石為材，其一獨自翱翔，化不可能為可能。但是，他們皆未能克服自己內心的偏見，即便是他們所處的時代，也不能容忍那樣的偏見。對於兩人的成就，我們不妨懷抱敬意。但如果我們想尋找的是鼓舞人心的價值觀，那還得往別的地方找。

美國的工業心臟區提供了一帖大不相同的良藥。來到一九四〇年的底特律，已經籠罩全歐的戰雲正逼近美國，此時有兩名丹麥移民正集結資源，設法幫助自己的移居國在將來的衝突中勝利。時人稱他們倆「大丹」（Great Dane）與「鑄鐵查理」（Cast-Iron Charlie），他們是美國最重要的兩大汽車公司——福特汽車與通用汽車（General Motors）的動力火車頭。

不過，查爾斯．索倫森與威廉．克努森不只是企業主管。他們一路從生產線往上爬，對於美國汽車工業的改造，遠比兩人的導師亨利．福特還多。到了一九四〇年，他們已經準備火力全開，動用自己的匠心本能，拯救美國與全世界。

＊　＊　＊

兩人居住與工作都在查爾斯．林白出生的城市，密西根州底特律。

威廉．克努森在二十出頭時移民美國，後來人家因為他的身高（六呎四吋）與外向的個性而喚他叫「大丹」。他生於哥本哈根，父親是海關官員，包括他在內有十個孩子。為了貼補家用，父親幾乎是孩子剛學會走路，就把他們送去打工。他的兒子比爾六歲時開始做工，負責用推車把玻璃運給玻璃工，繞遍城市。還是個小少年的威廉．克努森，在一家自行車進口公司謀得一職，不久後他和一位朋友成為職業長途自行車手，在丹麥、瑞典與德國各地比賽。他們也造出丹麥第一輛協力車。在這個腳踏車比人多的國家，克努森成了全民英雄。

克努森把自己製作自行車的技術帶到了美國。他在布魯克林造船廠工作了一陣子（同時還成了一位優秀的重量級拳擊手），接著在一九〇二年把目光投向水牛城。對於想投入產業工作的斯堪地那維亞裔來說，水牛城是他們常去的中繼站。克努森在一家自行車工廠找到工作；這間工廠也為密西根一間生產「無馬之車」的公司生產零件。該公司的業主名叫亨利・福特。早期汽車採用許多與自行車類似的零件。

福特對克努森管理汽車零件生產的工夫印象深刻，於是在一九一一年把那間水牛城公司的門鎖、股份和自行車輪統統買下來，然後立刻把克努森調去自己在底特律皮克特道（Piquette Avenue）的廠房。

不過，克努森人一到就發現有個丹麥人先他一步。此君名叫卡爾・索倫森（Karl Sorensen），大家叫他「查爾斯」。他也來自哥本哈根。一家人離開丹麥之後，索倫森就在水牛城長大，距離克努森工作過的自行車廠並不太遠。索倫森是核心團隊的一員，讓高地花園（Highland Park，福特新工廠所在地）能轟隆運轉。當年，曾任勝家縫紉機（Singer Sewing Machine）機械師的華特・弗蘭德斯（Walter Flanders）向福特說明，盡量用標準化零件來打造汽車可說是百利而無一害時，團隊成員也在場。

福特深以為然。問題在於如何讓他的機械達到這個目標。幸好福特的核心工程團隊——索倫森、卡爾・埃姆德（Carl Emde）與彼得・馬丁（Peter Martin）有能力把新的T型車（Model T）的組裝分解成八十四個獨立的階段，根據線性邏輯安排為單一製程。

後來在回憶錄裡，索倫森總是宣稱第一條真正的產業生產線就是應用這套製程而誕生。這並非事實的全貌。第一條生產線其實到一九一三年才開始運作，遠在眾人與華特・弗蘭德斯那場關鍵談話的八年之後。不過，索倫森確實根據機械製作順序，重新安排了廠內的工具機，對生產線的流動來說是個大躍進，這一點殆無疑義。索倫森還想出方法，用鍛鑄的方式造出引擎汽缸，取代加工金屬的作法——他的綽號「鑄鐵查理」典故就在這裡。

最後，索倫森也是設計福特高地花園廠的靈魂人物；有了新廠房，才能採用標準化零件的工業生產線。一九一三年，這個概念終於在高地花園廠實現並揭幕，不僅是汽車製造業的里程碑，更是整個工業的歷史性瞬間。

克努森同樣有功，協助將生產線的概念轉移到福特位於全國各地的廠房。他還想出了另一種創舉，讓生產線能直接將變更的設計直接導入製程。如此一來，每當白板上跑出什麼新設計，就不必關掉整條產線，重新裝配機械。克努森力促福特趁著從T型車（多虧量產準則，T型車成為當時美國最便宜、銷路最好的汽車）改款為新的A型車（Model A）的過程中，考慮實施這項變革。福特拒絕。克努森跟老闆吵了起來，而老闆——也就是福特——開除了他。克努森花了幾年，才找到一家能讓他嘗試這項新概念的公司。這家公司叫雪佛蘭（Chevrolet），而克努森用三年時間將通用汽車旗下最不賺錢的嘗試，化為足以叫板福特的製造商，生產能幫助消費者看緊荷包的汽車。

對克努森來說，這真是快意復仇。對汽車製造業來說，這是重大突破：福特、索倫森及其團隊獨領風騷的量產方法，如今被**彈性**量產——一種可以立即實現修改的製程所取代。汽車產業得以發展出年度改款，其他產業則得以納入系統性的創新，成為其製程的一環。也就是說，匠人對細節的注重，對進步的追求，如今已經成為製造業歷史的一環。雪佛蘭車主為此樂開懷。雪佛蘭的母公司通用汽車也為此樂開懷，亨利．福特則為此抓狂。因為福特拒用克努森的彈性生產模式，為了生產A型車，他只好關廠將近一年半重新配備，掉的市佔率全被雪佛蘭撿走了。

一九三七年，克努森接替阿爾弗雷德．斯隆（Alfred Sloan），成為通用汽車總裁，他也在這一刻登基成為美國汽車產業的新王者。如今，這位身高六尺四的丹麥移民的名字，成了製造業的代名詞。

因此，一九四〇年春天，總統富蘭克林．羅斯福需要有人集美國產業界之力，為戰爭動員做準備時，他第一通電話就打給比爾．克努森。

五月三十日，克努森抵達白宮，對羅斯福總統提出承諾。只要羅斯福給他一年半載，將美國產業界的關鍵成員組織起來，為它們配備新機械與新設施，生產的不是汽車、收音機與冷氣，而是戰車、步槍、卡車與飛機零件——還要重新安排從橡膠、黃銅到鋁鋼材的各種原物料供應，以生產新製品——他敢向羅斯福打包票，美利堅合眾國將擁有全世界最多的軍需物資。克努森的原話是會「井噴」。有一點要先約法三章：假如想要成事，羅斯福就得放手讓克努森等產業領袖用自己的方式做事，而不是華盛頓官僚那一套，連羅斯福的新政團隊也不能插手。克努森承諾，只要羅斯福答應，不只美國，連同其他對抗希特勒的民主國家也會擁有進行現代戰爭所需的一切。用克努森的話來說，美國將成為「民主兵工廠」——羅斯福現學現賣，他在一九四〇年十二月的爐邊閒談，解釋克努森及其產業同道中人著手進行的事情時，就用了克努森的話。

他們確實做到了。「我不是大兵，也不是水手，」一九四〇年六月十二日，克努森在國防諮詢委員會（National Defense Advisory Committee）第一次會議時對其他委員說了這番話。「我只不過是個平凡的製造商。但我曉得，假如我們參戰，輸贏與否完全取決於原料與生產。只要我們知道弄到比別人多兩倍原料的方法，知道怎麼取得，怎麼掌握，怎麼運用，我們就能佔上風，然後戰勝。」

一九四〇年夏天，比爾．克努森開始引導戰備工作，運用自由市場機制與激勵措施，而非計畫經濟風格的強制與操控，進而將美國的製造業重鎮轉變為戰備生產地。即便政府後來成立的生產調節辦公室（Office of Production Management）不再由克努森主事，但他採取的製程確實讓美國的產業改頭換面，戰局也因此扭轉。一九四一年十二月，炸彈落在珍珠港時，美國已經做好準備，足以同時與納粹德國與大日本帝國作戰。

克努森和同僚成就非凡。從一九四〇年七月到一九四五年八月，美國生產了價值一千八百三十億美元的戰備物資——將近二戰中同盟國所有軍備價值加總的三分之二。包括一百四十一艘航空母艦，八艘戰艦，八百零七艘巡洋艦、驅逐艦與護航驅逐艦，兩百零三艘潛艇，以及八萬八千四百一十輛戰車，二十五萬七千門砲，兩百六十萬挺機關槍，還有三十二萬四千七百五十架各式航空器。美利堅合眾國是交戰國中民生經濟成長的唯一國家。

克努森的丹麥裔同胞，人稱「鑄鐵查理」的索倫森在戰備生產中也不甘示弱。克努森找上索倫森，想知道福特公司能否生產戰機零件。索倫森怒懟，說福特要生產的可不只是零件跟引擎。他的公司要打造整架飛機。

索倫森選擇生產團結飛機公司（Consolidated Aircraft）的B－24四引擎轟炸機，跟克萊爾．艾格特維特的B－17空中堡壘大打對台。當時的福特A型車有一萬五千個零件B－24是由將近五十萬個零件打造而成，其中甚至有五百種尺寸、總數三十萬枚的鉚釘。為了打造B－24，福特公司必須在密西根伊普西蘭提（Ypsilanti）近郊的威洛倫興建全新廠房，廠內有史上最長的生產線。當時，每家公司都為了戰備生產所需的人力喊得臉紅脖子粗，索倫森不得不在這種時局雇用一批全新的勞力，將團結公司的藍圖化為福特式量產能夠採用的布局。

威洛倫的故事成為蕩氣迴腸的產業傳奇，查爾斯．索倫森則是殫精竭慮的主角。最後，轟炸機造出來了，只是數量與生產速度沒有達到索倫森原本的承諾與期望。但這些轟炸機足以幫助戰事走向勝利。若是少了根據索倫森在威洛倫與聖地牙哥團結公司廠房具體設定的規格所生產的長程轟炸機B－24，德國的潛艇戰說不定真會拖垮不列顛的戰時經濟。

索倫森憑藉在威洛倫的成功，成為斯堪地那維亞裔美國人戰備群星的一員，與比爾．克努森、克萊爾．艾格特維特與菲利浦．強森並駕齊驅。他們讓贏得這場全世界最大、破壞最慘烈的衝突成為可能，為美國鋪好了通往全球霸權的道路，為將來的軍工複合體開創未來。這是匠心本能的凱旋，而且是提升到現代工程原則層面的凱旋。

其他斯堪地那維亞裔美國人對這場大業也有不凡的貢獻，但克努森始終是關鍵人物。他的口頭禪是「齊心協力，萬事可成」。還有另一句口頭禪，「我只管做事」。這句話足以作為韋伯倫匠心本能的座右銘。克努森與索倫森都證明了，只要美國人盡其所能，就有機會在一場無邊複雜的戰爭中贏得勝利。美國政壇人物將會一而再、再而三試著學習其中的教訓，只是不見得像他們那麼成功。不久前，美國開始對抗致命的 COVID-19 大流行，齊心協力再度成為考驗。二戰時，福特、通用汽車、奇異公司（GE）與諾斯洛普．格魯曼（Northrop Grumman）是戰備工作的中流砥柱，如今這些公司搖身一變，讓美國得以生產足夠的呼吸器、防毒面罩、試劑與其他衛生用品，戰勝死神。我有幸在這段轉型過程出了一份力，也很自豪我先前談克努森奇蹟的書——《自由的產房》（*Freedom's Forge*），能夠成為「曲速行動」（Operation Warp Speed）的靈感，促成分秒必爭的新冠疫苗研發工作。我與其他一同努力的人，都奉大比爾．克努森為榜樣，這一點絕非巧合。

兩位丹麥裔美國工程師開發出險中求勝的主要配方。配方依舊管用，但先決條件是領導人有足夠的膽識放手一搏，就像羅斯福和他那頂尖的工程師團隊。

＊　＊　＊

一九四一年春天，阿道夫・希特勒的崛起正讓古聽・柏格魯姆坐立難安時，一九四〇年度的普立茲獎（Pulitzer Prizes）得獎名單公布了。傳記類得主的名字，任誰都不會意外。得主是卡爾・桑德堡，他憑藉亞伯拉罕・林肯傳記獲此殊榮。這部六巨冊的傳記，真正的價值不在於歷史，而在於文學——甚至到了詩意的境界，而獎項就是對此的致敬。桑德堡筆墨揮灑自如的功力人盡皆知。他畢竟是美國人氣最高、最受崇敬的詩人之一，他是出了名推崇自己瑞典裔美國人的出身背景。斯堪地那維亞裔在美國的傳奇故事，背景泰半都是中西部心臟地帶一望無際的草原，而他所寫的林肯傳裡也有同樣的自然風貌。

桑德堡的父親隨著一八六九年的大移民潮移居美國，時間大約比查爾斯・林白的祖父那一波晚了十年。他們倆碰巧有一樣的聖名。奧古斯特・桑德堡（August Sandburg）與伊利諾博士能（Bushnell）的旅館女侍克拉拉・安徒生（Clara Anderson）相識並成婚，婚後搬到蓋爾斯堡（Galesburg）的三房平房，在芝加哥、伯靈頓和昆西鐵路系統（Chicago, Burlington, and Quincy Railroad）找了一份工作。

到了一八六〇年代，蓋爾斯堡已經有許多瑞典裔，佔全城人口六分之一。他們形成瑞典裔的城中城，有自己的報紙《家園報》（*Hemlandet*），雖然發行地是芝加哥，但總編輯是當地的牧師。美國的第一份瑞典語報紙就是《家園報》，奧古斯特・桑德堡是忠實讀者，天天都跟著自己的瑞典語《聖經》一起讀。

奧古斯特每天工作十小時，一週工作六天，當鐵匠的幫手蓋鐵路——蓋爾斯堡與外界就是靠鐵路聯絡，包括東邊一百一十英里的芝加哥。奧古斯特從沒去過芝加哥，甚至連吸引克努特・羅克內的父親與會的世界博覽會也沒去。他過著安穩、節制的生活，有一套生理時鐘，用許多時間完成日常瑣事。「辛苦工作也死不了人」，他把這條斯堪地那維亞式的信念傳給自己的孩子。

他家一共有七個孩子。每個孩子都在那間三房的屋子裡出生，都躺過一張塞穀糠的迷你床墊，擱在父母床角的搖籃裡。一八七八年一月六日，桑德堡夫婦迎接了他們的第二個孩子。「De tar en poijke」（是個男孩），瑞典裔接生婆高喊。他的父母以父之名，將他命名為卡爾・奧古斯特（Carl August）。

桑德堡對於小時候在這間小房子裡的生活記憶猶新，他記得那九呎乘十呎大的廚房，九個人一周七天、一年三百六十五天的生活都圍著這兒轉。他記得，媽媽每天六點起床，先幫爸爸準備早餐，然後準備孩子的早餐，按順序從年紀最小的到最大的。「她洗衣煮飯，縫衣鋪床，打掃家裡」，等著為每個人煮晚飯。

桑德堡的鐵匠父親活像諾斯傳奇中走出來的人物，無止境地鍛鑄，把匠心本能提升到史詩等級。桑德堡還記得父親的雙手：「凹洞與裂縫在他手心的繭上交錯。」每天工作結束後，把黑灰從那些凹洞與裂縫中洗出來，比洗其他身體部位的時間長得多。經過十小時的工作，吃完晚餐，奧古斯特・桑德堡接著去屋後的菜園，「趁著月光摘番茄，挖馬鈴薯。」但奧古斯特對這種辛苦的生活從無怨言。非但如此，他還一再提醒每個孩子，「以前在故鄉，只有復活節和聖誕節有白麵包可吃。現在到美國，每一年每一天都能吃白麵包！」

卡爾・桑德堡成了家裡鬼點子最多的孩子。雖然他先會講瑞典語才會講英語，但他成了個朝氣十足、活力向上的送報童，特別享受跟朋友一道對鄰居惡作劇。他們的最愛之一，是找個人家門口綁一串鞭炮，嚇得一家人心臟都跳出來。有一戶人家對這個把戲完全沒反應。沒人跑來開門，也沒人從窗戶探出腦袋看看發生什麼。就這麼著，桑德堡與童伴突然意識到這家人耳不能聽，口不能言。兩個孩子心生慚愧，回家一路上都在輪流責怪彼此。

蓋爾斯堡有件東西，深深蝕刻在他的心版上——無止境的草原從四面八方包圍這座城市。一位桑德堡傳的作者如是說：「一棵棵樹宛如深浮雕，乾枯枝葉襯著冬日天空，蔥鬱鮮綠襯著春夏日子……彷彿他心裡的哥德風版畫，後來在他的詩與散文中不斷出現那鮮活的形象。」

桑德堡將來會以此為背景，寫下林肯傳的頭兩冊，《草原年代》（*The Prairie Years*）。在一片浩瀚無垠的邊緣開闢一座農莊，在一個杳無人煙也無人打擾的地方打造家園——此情此景讓作者與他的主角，與他巨作的題材有了連結。

桑德堡與林肯的生命還有一個共通點——內戰無比貼近他們，桑德堡出生前近十三年，內戰才剛剛落幕。在蓋爾斯堡生活，四處都有老兵。提醒人們為何而戰的事物也俯拾皆是。因為蓋爾斯堡是地下鐵路（Underground Railroad）的避難所之一，有眾多黑人人口。當地也有大批移民，包括愛爾蘭裔、義大利裔、華裔，偶爾甚至還有就學於城裡一所迷你普救派（Universalist）學院的日籍學生。桑德堡記得有一回父親談到戰爭，「打這場內戰，就是要實施一部無人為奴的憲法。」

蓋爾斯堡也是林肯與道格拉斯系列辯論會（Lincoln-Douglas debates）其中一場的地點，會場位置就在附近諾克斯學院（Knox College）舊主樓的東大門前。北大門有一塊銅匾，引用林肯的話：「主張需要奴隸的人有權蓄奴，這種想法形同於吹滅我們周身的道德光芒。」桑德堡自忖：「冬日初升時，夏日艷陽下，雨雪紛飛時，一年四季我都在叨念〔這幾句話〕」——而他不敢或忘。

送報的熱情逐漸演變為對新聞業本身的熱情。他就讀普救派的倫巴底學院（Lombard College），畢業後到東海岸壯遊，青年卡爾．桑德堡最後落腳芝加哥，尋找新聞業工作。他先是任職《芝加哥日報》，接著前往密爾瓦基的《密爾瓦基哨兵日報》（*Milwaukee Sentinel*），同時逐漸參與當地社會民主黨的運作。對斯堪地那維亞人與斯堪地那維亞裔美國人來說，進步政治仍方興未艾。這是個鮑伯．拉福萊特進入美國參議院的時代，是個伯頓．惠勒與威廉．博拉在西部打著進步大旗的時代，西奧多．羅斯福為了一九一二年大選創立進步黨（Progressive Party，又稱雄駝鹿黨〔Bull Moose Party〕），把進步主義提升到總統選舉舞台上的時代。威斯康辛政壇之風似乎正在全國各地風生水起。

但是，最讓桑德堡心嚮往之的永遠是芝加哥這座城。數以萬計的移民以此為家，他們來自瑞典、丹麥、挪威、義大利、愛爾蘭、匈牙利、斯洛伐克，以及彼此間的每一個國家；對桑德堡來說，芝加哥工廠刺耳的聲音，以及異國口音構成的巴別塔，彷彿有種魔力。一九一四年，《詩》（*Poetry*）雜誌舉辦徵詩比賽時，桑德堡抓準機會。他下筆成詩，詩名叫〈芝加哥〉（Chicago）。讀過第一節，馬上就能知道這首詩注定成為經典：

替全世界屠豬，
造工具，堆麥粒
掌握鐵路與全國物流；
生猛、魁梧、喧鬧，
肩挑重擔之城。

這首詩不僅贏了獎，也改變了桑德堡的人生。詩裡的批判之音與凌人的表達方式，讓某些人大駭。面對批評，桑德堡在寫給友人的信上，用了個托斯丹．韋伯倫甚或聖碧瑾想必會頷首稱是的隱喻：「有個男人正在蓋房子。一隻土撥鼠跑過來坐著，看男人造房子。」

這麼說吧，桑德堡不久後還會打造好幾間房子，除了《芝加哥詩集》（*Chicago Poems*），還有《脫粒者》（*Cornhuskers*）、《早安，美國》（*Good Morning, America*），以及小說集《大頭菜故事集》（*Rootabaga Stories*，一九二二年發表）。他對美國民謠與流行歌產生興趣，而他的《美國歌囊》（*American Song Bag*）也掀起一股收集全國民俗歌曲的風潮。桑德堡本人喜歡巡迴表演，拿吉他自彈自唱這些歌曲，尤其是那些有獨特斯堪地那維亞裔移民調調的歌：

我叫瓊．強生（Jon Jonson），打威斯康辛來，
在那兒的伐木場做工；
每次我進城，遇到什麼人，
問我，「嘿，你叫什麼名？」
我說，我叫瓊．強生，打威斯康辛來，
在那兒的伐木場做工；
每次我進城，遇到什麼人，
人家都問，「嘿，你叫什麼名？」……

桑德堡的作法堪稱美國歌手巡演之先，民謠歌手伍迪·蓋瑟瑞（Woody Guthrie）與皮特·席格（Pete Seeger）等承其火炬，最終由巴布·狄倫（Bob Dylan）與布魯斯·史普林斯汀（Bruce Springsteen）發揚光大，流行歌曲不斷湧現。

但他談亞伯拉罕·林肯的嚴肅著作，著手撰寫的時間其實更早。最早發表的段落可以回溯到一九〇九年，當時美國鑄幣局（United States Mint）將原本印第安人頭像的一分錢錢幣，改成鑄上林肯的側臉。「將亞伯拉罕·林肯的臉像放在銅錢上，實在恰如其分」，桑德堡投書《密爾瓦基每日新聞報》（*Milwaukee Daily News*）。「倘若有機會跟這位偉人聊聊，他說不定會說非常願意自己的臉出現在這個國家面額最低、最常見的硬幣上。」

桑德堡補充說：「跟著一分錢同行，多半會來到農舍，而非宅第。『誠實亞伯』（Honest Abe）出身平凡，歸屬也平凡，他那平凡親切的面孔出現在一分錢幣上，出現在屬於平凡人的硬幣上，很好。」

桑德堡開始收集關於林肯的書，關於林肯的新聞報導，接著訪問認識或見過林肯的人。各式各樣的紙張與筆記迅速淹沒了他的辦公室，然後淹滿他的家。其中大部分是前所未見的材料，桑德堡還訪問了不久於世的人，也因此成為最後和那些見證者對話過的傳記作家。一九二三年，他造訪紐約市，與出版商阿爾弗雷德·哈闊（Alfred Harcourt）在查坦飯店（Chatham Hotel）共進午餐。一開始，他提議寫林肯的孩提時光。接著寫作計畫從一冊溢成兩冊，然後一冊一冊接踵而來。等到一九二六年定稿時，桑德堡已經寫滿厚厚四冊，卻還沒寫到林肯在一八六〇年的總統就職典禮。

頭兩冊為《草原年代》，涵蓋了林肯的草原生活時代——這段時期形塑了他，形塑了未來的總統，而林肯先後以國會議員與總統身分代表的人們，更是不在話下。從各個環節來看，從來沒有人這樣寫過林肯；無獨有偶，這也是第一次有人以嶄新而鮮活的方式，以同理、洞察的筆端描寫他的選民。

下面這段文字，是桑德堡描述一八五八年十月初，當地人前來聽林肯與史蒂芬・A・道格拉斯（Stephen A. Douglas）第一場辯論會的場景：

> 潮濕的空氣，害那些忘了帶上外套的人冷到骨子裡。三個小時，兩名辯士對著一群正襟危坐的人講話。他們來自雪松岔溪（Cedar Fork Creek）、斯普恩河（Spoon River）、伊利諾河、岩河（Rock）與密西西比河畔，不少人的雙手因為握犁把而粗糙，雙腳因為跟在釘耙後踩過軟土而生出結實的肌肉。他們經受風吹雨打的紅彤彤臉龐，屬於這片土地；只要內容值得聽、值得記，風再狂他們也頂得住。

桑德堡就是跟著這樣的人一起長大。的確，他跟林肯的生命似乎難免有相似之處。沒錯，桑德堡的父親是瑞典裔移民，從來不會寫瑞典文，也從來沒學過英文，而林肯一家是典型的ＷＡＳＰ（白人盎格魯薩克森新教徒）。但這兩者都是美國家庭與社群的先驅。人在美國，工作在美國，生活在美國的經驗，結合了這兩個人——即便國內有既存的階級、族群、宗教或原生地的差異，他們還是把國家凝聚為整體。

由《草原年代》觀之，斯堪地那維亞裔在美國的經驗，已經成為一種美國經驗，甚至成為美國經驗中的普遍價值。擺好路標，其他移民群體就能順著走，憑著自己的意願在新國家走出類似的道路。

但《草原年代》也講述了另一種故事。到了最後一卷結尾，林肯在伊利諾的時光走向尾聲，但他的在地經驗無疑已悄悄為他鋪好通往偉人的道路。

桑德堡撰寫《戰爭年代》（*The War Years*）用的時間稍長。等到出版時間終於敲定在一九三九年秋天時，原本預計用四百頁篇幅書寫林肯孩提時的構想，已經發展成每冊六百五十頁的六巨冊。出版時程顯得來勢不妙。戰爭再度降臨歐洲，美國恐怕再度捲入戰局。這個國家需要一位能夠指引國人穿越嚴酷考驗的總統——林肯想必會這麼說。

桑德堡面對刀兵凶險的方式，恰與查爾斯·林白等斯堪地那維亞裔美國人大不相同。他沒有屈服於恐外心理的誘惑。克努森與羅斯福設法協助同盟國對抗納粹德國，桑德堡則大力支持。他志願為有聲紀錄片《轟炸機馳援不列顛》（*Bombers for Britain*）撰寫旁白腳本，而這部紀錄片的名稱，簡直具體而微展現了林白抵制的一切。為了號召全國國人支持不列顛，桑德堡在芝加哥演講，挑明那位「知名飛行家已經棄飛行改動嘴」，居然用「不可理喻」來罵美國優先黨的反對者；桑德堡怒懟的對象很明顯。他補充說，「擁有政治自由的人，眼看地平面浮現的勢力要來威脅奪走自己的政治自由時，一定會感到焦慮。〔林白〕不懂他提到的那種歇斯底里，其實是這股焦慮的一部分。」

桑德堡接著說，「傻瓜跟白癡才愛打仗。」只是有時候「全國人民得面臨這個難題：你寧願現在就打一仗，還是寧可深思熟慮選擇等之後再打那場不可避免的戰爭」——就因為你先前拒絕打仗，屆時對手恐怕更強大，更有勝利的信心，你願意嗎？

林白與桑德堡其實前一年就認識了，而且彼此惺惺相惜。相遇過後，林白太太對桑德堡的描述是「正派、沉穩，道地的美國人。跟查爾斯一樣正港」。這也是一部分問題。雖然同為瑞典裔，但這個共通點卻無法化解兩人美國願景的衝突。一九四一年十二月七日落下的炸彈，不經意間弭平了兩人間的隔閡。但對於整個國家來說，世界觀的衝撞始終沒有完全化解。每當美國面臨戰爭的可能性，美國人民不禁自忖扳機是不是扣得太早——或者恐怕扣得太晚，此時衝突就會一再浮現。隨著美國人開始意識到自己的力量，擔憂這股力量無意間造成的影響，議題就會不斷浮上檯面。

無論是當年還是現在，這些大哉問都會讓斯堪地那維亞裔美國人因政治與思想觀點的分歧而分裂。但桑德堡與林白都證明了，無論他們身處哪個陣營，斯堪地那維亞裔美國人都會不假思索，扛起戰爭的重擔。

《戰爭年代》以及普立茲獎都成了點亮卡爾・桑德堡個人，讓其發光發熱的火花。富蘭克林・羅斯福熱情接見他，請他在國會聯席會議中朗讀林肯的〈蓋茲堡演說〉（Gettysburg Address），而這也讓這段演說辭成為美國現代政治文化的一環。桑德堡低沉的嗓音，有如歌唱般的瑞典腔抑揚頓挫和中西部的咬字，隨著收音機，隨著現場聆聽，最後隨著最早的電視轉播而傳遍各地。到了一九五〇年代，桑德堡已經攀上美國作家當時的最頂峰：好萊塢。他承接二十世紀福斯（Twentieth-Century Fox）的工作，為耶穌生平電影寫腳本，片名是《萬世流芳》（*The Greatest Story Ever Told*）。

不過，真正流芳萬世的，說不定是桑德堡那部傳記傑作——一部美國版的諾斯傳奇，也是一位同鄉對這位美國人所做的不朽研究。

專業史家對於傳記中史料使用不夠嚴謹，以及詩意漫筆感到有些失望。《密西西比河谷歷史學報》（Mississippi Valley Historical Review）有一篇《草原年代》的書評，大意是桑德堡寫黑鷹戰爭（Black Hawk War）的四頁篇幅裡，就有九個史實錯誤。還有人罵這部著作是文學垃圾袋。桑德堡自己也在想，他寫的究竟是如實直筆的林肯傳，還是某種「美國《舊約》歷史書」。

更貼切的比擬，應該是《列王紀》等冰島歷史傳奇，虛虛實實，徹底開拓想像力。

桑德堡的巨作問世之前，已經有許多人寫過林肯，將來肯定更多吧。但桑德堡的功勞在於將林肯置於美國萬神殿的中央，至今他依然安穩居中。多虧卡爾．桑德堡，林肯成為解鎖美國經驗的關鍵角色，揭露令美國之所以特出的真正本色。文學評論家阿爾弗雷德．卡辛（Alfred Kazin）如此勾勒桑德堡的成就：「林肯在讀者面前蘇生，彷彿他曾努力維繫的那個瓦解的文明的一面巨大陰影，是美國人所有個性與特徵的龐然總和，難以捉摸，卻透過他而示現……。他不只象徵著獨特的美國經驗，更是一闋大交響詩的推動力；他不只是領袖，民眾對他的歌頌如今看來已成全美國最偉大的藝術作品。」由一位往往遭人低估的藝術大師所成就的傑作。

「人生親像河，咱順水漂流，穿渡未曾探索的國度」，桑德堡還在追求未來的妻子寶拉（Paula）時，曾經在情書上如是說。維京經驗與斯堪地那維亞裔在美國的際遇，其主軸就是冒險踏進未曾探索的國度。卡爾．桑德堡也許走不到旅程的盡頭，但他用自己的方式為我們餘下的所有人指出了路。

＊　＊　＊

幕後英雄六重奏的最後一員是諾曼．布勞格（Norman Borlaug），他也是六人中年紀最小的。不過，他同樣來自那片造就了卡爾．桑德堡的大草原。布勞格將改變這片草原，進而改變全世界的農業。

布勞格生於一九一四年，是挪威移民之子，雙親在愛荷華鄉下小鎮掃德（Saude）把他拉拔大。布勞格傳記作者說，掃德這地方「空曠，一望無際，卻充滿前景」。

一八五〇年代，他的曾祖父母奧利（Ole）與索薇格（Solveig）遷離挪威松恩峽灣，他們賴以維生的馬鈴薯莊稼因嚴重的晚疫病毀於一旦——與十年前引發愛爾蘭馬鈴薯饑荒的原因相同。布勞格家這樣的挪威人與許多愛爾蘭人一樣，為了食物而逃往美國。

布勞格家與許多挪威裔移民一樣，一開始在威斯康辛的格林灣（Green Bay）附近種田，之後前往達科他領地，結果和其他移民家庭正好碰上一八六二年的小烏鴉酋長的達科他起事。衝突導致他們回頭東遷，最後才到愛荷華州東北安家落戶。

布勞格傳記作家查爾斯．曼恩（Charles Mann）如此描述布勞格誕生時的一九一四年：「新移民用原木搭建小屋，拿泥巴填補縫隙。他們種苜蓿、小麥、玉米與燕麥，放養幾頭奶牛，豬玀隨著牠們跑。這一帶有一半是挪威裔，另一半大部分是捷克人——時人管他們叫波西米亞人。」當時的世界還瀰漫著故鄉的行事方式。路德宗挪威裔父母告誡小孩不准跟波西米亞人約會，因為他們是羅馬天主教徒；何況「在挪威教會裡，男人坐一邊，女人坐一邊。牧師別白飛邊掛黑紗聖帶。直到一九二〇年代初期，聖事都還是用挪威語主持。碰上聖誕節，會眾會在教堂大門擺一棵樹，在枝條上綁蠟燭點亮。聖事結束後，大夥兒一塊拆禮物。」

無論老少，生活的重心就是為了日用的食物，在農場裡勞動。多數的農事還是用馬來拉，感覺彷彿穿越回到過去。但布勞格家的田地至少得勻出一半來曬三匹馬所需的秣料，另外還要撥二三十畝地給牛吃草——對於可耕地來說是不小的負擔。

剩下來的地就只種一種作物：玉米。一開始，這些地都是麥田。但到了一九一六年，也就是布勞格兩歲時，稱為「馬奎斯」（Marquis）的麥種遭受俗稱黑銹病（black stem rust）的真菌所影響。從密蘇里、蒙大拿一直往北到加拿大，北美洲的小麥產量連兩年歉收。為了活下去，一個個聚落不得不改種其他主食。有人選擇馬鈴薯。愛荷華東北的社區則選了玉米。

諾曼．布勞格直到成年仍無法忘記這場重災及其餘波，忘不了挪威曾祖父母竭力求生的情狀。「我生長的年代，人們往往因為作物生病而被迫逃離，」他後來這麼說。「儘管我們家花了將近七十年，設法找到足夠的食物吃，卻還是逃不過饑荒的爪子。」想方設法讓小麥起死回生，將成為未來二十多年農業專家的頭號任務。諾曼．布勞格對此愈來愈熱衷。

至於布勞格家的農場，四十多畝的玉米田頂多每畝產二十五到三十蒲式耳（bushel）的收成。這些玉米完全靠人力採收，對於布勞格家這種農場來說，意思就是摘下一萬兩千根玉米，脫一百萬粒玉米粒。回想當時農忙，諾曼．布勞格還餘悸猶存：「人間煉獄。明明已經戴了棉手套，用舊毛衣剪下來的袖子套住前臂，玉米殼就是有辦法割破它們，搞得我們手掌跟手臂都是一條條滲血的傷口。」

脫玉米粒這種艱苦的工作有個額外好處：每年秋天，數以千計的愛荷華人會參加世界玉米大賽（World Series of Corn），比賽玉米脫粒，參賽者捉對廝殺，看誰能在八分鐘內脫掉最多玉米粒。冠軍有能耐弄下四千粒，平均每粒用不到一秒。比賽觀眾有時甚至多達十五萬人之譜。一九二〇年代，固特異飛船（Goodyear Blimp）甚至會飛越這場當時美國最大的單一運動賽事場地上空。卡爾．桑德堡的詩集《脫粒者》的書名說不定反映了這項運動火紅的程度；內布拉斯加大學校隊也用了這個名字。兩者都在向農工所能承受最辛苦的工作之一致敬，無論他們是不是斯堪地那維亞裔。

少年諾曼．布勞格就讀的不是內布拉斯加大學。他進了明尼蘇達大學（University of Minnesota），位於美國斯堪地那維亞裔集中區，挪威裔美國人口尤其多。起先，他的興趣是林業與大學摔跤。但他遇到了致力研究黑銹病真菌的查爾斯．史塔克曼（Charles Stakman）教授——布勞格襁褓之時，就是這種病害抹去了北美洲半數的穀物收成。不久後，諾曼便用以前在家族農場犁出筆直犁溝，或是蓋豬圈的那種專注度與真菌宣戰。他的匠心本能在同業實驗室找到發光發熱的地方。

布勞格成為培育雜交株的專家，帶來優於親株的表現。他的辛苦研究贏得洛克斐勒基金會（Rockefeller Foundation）的留意，當時基金會已長期關注如何解決拉丁美洲的貧窮問題。一九四四年，布勞格第一次來到墨西哥，協助提升作物產量，從此展開一段終將改變第三世界農業的生涯。自給農業（subsistence farming）原本非常容易且經常遭到天災所破壞，導致數百萬人死於營養不良與饑餓；但此時開始，一套新的農業生態系取代了原本的自給農業，讓墨西哥人、印度人、印尼人與數以百萬計的其他人，得以穩定餵飽自己，堪稱前所未有的創舉。這項人稱「綠色革命」（Green Revolution）的發展，擘畫者正是諾曼．布勞格。

布勞格成功的關鍵，是他辛苦培育的小麥種，不僅產量高，還能抗疾病。布勞格教導世界各地的農民，要把這種高產量的品種視為農業資源鐵三角的一角，而另外兩角分別是養分（例如化肥或有機肥）與水資源管理（亦即有效灌溉）。只要照顧好這個鐵三角，農民就不用擔心自己遇上的是什麼土質的農地，也不用擔心降雨不足導致收成減少。

比方說，布勞格與團隊抵達墨西哥時，農田每畝平均產量為七百六十磅的小麥。到了一九六八年，產量達到兩千五百磅，收成將近三倍。類似的轉型也在印度實施，印尼也跟上腳步。與此同時，研究團隊正透過相同的方式，也就是使用雜交改良的米種，結合肥料與高效的灌溉，以提升稻米產量。結果同樣斐然。

布勞格的研究，似乎讓天災造成的饑荒絕跡於人世（獨裁者操弄或戰爭所導致的饑荒則是另一回事）。同樣在一九六八年，布勞格在澳洲演講，描述自己與團隊眼下的成績。「我們的文明是第一個以科學、技術為基礎的文明，」他對聽眾說。「為確保進步得以持續，我們科學家……必須清楚認識並因應人類同胞不斷變化的需求與要求。」兩年後，他贏得諾貝爾和平獎，一是因為他的科學成就，二是因為他為世界各地數以千萬計的人類帶來希望，讓他們得以從不毛之地與氣候難測之暴虐中解放。他的祖先以及維京人，當時就是因為同樣的暴虐而被迫離開家鄉。他擁抱這項使命，當作一種知性的冒險，也當作一種對人類同胞的貢獻。

布勞格的成就自然也引來批評，尤其是左派的批評。許多左派認為，唯有社會革命才能真正一勞永逸，改善第三世界的生活。文化人士指責他破壞傳統農法。環保人士譴責高氮肥與高耗水對當地生態系造成的環境衝擊。社會學家認為他必須為數以百萬計的農民離開土地負責，富農利用綠色革命大發利市，增加自己的土地，然後用這些土地養活其他人——無論他們留在農村，還是遷往城市。馬克思主義批評家兼記者亞歷山大．考克本（Alexander Cockburn）甚至指控布勞格犯下大屠殺的罪行。

但數字不會說謊。一九六〇年至二〇〇〇年間，開發中國家的小麥收成提升了三倍。稻米收穫成長兩倍，玉米產量也超過兩倍。對於地球上大片地方的老百姓來說，饑荒不再是逃不掉的命運。

布勞格在二〇〇九年辭世前不久，對他的傳記作者查爾斯．曼恩用這樣的方式回應批評：假如沒有他的研究對糧食增產的幫助，而世界人口依然因為傳染病減少、兒童死亡率降低而有如今天一樣的成長，現在會是什麼光景？

布勞格最後問曼恩，有沒有去過哪個地方，是大多數人連食物都不夠吃的：「不只窮喔，是從來沒有吃飽過喔。」曼恩答沒有，自己從沒去過這種地方。

「這不就是了，」布勞格說。「我剛開始著手的時候，到哪兒都是吃不飽的人。」

其實，他的曾祖父母逃往美國之前所生活的挪威，就是這樣的地方。造化實在弄人，挪威曾經養活了一批維京人，而這些維京人搶奪、奴役世界上最貧困的人。同一塊地方，卻也曾經是史上最窮困的斯堪地那維亞人祖上的故鄉。布勞格與許多維京人一樣，拓展了人類能力所及的物質局限，但他不是以戰爭或劫掠，而是以和平與進步之名為之。

布勞格與許多斯堪地那維亞裔美國人先驅一樣，對美國民主制度深信不疑。卡爾・桑德堡同樣說過，民主「比起其他制度……能讓更多人有更多機會去思考，去發表意見，去決定自己的生存之道」。諾曼・布勞格想必會同意。但他應該會補一句：食物夠吃也很重要啊。他為無數人守住了糧食無虞的現實。

查理・索倫森與比爾・克努森把維京魂的「匠心本能」化為一座民主兵工廠。諾曼・布勞格以無與倫比的路德工作倫理，以自己的努力作為送給人類同胞的愛的禮物，設想出如何養活戰後的全世界。

維京魂還鄉

The Viking Heart Comes Home

對，偉大民族的子嗣！
一個個都是根據前一個的模子造的，
而自由最合我們的脾性……
——N．F．S．格倫特維希（N. F. S. Grundtvig），一八三二年

一八六三年十一月，正當美國人在蓋茨堡打仗，而漢斯．海格上校在奇卡毛嘎河畔嚥氣時，丹麥僅憑自己一國，便把歐洲拉進一場戰爭，改變了西歐的未來，直至今日——斯堪地那維亞自不例外。

對於一個迅速滑落到二流甚至三流的國家來說，如今是個破天荒的時刻——最後一次有北歐國家自己做出參戰的決定。為了國威，丹麥擠出最後一滴民族主義情緒宣戰，召喚戰神幫助丹麥在鄰國遂行己意。所謂「不撞南牆不回頭」，這個例子再鮮活不過了。

衝突的核心是丹麥最南端兩公國——什列斯維希與霍爾斯坦的命運。一千五百年前，許多日耳曼部落來到羅馬帝國各地開枝散葉，而什列斯維希就是他們的原鄉。數世紀以來，什列斯維希逐漸日耳曼化，尤其南半部的德語人口已大幅超越丹麥語人口。雖然霍爾斯坦首府呂北克原本是維京聚落，但公國本身則是個道地的日耳曼公國，甚至是日耳曼邦聯（German Confederation）的正式成員。霍爾斯坦國教會以德語為官方語言，學校教育使用德語，連行政語言也是德語。

然而，丹麥民族主義者認為這兩個公國是丹麥歷史上不可分割的一部分。從一七七三年起，兩公國歸丹麥王室所轄，但皆未正式併入丹麥王國本身——一八六三年，丹麥民族主義者決定匡正這項誤差。

丹麥階級會議在哥本哈根輿論支持下，說服新王克里斯蒂安九世（Christian IX）宣告什列斯維希與霍爾斯坦全境屬於丹麥。明明克里斯蒂安本人是德語母語者，丹麥更是在十一年前簽署條約，聲明絕不會做出類似舉動。克里斯蒂安九世的決定，把丹麥推進一場國際危機——丹麥國力從此不復矣。

普魯士新任宰相奧托．馮．俾斯麥第一個跳出來發難。他認為，此次情勢發展是個絕佳良機，能讓普魯士成為國際舞台要角——此外，出手保護什列斯維希與霍爾斯坦的日耳曼裔居民不受丹麥的入侵，還能贏得日耳曼民族主義者的心。以前在一八四八年，普魯士也下過類似的賭注，當時霍爾斯坦的日耳曼人起事，對抗丹麥王室。一八四八年，普魯士部隊遭遇丹麥軍，結果一敗塗地。如今，俾斯麥有機會扳回一城。[1]普魯士與奧地利在一八六四年一月十六日正式結盟，戰爭旋即展開，丹麥這下子得一次面對兩個大國。其餘國家都不願提供實質協助支援丹麥，連瑞典也不願意。

這一仗顯然勢不均，力不敵。五萬七千名普魯士與奧地利聯軍猛攻丹麥邊境，不滿三萬八千人的

1　當年的衝突隨著倫敦和會落幕，會上決定將叛亂省分歸還給丹麥王室，但禁止丹麥人以法律將什列斯維希或霍爾斯坦納入丹麥版圖——現在，哥本哈根當局與克里斯蒂安九世違反了和約。因此，俾斯麥出師之名不只是保護日耳曼同胞，更是為了捍衛國際法——堪稱鐵血宰相的必殺技。

丹麥部隊則沿著丹牆布陣——造化弄人，這道牆本是由維京諸王所建，旨在拖延卡洛林對手的入侵。一千年後，丹麥人面對新的日耳曼敵人，而且是裝備更加精良的敵人。普魯士人配備全世界最早的後膛步槍；丹麥部隊還在用前膛裝填的滑膛槍。不知怎地，丹麥軍居然在一八六四年二月二日擊退了普魯士人對木松（Mysunde，語源為古諾斯語的「狹窄水道」〔Mjósund〕）的猛攻，並在隔天與奧地利軍打成平局。

到了四月十七日，該來的還是要來。經過長達數星期的砲擊，普魯士人攻克丹麥在迪布爾（Dybbøl）的據點。緊跟著是四個半小時的血戰。普魯士軍傷亡超過一千兩百人，丹麥軍則超過五千人——數字非常驚人，將近守軍人數的百分之五十。相較於蓋茨堡或奇卡毛嘎，迪布爾傷亡人數似乎微不足道。但這種傷亡比率足以令任何美國內戰將領與其他現代同行不寒而慄。

戰事又拖延了毫無希望的五個月，普魯士與奧地利聯軍已實質佔領哥本哈根以外的整個丹麥王國。到了十月，灰頭土臉的克里斯蒂安九世簽訂和約，什列斯維希與霍爾斯坦則分別落入普魯士與奧地利手中。

二十萬丹麥裔人口生活在這兩片土地上，對他們來說，這紙條約令人悲憤——但對美國來說卻是好消息。兩個遭割讓公國內的丹麥人如今面臨抉擇，一是生活在異國統治下，一是離鄉背井。超過六萬人選擇離開，多數人跨過邊境進入丹麥。但也有許多人往更西邊，往美國去。

對丹麥本國而言，這一仗是前所未有的災難。這個國家因為日耳曼人的併吞，失去大片領土與將近百分之四十的人口，更在國際舞台上顏面掃地。還有另一種傷害已經造成。瑞典與挪威（當時由瑞典統治，但有自己的國會與首相）雙雙在丹麥危亡時作壁上觀。瑞典政府曾拍電報，承諾若戰爭爆發將派出兩萬兩千名部隊，但對於派出如此大軍所需的經費，國會卻只願意通過一點零頭。挪威首相（在瑞典—挪威雙元體制下，挪威有自己的首相）建議所有人都不要插手。

不只是丹麥知識人，許多斯堪地那維亞知識分子都對挪威人、瑞典人未能與丹麥兄弟同一陣線而寒心。例如態度積極的挪威劇作家亨里克・易卜生，他寫了激動人心的文宣，呼籲參戰支援丹麥，最後卻只能眼睜睜看著瑞典—挪威任由普魯士壓路機輾過丹麥人。這些事情加深了易卜生對自己同胞，甚至是全人類的悲觀態度。其實，易卜生、奧古斯特・史特林貝里（August Strindberg）、格奧格・布蘭德斯（Georg Brandes）與埃德瓦・孟克（Edvard Munch）等人領銜的斯堪地那維亞現代主義運動，就是根植於普丹戰爭餘波中的幻滅與背叛感；這種氛圍將成為斯堪地那維亞文藝界直至二十世紀的特色。

不過，長遠來看，一八六四年的事件倒也構成當代斯堪地那維亞建構過程的分水嶺。史實說服了北歐未來的世代：至少對他們來說，戰爭再也不是答案。他們展開一段艱辛的轉型：維京人與古斯塔夫斯・阿道夫斯統治時代令人聞風喪膽的民族，正轉變為令人艷羨的民族——一如今日。

此外，前往美國的斯堪地那維亞人也愈來愈多。與此同時，其他斯堪地那維亞人居然開始重新發掘維京魂，發揚其精氣神，而且還是在維京人真正的故鄉。

* * *

誇張的是，這段追本溯源的起點，居然是一八〇二年發生在丹麥克里斯蒂安堡宮（Christiansborg Palace）的一起博物館竊案。

當年，皇家美術館（kongelige Kunstkammer）所在地，就是今天丹麥公共檔案局（Public Record Office）那棟建物。犯案的竊賊名叫尼爾斯．海登賴希（Niels Heidenreich），惡名昭彰的假幣鑄造犯、鐘錶匠，有時候兼當金匠，只是生意常常不好。海登賴希打算改運，於是闖入博物館，偷走藏品中最值錢的兩件。他這麼做的結果推動了一場文化改革。

這兩件藏品是兩只純金製作的儀式用角酒杯，分別是在前兩個世紀偶然在什列斯維希出土的，其一在一六三九年，另一在一七三四年。兩只角杯都很大，超過七十公分長（大約二點五呎）。時人認為這兩只角杯是珍貴的古文物，據信源於維京時代的丹麥，一個仍然籠罩在神話中、撲朔迷離的時代（現代專家認為它們的製作年代或許更早，成於五世紀初）。

海登賴希打了博物館前門的鑰匙。接著在五月四日跨五日的夜裡，悄悄潛入，偷走兩只角杯，帶回位於拉斯比約恩斯大街（Larsbjørnsstræde）與學府大街（Studiestræde）轉角的自宅。回到家之後，他幹了一件至今依舊讓歷史學家與考古學家快要心臟衰竭的事。他把兩只金角杯鎔了。當時，這起竊案引發全國群情激憤。當局提供一千丹麥馬克賞金給提供犯罪情報的人，哥本哈根各家報紙上都登了懸賞廣告。

不過，金匠基爾特的宗師安德列亞斯．霍爾姆（Andreas Holm）腦筋一轉，認為不用捨近求遠。他懷疑海登賴希涉有重嫌：這鐘錶匠曾試圖賣假的印度錢幣給霍爾姆，上面有各式各樣的印度神祇圖案作為裝飾；但此君用來製作錢幣的是摻了黃銅、成色不佳的黃金。霍爾姆吃過一次虧，這次他不會再上當了。為了調查，他與同行跟監海登賴希長達幾個月。一夜，他們目擊海登賴希將用過的幣紋章丟進護城河。終於，海登賴希在一八〇三年四月二十七日被捕，四月三十日坦承犯行。他的買主則歸還遭鎔掉的黃金，只是角杯的痕跡已蕩然無存。俗話說得好，失去了才懂得珍惜。

雖然當初找到純屬意外，但丹麥人意識到自己失去了兩件無價的丹麥歷史寶藏。[2]而且失去的時機點實在糟糕透頂，丹麥還在因為哥本哈根戰役（battle of Copenhagen）敗於不列顛海軍的何瑞修・納爾遜（Horatio Nelson）將軍而暈頭轉向，又在灰頭土臉時挨了這一巴掌。國恥當前，眼下又失去了這些再也回不來的古物——那可是來自一個逝去的時代，來自一個丹麥霸權不容質疑的時代啊。以前大家把這個傳承看得理所當然，如今卻觸景傷情，向那金角的形狀，向那上面代表索爾與奧丁的符號，向那當代已然失去的美德。

歷史學家一般都祕而不宣：通常人們回顧過去，他們看的其實是未來。丹麥知識分子把自己從失去金角杯所得到的教訓，投射在理想中的丹麥近未來之上——金角聖像所反映的維京美德將再度放光。丹麥人開始發揮這個主題，一些挪威人也著手進行，瑞典歷史學家與作家同樣不落人後。

不過，首開風氣之先，發掘維京昔日的人，其實不是斯堪地那維亞人，而是一七三〇年生於日內瓦的法裔人士，保羅—昂利・馬萊（Paul-Henri Mallet）。馬萊在哥本哈根大學（University of Copenhagen）教法語。他是第一批探討冰島傳奇手稿、如實看待這些文物的人：他認為，這些手稿記錄了一群來自消逝過去的民族，他們留下了豐富、生猛的文學作品，更有閃耀的神話為其背書。馬萊

2 第一個金角杯是什列斯維希模桶（Møgeltønder）附近嘉樂胡思（Gallehus）村的年輕農婦找到的。她在挖地時，挖出一只顯然是金子製作的大角杯。第二只角杯則是一百多年後的一七三四年四月二十一日，由埃里希・拉森（Erich Lassen）在距離第一只出土處不遠的地方找到的。拉森把角杯交給夏肯伯格伯爵（count of Schackenborg），伯爵借花獻佛，轉交丹麥國王克里斯蒂安六世（Christian VI），得到賞金兩百里克斯達勒（rigsdaler）。

也把冰島傳奇與歐洲對於傳說中黑暗時代蓋爾語詩人——莪相（Ossian）的風靡連結起來。一七六〇年，蘇格蘭人詹姆斯．麥佛森（James Macpherson）讓世人看見了莪相的作品。從狄德羅（Diderot）、湯瑪斯．傑佛遜（他尊崇莪相為「萬古以來最偉大的詩人」）、拜倫勛爵（Lord Byron）到菲利克斯．孟德爾頌（Felix Mendelssohn），當時的文人雅士無不為莪相史詩《芬加爾》（*Fingal*）與其中的吟遊詩人、明君聖主、勇武戰士和落難少女而神往不已。拿破崙本人便是以莪相作品場景為主的作品，來裝飾他在馬美戎堡（Malmaison）的臥房。莪相之作直接啟發了華特．司各特爵士（Sir Walter Scott）洛陽紙貴的詩作與小說，帶動歐洲人對黑暗時代——尤其是前基督教時期文化的狂熱。

不過，莪相之作真相終於曝光，係出偽託假造。斯圖爾拉之子斯諾里與冰島傳奇則是斯堪地那維亞人無懼火煉的真金。古諾斯語的創作《詩體埃達》與《散文埃達》，揭露了一個富有表現力與七情六欲的世界——維京人創造了這個想像世界，留給子孫。

當年丹麥最有名的詩人兼劇作家亞當．于倫須雷格（Adam Oehlenschlager），是第一批意識到古今連結重要性的丹麥作家之一。金角杯遭竊鎔毀之事，成了他寫下〈金角杯〉（The Golden Horns）一詩的靈感。後來他說自己是下筆立就：

萬古之始，
北方出曦，
天地仍一，
回首一瞥……

「爾等既盲且茫，
且乞求，
將遇古物……
令爾稍知
敬持
吾贈，汝責！」……

但金角之餽贈已永遠失落：

暴風咆哮，風雲變色！
悲戚之時已到；
昔受贈者今遭索回，
——聖蹟已逝。

這些字句，以及其中所蘊含的畫面——從舊世界的痛苦與毀滅中誕生了新世界——想必令在拿破崙戰爭中經歷戰敗之辱的丹麥人深有所感。〈金角杯〉宣告新丹麥——新斯堪地那維亞——將從舊世界中誕生，但先決條件是人們要重新發掘諾斯昔日的古老根源。「萬古之始」，于倫須雷格如是說，「北方出曦，天地仍一」。詩人告訴自個兒的同胞，曾如是者，將來亦能如是。

這個主題不只激勵了丹麥人，也激勵了他們的老對手瑞典人。堪稱「哈維京」的維京狂熱就此起飛，尤其盛行於斯堪地那維亞受教菁英之間。詩人暨歷史學家埃里克．傑耶（Erik Geijer）在一八一一年成立約特學會（Geatish Society，即哥德學會），成為維京熱潮瑞典支流的代表。自從古斯塔夫斯．阿道夫斯治世起，瑞典人一直高舉自己跟古代哥德人，也就是羅馬征服者之間的關聯。身為新教衛士，處於宗教改革與宗教戰爭的大脈絡中，再度利用古羅馬的力量去感受與斯堪地那維亞往昔之間的延續性，也是很合理的事情。但事到如今，透過還留在原鄉的哥德人——約特人——來強調維京關聯，不僅是出於浪漫，也是打保守牌。約特學會成為斯德哥爾摩的維京史研究、維京藝術與神話再發現的寶山。一八一八年，約特學會出資舉辦比賽，競圖製作奧丁、索爾與芙蕾雅的雕像——這是基督教降臨以來，瑞典藝術界第一次透過雕塑手法，再現諾斯諸神。

比賽規則公布在約特學會期刊《伊登娜》（*Iduna*）上。「伊登娜」之名源自諾斯女神伊登（Idunn），根據《散文埃達》描述，祂能令人青春永駐。傑耶的〈維京人〉（Vikingen）一詩，便是發表在《伊登娜》的創刊號，從此讓諾斯語中意指「旅人」或「漫遊者」的這個字，以及這個字與維京時代英勇航海家、戰士們密不可分的關係流行開來。

丹麥作家、歷史學家兼公共知識分子尼可萊．弗里德里克．塞維林．格倫特維希（Nikolaj Frederik Severin Grundtvig），推動現代斯堪地那維亞文化中的維京狂熱可謂不遺餘力。四十多年來，他先後成為丹麥古典自由主義祭酒，接著挾此風橫掃歐洲。格倫特維希與約翰．斯圖亞特．彌爾（John Stuart Mill）、托克維爾的阿列克西與富蘭索瓦．基佐（François Guizot）堪稱意識形態戰友，而格倫特維希對祖國的未來也帶來決定性的影響，程度為其他人遠不能及。他是丹麥國民高等學校（Folkehøjskole）體系的奠基者——一八四四年，第一間國高校創立，隨後迅速從丹麥發展到瑞典與挪威。後人甚至在哥本哈根重新規畫一整個城區，以他為名，紀念他。

格倫特維希最大的貢獻，在於催生出「斯堪地那維亞人不分丹麥人、挪威人或瑞典人，都應該出於共有的維京歷史，把彼此想成某個獨一無二的民族」的構想。一八三四年至三五年間，他執筆寫下卷帙浩繁的《世界史》（*World History*），提出他所謂「無與倫比的發現」（matchless discovery），表示斯堪地那維亞（尤其是丹麥）注定如同維京時代一樣走在世界的前端——這一回，他們將懷抱重生的基督信仰，引領嶄新的民主時代。

不過，維京傳奇與丹麥的維京傳承，也是使命的一部分。在格倫特維希眼中，傳奇中的諾斯諸神展現出的是人世間的掙扎，至今仍是一般丹麥基督徒可讀的寓言。他深信「寓言」之作用十分要緊，因為它們是用純淨的諾斯語來表達——冰島人寫下這些傳奇故事時，諾斯語尚未因腐敗的天主教會及其異族文化的慣用語，也就是拉丁語的影響而腐化。格倫特維希是道地的路德派信徒，堅決反對教宗國及其著作。今日的丹麥新教教會，將與昔日的異教維京人一同踏上旅程，攜手航向丹麥乃至於整個斯堪地那維亞的光明新未來。

憑藉後見之明，自然能輕易看出格倫特維希的啟示注定成空，尤其成千上萬斯堪地那維亞正開始收拾細軟前往美國，而非盤桓不去，從故鄉領導世人。不過，格倫特維希確實在「維京昔日」與「自由未來」之間締造了不可或缺的連結。他在一八三二年說得好，無論人在斯堪地那維亞還是美國，「最適合我們的總是自由」。

所謂的「泛斯堪地那維亞主義」（pan-Scandinavianism），則是格倫特維希的另一把火炬。一八三〇年代與一八四〇年代，泛斯堪地那維亞主義燒遍了北國知識階層與大學生的心。泛斯堪地那維亞主義者以共有的維京昔日為號召，自視為一股自由民族主義運動，情況很類似時代大致相仿、席捲日耳曼與義大利的浪潮。泛斯堪地那維亞主義最雄偉的文學豐碑，就是詩作〈吾乃斯堪地那維亞人〉（Jeger en Skandinav）；執筆者不作第二人想，正是最有名、人氣最高的丹麥作家漢斯·克里斯蒂安·安徒生（Hans Christian Andersen）。

吾乃一民族，名喚斯堪地那維亞人，
我們的故鄉一分為三域；
但無比天賜居中者，
在於萬眾逐漸一心
若你我受前嫌，不妨盡棄之；
時代精神宛如無瑕的瑪格麗特，
團結我們，三度賦予你我力量，
甚至賜予語言團結我們
來到山間、林間與湛藍海濱，
我欣喜高呼：吾乃斯堪地那維亞人！

不過數年，泛斯堪地那維亞主義的宏願就在一八六四年之後沒幾年的情勢中撞個粉碎。破滅之情中，一部分來自挪威人與瑞典人未能與丹麥人同進退的失望。才第一場危機，「斯堪地那維亞之團結」就挨了一記重拳，狀態再也沒有恢復過來。此外，普丹戰爭的經歷也讓許多斯堪地那維亞人成為一輩子的強硬反日耳曼派。「德語和德文書對你我傷害之深，遠非德製武器或德國士兵所能及」，尼可萊．格倫特維希苦澀寫道。這股苦澀將伴隨許多丹麥人、挪威人與瑞典人，度過二十世紀的大半時光。

苦澀歸苦澀，格倫特維希、傑耶與同道中人仍然為將來數代學者打下了基礎，讓維京時代與維京傳奇中文學遺產的研究得以發展——拉斯穆斯．比約恩．安德遜就是以此為基礎，提出《哥倫布沒有發現的美洲》當中的假設。隨著第一批驚艷世人的考古發現出土——首先是一八八〇年的高克斯塔維京船，接著是一九〇三年至〇四年的奧賽貝里船發掘，兩者都在挪威出土——這些知識人的付出也在斯堪地那維亞掀起一股對維京人的熱情。考古發現對於挪威人的維京認同大有裨益，而這兩起發現的時代背景，正好是挪威推動獨立於瑞典，而獨立也在奧賽貝里船出土後的一年，也就是一九〇五年成真。

然而，對於維京昔日的迷醉，此時卻已在尼可萊．格倫特維希等北歐思想家挖苦、憤恨的國家裡，出現了直奔地獄的轉折。這就是德國——維京神話與傳說就在此化為怪物的模樣。過去如此，今日亦然，對維京癡迷的復甦始於藝術，不過不是詩詞雕塑之類的，甚至也不是考古，而是音樂。

＊　＊　＊

「以前在德勒斯登，我已經為了買一本各家書店都缺貨的書而煞費苦心。最後我在皇家圖書館

（Royal Library）找到了書。此書……名叫《沃松傳奇》（Volsung Saga）——是H．馮德哈根（H. von der Hagen）從古諾斯語譯出的……。眼下，我要一遍又一遍細讀這本書。」

上面這段引文，摘自躊躇滿志的新銳作曲家理察．華格納在一八五一年寫的信。華格納在德勒斯登王家圖書館找到的這本書，成為將來他重新譯寫音樂與歌劇的靈感泉源。多虧華格納，諾斯傳奇的傳承即將出現重大轉折。

華格納找到的是十三世紀冰島著作《沃松家族傳奇》的一八一五年德語譯本，內容是諾斯英雄西古爾德，以及他尋找寶藏與魔戒的過程。故事包羅萬象，有凡人、天神、巨龍，以及守護英靈殿的女武神瓦爾基麗（Valkyries）——其中最有名的女武神，名叫「布倫希爾德」（Brunhild/Brunhilde）。華格納自從讀了日耳曼中古史詩《尼伯龍根之歌》，就對西古爾德（德語作「齊格飛」〔Siegfried〕）一角念念不忘。不過，他在馮德哈根從古諾斯語原本所譯出的譯本中，找到了比德語版更令人肅然起敬，也更為深刻的事物。

「齊格飛這般光輝燦爛的人物，著實吸引我好長一段時間，」華格納後來寫道，直到讀到冰島版的故事，「等到我扎扎實實看到其中最純粹的人性示現，我才一頭栽了進去。」英雄齊格飛「不受人間任何一副假面具所束縛」，意味著他超越了有限的時間與空間。「到現在，我才領悟到以他為劇作主角的可能性……。我的藝術與我的人格發展，從此踏進嶄新而決定性的階段……」

華格納不久便把《散文埃達》與《詩體埃達》加入自己的維京文學待讀書單。其中的故事佔據了他視野的每一個角落：世界與諸神的誕生，諸神打造的英靈殿家園，奧丁、索爾與其他諾斯神祇的豐功偉業，還有神族與巨人族為稱霸天下而起的最終決戰——高潮在諸神黃昏之日來到，神族的統治就此結束。他一步步將這些諾斯神話編織成單一的敘事主軸，《尼伯龍根的指環》（標題借自德語版的史詩名），發展成四部全本歌劇。整整十七小時的音樂、戲劇與視覺特效，最後在華格納「整體藝術」（Gesamtkunstwerk）觀念的聖堂——德國南部的拜魯特（Bayreuth），發展成一年一度的異教風慶典。

這四部歌劇首尾呼應，劇情圍繞著爭奪一枚金指環的過程而展開。這枚指環掌握了稱霸世界的祕密。打造戒指的是穴居於迷霧域（Nibelheim）的矮人；迷霧域由大小洞穴構成，矮人們則「不停工作……加熱堅硬的金屬，加以純化、鍛造」。故事的一方是以奧丁為首的神族。另一方則是巨人族，奧丁命令他們為自己建造雄偉的英靈殿，巨人族則要求以指環作為回報。人類夾在中間，奧丁需要他們使巧使力，以確保指環不落他人之手——為何需要人類？因為諾恩三女神（諾斯神話中的命運女神）已經降諭，只有一位人類英雄能拯救諸神，免於最終的毀滅——華格納版本的諸神黃昏。

奧丁所選中的半神人英雄齊格飛，終究從巨人化為巨龍的法夫納處奪得指環，正要施展指環的全力，卻遭人背叛殺害（這是中世紀日耳曼版本的劇情）。齊格飛之敗死導致奧丁與眾神失勢——齊格飛的愛人、女武神布倫希爾德為他舉行了一場維京風格的火葬，英靈殿也在壯闊的天啟末日場景中被火舌吞沒。不過，華格納卻在第四部歌劇《諸神黃昏》（*Götterdämmerung*）當中，借用了諾斯文獻，埋下希望的伏筆。燦爛的新世界將從舊世界的灰燼中蘇生，而未來的人類將永遠掌握齊格飛曾在幾個轉瞬即逝的片刻所擁有的力量。

華格納認為自己筆下的歌劇傳奇不只是虛構的神話。對他來說，諾斯傳說可謂現代社會的寓言——不只與他同時代的人抱持極為類似的政治觀點，連一八四八年歐洲烽火遍地時的革命派——卡爾．馬克思（Karl Marx）與弗里德里希．恩格斯（Friedrich Engels）亦作如是論。在馬克思眼中，一邊是貪婪的歐洲資產階級（華格納在《指環》系列作中，把他們描繪成巨人族），一邊是受壓迫的無產階級勞工（華格納筆下辛勤的矮人族「尼伯龍人」〔Nibelungen〕即為其化身），兩邊之間的鬥爭必將以勞工階級的勝利告終。然而，華格納所預言的並非一場勞工階級革命，而是一場對無情資本主義的鬥爭，且這場鬥爭將作為新英雄種族降臨之先兆：齊格飛們與布倫希爾德們將渾身充滿神力，開創自己的命運——堪稱是世界革命中的維京魂先鋒。稱華格納為「共產主義者」，恐怕超譯過了頭。但是，《指環》系列底下潛藏的意識形態，的的確確與格倫特維希等斯堪地那維亞人推崇的、諾斯傳奇中的自由民主理念相去不可以道里計。

蒞臨拜魯特演出現場的觀眾都是哪些人？《指環》首演時，德皇威廉一世（Wilhelm I）正是台下的觀眾之一。華格納的信徒弗里德里希．尼采亦在其列，他跟華格納與《指環》系列的關係，形塑了他整個思想脈絡（只不過尼采後來覺得曾經的心靈導師不夠激進，因此與他反目）。更有甚者，華格納的歌劇幫助引爆了人們的狂熱，追求日耳曼地區與諾斯昔日之間的關聯。諸多關於古代日耳曼部落與維京人的幻想，首度融合為單一的「雅利安」（Aryan）人種，而他們的純潔與力量，將是西方文明復甦的關鍵——這種想法悄悄進入日耳曼知識圈與文化界。德國學者準備發想一部以種族觀念為基礎的西方歷史，其他人也躍躍欲試。

「凡致力講述雅利安人種的故事，」古典學者查爾斯．莫里斯（Charles Morris）在一八八八年寫道，「即等同於致力撰寫文明之歷史。」莫里斯等語言學家口中的「雅利安」一詞，還包括當年征服古代波斯與印度次大陸——亦即「阿唎耶」（arya）本部的印歐諸民族。但是，把「雅利安人之優越」與維京人和日耳曼人，與「可在冰島、斯堪地那維亞與丹麥」，以及北日耳曼與英格蘭「覓得其最純粹展現」的那種金髮碧眼白皮膚體態畫上等號的作法，實在令人心癢難耐。

無獨有偶，莫里斯主張諾斯宗教與神話包羅「斯堪地那維亞寰宇萬象——雖粗糲尖銳，卻展現出非雅利安血緣者所無的想像、活力之本能」，而前述的「雅利安人之優越」，在其間表露無遺。

不過，華格納從諾斯傳奇中所借用的這種救贖福音，跟雅利安種族意底牢結要徹底合而為一，仍有待華格納的女婿、英格蘭種族理論家休士頓．史都華．張伯倫（Houston Stewart Chamberlain）提筆為文。張伯倫在一八九九年發表《十九世紀的基礎》（*Foundations of the Nineteenth Century*），提出假說，認為純種雅利安人種起源於斯堪地那維亞。傳說中，他們建立了歐洲文明，而現代日耳曼人就是他們種族與文化的後人。他主張雅利安人的優勢地位在歷史上不斷受到劣等種族的代表所威脅，尤其是半亞裔的猶太人——根據張伯倫的扭曲史觀，猶太人處心積慮要污染雅利安人造就的文明。「光是他們存在，就是違反了生命的聖律」，張伯倫高呼，而他所謂的「他們」就是猶太人。他認為消滅猶太人，是恢復北歐雅利安純淨的當務之急。

直到一九一九年，也就是第一次世界大戰之後，這種惡毒的反猶雅利安意識形態隨著極北社（Thule Society）於慕尼黑成立，才在德國振翅高飛。極北社原名古日耳曼研究群（Study Group for Germanic Antiquity），是個由癲狂德國貴族澤博騰多夫男爵（Baron von Sebottendorff）創立的社團。這個狂熱組織的名字源於「Thule」，古代希臘羅馬文化對斯堪地那維亞地方的稱呼。極北社徽是維京的日輪符號，「卐」（swastika）。澤博騰多夫的願景是個半玄幻的夢想——向猶太人、共產黨與中產階級自由派全面宣戰，藉此再造所謂的雅利安人霸權。他的終極目標，在於創造一套種族主義政治信仰，吸引德國勞工階級。

同年，他創造了極北社的政治側翼——德國工人黨（German Worker's Party）。創黨成員中有個滿腹牢騷的退役士兵兼不得志的畫家，名叫阿道夫．希特勒。其實，希特勒最早的同道中人與未來的納粹惡徒，幾乎都是來自極北社及其社交圈子。最後，希特勒將掌握德國工人黨，給該黨起了新黨名：國家社會主義德意志勞工黨（Nationalsozialistische Deutsche Arbeiter Partei），簡稱國社黨〔音譯納粹〕。

維京傳承與維京魂在德國人手中出現邪惡的轉折。雖然沒有人意識到，但諸神黃昏規模的災難舞台，已經為歐洲搭好了。至於維京人的原鄉——斯堪地那維亞，能否擋得住竊取北歐傳承的惡勢力，仍在未定之天。

＊　＊　＊

重新建構斯堪地那維亞的未來，拯救原鄉的正港維京傳承，第一步就是要止住湧向美國的人口移出大出血。

瑞典第一個採取行動。一九〇七年，瑞典國會設立人口移出委員會（Emigration Commission），完成研究並發表一部二十一冊的結論，詳述需要採取哪些步驟，才能留住想去美國的瑞典人。兩百多分證言講的都是同樣的故事：鄉下窮，城裡沒希望；日子慘淡，夢想黯淡——直到前往美國的機會出現，才改變了故事中人的命運。據一名韋姆蘭本地女子描述，從八歲起，她每天都得在凌晨四點起床工作，吃的更只有鯡魚乾與壞掉的馬鈴薯。後來，十七歲的某一天，人在美國的哥哥寄來一張船票，讓自己前去團圓。「解脫的時刻突然降臨」，她對委員們難掩興奮地說，而她再也沒有回頭。

委員會的建議既深且廣，最終對瑞典的未來更有決定性的影響。其中包括擴大選舉權（無財產限制的男性普選權），投入國家資源在公立教育，並以林業、鋼鐵業與漁業等產業作為經濟發展火車頭。

改革計畫攫住了民眾的目光，此時瑞典經濟也正在走揚，這都多虧了傳統限制與法規的鬆綁，以及鐵路鋪設和水力發電的普及。瑞典因改革而提升，至於整個斯堪地那維亞則是因第一次世界大戰而圓滿。一戰期間，斯堪地那維亞之外的整個歐洲北部加上德國與俄羅斯，紛紛把本國青年推去送死，在戰場與戰壕中把彼此撕成碎片，此時中立國瑞典、挪威與丹麥則經歷前所未有的經濟成長。連經濟大蕭條也難以在這段成功故事上留下污點。

比方說，一八七〇年至一九三六年，瑞典享有工業國家中最高的經濟成長率。一八七〇年至一九二四年，丹麥經濟成長率為第六高。挪威於一九〇五年爭取到完整獨立，隨後也踏上類似的經濟上揚道路；政府推動的措施，完全體現所謂的自由市場政策。挪威也是歐洲第一個賦予女性投票權的國家（丹麥在一九一五年跟上腳步，瑞典女性則得等到一九一九年）。[3]

瑞典、挪威、芬蘭與丹麥共同經歷的成長，遠比德國、法國、不列顛或義大利還快。他們就像一九九〇年代的金磚四國，成為全球經濟舞台上的新銳。

3　芬蘭女性在一九〇六年得到投票權，比挪威姐妹們還早了一年。不過，歷史學家指出，當時的芬蘭是俄羅斯帝國自治區，而非獨立國。

生活逐漸富裕，到美國追求好日子的推力也就少了；故鄉正開始改頭換面。這樣的發展催生出一種新的文化典範，亦即斯堪地那維亞慈善家——他們（有女有男）在全球化時代為路德工作倫理賦予新面目，為北歐各國擘畫了新的使命。不以戰爭為政治手段的瑞典人、丹麥人與挪威人如今以人道方法，為遭受戰爭衝擊的他國百姓救苦救難。

斯堪地那維亞慈善家之中，最有名的絕對是阿弗列．諾貝爾（Alfred Nobel）。他發明矽藻土炸藥，憑藉這項每每引發爭議的爆裂物成為鉅富。造化弄人，阿爾弗雷德的生命之所以徹底改變，居然是因為他的哥哥路維（Ludvig）——白手起家的新興石油業鉅子之死。

阿弗列與兩個哥哥路維、羅伯特（Robert）以及另外四名手足，皆生長於斯德哥爾摩，父親以馬內利．諾貝爾（Immanuel Nobel）是工程師，所得讓一家人勉強餬口。諾貝爾家有八個孩子，其中半數早夭——此事或可作為當時瑞典生活的一項指標。對許多人來說，生活水準無疑讓航向美國過程中的諸多風險有如小菜一碟。

一八三七年，阿弗列還不滿四歲時，家境有了好轉。以馬內利離家前往俄羅斯聖彼得堡工作，後來成為成功的工具與爆裂物製造商；他研發過早期的魚雷。到了一八四二年，以馬內利．諾貝爾把家人接來團圓時，他已經富裕到能為家裡最優秀的男孩阿弗列請家教了。除了瑞典語，阿弗列還能說流利的英語、法語、德語與俄語。

但諾貝爾家的小兒子還是最精通化學。[4]一八五〇年，他前往法國深造，結識了義大利化學家阿斯卡尼奧．索布雷洛（Ascanio Sobrero）。索布雷洛剛剛發現一種叫「硝化甘油」的強大爆裂物。由於這種化合物威力強大，索布雷洛足足一年沒有讓人知道他的新發現。阿弗列著了迷地想讓這種不穩定的液體能安全處理。他耗費兩年開發技術，然後把自己的實驗帶回瑞典。三十一歲的他，在瑞典創造出更有效率的新起爆劑，並發明雷管。阿弗列（以及硝化甘油）第一次在實驗室以外的環境冒險，就是在瑞典，但成果來得並不容易。

這種危險的化合物經常造成意外。其中一次死了五個人，包括阿弗列的弟弟埃米爾。執著的阿弗列並未因為家庭悲劇而裹足不前。經過三年多的實驗與糾錯——有時候還是災難性的大錯——他終於找到方法將吸附劑與化學安定劑加入硝化甘油中，讓這種化合物能安全使用，卻不會影響其爆炸威力。

他把這項完美配方的結果取名叫「矽藻土炸藥」（dynamite）。這年是一八六七年，阿弗列的工廠位於什列斯維希—霍爾斯坦邊境的格茨哈赫特（Geesthacht），距離西北方的漢堡只有三十四英里。三年前，格茨哈赫特已經成為普魯士領土。假如阿弗列能在一八六三年，甚或一八六四年，而非一八六七年才揭開這項致命的發明，這配方說不定就會落入當時正為了兩公國而捲入危機的丹麥軍方手中。假如丹麥將領把當時世人所知最具破壞力的化合物投入戰場上，對付人數佔優勢的敵軍，那麼迪布爾戰役以及德國本身的命運都將大不相同。

結果，硝化甘油炸藥反而成了阿弗列．諾貝爾的財產，為他賺進大筆財富。他也沒有就此停步。一八七五年，他發明防水炸藥（gelignite），比矽藻土炸藥更穩定，威力也更強。下一項問世的是混成

4【譯注】阿弗列之下還有一個弟弟，小他十歲的埃米爾．奧斯卡．諾貝爾（Emil Oskar Nobel），但埃米爾出生時，諾貝爾家已遷往聖彼得堡。

無煙火藥（ballistite），裡頭是百分之十的樟腦，以及相等比例的硝基與火眠膠。這就是線狀無煙火藥（cordite）的先驅；自一戰起，全球幾乎每一國的軍隊都在使用這種火藥。

阿弗列的哥哥路維．諾貝爾與羅伯特．諾貝爾幾乎和他同樣出名（甚至比他還有錢）。一八七六年，他們買下一座位於亞塞拜然的煉油廠，當時亞塞拜然仍屬於俄羅斯帝國。諾貝爾兄弟幾乎憑一己之力，把石油生意變成全球性的產業。全球一度有百分之五十的石油是由他們生產的。洛克斐勒、古本堅（Gulbenkian）與其餘所有人只不過是他們的經營跟班，踩著瑞典人的腳步走。

其實，談到發明，路維．諾貝爾就跟他的化學家弟弟一樣心靈手巧。他設計、打造全世界第一艘油輪，配備特殊的通風系統，能根據溫度變化調整所載運的液態貨物。這艘名為「瑣羅亞斯德號」（*Zoroaster*）的油輪是在瑞典的椴樹島（Lindholmen）至馬塔拉（Matala）沿線打造，於一八七八年首航。第一趟船是從巴庫（Baku）航至阿斯特拉罕（Astrakhan）。路維．諾貝爾拒絕為自己的發明申請專利，人人都可以利用其技術。他更致力於提升現代石化產業的基礎硬體——煉油廠與輸油管的安全與效率標準。

後來，路維．諾貝爾一八八八年在坎城度假時心臟病突發過世。巴黎一家報社刊登這位瑞典富豪的死訊，卻誤植成阿弗列的生平資料。阿弗列攤開早報，讀到自己的死訊，冷不防感到大觸霉頭。看到報導的第一句話，他更是無比沮喪：「死亡商人死了。」報導接著說，「憑藉史上最速殺人法致富的阿弗列．諾貝爾博士，於昨日辭世……」

阿弗列．諾貝爾嫌惡地扔下報紙。原來大家這麼看自己？死亡商人？五十五歲的他單身未婚，膝下無子，富可敵國——不只是自己的生意，也是因為他在兄弟的石油公司握有股份。他下定決心，不要像報導所說，他要在自己真的死去之前，為世人留下一筆完全不同的遺產。

阿弗列與律師討論，起草多份財產信託安排與遺囑，而後於一八九五年十一月在巴黎的瑞典—挪威俱樂部（Swedish-Norwegian）宣布最終結果。他告訴在場眾人，他將從自己的財富中撥出一大部分，致力於慈善事業。他希望，此舉能讓世界更加美好。

阿弗列．諾貝爾以這種近乎前無古人的方式，成立了知性與科學成就的究極獎項——諾貝爾獎，其中還包括一項獎項，要頒給「致力於各國情誼、廢除或裁減常備軍，以及召開並促進和平對話最力者」。諾貝爾和平獎至今仍象徵人類進步與社群和諧的理想，其宗旨是現代維京魂最崇高的渴求。諾貝爾本人認為，「更為人道的思維方式，正在世界各地成形」，一八九八年過世前不久，他以充滿希望的筆調寫下這句話。「人道思想的光芒，照耀了充滿誘惑、心碎的世界。」

諾貝爾的話對斯堪地那維亞同胞來說已經成真，但對世界其他角落的人來說卻尚未實現。接下來就等另一位博愛之人——這一回是挪威人——賭上自己崇高的聲望，治癒心碎世界的一道道傷口，接引一名又一名的難民。

＊　＊　＊

此人名叫弗里喬夫．南森（Fridtjof Nansen）。雖然今天他的名氣不如諾貝爾響亮，但他將維京先人冒險犯難的精神與路德工作倫理深深結合，其程度遠非他人所能企及。

一八六一年，弗里喬夫生於知名的航海世家。他不是上學讀書的料，喜歡戶外生活：徒步旅行、溜冰，還有他最熱愛的滑雪；在特勒馬克當地，競速滑雪已躋身成為一種新的藝術。弗里喬夫喜歡踩著滑雪板探索林間，他後來在回憶錄中透露，自己常常在野外一待好幾個星期，無視於天氣狀況，「彷彿魯賓遜漂流記」。

母親過世後，他們一家遷往克里斯蒂安城。此時，弗里喬夫已經是優秀的滑冰手，締造一英里賽事的世界紀錄，也是全國越野滑雪冠軍。

不過，家族出於榮譽，仍然要求他接受足夠的教育，以就讀王家弗雷德里克大學（Royal Frederick University，今奧斯陸大學），他也在一八八〇年依願入學，並決定念動物學，這樣就有理由把全部時間用在戶外與荒野了。一位教授感受到他這股冒險魂，於是鼓勵他航向北極。人生就此改變。如今二十歲的弗里喬夫，發掘出一股對極地探險的熱情，成為其他斯堪地那維亞探險家如羅爾德・阿蒙森（Roald Amundsen）的先行者；對他們來說，極地只不過是故鄉嚴酷環境的延伸罷了（順帶一提：阿弗列・諾貝爾也有一樣的狂熱。他花費鉅資，贊助多次極地探險）。

「我們的祖先，也就是古代的維京人，是最早航行於北極圈之人，」一八九二年，南森發表極地冒險紀行，在其中如是說。「最早航行於大洋的人是他們，最早與海冰搏鬥的也是他們。早在其他航海民族剛開始冒險，不再緊挨著海岸線航行之前，我們的先人已經馳騁洋面，往四面八方而去」，第一個發現冰島與格陵蘭，甚至是美洲。南森此時下定決心，他有意仿效紅髮埃里克、埃里克之子萊夫等大無畏的諾斯航海家，以探索北極圈為畢生職志。

等到一八八二年八月重返挪威時，他有了另一項興趣：海生動物（就像他在航程中遇見的海象、海豹）的神經解剖學。讀書做研究再度向他招手。但他的夢想真要實現，還得等到一八八七年——這一年，他組織探險隊前往格陵蘭，驗證自己的理論：滑雪橫斷格陵蘭龐大的堆冰。

他的挪威同胞覺得此舉簡直瘋狂。但多虧丹麥商人奧古斯丁・加梅爾（Augustin Garmel），以及一些大學生的類似募資平台 Kickstarter 的募資行動，南森得以與七名同伴在一八八八年六月二日登上獵捕海豹的漁船「傑森號」（*Jason*）。

南森一行人越過攔路的浮冰，於八月十一日抵達烏米維克灣（Umivik Bay）。他們原本期待能在九月中旬時，抵達三百七十一英里外迪斯科灣（Disko Bay）的克里斯蒂安希望城（Christianhaab，今卡西江居特〔Qasigiannguit〕）。結果，一路上他們翻越高度超過八千英尺的冰封山脈，雨、雪、冰雹時間一到就往他們身上招呼，直到十月十二日他們才抵達好望城（Godthaab，今格陵蘭首府努克〔Nuuk〕）。這一趟不僅無人喪生，甚至沒人受傷或生病，堪稱是有史以來最成功的北極探險。雖然不得不等待格陵蘭的冬季過去，直到一八八九年四月才終於啟航返國，但一行人在五月二十一日抵達哥本哈根時，仍然得到熱烈的歡迎。

接下來二十五年的人生，南森泰半奉獻給了極地探險，搭乘的常常是他的探險船「前進號」（*Fram*，今日保存在比格迪的博物館，小時候我還曾經踩在船的甲板上）。一八九五年至九六年，南森與前進號冒險航至前人所遠遠不及的極北之地——北緯八十三度十三點六分，幾乎吐口口水就噴到北極了。南森同時在王家弗雷德里克開課教動物學，並活躍於挪威獨立運動。挪威於一九〇五年獨立後，南森銜命成為挪威駐不列顛首任公使。駐倫敦期間，他又發展一項新興趣——海洋學，並樂於將自己關於極地探險的智慧傳授給新一代的冒險家——其中就有他的挪威同胞羅爾德・阿蒙森。

第一次世界大戰爆發時，弗里喬夫・南森五十三歲，已經是國內的名人與頂尖學者。雖然斯堪地那維亞三國全數保持中立，但南森仍然以悲天憫人的態度，關注大戰慘烈的戰局與幾乎一樣慘痛的戰後局勢。大流行年間（西班牙流感在一九一八年至二〇年間爆發，全世界超過五千萬人病死）以及一國接著一國的難民危機，為弗里喬夫·南森帶來他的下一項使命，也是最後一項與最艱巨的使命：協助歐洲從數年的衝突與慘劇中復原。他把注意力擺在俄羅斯與德國之間，因為戰爭而承受重災的數千萬人民。饑荒與流離失所，讓中歐與南歐一片生靈塗炭。

為了催動改變，南森把握住國際聯盟新成立的契機。曾經，他用熱情與紀律來規畫、實現極地遠征；如今，他以同等的熱情與紀律投身於這項大業。他成為挪威國際聯盟促進會（League of Nations Society in Norway）主席，大力呼籲挪威加入國際聯盟，而此事也在一九二〇年成真。代表挪威出席第一次大會的三位成員中，有一位就是他。

但南森的精力哪是國際聯盟所能囿限？他同時投身於戰俘遣返工作。發生在東邊的衝突，往往導致戰俘離家數千英里遠。「我這輩子，」他說，「從未接觸到如此龐大的苦痛。」一九二二年，他回報已協助將近五十萬戰俘返鄉——他們大多困在俄羅斯，布爾什維克革命導致他們進退維谷。

先從戰俘問題著手，接著協助將近兩百萬俄羅斯難民的任務就變得比較容易了。革命與內戰令他們的生活天翻地覆。身為國際聯盟難民事務高級專員，南森使出渾身解數，對付一九二一年至二二年間俄羅斯大饑荒帶來的人道危機，籌備緊急糧食與其他補給，提供饑荒受害者。南森與將來的美國總統赫伯特·胡佛的合作，說不定是讓俄羅斯社會免於完全崩潰的因素之一。

數以萬計的難民在歐洲流轉，沒有身分文件或公民證明；有些人則是帶著文件，前往今已不存的國家。南森也接下了這項挑戰。他發想出一種臨時文件，人稱「南森護照」（Nansen passport），讓無國籍或失去本國護照的人得以進入、通過其他國家。這些護照將一直使用到一九三八年。據估計，南森護照拯救超過四十五萬人，免於林林總總的迫遷、集中營，甚至是更悲慘的命運。南森護照得到五十多國政府的官方認可。在所有文件當中，南森護照對於東歐與中歐恢復一定程度的正常，可謂貢獻甚偉。一九二一年至二二年間爆發希土戰爭（Greek-Turkish war），等到南森跳進蕩漾餘波中幫助難民時，這種文件就派上用場了。

此時，南森已經奔六。照片中的他，還是跟二十多年前那位極地探險家一樣精瘦有活力，海象鬍和銳利的藍眼珠令人遙想維京酋長。一九二二年十一月參與洛桑會議（Conference of Lausanne）期間，南森得知自己獲得諾貝爾和平獎提名。提名委員會主席兼頒獎者，也是南森的朋友——弗雷德里克·斯唐（Frederick Stang）如此總結南森此等人間罕有的成就：

「凡人的思維無法想像這項浩大行動是什麼光景，就像無法理解天文數字……。這個計畫的目標在於援救一個大洲上數以百萬計的人，免於悲劇與死亡的命運——規模何其龐大，繁雜的細節簡直無數，換作是我們就舉手投降，讓大腦停止運作了。」斯唐補充道，「如此艱巨的任務究竟在世界史上該有什麼樣的地位？這就留待後世子孫傷腦筋吧。」斯唐提到南森為人榜樣的獨特能力：「令我們尤其印象深刻的，或許是他那一次又一次為了一種理念、一個念頭而甘冒生命危險，啟發他人群起追隨的能耐」，哪怕是要橫斷格陵蘭的積雪，還是為數百萬俄羅斯難民提供棲身之所與食物。

但他還沒完。獲獎後的第三年，南森組織一次大規模救援行動，讓亞美尼亞難民逃過本國內種族滅絕的毒手。等到南森於一九三〇年辭世時，他已經為高效的人道任務立下了可供依循的作法，至今仍為人感念。

國際聯盟創始人之一暨諾貝爾和平獎得主羅伯特・塞西爾子爵（Viscount Robert Cecil）蓋棺論定南森：「但凡做公益都有他的一份。為了締造和平他毫無畏懼，他與公理為友，他永遠為弱者、受苦者喉舌。」塞西爾還說，「我敢說，在我認識的人當中，他是唯一稱得上英雄的人……。他自成一格。」

「『難』不過舉手之勞，『不可能』頂多就把手舉久一點。」人們經常認為是弗里喬夫・南森第一個講出這句話。

這句話可為維京魂的座右銘。

＊　＊　＊

事後而論，第一次世界大戰對於美國在內的世界各國來說，都是一座分水嶺；斯堪地那維亞也不例外，但方式卻大不相同。

經歷一段捲入歐洲武裝衝突的漫長、慘痛歷史之後，瑞典、丹麥與新獨立的挪威決定跳過這一場戰爭。當然，交戰的軸心國（Central Powers，德國與奧地利—匈牙利）或協約國（Entente Powers，不列顛、法國與俄羅斯），倒也都不覺得值得費心拉攏它們。儘管如此，「作壁上觀」仍然是個茲事體大的選擇。以二十世紀斯堪地那維亞歷史而言，決定在（當時）歐洲史上最大衝突中保持中立，堪稱是一九〇五年的挪威獨立之外最重大的事件了。

首先，北歐國家在戰前享有的富裕與經濟成長仍能持續不減。對於歐洲其餘地方來說，戰後蕭條與失業幾乎是常態，而北歐反倒能發展不輟。

其次，北歐新國家芬蘭加入了它們的行列。一九一七年，芬蘭人從俄羅斯爭取到獨立，接著又為了守護獨立而跟蘇聯紅軍打了一場艱苦惡戰。儘管這場戰爭本身與引發的苦難折磨著他們羽翼未豐的國家，但芬蘭人與斯堪地那維亞鄰國相處融洽，其中甚至包括曾經的殖民母國瑞典。不出幾年，芬蘭人也體驗到與該地區其他國家一樣的經濟榮景。

再者，一戰本身以及因戰爭而打亂的跨大西洋交通，讓大遷徙就此結束。不諱言，戰後又出現一波往美國的人口外流。人數在一九二三年達到新高，又有兩萬五千名瑞典人抵達美國，接著美國國會就在一九二三年至一九二四年會期通過了新移民法的限制。

一九二三年至一九二四年的移民限制，連美國國內都有不少人指責該法不公平且帶有族群歧視。不過，事後來看，這些限制對斯堪地那維亞其實是意外收穫。一屆又一屆的挪威、丹麥、瑞典、芬蘭政府致力於讓斯堪地那維亞百姓的生活過得更好，讓百姓感覺不需要離鄉背井，不用費盡心思、鼓起最大的勇氣前往美國。

從政治角度而論，社會民主黨可謂改革方針的天選喉舌。身為曾經的馬克思主義者，這四國的社會民主黨逐漸與推動國內經濟發展的資本主義經濟和解，與此同時正好又有一代深具魅力的傑出政治領袖走向幕前。瑞典有卡爾．H．布蘭廷（Karl H. Branting），丹麥有索爾瓦爾德．斯陶寧（Thorvald Stauning），挪威有克里斯．霍斯魯德（Chris Hornsrud），芬蘭則有瓦伊諾．坦納（Väinö Tanner）。四人分進合擊，為社會民主政黨搭建舞台，成為斯堪地那維亞政局的自然多數——即便掌握的立法機構席次不見得佔優勢，但政策決定方面絕對處於上風——直到今天。

成長與榮景不只解決了人口流失問題，同時為北歐各國打下稅基，得以照顧公民最基本的需求：

勞工工傷補償與退休金，童工相關法律與失業保險金，補貼農業與扶持工農合作社，加上由政府提供的社會服務——使用者不用支出太多，甚至無須出一毛錢。這些福利是斯堪地那維亞福利國家的基礎，早在一九三〇年代便為全世界所艷羨。有些書籍像馬基斯．柴爾德斯（Marquis Childs）的《瑞典：中庸之道》（*Sweden: The Middle Way*），歌頌北歐社會民主主義的成就，但對北歐國家重視資本、重視成長的財政基礎卻著墨不深。

瑞典尤其吸引記者與政治人物的注意。他們讚不絕口，熱情望向那個連王子都願意加入當地消費合作社的國家（到了一九二五年，已有五分之一的瑞典人加入了某種形式的合作社），望向那個許多改革措施（例如勞工補償與罷工權的限制）幾乎沒有受到嚴重阻力便獲得通過的國家。換作其他歐洲國家，上述措施恐怕會導致嚴重政治危機，甚至內戰。但在瑞典、挪威、丹麥與（腳步稍遲但同樣令人印象深刻的）芬蘭，卡爾．布蘭廷等政治人物看來發現了自由民主得以成功的祕訣：避免極右或極左，同時維持社會的團結與完整——還要保持繁榮。

「假如檢證『美善的生活』，就是讓最多人得到最多的善，那麼現在就有現成的例子，」柴爾德斯在一九三六年的書中寫道，「不用等到尚有爭議的遙遠明天，你一定會好奇這些小國到底發生了什麼……。它們所成就的安寧與令人滿意的生活，足以作為大國將來的標準，而且大國們說不定得費好一番工夫才能達到。」

西班牙內戰、墨索里尼（Benito Mussolini）入侵衣索比亞、希特勒的紐倫堡法案與史達林（Joseph Stalin）的審判秀——大半個歐洲深陷動盪，北歐此時的成就尤其令人難忘。不過，斯堪地那維亞之道的另一位崇拜者，英格蘭工黨運動家兼社會科學家E．D．賽門（E. D. Simon）則是在一九三九年的

《小國民主》（*The Smaller Democracies*）書中寫道，「這一切目不暇給、為打造美好社會秩序所做的努力，恐怕只要一場歐戰就會粉碎。」

賽門一語成讖。斯堪地那維亞即將經歷其現代史上最嚴峻的試煉，維京魂也將面臨長船與板斧時代以來最困難的考驗。

15

戰難和亦不易

The Viking Heart in War and Peace

順服於侵犯者的民族，沒有活下去的資格。

——阿道夫．希特勒

一九三九年九月，歐洲在不到四分之一世紀的時間內二度爆發戰爭。這一仗，斯堪地那維亞國家依舊希望保持中立，也計畫保持中立，但計畫趕不上變化。無論是瑞典、挪威、丹麥或芬蘭，一個個都躲不過這次的全球衝突。到了最後，連傳統上抱持中立態度的國家，也就是曾經接納了數十萬北歐國家前公民的美利堅合眾國，也免不了參戰。

斯堪地那維亞裔美國人扮演要角，讓自己的國家做好戰備。假如少了威廉．克努森、查爾斯．索倫森、查爾斯．林白、克萊爾．艾格特維特等人所付出的心力，同盟國恐怕很難在這場史上最大武裝衝突中取勝。

同樣的話套用在故鄉的斯堪地那維亞人身上——尤其是幾位挪威突擊隊員身上，也不為過。但整體而言，北歐國家認為自己捲入了一場於它們並無戰略或經濟利益的戰爭。印第安俗諺說，大象打架，小草遭殃。一九四〇年至一九四四年間，丹麥、挪威、芬蘭可說是納粹德國、蘇俄、大不列顛與美國腳下的小草，瑞典多少也是。

過去幾年，其他歐洲國家受迫強鄰，許多人選擇歸順合作。要是多數斯堪地那維亞人選擇一樣的路，也不讓人意外。

但許多斯堪地那維亞人反而選擇走抵抗的道路：有時平靜，有時激烈，但都是忠於民族與個人榮譽之標的，這是維京魂不得不然的選擇。而且，除了少數例外，他們都成功了。

＊　＊　＊

芬蘭第一個起來反抗。數個世紀以來，芬蘭人一直和瑞典人並肩作戰，一同出海劫掠，一同與俄羅斯做生意，一起效力於古斯塔夫斯・阿道夫斯的軍隊。一八一四年，芬蘭劃歸俄羅斯，但芬蘭人在羅曼諾夫（Romanov）帝國治下仍享有特殊地位，擁有比帝國其他領土更多的自由與自治權。比方說，芬蘭教育與行政的官方語言是芬蘭語，而非俄語。

但一九一七年的俄羅斯革命卻引發芬蘭迫切想完全獨立的念頭——代價相當慘痛。二十年後，最怕歐陸嚴重衝突的就是芬蘭人，他們尤其不希望衝突中有一方是他們的強鄰——約瑟夫・史達林的蘇聯。芬蘭整條東疆直接與可能瞬間變成敵方領土的土地接壤。早在一九三一年，對蘇戰事的陰影籠罩地平面彼端時，芬蘭政界便開始重新評估本國軍事選項。

從蘇聯人角度來看，他們擔心納粹德國採取行動進佔波羅的海，而芬蘭恐怕成為入侵的跳板。數世紀以來，入侵部隊往往以芬蘭的卡累利阿半島（Karelian peninsula）為過道：俄羅斯人與蒙古人利用卡累利阿西進，瑞典、波蘭、條頓騎士團與更久以前的維京劫掠者利用卡累利阿東進。德國人沒有理由不會。只要派兵越過芬蘭邊境，就能在幾小時內包圍列寧格勒（原聖彼得堡）。

一九三九年八月，蘇聯使節抵達芬蘭首都赫爾辛基，要求芬蘭和其他波羅的海共和國——拉脫維亞、立陶宛與愛沙尼亞一樣，低頭成為蘇聯勢力範圍的一部分。答案是一口回絕。芬蘭不會低頭，現在不會，永遠不會。史達林的反應是宣戰，蘇聯轟炸機在一九三九年十一月三十日鋪天蓋地飛到赫爾辛基上空，而芬蘭的未來之戰——甚至是存亡之戰——於焉打響。

俄軍把手邊有的統統往芬蘭軍砸過去。數以百計的戰車隆隆開過卡累利阿地峽，無畏的芬蘭人則引燃裝了汽油、煤油、瀝青與氯酸鉀混合物的酒瓶回敬之。事實證明，芬蘭人稱為「火炎瓶」（polttopullo）的汽油彈收到奇效。不過，後來「火炎瓶」一詞被另一個芬蘭名字——「莫洛托夫雞尾酒」（Molotov cocktail）所取代，命名由來是史達林手下令人痛恨的外長維亞切斯拉夫．莫洛托夫（Vjacheslav Molotov）。「縱有抵抗，一列列的蘇聯部隊與軍用卡車仍緩緩順著進入波蘭的單線公路前進。寡不敵眾的芬蘭人有的只是汽油彈、過時的步槍與機關槍、雪橇，以及徹底保家衛國的決心。

陸軍將領卡爾．古斯塔夫．曼納海姆（Carl Gustav Mannerheim）主導芬蘭防務，他是傑出的軍人，也是芬蘭獨立戰爭中的抗俄英雄。曼納海姆確有一日之長。他曾在俄軍中服役，比俄國人還懂他們的戰術。他根據防禦計畫，將部隊沿著俄軍側翼部署，像砍柴一樣把推進的俄軍縱隊切成好幾段，接著以兇猛的戰鬥（往往陷入白刃戰）瓦解每一段，直到孤立、餓餒、凍得半僵的俄軍投降，或是戰到最後一兵一卒為止。

芬蘭人稱這種戰術叫「motti」（芬蘭語的「柴堆」）。只是堆積起來的不是木頭，而是俄軍屍體堆成的小山——在極低的氣溫下遭射殺的人，幾乎是一中槍就開始結冰，雙手外張，膝蓋彎曲倒地，死狀悽慘。

芬蘭人痛擊進犯俄軍的高潮，是十二月的蘇奧穆斯薩爾米戰役（battle of Suomussalmi）；是役至今仍是軍事教科書的經典教案。俄羅斯摩托化部隊經常得走單車道公路穿越濃密的森林，而這正是完美發揮木柴堆戰術的形勢。

突擊隊腳踩雪橇，從公路兩側飛馳而來，搭配一陣突如其來的迫擊砲與機槍射擊，雨一般打在來犯先頭的俄軍身上，把他們跟縱隊其餘部分切開來。芬蘭突擊隊秋風掃落葉，怒噴衝鋒槍與手榴彈，然後消失在林間。一旦俄軍縱隊被開出一道口子，就會有更多芬蘭部隊湧入，鞏固路邊切面兩側的據點——有時候寬達三、四百公尺——士兵之精良、火力之強大讓受困的俄軍無法突圍，外面的俄軍也無法解圍。

緊跟著就是把遭到孤立的俄軍陣地一個個殲滅的染血活，過程往往演變成慘烈的雪中白刃戰，「絕不留情」的吼聲迴盪在硝煙瀰漫的森林裡。蘇奧穆斯薩爾米村是最後陷落的據點之一，俄軍機槍手孤注一擲，把自己鎖進地窖，結果被一個個拉出來殺掉。

最後的俄軍殘兵在十月二十九日遭受痛擊。精銳的烏克蘭第四十四師在十二月中參戰時有三萬人。戰鬥結束後，只有五千人生還。俄軍第一六三師則是全軍覆沒。勝利的芬蘭軍大步走過一六三師防守的道路，沿線有四十七輛遭破壞的戰車，兩百七十輛廢棄車輛，以及超過兩萬七千具結冰的俄軍屍體。整起行動中，芬蘭人只損失九百名士兵，一千七百七十人負傷。

芬蘭的蘇奧穆斯薩爾米大捷成為世界各地報紙頭條，「柴堆」也和一年多以後的「閃電戰」

1 類似的武器也能在西班牙內戰共和軍對抗法西斯，以及一九三九年日軍在滿洲對抗俄軍時偶爾看到。不過，芬蘭人最早量產汽油彈——阿可酒公司（Alko corporation）旗下的拉亞馬基（Rajamäki）酒廠生產了數以千計的汽油彈，隨瓶還附上火柴。冬季戰爭（Winter War）期間，芬蘭人生產了四十五萬枚汽油彈。

（blitzkrieg）一樣，成為軍事術語的代表。芬蘭人的斯堪地那維亞同胞在面臨恐怖強鄰時仍然保持中立，而英勇的芬蘭人出乎意料大勝，令其他北歐同胞一陣振奮。瑞典有八千名志願者入伍趕赴前線，而芬蘭人以大衛的姿態傲視歌利亞般的俄羅斯人，這對於保持中立的斯德哥爾摩政府來說既是激勵也是責備。到處出現寫著這段座右銘的海報：

世人如今曉得何謂芬蘭人——讓人們見識何謂瑞典人，則是你我的責任！來吧，瑞典志願者！

一千五百名挪威與丹麥志願者也踏上朝聖之路，與芬蘭人並肩作戰，此外還有三百五十名芬蘭裔美國人等前仆後繼；對他們來說，這免不了的一戰是為了對抗共產主義，或者就只是想支持小蝦米。這場戰爭在美國可謂人盡皆知，尤其是斯堪地那維亞裔美國人，連中西部的孩子（就像住在明尼亞波利斯郊區的我爸）都會分成俄羅斯隊與芬蘭隊，堆雪堡，用雪球取代毛瑟槍與莫辛—納干步槍（Mosin-Nagant rifle），往對手身上招呼。

芬蘭人的仰慕者並不局限於斯堪地那維亞裔人口多的中西部。紐約市長費奧雷洛・拉瓜迪亞（Fiorello LaGuardia）在麥迪遜廣場花園（Madison Square Garden）舉辦「幫助芬蘭」（Help Finland）造勢活動，小羅斯福也核可一筆一千萬美元的政府借款。雖然這筆錢不能用於購買軍備（一九三九年的美國仍恪守中立政策），但芬蘭政府用來買糧食，轉手賣掉換取英鎊，用於購買武器——跟美國買。最後，小羅斯福點頭將五十架布魯斯特水牛戰機（Brewster Buffalo fighters）送給芬蘭空軍，但只有五架及時參與這場後世所說的冬季戰爭。

蘇聯終究還是以力服人，倒楣的芬蘭人還是不支。不列顛與法國說不定將壓哨派兵出手相救——首相坦納與芬蘭政府之所以堅持苦戰，靠的就是這唯一的可能性。然而，希望終究在三月初破滅。一九四〇年三月十三日，雙方在莫斯科簽署和約。停戰條件並不光彩。被迫割讓大片領土給俄羅斯，包括卡累利阿半島，以及芬蘭灣的島嶼——也就史達林起先的索求。將近五十萬卡累利阿人被迫逃離家園。但芬蘭免於立陶宛、拉脫維亞與愛沙尼亞等波羅的海共和國的命運，沒有被蘇聯併吞。

現在就等著曼納海姆將軍把消息布達給麾下精疲力盡的士兵們。此時芬蘭軍已有將近兩萬五千人戰死，四萬五千人負傷——傷亡率達到三分之一。比起歷史學家所言，曼納海姆的話更能總結芬蘭在這場為時一百零五天的冬季戰爭中的成就，以及其悲劇的一面：「戰友們！我在許多戰場上作戰過，但從未見過像你們這樣的勇士。如果我的孩子能像你們一樣，我肯定會倍感欣慰……。雖然有這麼多的勇士，這麼多的自我犧牲，但政府仍不得不接受嚴苛的談和條件。我們的軍隊少，資源與常備軍也不夠，我們根本沒有與大國一戰所需的軍備。」

最後那句話，總結了每一個斯堪地那維亞國家在那一年恐怖春天的進退維谷。

＊　＊　＊

接著輪到挪威。

一九四〇年三月是個關鍵的時間點——德國、法國與不列顛加緊備戰，芬蘭與俄羅斯兵戎相見。但在七個月前，就有一名挪威人預見局勢發展，採取行動。然而，維德孔・奎斯林（Vidkun Quisling）非但沒有以英雄身分大膽帶領挪威參加接下來的大戰，而是以叛徒身分把自己的祖國拖進戰爭。他的奪權，造成難以估計的損失。

一八八七年，維德孔．奎斯林生於菲勒斯達爾（Fyresdal），父親是路德宗牧師。十八歲那年，他進入挪威陸軍學院（Norwegian Military Academy），並且在一八一七年以創校以來最高分畢業。前景光明的他在一九一一年進入挪威參謀本部服務。奎斯林從此成為挪威軍隊在俄國革命期間的先鋒人物，也是首屈一指的俄羅斯事務專家。奎斯林甚至娶了俄裔的雅莉珊德拉．安德蕾維娜．沃羅妮娜（Alexandra Andrevina Voronina），當時他正與弗里喬夫．南森合作，先後在烏克蘭與亞美尼亞賑濟饑民。南森對他說，「知道有你幫忙，我就放心了。」據說，南森後來還說奎斯林的付出是「須與不可或缺」。

儘管備受看好，奎斯林卻在一九二〇年代逐漸受到極端政治意識形態吸引，像是希特勒初露頭角的納粹思想。事實證明，奎斯林為了影響挪威政局而發起的國民聯盟黨（Nasjonal Samling，簡稱ＮＳ）確實是場災難。德國人宣稱北歐民族是「雅利安人」同胞，挪用維京人的日輪符號與希特勒黨衛軍標誌所使用的盧恩符號「ＳＳ」，ＮＳ也從納粹那兒借用了國家社會主義與種族歧視政治觀，但挪威人未能對此做出回應。

一九三三年與一九三六年的兩次全國大選中，奎斯林與ＮＳ勉強拿到百分之二的選票。他若想得到自己渴求的影響力，就必須要有一場嚴重的國安危機。

他需要的危機隨著一九三九年的歐戰而來。奎斯林深信，希特勒是挪威唯一的救贖。戰爭爆發三個月後，奎斯林設法在柏林與德國獨裁者會面。他提議將挪威軍事基地交給德國，承諾挪威在自己的統治下，將會全面支持德國。

後來到了一九三九年十二月十四日，希特勒讓軍隊高層展開行動，制定祕密入侵挪威的計畫。一九四〇年四月四日，德軍艦隊在午夜後不久駛入奧斯陸灣。根據計畫，部隊將進佔挪威首都，奎斯林會在首都迎接他們。途中只有一人能阻擋他們——奧斯卡巖要塞（Oscarsborg Fortress）指揮官、陸軍上校比爾格．埃里克森（Birger Erickson），他所駐守的要塞正位於灣內最狹處的一座岩島上。

埃里克森的軍旅生涯步步扎實，卻很難稱得上亮眼。一八九六年，他畢業於挪威陸軍學院，當時的挪威仍是瑞典的一部分。畢業後，他花了五年時間才升為上尉，又花了十四年才晉升少校，再過十六年才成為上校，是年為一九三一年（中立國的軍人很難迅速晉升）。

一九三三年，埃里克森奉命指揮奧斯卡巖要塞，駐地有三門以聖經人名命名的過時大砲：摩西、亞倫與約書亞。沒有人料到，除去表定演習之外，要塞的大砲真能噴出怒火，配備的魚雷居然有用到的一天。埃里克森自己也預計再一兩年就退伍。

突然間，埃里克森注意到黑暗中有幾個龐大的影子，擋住了灣內距離三英里開外的村莊燈火。有船靠近要塞，而且是陌生船艦。埃里克森沒有猶豫。他下令最近的砲台開砲。問題來了，為何沒有人接獲指令，要提防敵軍進入海灣？甚至沒有人知道這些船是誰的船。德國的，不列顛的，甚至可能是挪威自己人的。

埃里克森只說，「反正我不是受勳，就是受軍法審判。開火！」

兩枚兩百五十五公斤重的砲彈從砲口飛出去，在夜空中畫出弧線，落在領頭的船艦上——後來才得知是德軍重巡洋艦「布呂歇爾號」（*Blücher*）。

這下輪到德軍挨了當頭一棒。第一枚砲彈擊中船體中部，引發火勢。第二枚擊中艦艏砲塔基座，零件噴飛到峽灣裡，不只基座起火，連電子設備也被打壞，布呂歐爾號因此無法回擊。

奧斯卡巖的砲手基本上是盲射，卻準得令人咋舌。油桶、煙霧彈、燃燒彈等易燃物助燃下，布呂歐爾號迅速燃起熊熊烈火。埃里克森幸運得很，要塞打出去的其中一發榴彈，打壞了巡洋艦的消防系統，幾乎艄艉一片火海。但布呂歐爾號的防空砲還能發射，迫使埃里克森必須疏散其中一座砲台，不過挪威軍無人傷亡。

此時埃里克森與部下居然還不曉得自己在對誰開砲，直到他們聽到燃燒的巡洋艦傳來船員的歌聲。埃里克森豎起耳朵，聽見「德意志啊德意志，至高無上……」。原來是德軍！埃里克森意識到，這艘嚴重受損的船仍然有可能突破要塞守備，抵達奧斯陸，此時另一名挪威軍官也出手了。當天傍晚，中尉指揮官安德列亞斯．安德森（Andreas Anderssen）奉召恢復現役，檢查要塞的魚雷發射器。這些魚雷已經四十歲了，沒有人知道還能不能用。

安德森仍然下令，總之就對著逼近的巡洋艦開火就是。第一枚魚雷雖然命中，但破壞不大。第二枚擊中布呂歐爾號中段，在艙壁炸出大洞，海水湧入船身；甲板上的火勢依舊猛烈。

凌晨五點三十分，火苗燒到船中段的彈藥庫，引發猛烈爆炸。六點二十二分，東方初露魚肚白，埃里克森看著布呂歐爾號從船艄開始沉沒。接著船體側翻，帶著兩千多名德國海軍葬身於灣底。其餘德國船艦掉頭駛離海灣。

挪威軍與埃里克森的勝利並不長久。其餘德軍入侵者在海灣南方登陸，下午時從陸路湧向奧斯卡巖要塞，俘虜埃里克森與部下。空降部隊佔領奧斯陸。但哈康國王和政府已經離開奧斯陸。埃里克森的大膽行動不僅能比肩歷史上的挪威勇士，更讓國王與大臣有北遷的時間。政府終將集結力量抵抗納粹入侵者，迎接不列顛援軍以驅逐敵軍。

但當下挪威情勢嚴峻已極。沒有國王也沒有政府。不列顛人與法國人撤離，讓希特勒與納粹得以完全掌握局面。納粹還得到挪威傀儡維德孔．奎斯林之助，讓情況雪上加霜。享有獨立才三十五年，挪威便再度遭到外國勢力支配。黑暗籠罩了挪威人，陰鬱一如隆冬深夜。

＊　＊　＊

在此前後，丹麥也遭到佔領。丹麥不比挪威，德軍入侵出其不意，丹麥人無法迅速、強力回應。丹麥也沒有埃里克森上校這樣的人物，國王克里斯蒂安和政府沒有時間脫逃。

四月九日，國王居然是在早上五點三十分被人叫醒，出席緊急國務會議。他得知德軍已經在全國各地十五個地點登陸，甚至能聽見德軍轟炸機盤旋在哥本哈根上空的聲音。丹麥總司令主張抗戰到底，但國王克里斯蒂安駁回。國王認為，既然此戰尚未開打之前便已告負，再打也沒有意義。

德國駐哥本哈根公使向丹麥國王與首相提出一份古怪、但乍看之下又很慷慨的提議。德國將接受丹麥投降，並將該國「納入保護」。德國將尊重丹麥的中立國地位及其領土完整。所謂「領土完整」，包括一九二〇年確立的丹麥—德國邊境線：德國首度承認什列斯維希南部為丹麥的一部分。現有政權可以維持，丹麥亦保有對內部事務的控制。丹麥人只需要接受第三帝國的「和平佔領」。再怎麼不情願，國王和政府認為自己別無選擇，只好同意——在納粹控制的歐陸範圍愈來愈大時，將就於自己無法預料又無可避免的命運，成為非自願的納粹夥伴。

丹麥的北大西洋屬地卻有不同的發展。不列顛海軍迅速在四月十二日佔領法羅群島，冰島也在五月十日納入不列顛保護範圍下。與此同時，美國則擔心格陵蘭落入不列顛或加拿大手中——兩國都是歐戰交戰國。美國海軍與美國海岸防衛隊控制了這座大島，聲稱是為了維護其中立。但格陵蘭與冰島後來還是在戰爭中發揮重要影響。美國參戰後，德軍三度試圖在格陵蘭建立祕密氣象站。美國海軍三度驅逐他們，德軍傷亡慘重。但整體而論，法羅群島、冰島與格陵蘭居民相對安寧度過了戰爭。

現在就剩瑞典。瑞典政府沒有興趣淪落到挪威或丹麥的命運，更別說是芬蘭。領導層認定，唯一的前路就是嚴守中立政策。希特勒與德軍居然同意了。一方面，佔領瑞典對德國來說並無戰略價值，還會激怒史達林——名義上仍是希特勒的盟友。加以瑞典兵力雖少，但已經做好戰備。此時希特勒正準備在西歐發動一場大攻勢，對付法國；若與瑞典開戰，等於另開戰線，卡住德軍的資源，並造成傷亡。

另一方面，瑞典跟德國產業重鎮之間的鐵礦砂貿易非常興盛，後者則回送瑞典迫切需要的煤礦；挪威北部的那維克（Narvik）作為瑞典礦砂車與德國運煤船的轉口港，繁榮一時。希特勒在四月二十五日親自保證，只要瑞典的鐵持續流向德國，只要納粹對挪威與丹麥的佔領不受阻礙，他願意向瑞典國王古斯塔夫承諾：德國將尊重、維持瑞典的中立國地位。一個月後，德國裝甲車擠滿法國，不列顛兵困敦克爾克（Dunkirk），瑞典的決定似乎洞燭先機。

威廉・卡爾格倫（Wilhelm Carlgren）對兩次大戰期間瑞典外交政策的分析尤有見地，根據他的看法，「瑞典是個位於歐洲邊緣的小國，回顧瑞典在一九四〇年五月最後幾周的政策，自然不免得考慮德軍在西歐的壓倒性勝利，以及〔納粹〕終將凱旋的可能性。」對情勢的現實考量，迫使瑞典在法國陷落後，加入丹麥與挪威的行列，成為納粹「新秩序」的一環。希特勒的勝利迅雷不及掩耳，加上徹底孤立英格蘭，新的願景倏地在他面前展開。自拿破崙以來，歐洲就沒有出現哪一位統治者能獨霸歐陸。一個從波蘭橫跨到庇里牛斯山的帝國——總體GDP超越美國或不列顛帝國——似乎已入希特勒囊中。

斯堪地那維亞被釘在原地，在納粹秩序中扮演重要環節。丹麥與挪威（程度稍低）為第三帝國提供從乳製品、豬肉到小麥與漁獲等關鍵資源。設立於挪威的冷凍設備讓漁獲更容易出口到德國，中立的瑞典則為納粹戰爭機器提供珍貴的鐵。一九四〇年，德國進口的鐵超過百分之八十三是由瑞典供應，滿足該國總體鋼鐵需求的百分之五十。事實上，若沒有瑞典，德國將難以維持戰爭的進行。

為了讓瑞典保持合作，留在希特勒歐洲帝國的範圍內，他願意允許瑞典外表上的中立。不過，瑞典就像一開始的瑞士，「中立」徒餘其名。至於丹麥與挪威，則是徹底被德國軍靴踩在底下。

丹麥付出最沉重的道德代價。雖然後繼的幾屆議會制政府在憲政結構上與傳統無異，但成員卻盡其所能，假裝願意參與「歐洲新秩序」（The New Order in Europe，丹麥首相埃里克．史卡維紐斯〔Erik Scavenius〕以此為標題，投書《柏林交易所日報》〔Berliner Börsenzeitung〕）。丹麥甚至加入「反共產國際協定」（anti-Comintern Pact）——這是一九四一年十一月，希特勒跟義大利、日本等右翼極權政府所簽訂的協議。芬蘭人也認為簽字才能明哲保身。

丹麥政府提心吊膽，就怕觸怒納粹主子，於是抓捕共產主義者，查禁共產黨，實施新聞審查以防刊出反德文章，並允許德國海軍使用丹麥港口等設施——總之是費盡心思避免刺激德國人，免得丹麥僅有的一些自由遭到更嚴厲的箝制。更有爭議者，是丹麥警方協助蓋世太保圍捕為逃離納粹政權而逃往丹麥的人，包括外籍猶太人。五十至一百名難民大難臨頭，其中二十一人是無國籍猶太人，後來這些人都死在滅絕營裡。不過，史卡維紐斯（一九四二年至一九四三年間的首相）與其他丹麥人仍設法保全——至少暫時保全——丹麥本國的猶太裔，躲過納粹魔爪。[2]

挪威猶太人就沒那麼幸運了。一九四〇年十一月，殘餘的正常議會政府也遭到掃淨。奎斯林與NS如今幾乎掌握了納粹挪威國督（Reichskommissar）約瑟夫・特博文（Josef Terboven）願意交由他們控制的一切。NS的海報到處都是，維德孔・奎斯林的海報亦然——他給自己安了個和偶像阿道夫・希特勒一樣的頭銜，「元首」（Forer）。挪威渴望成為歐洲新雅利安秩序的一環，挪威版納粹禮成了標準的問候方式，飛鷹標誌和「日輪十字」（sun cross，奎斯林為希特勒日輪符號所做的維京式變形）成了新的國徽。

納粹的宣傳工作強調納粹與維京歷史之間的關聯。金髮碧眼的黨衛軍以龍艏長船為背景照相……類似的圖像到處都是，官方也鼓勵挪威年輕人加入武裝黨衛軍（Waffen SS）單位，例如「維京人」組成的武裝黨衛軍北國團（SS Nordland Regiment，後改制為北國師〔Nordland Division〕），以及奎斯林的本土版黨衛軍——挪威軍團（Den Norske Legion）。然而，這些組織的人數佔挪威人口比例微乎其微，令他大失所望。連奎斯林的NS也一直不受歡迎，即便大家都知道入黨等於通往政府或產業的特快車，但黨員數就是難以成長。最後，奎斯林在一九四二年六月二十一日宣布，「NS如今黨員眾多，不需要更多人加入」，以掩飾自己對政黨發展挫敗的失望。這話令挪威的咖啡館與作坊裡許多人哄堂大笑。

但奎斯林積極與納粹合作，圍捕挪威猶太裔人口（雖然人數極少），這可就令人笑不出來了。一九四一年至四二年間，挪威猶太裔身分的人達兩千一百七十人之譜。一九四一年起，至少有七百七十五人遭到逮捕、拘留，遣送第三帝國。其中七百四十二人命喪納粹滅絕營。另外有二十三人若非被殺，就是自殺。死於大屠殺的挪威猶太人共有七百六十五人，其中有兩百三十個家庭是父母連同子女，一家人魂斷。

至於其餘挪威猶太人，將近三分之二設法逃出國。大約九百人在挪威抵抗組織幫助下偷渡離開挪威。一九四二年十月二十六日，納粹挪威國督約瑟夫・特博文與挪威蓋世太保突擊隊大隊領袖赫爾穆特・萊因哈特（Hellmuth Reinhard）第一次下令大規模圍捕猶太人，此時甚至連挪威納粹黨員都警告猶太家庭離開這個國家，以避免恐怖的命運。大多數人最後得到瑞典庇護，但也有少數成功抵達大不列顛。奎斯林試圖把圍捕範圍擴大，納入挪威極北的薩米人。他主張薩米人也是低劣種族。但計畫不了了之。

事實證明，挪威人對「恨」實在不擅長。說到底，無論戰前還是戰後，納粹主義的冠冕堂皇跟共產主義的甜言蜜語，一樣無法打動他們。無論政府打算為了所謂的國家利益而做出什麼妥協，丹麥、瑞典、挪威與芬蘭民眾就是對納粹與以種族為基礎的意識形態無感。其他人因為深刻的不安全感、疏離感，加上渴望在無意義的世界裡找到意義，於是轉向納粹主義與共產主義等激烈、極端的信條，但它們無法反映多數斯堪地那維亞人的想法與感受。對於斯堪地那維亞的男男女女來說，安全感、歸屬感、心靈自由與生命意義可謂第二天性。這些特質是所謂維京魂的基礎。維京魂如泉湧的勇氣，能感

2 納粹抓不到的其中六個人，正是羅斯福民主兵工廠的總擘畫者——威廉・克努森——的六個姐妹。他移居美國，但他的姐妹們仍留在丹麥。雖然不是猶太裔，但對蓋世太保來說仍然是關鍵人物；換作是在遭到佔領的國家，要逮捕她們簡直易如反掌。倘若不幸如此，克努森和他在戰備工作扮演的角色會受到什麼影響？丹麥的相對獨立，讓這個問題不會有答案。

召出勇敢的舉動與大膽的自我犧牲。統治菁英束手無策時，斯堪地那維亞尋常人往往能起身領導自己。因此，苦於納粹佔領與通敵者統治之下的挪威，卻有一小群大無畏的抵抗鬥士，改變了第二次世界大戰的發展。

＊　＊　＊

一九四一年十月，挪威難民萊夫・特隆斯塔德（Leif Tronstad）抵達倫敦。這一行程驚濤駭浪。特隆斯塔德先是持偽造文件通過邊境，進入中立的瑞典，接著設法乞討到搭上從斯德哥爾摩到蘇格蘭的班機，再轉火車前往倫敦，下車後要求與祕密情報局（Secret Intelligence Service）中校艾瑞克・威爾許（Eric Welsh）會面。威爾許是英格蘭人，但妻子是挪威裔（順帶一提，她是作曲家埃德瓦・葛利格的親戚）。威爾許本人也能說得一口流利的挪威語。特隆斯塔德此時要告訴他的事情，令他寒毛直豎。

特隆斯塔德並非尋常難民。白天他是藥劑師，夜裡則是不列顛情報單位與挪威抵抗運動之間的傳聲筒——他在這項危險任務中的代號是「郵差」（The Mailman）。他告訴威爾許，這一回要傳遞的訊息相當重要，他覺得必須親口告知。

挪威韋莫克（Vemork）的水力發電廠是全世界最大的水力發電廠，總工程師是他的朋友。位於挪威極北的韋莫克電廠擁有極高的發電量，多到有部分可以撥出來在廠內推動特定的工業製程——倘若沒有大量的免費電力，這些製程將所費不貲。

其中一種成品是氫的同位素氘，原子核由一顆質子與一顆中子構成，質量因此是氫的兩倍。氘對工商業用處不大，但特隆斯塔德的工程師朋友說，幾家德國公司訂購了大量的氘——一天將近買四公斤。

特隆斯塔德聽過不列顛頂尖物理學家拉塞福勛爵（Lord Rutherford）說，如果用氘取代水裡的氫——也就是製造出氫原子更大的「重水」，就能用來創造減速劑，減緩並控制核分裂反應，以防把一切統統炸掉。特隆斯塔德一下子就把兩件事情拼湊起來：德國人訂購氘，是為了全力製造原子彈。其他獨立情報來源也證實特隆斯塔德的直覺：納粹正在發展這項計畫。現在，假如大不列顛有意延緩甚或阻止，韋莫克就是下手的地方。

但是要怎麼做？不列顛空軍慎重思考特隆斯塔德的情報之後，認為長程空襲太過冒險。此外，就算能躲過德軍的空防，也無法保證夜間空襲能對電廠造成足夠的破壞。雖然有人提議讓不列顛突擊隊派特遣隊空降，但韋莫克地形崎嶇，位置偏遠，讓特別行動難上加難。

特隆斯塔德心裡已有答案。他們確實該派突擊隊，不過全員都得是挪威人——找一批生來就能忍受荒涼、崎嶇的荒野與亞寒帶氣候，甚至如魚得水的志願者。為這次任務招募的隊員，必須專心致志，甚至是抱持執念，要確保祖國的這座設施不會成為納粹勝利的關鍵。

挪威志願者突擊隊名為林厄連（Kompagnie Linge），紀念死於納粹之手的挪威指揮官馬丁・林厄（Martin Linge）。特隆斯塔德很快便加入為林厄連所安排的特種訓練。林厄連的訓練，意味著在不列顛群島的偏遠地方，接受嚴酷的精神與肉體考驗，要把許多人逼到瀕臨崩潰的程度。誰知看似書呆子的特隆斯塔德一下子就爬到上尉階級，證明自己就跟即將接受他領導的人一樣強悍。

林厄連三傑之一，是紐約布魯克林出身的戶外生活愛好者克努特・豪克利德（Knut Haukelid）。他的父親是工程師，隨本世紀初的大遷徙潮來到美國，曾協助興建紐約市地鐵。豪克利德一家回到挪威後，克努特推掉了賺錢的銀行業工作，改在挪威偏遠荒野中經營山中滑雪、釣魚小屋——就是能夠在韋莫克的亞寒帶環境中生存下來，甚至如魚得水的那種人。

第二傑是埃納．希納蘭（Einar Skinnarland）。他長大的地方，是他父親在留坎（Rjukan）以西十三英里處親手蓋的木板小屋——距離為韋莫克電廠提供水力的大壩恰好很近。從十一月到初夏，希納蘭家的交通都得靠雪橇。事實上，埃納成長的過程中，兩隻腳踩在雪橇上的時間就跟踩在地上的時間一樣長，他的兩個哥哥也是滑雪跳遠與競速冠軍。德軍入侵挪威時，埃納二十一歲。挪威投降之前，埃納曾短暫在軍中服役。之後，他就在韋莫克擔任水壩結構監督員。對於韋莫克的設施，很少人能像希納蘭一樣了解。等到為挪威抵抗運動貢獻所知的機會浮現（他曾經遭蓋世太保逮捕，懷疑他藏匿武器，但後來獲釋），他便設法偷了一艘貨船，渡過北海前往亞伯丁（Aberdeen）。不久後，他成為林厄連的一分子，是摧毀韋莫克電廠任務的關鍵成員。

隊上的第三位關鍵人物是烏德．史達海姆（Odd Starheim），船東之子，沿著挪威海岸執行危險的情報蒐集任務——包括發現德軍戰艦「俾斯麥號」（*Bismarck*）設法突圍。他多次躲過蓋世太保與SS的魔爪。帶著希納蘭脫出韋莫克的人正是史達海姆，他們倆下攀六百呎高的冰河，降到岸邊，強取了那艘用來航向英格蘭的貨船。只要林厄連需要船，找希納蘭就對了。

這支隊伍有資格跟隨任何一位維京酋長，踏上最危險的海上旅途；他們鋒利如鋼，準備為挪威民族的名譽冒險，賭上自己的性命。

特隆斯塔德在十一天的原子物理學、間諜方法與敵後破壞密集課程期間，為隊伍草擬計畫。第一步是把希納蘭弄回故鄉。他祕密跳傘回挪威，無縫接軌回到工作崗位——他跟德國監督說自己生病了。接著希納蘭著手為行動做準備，由於是極機密、極重要的情報，因此他不用無線電，而是製作成微點（極小的文字），由瑞典信差傳遞。

但是，等到希納蘭重返工作崗位，世界與戰爭的面貌已不再相同。美國因珍珠港而參戰後，溫斯頓．邱吉爾於一九四二年六月飛往美國，向羅斯福總統說明原子武器為何與何以主導未來的戰爭；他也跟美方共享不列顛情報部門發現的德軍計畫。邱吉爾與小羅斯福達成協議，合英美之力贏得原子競賽；曼哈頓計畫就是其成果。他們也同意不計任何代價，拖慢德國開發原子武器的腳步。

如此的決定，讓韋莫克成為祕密行動的重點。九月時，四名從林厄連精挑細選的成員——鮑爾松（Poulsson）、海貝格（Helberg）、謝爾斯特魯普（Kjelstrup）與無線電操作員豪蘭（Haugland）飛往巴連山（Barren Mountain）附近的空降區。惡劣的天氣迫使飛機兩度掉頭。第三次飛越時，他們成功空降於鞍部，距離挪威水力公司（Norsk Hydro）的發電廠只有幾座山峰與幾片冰河。

傳奇不列顛情報頭子威廉．斯蒂芬森（William Stephenson）後來說，「全世界的命運看來掌握在這四位年輕特務手中。」他們高踞海拔四千英尺、面積六千平方英里的哈當爾高原（Hardanger Vidda）。這裡終年覆蓋冰雪，只有馴鹿群偶爾出沒。從這支任務代號「燕子」（SWALLOW）的隊伍傳回倫敦的每一條訊息，都要經過抽絲剝繭的分析，以找出納粹是否距離打造原子彈又近了一步的跡象。

過程中，陸軍省一度決定孤注一擲，派出三十四人的不列顛突擊隊，分乘空投的兩架滑翔機，前去執行韋莫克電廠破壞行動。這場代號「新手」（FRESHMAN）的任務是場災難。其中一架滑翔機因為繫繩結冰斷裂而墜機，機上十七名突擊隊員中只有八人成功從殘骸中爬出來。德軍抓到他們之後，四名傷勢最重的隊員被在場的納粹醫生殺害（違反《日內瓦公約》的戰俘待遇原則）；醫生將氣泡注入四人的血管中。另外四名生還者也當場遭到處決。至於第二架滑翔機，則是隨著拖行的飛機撞山而失事。即便生還者與其他突擊隊員一樣穿著不列顛軍服，受《日內瓦公約》保護，卻仍然盡數遭到槍決，屍體丟入亂葬坑。

新手任務足以證明，挪威人是盟軍唯一的希望。新隊伍迅速組成，以馳援人在巴連山的燕子小隊。新的六人隊伍由姚阿幸．隆訥貝格（Joachim Rønneberg）領軍，來自布魯克林的挪威裔硬漢克努特．豪克利德擔任副手。為了這場代號「**岡納賽德**」（GUNNERSIDE）的任務，隆訥貝格、豪克利德等人得前往南安普敦附近人稱「惡棍學校」（gangster school）的地方接受更嚴格的訓練。他們將空降挪威，與燕子小隊會合，破壞韋莫克的重水廠。

一九四三年二月十六日的嚴寒夜裡，隊員向特隆斯塔德道別，乘坐阿弗羅蘭卡斯特（Avro Lancaster）轟炸機出發。飛越挪威海岸時，一艘當地漁船閃燈致意；豪克利德後來寫道，此舉讓他們感到「跟返回故鄉途中最早遇到的挪威人有一股同袍之情」。

他們身著雪地迷彩服，背著炸藥與湯普森衝鋒槍（Thompson machine gun）等沉重的裝備，寸步難移。沿挪威海岸往北飛行時，隊員可以感覺到海拔愈來愈高，但飛機必須保持低空飛行以躲避德軍雷達，直到飛越哈當爾高原上空。

機艙門一開，冰冷的空氣旋即灌入。姚阿幸．隆訥貝格第一個跳出機艙。接下來是兩包補給品，然後換豪克利德跳傘。幾秒鐘後，他的傘隨著一陣強大但令人安心的拉力打開了。「懸在半空中時，」豪克利德回想當時，「我看著飛機消失在北方，返回英格蘭——飛向那雨，那杯熱茶和那場明天的派對。我的下方除了冰雪別無他物。哈當爾高原，北歐最大、最孤單、最蠻荒的山區在此。」

岡納賽德小隊花了將近一星期才找到燕子小隊的位置。那年冬天是隊員有生以來記憶中最酷寒的冬天。鮑爾松一行人又餓又凍，所有人都凍傷了。但他們依然保持警覺，無線電通訊不間斷。現在有岡納賽德小隊助拳，兩支隊伍可以開始為最後目標做準備了。

十名挪威突擊隊員分成兩組，一組炸毀重水設施，另一組掩護他們撤退。隆訥貝格率領第一組，豪克利德第二組。每名隊員身上都帶了兩枚「L」錠——氰化鉀。最後一條作戰指令明明白白，「可能被俘者必須自殺。」

有些事情比任務失敗、成員可能被俘或遭刑求更嚴重。假如隊員屈服於壓力，洩漏摧毀韋莫克重水設施的計畫，希特勒將因此得到兩項重要情報。第一，盟軍正對他的原子彈開發窮追不捨；第二，他們相信原子彈確實可行。

由於突擊隊是用雪橇在陡峭的冰河下切，他們因此擁有一項優勢。「德軍認為韋莫克雄踞天險，進攻方很難抵達。」豪克利德日後寫道。因此，軍方只派三十名士兵保護設施。儘管有機槍、探照燈與地雷，可乘之機依然存在。從硬岩間開鑿的鐵道幾乎無人巡守。看起來，這是挪威小隊的絕佳入口。

隆訥貝格一行人費力爬過結冰的電纜管道，溜進製造重水的電解室。他們小心安裝炸藥，設定倒數計時器，再沿原路爬回。

同一時間，守在外面的豪克利德與掩護組猛然看到德軍守衛出現。一行人繃緊神經，手指扣上扳機。但守衛沒看到他們。不久後，守衛背向幽暗的寒夜，回到警衛室的明亮溫暖。

安全了。接著豪克利德在黑暗中聽見暗號聲。隆訥貝格與爆破組回來了。目前一切順利。所有人屏氣凝神，等待炸彈引爆的聲響。等到爆炸之後，他們才能趁亂逃出。

他們等了又等，一等再等，才終於聽見建築物某處傳來的悶響——然後就沒了。他們大嘆，嘆息不已。炸彈啞火了。十個人就這麼垂頭喪氣，設法回到雪橇處離開，深信任務已經失敗。

他們錯了。德軍隔天早上檢查損害，發現電解槽的破壞已無法挽救。要修復得花上好幾個月。長官震怒下令：不計一切代價找出破壞者。

挪威小隊如今邁入整個任務中最艱困的環節。他們被迫在山區躲藏，避開一直出現的巡邏隊，其中包括奎斯林的民兵「衛隊」（hird）。五人奉命掉頭，橫跨三百五十英里，翻越冰雪覆蓋的山峰與深谷，抵達瑞典——這個選擇幾乎跟留下來一樣危險。至於其他人，則得經歷數月的物資匱乏（他們得設法靠著帶來的食物，以及融化的雪水，才能撐過這麼長的時間）與精神折磨。從冰雪中冒出來的每一個人，都有可能是挪威軍團成員或德軍士兵。用「重懲」來形容日常，已經很客氣了——白天必須不斷移動位置，夜裡則露宿野外，只有睡袋能防止他們凍死。

隊員仍然保持活動，因為倫敦方面發現他們的任務雖然成功，但只破壞了電廠的一部分。德軍得以在一年後重啟重水生產。不列顛派轟炸機要炸毀電廠，美軍也依樣畫葫蘆，展開日間空襲——但兩者都沒有結果，白白讓轟炸機機組員與挪威無辜平民喪生。結果令人惱火，炸彈居然沒能傷韋莫克電廠分毫，電廠仍舊全力生產重水。

瓦解韋莫克的任務高潮終於在一九四四年來到——倫敦當局得知不久後有一批產自韋莫克的重水，將由渡輪運往德國。豪克利德和他的小隊再度登場阻擊。這是一項沉重的任務。他們在渡輪離港時加以破壞，深知船沉沒之時，將會有挪威人死傷。一九四四年二月二十一日，渡輪「水力號」（*D/F Hydro*）駛離廷湖（Lake Tinn）碼頭後爆炸沉沒，連同船上裝載的六個月用量的重水，以及二十六名挪威平民一同沉至深水湖底。

渡輪水力號

挪威突擊隊員對德國製造原子彈的嘗試帶來致命一擊。渡輪沉沒後，德軍判定挪威對重水行動來說太不安全。他們下令拆解韋莫克的電解槽，移往德國，但已經來不及完成了。此時，曼哈頓計畫在核分裂研究上領先的幅度，已經完全無法超車。等到類似德國正在打造的原子彈終於施放時，投彈的地點將是長崎，而非倫敦或紐約。

這項祕密行動持續了三年。八十七名同盟國軍人與一百多名挪威平民在空襲、炸船的過程中喪生，或是死於納粹報復。豪克利德的父親是其中之一，遭到蓋世太保逮捕、刑求並處死。斯蒂芬森筆調嚴肅：雖然有人傷亡，但「若非豪克利德的堅決」，以及其他挪威隊員的堅決，「德國人將掌握摧毀文明世界的機會，屆時我們或者死，或者在希特勒的狂熱下偷生。」

德國人究竟有多接近開發出原子彈？重水供應中斷的影響究竟有多關鍵？史家仍莫衷一是。假如德國取得重水過程無礙，無疑將是邁向原子彈的重要一步。納粹核武開發計畫主持人庫爾特．第伯納（Kurt Diebner）深信，倘若他能取得所需的重水供應，德國核反應爐本可在一九四三年底生產出鈽。

總之，大名鼎鼎的挪威「特勒馬克壯士」設法阻止世界上其他國家陷入跟自己的祖國一樣的境地。溫斯頓．邱吉爾談到不列顛空戰中的皇家空軍飛行員，講出了一句名言，「第一次有這麼多的人，欠這麼少的人一命。」或許這句話也可以獻給豪克利德、隆訥貝格，以及不列顛軍方稱為「郵差」的無畏瑞典人——萊夫．特隆斯塔德。

＊　＊　＊

挪威小隊突擊韋莫克時，戰況正往不利於第三帝國的方向發展。

有些人原本預料納粹德國終將獲勝，但隆美爾（Erwin Rommel）敗走北非，東方的庫斯克攻勢（Kursk offensive）未能成功，不列顛與美國空軍對德國大城與產業重鎮的空襲愈來愈密集，在在顯示期望就要落空。根據希姆萊（Heinrich Himmler）手下祕密警察的報告，到了一九四三年中期，連資深的德國業界領袖也不認為德國能贏得戰爭。

斯堪地那維亞國家領導人也開始意識到這一點，知道自己必須順應現實。

芬蘭第一個採取行動。現任首相古斯塔夫．曼納海姆帶領國家轉變角度，從一九四二年至四三年間的德國盟友（希特勒入侵俄羅斯之後，芬蘭派了兩個師給德軍指揮；許多人希望德國擊敗蘇聯，以解放芬蘭在冬季戰爭中失去的領土）巧妙轉身，在一九四四年時先祕密後公然與史達林尋求停戰。曼納海姆跟同盟國談的條件中，包括盟軍在芬蘭與俄羅斯北部驅逐德軍時，芬蘭部隊會作壁上觀。

如今，希特勒正步向敗戰，曼納海姆毫不遲疑背棄曾經的盟友。非常時期，非常手段，芬蘭民眾也認可。等到一九四五年，最後一名德軍投降時，曼納海姆成為芬蘭歷史上最偉大的英雄。批判曼納海姆的人有時會忘記，他曾分別在一九一七年至一九年與一九四〇年兩度從蘇聯手中，還有一次是從納粹手中，總共三度拯救國家免於滅亡，但芬蘭民眾沒有忘記。

面對局勢變化，瑞典展現出類似的靈活。瑞典政府祕密與同盟國磋商，減少對納粹戰爭後勤的支援，將鐵礦供應大砍百分之三十，瑞典出口德國的滾珠軸承價值也減少百分之五十。更有甚者，瑞典政府以「警官預備隊」為幌子，成立訓練挪威與丹麥抵抗運動戰士的訓練營。一切都是在沒有影響與第三帝國關係的情況下進行的。要是瑞典倒向同盟國一事搞得人盡皆知，德軍很有可能會完全佔領瑞典，而瑞典猶太人恐怕會被趕盡殺絕。

丹麥人持續設法保護國內猶太人口。丹麥政府的處境遠比瑞典政府更為艱難，畢竟丹麥已經遭到德國佔領。雖然丹麥政府與納粹都同意，根據雙方協議，丹麥理論上仍保持中立，對國內事務亦能全權掌握，但情勢畢竟隨時都可能改變。

德國佔領每一個國家之後，都會圍捕、迫遷該國猶太人。但丹麥政府自從德國佔領以來，就想出一套獨一無二的方法，防止猶太人遭到上述迫害。政府從一開始就堅持「**此猶太人非彼猶太人**」，而是完整的丹麥公民，因此與其他公民一樣同受法律的完整保障。從克里斯蒂安國王以降，丹麥人都深信「若丹麥在猶太人與其他丹麥公民之間有所區別，即違反丹麥民主的基本原則，於『丹麥特色』不合。對政府來說，丹麥沒有『猶太問題』」——既然沒有，納粹自然無法挑撥。

「克里斯蒂安國王公開佩掛黃星巡視，展現他與丹麥猶太人堅定站在一起」——雖然故事不是真的，但這種鄉里野談的確展現了國王本人、史卡維紐斯與其他丹麥人的根本態度：我們的猶太同胞是「我們」的一分子，因此我們不會把他們交給任何人，尤其不會交給納粹（丹麥人反而不把納粹當成

「我們」的一分子；事實上，丹麥社會對丹麥納粹黨的排擠與鄙視，就跟一九三〇年代對共產黨人的態度一樣）。

這種政策有些古怪的影響。其一，儘管丹麥堅決保護本國猶太人，但也堅決不讓外國猶太人入境。戰爭年間，瑞典成為猶太難民的避風港，但丹麥並未如此，即便丹麥人完全能預料到申請庇護失敗的難民將遭遇何種命運。戰前，丹麥政治人物揚・斯坦尼克（Jan Steinecke）說，「大家都不想不近人情，但也怕有後果所以不敢近人情。」但對丹麥及其少數族裔猶太人而言，他們奇特的安排發揮作用將近三年。

相安無事的情況在一九四三年告終——希姆萊等大屠殺的推手，對丹麥失去耐性，決定讓寬容政策走入歷史。八月，德軍宣布丹麥戒嚴。一隊隊的黨衛軍與其他援軍跨越邊界，開始圍捕丹麥猶太人，以及一千五百多名捷克籍、奧地利籍與德籍猶太人——雖然丹麥嚴格限制移民政策，但還是有人逃進丹麥，獲得居住許可。

丹麥人的的因應之道，是自己出手保護猶太人——除了政府，全國各地的平民百姓亦然。每一座城鎮、住宅區與村莊，都有丹麥人小心翼翼將猶太家庭藏起來，躲避張牙舞爪的納粹巡邏隊，並透過丹麥版的「地下鐵」（Underground Railroad）將猶太人一個個偷渡到海邊。一到海邊，丹麥漁船與其他小船便自願載猶太難民渡過厄勒海峽，前往瑞典——逃出生天。

丹麥公民英勇冒險（有時甚至闖入納粹關押猶太家庭的建築物，將他們放走），丹麥政府則保持節奏，持續向德國當局抗議他們對丹麥公民（也就是猶太人）非人道的拘留與虐待，違反丹麥法律與雙方協議。瑞典新聞界也伸出援手（丹麥受到戒嚴的拘束），發表新聞報導與專題社論，凸顯丹麥現況。「發生在哥本哈根的迫害，」（Pogroms in Copenhagen），一篇社論如是說：「令人完全無法理解，連最自以為是的人也無從想像，讓那些寧可用力閉上眼睛、閉得比別人久的人都睜開了雙眼……」

老字號的《瑞典日報》（*Svenska Dagbladet*）也登了一篇〈人神共憤〉（Against Divine and Human Order），內文表示：「瑞典民眾得知，去年曾在挪威引發駭人聽聞之事、針對猶太人的族群仇恨，如今已蔓延到丹麥土地，我國人民深感不齒，激憤不已。」報導痛斥攻擊猶太人的作法，「針對猶太人的各種迫害既陰險又無情，無視於人性在千百年來西方歷史上取得的進步。」同時，瑞典也宣布將為所有逃離丹麥的猶太人提供庇護。

瑞典的聲明加上丹麥的抵制與援救行動，讓現場的德國官員相當為難。一方面，希姆萊與柏林的黨衛軍堅持不計代價圍捕、遣送猶太人。另一方面，駐哥本哈根的黨衛軍保護國長官（Reichsprotektor）維爾納・貝斯特（Werner Best）博士卻得與丹麥人相處，並穩定民心。丹麥就像瑞典，本應是德國新秩序，以及與其他國家合作的典範；這是希特勒自己說的。假如丹麥變成波蘭，甚至變成法國受佔領下的情況，貝斯特等於為了零頭犧牲一切，包括失去他以父親般看待的埃里克・史卡維紐斯的敬意。

就史實而論，「黨衛軍維爾納・貝斯特幫助拯救丹麥的猶太人」這說法固然太過離譜，但貝斯特確實對自己周圍的事情睜一隻眼閉一隻眼，同時一再向丹麥政府保證，與雅利安人結婚的猶太人，或是只有一半猶太血統的人，都不會遭到逮捕。

百分之九十五的丹麥猶太人因為這種奇特的方式，躲過了滅絕營與焚化爐。史家博・李加德（Bo Lidegaard）提及這段故事時說，「民間在一九四三年十月協助丹麥籍與無國籍猶太人的作法，堪稱前所未有。」

他們的行動遠不只是人道精神的集體展現。救人的念頭來自最簡單的信念：只要是守民主、守法的丹麥一分子，就有資格得到法律的保護，不因族群、宗派甚或宗教而有別。對丹麥人來說，這一點毋庸置疑。拯救丹麥同胞是第二天性：幫助社群天經地義，否則就沒有民主可言，甚至沒有人性可言。

一九四三年十月至十一月間，瑞典也表明本國對於「猶太問題」的立場。有些瑞典外交官更是積極參與組織更危險的救援行動：幫助猶太人逃離納粹佔領下的匈牙利。

此事堪稱是維京魂在現代史上起而行的過程中最悲哀的一幕。

＊　＊　＊

匈牙利雖然是德國盟友，但從各個環節而論，匈牙利抵制大屠殺到了最後一刻。不像斯堪地那維亞國家，匈牙利猶太人口很多，有八十多萬人。猶太人是匈牙利都市生活中不可或缺的一分子。布達佩斯有一半的律師與醫生是猶太人，猶太人在商業界也佔了不小比例。數以千計的猶太人不是出於選擇，而是因為希特勒的盟友匈牙利獨裁者霍爾蒂・米克洛許（Miklós Horthy）的征服，把部分的斯洛伐克與外西凡尼亞（Transylvania）挖出併入大匈牙利，才因此成為匈牙利公民。希特勒要求將最終解決方案延伸到這個國家，為了回應，反閃的要求與作法於是悄悄溜進匈牙利的政局。整體而論，與其說布達佩斯當局積極與納粹合作，不如說是為了避免大難臨頭而屈服於納粹的要求。

但到了一九四三年八月，幾乎與丹麥猶太人遭鎮壓的同時，希特勒清楚對霍爾蒂表示，匈牙利必須針對猶太人採取決定性的行動。一九四四年春，匈牙利當局針對匈牙利猶太人首度頒布訓令，其中包括要求他們佩掛惡劣的黃星章。

瑞典外交官促請國王古斯塔夫向霍爾蒂發出照會，譴責政策的轉變。霍爾蒂與匈牙利政府置之不理。但瑞典使館內的一小群外交官在伊萬．東尼耶松（Ivan Danielsson）帶領下決定有所作為。他們的初期行動之一，與匈牙利大城佩奇（Pécs）某個即將遭驅逐出境的猶太家庭有關。瑞典人設法為這家人弄到前往瑞典的臨時簽證，讓他們免於遭到逮捕。

但此舉不過是螳臂當車。隔天，佩奇其餘的猶太人遭到圍捕，運往波蘭，面臨滅絕。圍捕行動迅速擴大到布達佩斯。瑞典人展開行動，只要能力所及，用盡各種手段都要救。他們從臨時瑞典護照著手。等到匈牙利政府在一九四四年三月十九日起拒絕承認新的瑞典公民文件後，使館開始發放偽造證明。這類證明文件所拯救的家庭數，增加到超過七百個。數字雖然不多，但瑞典人認為先求有才能再求好。

東尼耶松團隊進一步向斯德哥爾摩求援。外交部派來的救兵正好是個匈牙利通，此人在社會地位分明的瑞典，也有完美無瑕的政壇人脈。他名叫勞爾．瓦倫貝里（Raoul Wallenberg）。

瓦倫貝里家族代代輩出政治人物、銀行家與教會中人。勞爾這一系比較沒那麼有錢，父親是海軍軍官，而他本人則在密西根大學（University of Michigan）讀建築，後來滿不情願地在家族銀行裡工作，甚至遠赴南非與巴勒斯坦的辦公室。後來他開始做貿易行（其中一項業務是試圖壟斷葡萄牙沙丁魚市場），為了出差，他曾數度造訪布達佩斯。

他的經驗與處事能力人盡皆知。不過，大家還不知道他懷抱爆棚的使命感，展開與瑞典公使館的合作。出發前不久，他才在與密友小聚時透露了自己的心意。

「我之所以離開大家，」他開口，「為的只是盡可能救人；從那些殺人兇手的魔爪上救出猶太人。」

瓦倫貝里之名從此與拯救布達佩斯猶太人的行動密不可分，也的確名副其實。但他也有人幫忙：同為使館官員的佩爾．安格爾（Per Anger）、伊萬．東尼耶松，瑞典紅十字會的朗格列夫婦瓦爾德馬與妮娜（Waldemar and Nina Langlet），國際紅十字會，以及美國戰爭難民委員會（American War Refugee Board）。瓦倫貝里之所以如此突出，是因為他個人投入程度使然。若沒有超凡的熱情，他所冒的風險是無法承受的。

他在一九四四年七月九日抵達布達佩斯。他的同事佩爾．安格爾看到他的隨身行李，相當驚訝：兩只背包，一顆睡袋，一件輕便風衣，和一把左輪手槍。「帶這把槍只是圖個心安，」他難為情地告訴安格爾。「希望永遠用不到。」

使館職員向他講解拯救猶太人——至少延緩他們遭到驅逐出境——的最新進度。「一切都取決於德國人怎麼想，」瓦倫貝里得知。「很難相信他們會放過首都的猶太人。」

「你們給猶太人發哪種文件？」瓦倫貝里想知道。

安格爾把瑞典使館核發的臨時護照與其他文件拿給他看。他想了想，然後說，「我想到有一種更新、更有效的文件。」

知名的保護護照就此誕生：採用瑞典藍黃國旗的顏色，打上瑞典三王冠國徽的證明文件。這種護照將拯救上萬名匈牙利猶太人的命，勞爾．瓦倫貝里則化身成為對抗大屠殺的外交利劍。

瓦倫貝里還成立了另外的部門，部分經費來自華盛頓特區的戰爭難民委員會，由美國駐布達佩斯公使館轉交，用於保護護照的簽發——此時，戰爭的腳步愈來愈近，納粹也比以往更為堅決，要徹底掃除匈牙利的猶太人。

但是，這種護照行得通嗎？德國官員不久就得知瓦倫貝里的意圖。不過，情況類似在丹麥時，德方之所以對瑞典人的行動應對消極，是因為渴望維持良好關係——不是跟匈牙利，而是跟瑞典，畢竟霍爾蒂政府已經在親納粹的政變中垮台了。只要有猶太人遭到逮捕或即將驅逐出境，瓦倫貝里等瑞典外交官會一次次召來德國公使館負責人，表示抗議。德方和他們的匈牙利盟友則一次又一次被迫讓步。

對於一九四四年年底關鍵幾星期來說，最重要的目標是爭取時間，撐到俄軍從東邊抵達，撐到德軍的抵抗瓦解。每天都像比賽，就看瓦倫貝里與同事能否拖延驅逐的時程表，多拖個二十四小時，甚或四十八小時。他們還得提防布達佩斯街頭的法律秩序崩潰，一旦失序，恐怕會演變成暴力迫害。猶太人居住的安全屋遭受威脅時，瓦倫貝里還為他們安排獨立的「隔都」（ghetto）——暫時棲身在他國使館（包括美國使館），讓猶太人可以打著瑞典國旗接受保護。連德國人也得尊重瓦倫貝里成立的保護性「隔都」。最後，布達佩斯有三十多棟建築——連同避居其中的難民——正式受到瑞典保護。

俄軍炸彈開始落在布達佩斯，瓦倫貝里意識到破壞難免，但這樣的局勢也有好處。德軍奮力守住城市，不太可能分心分神去探討如何處置還在城裡的猶太人。

但瓦倫貝里做的遠遠不止這些。德國人在火車站把猶太人送上開往滅絕營的列車，瓦倫貝里親自前往火車站，分發護照，警告納粹衛兵說這些猶太人是遭到誤捕，必須加以釋放。瓦倫貝里設立的隔都保護了七萬名猶太人，一聽說隔都即將成為系統性大屠殺的地點，瓦倫貝里立刻要求負責的德軍將領——陸軍少將許密特胡伯（Gerhard Schmidhuber）阻止這場屠殺，否則就直接去找他的上級談。瓦倫貝里的威脅奏效了，許密特胡伯許下承諾。

安格爾問起瓦倫貝里這麼做的危險，他說，「我還真的有點怕，有時候吧。但我覺得別無選擇。畢竟我接受派任，而我內心也很清楚，如果沒有盡我所能多救一些猶太人，我就沒有臉返回斯德哥爾摩。」

兩人這段交談發生在一九四五年一月十日。德軍正準備撤離布達佩斯，瓦倫貝里說他要整裝渡河進入佩斯（Pest），與推進的俄軍會面。安格爾此後再也沒有見過瓦倫貝里。

瓦倫貝里與瑞典同僚總計挽救至少五萬名猶太人免於進入滅絕營，另外還有住在官方隔都的七萬人。話雖如此，瑞典政府拒絕承認匈牙利最後的親軸心國政府，差點害他們前功盡棄。雖然「拒絕承認」在倫理上是正確的作法，但恐怕會引發瓦倫貝里等駐布達佩斯的瑞典外交官最擔心的事情——猶太人與瑞典人統統遭到殺害。但俄軍的到來救了他們的命。

俄軍佔領城市後，瑞典救援小組離開自己的藏身處，集合起來。但先前遷往河對岸佩斯辦公室的瓦倫貝里卻不見蹤影。

他的遭遇始終是個謎。多年後，蘇聯才放出一點關於他命運的消息。蘇聯承認在一九四五年一月將瓦倫貝里交付保護性管束。他們認為瓦倫貝里是美國間諜。近年來根據《資訊自由法》（*Freedom of Information Act*）而解密的文件顯示，瓦倫貝里曾經與美國在戰時的祕勤機構——戰略情報局（ＯＳＳ）合作，提供情資。這也算意料之中。除了來自戰爭難民委員會的錢，瓦倫貝里也盡力從每一個可能的來源尋求援助。為了投桃報李，把親軸心國的布達佩斯現地情報傳遞給ＯＳＳ，感覺無傷大雅。

對於這種合作，蘇聯的看法自然大不相同。他們知道瑞典人在戰爭結束時並無立場要求（至少不能強烈要求）釋放瓦倫貝里，甚或是透露有關他下場的資訊。未經證實的推論所在多有，但勞爾．瓦倫貝里跨越俄軍戰線後的真實遭遇，至今仍是第二次世界大戰最大的未解謎團之一。

至於他在那六個月時間裡，為拯救匈牙利猶太人所達到的成就，則是不爭的事實。相較於五十六萬遭到種族滅絕的人來說，瑞典人所救的猶太人看似微不足道。但從倫理角度來看，他們的成就卻無比巨大。此外，拯救匈牙利猶太人的行動，也凸顯了矛盾之處。丹麥與瑞典這兩個歐洲國家為了保有名義上的中立，對第三帝國妥協甚多，但兩國也為了拯救國內外的猶太人盡了力。

＊　＊　＊

第二次世界大戰結束，是時候爬梳這場衝突對北歐國家意味著什麼，好探討未來可能的發展。

盡力保持中立的瑞典，因為跟德國的合作——包括為納粹供應關鍵的戰備物資，如鐵礦砂與滾珠軸承——因而留下最嚴重的心理折磨。但我們也不能忘記，瑞典曾公開表示為所有逃離丹麥的猶太人提供庇護，還有瑞典人瓦倫貝里拯救匈牙利猶太人的英勇表現，這些都算得上人道救援的傳奇。

戰後，瑞典也承擔責任，照顧、提供食物給超過十八萬名的難民——大致與今天維吉尼亞州所收容的外國難民人數相當。其中超過半數是經歷五年拉鋸戰後流離失所的芬蘭人，此外還有一萬八千名丹麥人與四萬三千名挪威人。只是，若要拿瑞典戰時的紀錄跟挪威英勇抵抗納粹，或是丹麥致力於拯救本國猶太裔的表現相比，多數的瑞典人寧可放眼未來。

瑞典對於斯堪地那維亞地區，乃至於整個歐洲復原的最重要貢獻，或許是經濟方面；經濟榮景是瑞典在戰後的正字標記。乍看之下，瑞典異軍突起的成長似乎沒有其他西歐國家來得亮眼，像法國與義大利是立刻從戰爭的貧困中反彈。不過，瑞典失業率垂直下落到平均百分之二，而且整個一九六〇年代都維持如此數字。從一九五八年到一九六四年，瑞典經濟達到歷史高峰，GDP年均成長率為百分之五點一，生產力年均成長百分之五點六。生產總值將近半數來自出口，尤其是製成品，對於斯堪地那維亞其餘國家的成長也有幫助。

瑞典的戰後經濟成就迅速帶動北歐鄰國。挪威在一九六四年跟上瑞典的腳步，丹麥則在一九六五年交出同樣漂亮的成績單。

芬蘭與冰島也體驗到出色的經濟成長。事實上，到了一九六〇年代晚期，北歐五國都因為優秀的成長率與不斷擴大的福利國家政策而艷羨全球。北歐路線演變出所謂的斯堪地那維亞模式，成為他國在現代世界中延續社會民主制度，甚至欣欣向榮的參考原型。斯堪地那維亞風格家具、室內裝潢、文學與電影（尤其是瑞典導演英格瑪．柏格曼〔Ingmar Bergman〕另闢蹊徑的作品）大受歡迎。

然而，人們往往忽略斯堪地那維亞社會民主模式，其實建立在相輔相成的兩大基礎上：長期的自由市場經濟成長，以及以共同文化紐帶為基礎的堅定社群；前者起於一八九〇年代，後者更是能回溯到維京時代。社會學家尼馬．薩南達吉（Nima Sanandaji）說得好，「高度的信賴，堅實的工作倫理與社會團結，既是經濟成就的完美起點，也是社會民主福利政策成果之所以如此豐碩所賴以為之的基石。」

不過，同樣的凝聚力居然強大如斯，甚至能在斯堪地那維亞人的美國後裔身上發揮其作用。美國在二戰之後的繁榮，向來是神話的題材與忌妒的由來。美國是全球最大經濟體，全體美國人體驗到的富裕，顯然充分展現美國的國力。不過，一旦審視斯堪地那維亞裔美國人的經驗，就會發現他們的整體經濟表現與地位，光用「生活在美國」來解釋還不夠。

例如，根據二〇一〇年的美國人口普查，美國家戶收入中位數為五萬一千九百一十四美元。然而，挪威裔美國人的數字卻達到六萬零九百三十五美元，瑞典裔美國人為六萬一千五百四十九美元，丹麥裔美國人為六萬一千九百二十一美元；至於傳統上財富最少的北歐移民群體——芬蘭裔美國人，他們的家戶收入中位數也比全美平均值高了七千美元，達到五萬九千三百七十九美元。無獨有偶，斯堪地那維亞裔美國人的貧窮線，落在整體美國人的二分之一與後三分之一之間。事實上，斯堪地那維亞裔美國人的貧窮線，其實**比生活在北歐福利國家故鄉的人**還要低。

簡言之，丹麥裔美國人的生活水準，比丹麥本國人還要高百分之五十五，而瑞典裔美國人享有的生活水準也比瑞典人高百分之五十三。芬蘭裔美國人跟芬蘭人的差距更大，將近百分之六十。雖然挪威本國人擁有福利國家與石油經濟之優渥，但挪威裔美國人的生活水準仍稍微領先三個百分點。

也就是說，適當的文化要素，加上能讓維京魂的特質開花結果的環境，就等於強大的社會經濟優勢。除去芬蘭裔美國人，所有斯堪地那維亞移民群體的人均收入皆高於每一個北歐國家的人民。芬蘭裔美國人的收入也高於丹麥人、瑞典人與芬蘭本國人，僅僅落後於挪威人。

雖然文化差異並非種族或基因所造成，但文化差異確實跟多數斯堪地那維亞帶來美國、傳給子孫的傳承有關。勤勞、「匠心本能」、為人正直與誠摯，以及人溺己溺的自我期許——一旦這些文化特質在相對自由的經濟體中發揮所長，搭配較低的整體稅賦，以及少於今日斯堪地那維亞國家的福利國措施（以免影響對辛勤工作與個人儲蓄的意願），結果就有可能天差地別。

這也透露出尼可萊·格倫特維希在十九世紀初意外發現的簡單史實：愈自由的地方，斯堪地那維亞之花愈是怒放。對於這一點，北歐國家意識到的時間稍微遲了些。一九九〇年代以降（尤其是瑞典在一九九〇年至九三年間，經歷了扎扎實實的經濟蕭條，失業率狂升百分之十二），斯堪地那維亞人導入自由市場改革，得到一定成效，提振磕磕絆絆的經濟成長。以共識為基礎的政治風氣讓北歐國家得以展開社會福利計畫，也讓它們得以放緩這些計畫，從而降低稅賦，而不是一直增稅。相同的政治運作方式，讓北歐國家得以透過對正常生活影響最小、令觀察家倍感興趣卻又大惑不解的方式度過COVID-19大流行。

這種調適能力提醒我們北歐國家的特殊之處。我認為，從斯堪地那維亞後裔在美國取得的成就，就能證明其特出。收入中位數比全美平均高出百分之二十，貧窮比例只有全美平均的一半，甚至比留在斯堪地那維亞故鄉的人還低——他們的經歷凸顯出斯堪地那維亞裔本身，加上塑造了他們的維京文化，就是斯堪地那維亞不同凡響的原因。

所謂維京魂的文化。

結語：
維京魂與遙遠他方

Conclusion:
The Viking Heart and the Land Beyond

「快樂」是奮力攀上山巔；
至於登頂之後，「快樂」就是遙望另一端的山巔。
——弗里喬夫·南森

維京之傳承，堪稱最偉大的歷史遺產之一。跨越時間、空間、民族與文化，直到如今。催動這一切的是勇氣，是膽識，是忠誠，是韌性，是斯堪地那維亞民族的支柱——我把這一些人性特質稱為「維京魂」。固然有些史家主張斯堪地那維亞人對世界的征服，不過是大架構裡面的短篇章，但此事與今日之間的關聯，說不定比熱愛北歐文化的人意識到的還要深刻。

諾斯人最初的航行，重塑了歐洲的文化與政治輪廓，時間長達三百年以上；從他們落腳與征服之處，從諾斯遺址的考古文物，我們依然能看到維京影響力的痕跡——例如奧斯陸比格迪的博物館，擺著氣勢磅礡的奧賽貝里船與高克斯塔船；日德蘭半島沃巴瑟農村遺址的發掘；倫敦塔；大氣的帕勒莫王室禮拜堂；甚至是紐芬蘭蘭塞奧茲牧草地聚落遺址。這一切提醒你我，來自斯堪地那維亞的非凡男女，成為當時已知世界的霸主，也是全球化的最先鋒。

身處維京時代，無論是普通農民與尋常人家，還是丹麥王克努特、藍牙哈拉爾與征服者威廉等英勇戰士與傲人領袖，都必須冠絕群倫。傳說中的超級戰士是平面的，但這些男男女女卻很立體。他們成就了勇氣非凡、軍功震天的豐功偉業，在暴力、野蠻的世界中如魚得水，也因此成為歐洲的文化霸權——如此的影響力，跟他們的人數與擁有的資源完全不成比例。

維京世界從來不是暴力與劫掠所能蔽之。維京世界是不懼艱難險阻，感於碰觸比寰宇賦予自己還要更多的事物。

多虧現代科學（尤其是DNA與現代遺傳學研究），我們得以證明斯堪地那維亞人的大離散，在不列顛群島與法蘭西北部等地留下的長久痕跡。維京人不只為征服而來，也是為自己與家人打造新家園而來。DNA研究搭配考古學的突破，讓我們對維京時代的開枝散葉——從格陵蘭、俄羅斯到不列顛群島——有更完整的認識。針對維京基因遺緒的研究才剛起步，但已足以徹底將「諾斯人的成就建立在族群排外的預設上」的舊理論掃除一空了。

假如日耳曼部落沒有從斯堪地那維亞晃蕩出來，假如維京人與諾曼人沒有追隨他們的腳步，歐洲歷史想必會大不相同。十九世紀時，知識分子與學者認為文化特色有遺傳的、種族的基礎；作為雅利安人神話的一環，維京民族遺產遭時人吹捧過頭。現在不會了。不過，北方民族造成的文化與政治衝擊，確實無可否認。

衝擊的範圍也不只是西歐。假如留里克與來自瑞典維京同伴沒有來到羅斯之地，全俄羅斯乃至於整個東歐的歷史將大不相同。他們建立公國，先後將諾夫哥羅德、基輔與莫斯科打造為中亞與東歐的權力中心。更有甚者，阿拉伯霸權需要奴隸，才能維持哈里發國（例如西班牙伍麥亞〔Umayyad〕哈里發國）的黃金時代；倘若沒有維京人擔任中介，提供所需奴隸，中東歷史很可能會走上另一個方向。無獨有偶，要是瑞典國王古斯塔夫斯．阿道夫斯沒有阻擊天主教巨人哈布斯堡王朝於道，進而讓路德宗乃至於整個新教得以安身於世，近代歐洲宗教史將有完全不同的面貌。

後來到了十九世紀，維京魂在美國找到新的歸宿。挪威、瑞典、丹麥與芬蘭移民前往大西洋彼岸的新共和國，生養眾多，一面守護故鄉的歷史，一面努力形塑新家的未來。這些移民和他們的子嗣留下不容抹滅的影響——我們如何關注運動賽事，如何決戰蒼穹，甚至是如何在國內外扶弱濟貧皆然。

如今正是維京魂發生的慈善、利他轉折，讓斯堪地那維亞裔美國人與斯堪地那維亞故鄉的人舉世聞名——像是阿弗列．諾貝爾與弗里喬夫．南森等人物，或是阿曼森基金會（Ahmanson Foundation）與美國—斯堪地那維亞基金會（American-Scandinavian Foundation）等機構。這種傳承是基督教與路德宗的宗教改革為維京魂帶來的直接影響。基督教的降臨與路德工作倫理，也透露了「維京魂」作為人性絕非一成不變，而是與時俱進。事實再度證明，深植於種族歧視思想，從生物學角度解釋斯堪地那維亞人或日耳曼人成就的作法，完全經不起檢視。

至於今日的斯堪地那維亞人與北歐各國——維京直系後裔仍然生活在這片土地上——歷史見證了他們從武力征服世界的作法，轉變為透過更和平的手段貢獻世界，同時在動盪與危機中保持維京魂的生命力。

今天，世人對維京魂的特質有了新的興趣，遍及許多人所謂北歐流行、飲食與設計的復興。就連最是膚淺崇拜斯堪地那維亞文化的人，也逐漸意識到丹麥、挪威、瑞典、芬蘭與冰島似乎發現了某種祕密，懂得現代世界大多數人所難以企及的共榮共好。這個祕密跟種族或族群起源無關。箇中真諦完全在於文化與社群。正是一體感與共同價值，讓北歐各國公民團結起來，甚至在我們這個全球化時代形塑出他們獨有的社會。

維京魂的本來面目，其實就是凝聚一個民族——也是凝聚**每一個**民族的種種紐帶。有時候，用正面的態度看待斯堪地那維亞民族主義，似乎頗有爭議。在二十世紀，在納粹主義、法西斯主義的創傷之後，在奎斯林的挪威，甚至在今日那些種族主義的新納粹分子身上，「民族主義」這個概念隱含了邪惡的成分。不過，近年來學者、社會學家與政治觀察家逐漸認為，文化團結與民族認同感是可以發揮正面意義的。說不定，這正是現代社會缺少的社會凝聚力。

多虧皮耶．馬農（Pierre Manent）與尤拉姆．哈佐尼（Yoram Hazony）等思想家，「民族」的觀念多少甩落了一些污名。馬農是法國政治學家，不久前他在專訪中表示，「我很確定，若希望生活充滿人情味，就少不了共同的生活方式與共同體。」今日斯堪地那維亞社會——無論是不是福利國家——持續成功的祕訣，其實就是這項放諸四海皆準的社會學真理。

祕訣有其共同歷史的根源。諾斯人生活在艱困環境，光是憑個人甚或一小批貴族的力量，是無法存活的。無論是戰是和，每個人的生存都仰賴於彼此。無論維京戰士的旅程通往何處——通往未知也好，冒生命危險也好，這名戰士都會與一個精神、肉體與甲冑的共同體同行。

等到旅程結束，戰士則重返狩獵、打魚與農耕的共同體，成為日常生活紋理的一部分。對維京人來說，戰場是社會的延伸，反之亦然。戰場上與社會上的成功，建立在團結與信任等價值之上；這些價值觀必須浸潤每一項活動，哪怕是在沼澤與林地開闢新田地，或是在布滿礁岩的近海捕魚，抑或是航向世界的最角落。

這種羈絆一定會留下痕跡，而且不是只有北歐國家如此。追尋羈絆的真正根源，理解羈絆的真正特質，我們便能更了解你我生命中對社群一體感的需求。以「部落」作為民族認同建材的概念，確實開始在當代論述中得到新的關注。談到維京人與維京魂，「部落」尤為切題。賽巴斯欽．強格（Sebastian Junger）曾寫道，「共同體——部落——最初的定義，想必是指一群你會協助撫育、保護的人。假如社會無法為成員提供這種無私奉獻的途徑，那就稱不上是個社會……只不過是個政治實體，說不定一缺乏敵人，就會自己瓦解了。」

身處 COVID-19 的時代，如此洞見有了新的切身重要性。在美國與世界各地，不分老少的人已經發現家人與鄰人、朋友構成的社群也許簡單，卻很重要；少了關鍵的船錨，只會在這場危機中遭大水捲走。親朋好友一起為彼此提供食物，提供陪伴，讓個人得以從苦難中倖存，甚至撐過 COVID-19 大流行的動盪。

如今，我們體會到家庭、部落、社群、民族等由來已久的團體，能夠為全球化時代中泰半有所失落的現代文化補上某種遺落的事物。歸屬感、共同的身分認同、有福同享有難同當——以自由主義與啟蒙思想為基礎的文明觀點，每每傾向於忽略甚或打發人性的這些特質。但是，對於人情世故的渴求從未消失。正好相反——這些特質不受尊重之處，往往會以毀滅性的方式崩壞，例如幫派群體，或是各式各樣的暴力極端團體。作家雷恩．史密斯（Ryan Smith）指出，斯堪地那維亞與歐洲的種族主義邊緣團體，想方設法吸收維京「部落」傳承，滿足自己的鬼胎。

事實上，維京人真正的生活在於教導人們如何透過共有的文化與共同體——維京魂的基礎——在劇變甚至動盪之中仍能擁有行動力。現代斯堪地那維亞人記著這些教訓，他們接受現代世界，卻沒有遭到吞噬。他們辛苦開闢道途，為包括我們美國人在內的每一個人指明前路。

來到這段歷史之旅的終點，我們該如何勾勒維京魂的特質？

顯然武勇是個起頭，有時候武勇到了魯莽的地步。隨之而來的有對家人與社群的強烈忠誠，有個人的足智多謀，以及對他人的信任——環境嚴酷無情，資源長久稀缺，這些特色自然會誕生於這等社會之中。

從古至今，維京魂也要求人們致力於維持文化身分及其傳統，因為那代表生存所必需的寶貴教訓，代代相傳。這種對待歷史的態度堪稱保守，但維京魂保守的只有生存所不得不然者，是為了在面對未知時能保有一絲信心——父母、祖父母與一代代先人的智慧與經驗，更能幫助信心不至於佚失。

＊　＊　＊

自古以來，維京與斯堪地那維亞文化對於挪威裔美國社會學家托斯丹．韋伯倫所謂的「匠心本能」也極為尊重。「匠心本能」的力量，汲取自對於大自然與物質世界的敬重——世界則示現在你我面前，不斷應人類性格與需求之力而重塑。

時光荏苒，新的特質也添進了維京魂。基督教帶來同理心、良知與道德準則——斯堪地那維亞採納之，以之為基礎，但沒有完全抹除自己蓬勃的異教根源。

宗教改革孕育出了路德工作倫理：一種看得見、摸得著的利他奉獻形式。與此同時，移居美國的機會，讓斯堪地那維亞最窮困卻最有決心的人獲得餘裕，實踐他們對個人自由之力的信念——同時結合對故國文化去蕪存菁的堅持。

不過，打從一開始支撐著維京魂，為其歷史賦予一種無比鮮活與濃艷的，始終是那股為自己、為家人尋找安身立命之所而奮力朝未知領域前進的意願。旅程中，人將以天才與足智多謀，克服大自然或諸神擺在我們眼前的障礙。

好了，今天我們要往哪找維京魂？

首先，今日的種族主義者與新納粹邊緣人身上絕對**沒有**維京魂。斯堪地那維亞、歐洲與北美洲出現各種團體，為了自己邪惡的目的，試圖盜用「維京人」。結果，他們把遠古獸性本能與拙劣的歷史與文化歪曲熔為一爐，成為現今西方發展中大錯特錯的一次轉向——簡直如同二十世紀時，維京傳承落入阿道夫．希特勒及其追隨者手中一樣。從納粹大屠殺到二〇一一年發生在挪威的大屠殺，我們已經見識過曲解維京傳承的後果，就是好人死於惡人之手。

我反而認為，我們可以往更深藏不露，且放諸四海皆準的層次，去尋找維京魂的蹤影；範圍包括今日的斯堪地那維亞文化，但還要更廣。我們只消看看流行媒體上的諾斯人形象——時至今日，仍擄獲世界各地數千萬人的心。

答案的線索，可以從一九三九年著名學者與作家J．R．R．托爾金在牛津大學授課的內容中找到。今天，他是人盡皆知的《魔戒》三部曲作者，創造了哈比人、精靈、巫師與戰士的世界，是奇幻宗師與現代世界最有影響力的作家之一。然而，一九三九年的他，還只是一位研究古英語的大學教授。他的學術專業初衷，起源自年少時對維京人與古諾斯語傳奇的著迷。他成為里茲大學的年輕教授時，同時共同發起所謂的「維京俱樂部」，社員都是浸淫於日耳曼與斯堪地那維亞研究的語文學家、歷史學家等學者。他們在當地一家聚會所集會，一同飲酒，朗讀冰島文學研究。他們還用古英語、古哥德語和古諾斯語創作詩歌（文集以《語文學家之歌》〔*Songs for the Philologists*〕之名自費出版，僅有少數複本傳世）。這些詩歌成為原型，托爾金日後將之融入《魔戒》三部曲；維京俱樂部則成為另一個名氣更響亮的學術群——牛津大學「跡象」（the Inklings）研究群之先聲，托爾金亦是其成員。

總之，維京俱樂部的聚會形成托爾金原創冒險的出發點，他冒險進入虛構的傳說與史詩國度，故事醞釀成形，成為《哈比人》（*The Hobbit*），以及構成《魔戒》的書卷。然而，直到一九三九年的牛津講座，托爾金才首度吐露自己的想法，透露奇幻文學與童話對現代受眾真正的價值究竟何在。他的看法同樣讓你我得以直指維京魂想像力的真心。

講座的時間點是關鍵。其時為第二次世界大戰前夕，對於維京文化的錯誤解讀與雅利安迷思形成一種扭曲意識形態的根柢，即將撕裂歐洲。值此嚴峻的瞬間，托爾金訂的講題是「論神話故事」（On Fairy Stories）。

托爾金為聽眾深入探討，為什麼一直以來不只小孩子，而是不分年齡的人，都會著迷於寓言與神話，像是希臘神話，或是托爾金的專業領域——《貝武夫》與《沃松家族傳奇》。托爾金的答案是：我們所謂的「神話故事」，不只是幻想娛樂，而是有其原始宗教根源。它們讓我們能對現實有耳目一新的感受，讓我們用更澄澈、放諸四海皆準的角度看待熟悉的世界。比方說，如果從英雄之旅的形貌——像是《沃松家族傳奇》的西古爾德，《埃以爾傳奇》的埃以爾，或者《格陵蘭人傳奇》的埃里克之子萊夫——來看待我們個人的生命之旅，就能更具啟發。這樣的故事將生命之旅加以戲劇化、儀式化，賦予普世性的意義。

當然，從歷史與文化角度而論，「史詩」跟「旅途」彼此協調，而且不只維京人這麼覺得。托爾金解釋，整個神話故事文學領域，是對「漫行的探險家（或越界者）」敞開的，不分兒童或成人。這個架空領域是「各種鳥獸」的家，住著精靈、矮人、巨龍與巨人，還有「無際的海洋與無數的星辰」，聽眾與讀者可以在此找到既深且廣的意義。托爾金補充道，神話故事文類及其現代衍生文類（包括他自己尚未發表的小說），「旨不在誆騙、蠱惑或支配，而是試圖分享豐盛，尋找創造與歡樂的夥伴，而非奴隸。」

這一段很關鍵：「『幻想』是很自然的人性活動。『幻想』不會摧毀理智，更不會侮慢理智……恰恰相反。理智愈是活躍、清明，所創造的幻想就愈是出色。人若是陷入不想去知道，甚或不想去領會『真相』（事實或證據）的狀態，『幻想』就會失去活力，直到人痊癒。」所言甚是，倘若維京人與他們的所作所為和神話已不再能令人類入迷，不再讓人感到重要，我們的未來恐怕會陰暗無比。

托爾金深知，北歐神話與傳說對於十九世紀歐洲文化的形塑有決定性的影響力，激發出有漢斯·克里斯蒂安·安徒生在內的丹麥文學黃金時代，啟迪了理察·華格納的歌劇與弗里德里希·尼采的沉思冥想。托爾金曉得，其中某些神話也餵養出最邪惡的心思，例如納粹的意識形態。但它們同樣能撫育歐洲最美好的想像力，包括（我們可以胸有成竹地納入）托爾金本人。

其實，托爾金認為他的《魔戒》三部曲，是一帖文學與知性的靈丹妙藥，要對治諾斯神話與維京傳承的納粹化。一九四一年，對抗希特勒的戰爭正酣，托爾金寫信給兒子麥可（Michael），「〔魔戒故事〕蘊含的力量（以及真相），遠多於無知的人所想像的『日耳曼』理想……。對於這場戰爭，我個人對那無知已極的阿道夫·希特勒……有一股痛切的憤恨。我深愛的高貴北方魂——一種對歐洲的至高奉獻——遭到如此毀壞、扭曲、濫用，甚至永遠為人所憎。」

托爾金的三部曲中，處處都可以感受到「高貴北方魂」與維京神話的共鳴，像是故事背景設於「中土」（Middle Earth，維京人的中土〔Midgard〕）；故事主軸（脫胎自《沃松家族傳奇》）在於追求一枚能帶來統治世界之力的戒環；甚至連最終的天啟決戰，顯然也呼應了諸神黃昏。《魔戒》的劇情發展，彷彿把維京神話與史實的關鍵元素封進文學的琥珀中，傳給一代又一代的托爾金忠實讀者，乃至於數以百萬計湧入電影院、觀賞彼得・傑克森（Peter Jackson）執導改編電影的觀眾。

比方說，出現在托爾金作品中的洞穴巨人、精靈與矮人，都是直接取自諾斯神話，尤其是兩部《埃達》。故事中的矮人是鑄造金屬的專家，在地下工作，就跟華格納歌劇裡描寫的一樣（或是白雪公主與七個小矮人）。此外，《埃達》裡還有全世界最早的狼人故事：狼人芬里爾，半人半狼，諸神黃昏之日的大反派，弒殺了大神奧丁。狼人和他們的邪惡親戚一再出現於歐洲神話與文學中，例如喬治・R・R・馬丁（George R. R. Martin）的奇幻系列小說《權力遊戲》，故事以類似維京時代的北國為背景，裡面就有冰原狼（direwolves）。無獨有偶，J・K・羅琳也借用「芬里爾」之名，為《哈利波特》系列大反派之一的灰背芬里爾（Fenrir Greyback）取名，而他恰好也是狼人。

諸如此類。從中世紀至今，矮人、精靈、巨人、巨龍、渡鴉（奧丁的兩使者「思想」〔Huginn〕與「記憶」〔Munnin〕都是渡鴉）與貌似奧丁的獨眼巫師一直是北歐文學書頁上的常客。其實，到了二戰之後，托爾金的作品也引發了一股對於這些幻獸和半人神的著迷，後來他們也栩栩如生浮現於《哈利波特》與《權力遊戲》的紙頁與畫面中。他們為《戰鎚》（*Warhammer*）、《龍與地下城》（*Dungeons & Dragons*）等桌遊帶來靈感，啟發了愈來愈多的電影與連續劇，包括至少四部以諾斯男子氣概的化身——雷神索爾為主題的賣座電影。

不過，諾斯神話與現代流行文化之間還有更深刻的關係。喬治・盧卡斯（George Lucas）的《星際大戰》（*Star Wars*）顯然受到托爾金《魔戒》的影響。我們也曉得，盧卡斯拍完《星際大戰》正傳電影後，曾計畫拍攝電影版的《魔戒》。計畫沒有實現，畢竟這是電影製作常有的事。負責將托爾金的小說，連同書中受北歐文化影響的人物、色調及其普世訊息變成電影的任務，後來落到紐西蘭人彼得・傑克森身上。

上述所有文學與電影作品，都是原本諾斯傳奇魅力不減的證明。但我更主張它們還證明了「維京魂」本身價值依舊不滅，證明這些價值在西方文化中具有代表性。因為，在奇幻、魔法、矮人、諸神與巨龍的表象之下，這些作品探討的是你我皆面對的倫理困境——如果我們想正視、克服困境，便需要維京魂的特質。

電動玩家與漫畫超級英雄崇拜者所浸淫的奇幻領域也是如此。從蝙蝠俠、蜘蛛人、X戰警到復仇者聯盟，其間還有《星艦迷航記》（*Star Trek*）與《忍者龜》（*Teenage Mutant Ninja Turtles*），作家A・D・詹姆森（A. D. Jameson）將這個領域稱為「極客文化」（geek culture）。這個世界充滿「超級系機器人、女巫與巫師、反烏托邦未來、超級英雄、龍與會說人話的猩猩」（詹姆森的原話）。圈外人眼裡的極客文化荒謬中二，甚至有點不良影響。相關的電玩和強檔電影也蘊含許多不必要的暴力場面。但極客文化顯然有其北歐根源，不只人物如此，主題也類似。

在奇幻世界中，劍、匕首、盾與杖等古代武器不僅有魔力，甚至有神話意涵。這個世界的英雄乃至於超級英雄，就和諾斯神話的主角一樣有人性弱點與缺陷；他們也得與自身的恐懼、自我懷疑等黑暗面抗衡，這個事實映照出人生旅途中爭鬥在所難免。

這些作品相當於當代的神話故事。他們就像托爾金所說的傳統神話故事，同樣有幻想與魅力的糅合，同樣具備轉化的力量。我甚至願為「極客」說話：這些男男女女棲息於電腦螢幕與無機演算法所勾勒出的寰宇之中，而超級英雄與幻想魅力的世界，能夠讓人更加相信英勇成就的世界依然存在，而這一回是存在於鍵盤方寸間。

今日人工智慧、奈米科技、量子電腦與區塊鏈的世界，何嘗不是一場走入未知的冒險——匠心本能在此向彷彿觸不到的目標大膽伸手，只為了為人類建構新家園，或是在擊殺惡龍後帶回傳說祕寶。

乍看之下，矽谷跟維京世界之間似乎大相逕庭。不過，兩者在最理想的時候，講述的都是大膽的個人為了實現個人目標，進而利益家人、社群、信仰與部落，甘冒巨大風險的故事。作家約瑟夫·坎伯（Joseph Campbell）將英雄之旅視為每個文化與民族，尤其是北歐文化的典型。如果把英雄之旅切分為個人一系列的大膽行動，每個部分都表現出對個人自由的渴望——甚至是冒險涉足於全然未知的渴望——但每個部分仍然需要強而穩定的、來自家人、社群與文化的大力支持。

這不是說為了形塑現代的幻想，就得取走希臘神話與其他民間故事（像是圍繞著亞瑟王的凱爾特傳奇），或者損及約瑟夫·坎伯與歷史學家兼哲學家米爾恰·伊利亞德（Mircea Eliade）等傑出學人所說的、各種神話中所反映出的普世影響力。

但是，北歐神話透過各種現代史詩形式存續下來，這個事實點出維京人具備某種特質，總能餘音繞梁三日不絕。他們的故事、他們的傳奇與傳說，具體而微表現出大人與小孩為了克服危險與逆境，找出通往幸福道路所必需的勇氣與堅持。**是謂**維京魂。

而且不只虛構作品如此。挪威探險家索爾・海爾達的成就，以及他在一九四七年憑藉一艘簡單的自製木筏從祕魯遠航至法屬玻里尼西亞的壯舉，激發了數百萬人的想像，似乎也證明只要有技術、膽識與決心，敢於在今日冒險，則同樣能重現維京人非凡的遠洋航行。[1]

維京魂如今仍透過兩位斯堪地那維亞女性——麗芙・阿內森與安・班克蘿芙特（Ann Bancroft）的非凡生涯現身出來。兩人都是大無畏的極地探險家，同時積極發聲呼籲人類應承擔起保護地球的責任。麗芙生於挪威貝魯姆（Baerum），是第一位橫斷格陵蘭冰帽的女性（一九九二年），足跡幾乎跟偉大的弗里喬夫・南森一模一樣。後來在二〇〇三年，她與另一位入選斯堪地那維亞裔美國人名人堂的安・班克蘿芙特，成為最早徒步橫斷南極洲之人。兩人合開的班克蘿芙特・阿內森探險公司（Bancroft Arnesen Explore），致力於發掘、提倡、讚頌各年齡層女性在探險方面的成就：這項使命可以回溯到諾斯先祖的上古漫遊——而我的外婆安娜也用自己的低調方式，實現了相同的使命。

二〇一九年，葛蕾塔・童貝里（Greta Thunberg）為了提升世人對氣候變遷的關注，於是以八星期的時間橫渡大西洋。無論對於她的政治觀點看法為何，我們都能視此為壯舉，是在召喚祖先的靈魂以面對一場普世危機。

只要我們看得真切，這些例子都能揭露隱藏的維京魂歷史，以及美國斯堪地那維亞裔經驗的歷程。相較於來自世界各地的其他移民，斯堪地那維亞裔移民之所以受到美國吸引，主因不是致富的前

---

1 造化弄人，海爾達的假說——大無畏的古代航海家從南美洲渡海到玻里尼西亞——後來被DNA科學推翻了。切記：實際上可行者，不見得就是史實。

景，亦非逃離宗教或政治迫害（並不嚴重），而是一種信念——相信這個新的美利堅合眾國（畢竟幾乎所有斯堪地那維亞移民是十九世紀來到美國，始於一八三〇年代，在一戰前達到高峰）能為每一位移民提供必需的自由，讓他們可以用喜歡的方式過自己的生活。遷往美國並非排斥故國，而是一種結合新舊優點的作法，進而為每個人打造更好的未來。

如此說來，斯堪地那維亞移民故事**確實**是個放諸四海皆準的故事，一如維京人的故事。兩個故事所展現的人性，有阿內森與班克蘿芙特為其化身，亦有挪威探險家與人道主義者弗里喬夫·南森為其前驅。南森曾親自描述其終極願景——維京魂的終極願景。是年為一九二四年，他獲得蘇格蘭人授予非蘇格蘭人的最高殊榮，成為聖安德魯斯大學（University of St. Andrews）校長，並發表演講。

在這場題目為「遙遠他方」（A Land of Beyond）的就職演說中，南森說：

「我們這一輩子裡，都有尚待追求的遙遠他方——夫復何求呢？我們能做的，就是找到通往那遙遠他方的崎嶇小路。也許道阻且長，但我們受到召喚，不得不邁步。深植於每一個人天性之中冒險的精神，野性的呼喚，在我們的每一個行動底下共振，令人生更加深邃、更加高貴。」

南森提到的「遙遠他方」，典出勞勃·瑟維斯（Robert Service）所寫的同名詩作，其中有這麼一段：

你可曾聽過遙遠他方，
那叩關天空的夢？
迷人的它坐落在諸天邊緣，
永遠遙不可及……

你可曾駐足於寧靜孵育處，
與浩瀚地平線伊始地；
於晨曦時眺望遠方
你奮力追求並贏得的目標？……
感謝上蒼！總有遙遠的一方
等著堅定踏著崎嶇小路的我們，
待尋之願景，召喚之山巔，
永不消逝之美景；
吾輩靈魂中睥睨目標之豪情，
厭惡束縛之氣概，
試煉我們之意志，於尚未企及之時，
看，我們的遙遠他方！

所以，維京人如今何在？
他們就在你我腦海中與胸臆間，不朽於神話裡，依憑人人都得踏上的生命旅途而示現。

致謝 Acknowledgements

這本書既是一段歷史旅程，也是一段貼近內心的路。我想花點時間，說說一路上的重要站點。二〇〇一年跨二〇〇二年的那個冬天，我的書《蘇格蘭人如何發明現代世界》（*How the Scots Invented the Modern World*）登上《紐約時報》暢銷書榜，受到大西洋兩岸書評家與讀者熱議。我那位如今已不在人世的舅舅諾曼．弗拉滕（Norman Flaaten）當時問了我一個問題，而他的問題就是這段旅程的最初。

他問，「怎麼不給維京人寫本書？」他的意思是我倆之間共有的、透過他的父母，也就是我的外公外婆所流傳下來的挪威傳承；但他還有另一層更深的意思：如何讓維京人的故事走出從粗淺的勾勒與刻板印象，也走出學界專家的領域，進入主流歷史呢？他的這個想法，我揣在心裡將近二十年，中間還寫了另外六本書。我最深的遺憾，就是諾曼阿舅已經離開我們，來不及看到他那大哉問的最終成果。

琢磨《維京魂》，亦是代表要找回我的外公與外婆——卡爾斯滕．弗拉滕與安娜．卡爾松．弗拉滕的記憶；他們生於挪威，各自反映本書主題的不同面向。我的父母幫助我，尋找出自那共同經驗的斷簡殘編與吉光片羽，包括相片、我外祖父母的歸化文件，以及索爾利家族珍貴的族譜——更有一八六二年陰鬱冬日時，在田納西州默弗里市郊外，從我曾曾外祖父膝蓋中取出的米尼彈頭。

就讀大學部時，我總以為我會成為中世紀史專家，而維京人始終縈繞在我的大學時光裡。我在威斯康辛大學史蒂芬斯角分校（University of Wisconsin – Stevens Point）歷史系的恩師——萊斯・黑斯（Rhys Hays）教授讓我頭一次見識到英格蘭與丹人區維京聚落錯綜複雜的法律與經濟；英語系教授伊摩金・德斯梅特（Imogen de Smet）帶我入門，認識古英語研究，以及維京人與盎格魯—薩克森人共享的語言傳承。

快轉到將近四十年後，寫一本書談維京人，也談斯堪地那維亞人對歷史的貢獻，尤其是對美國歷史的貢獻——這樣的念頭開始成形。我在華盛頓特區賈維林公司（Javelin）的文字經紀人基斯・厄班（Keith Urbahn）、麥特・萊蒂默（Matt Latimer）對此表示歡迎，我太太貝絲（Beth）也相當積極；二〇一九年夏天，我們四人開了一場電話會議，讓我相信這確實會是個有價值且重要的計畫。

我二十多年的朋友湯姆・韋伯倫（Tom Veblen），多次在討論時與我分享他對於顯赫先祖托斯丹・韋伯倫的看法，並幫助我了解，在明尼蘇達與中西部斯堪地那維亞裔美國人社區長大是什麼感覺。小時候，我偷聽爸爸和他母親海倫・索爾利・赫曼的對話，談定居在北達科他巴克斯頓（Buxton）紅河谷挪威人過著什麼樣的生活，也有助於我對情況的掌握。

我還得感謝修頓・米夫林・哈闊出版公司（Houghton Mifflin Harcourt）的編輯亞歷克斯・利特菲（Alex Littlefield）與發行人布魯斯・尼可斯（Bruce Nichols），以及ＨＭＨ全體同仁；特別感謝查克・菲利普斯（Zach Phillips）的耐心與專業。還要謝謝蘇珊娜・布羅安（Susanna Brougham）的認真與對細節的專注。

承蒙哈德遜研究所（Hudson Institute）允許，我得以匀出時間寫作本書，特此致謝；還有我在國家安全會議（National Security Council）的同仁們，總是聽我沒頭沒腦地大吐將《貝武夫》從古英語譯出的難處，或是納粹對北歐文化的入魔意味著什麼樣的警訊。

不過，我太太貝絲才是我虧欠最多的人，這本書我要誠摯獻給她。撰寫《維京魂》是一段漫長的旅途，有時還相當勞神，但貝絲始終是一路上給我最多信心與支持的旅伴。她的愛與扶持讓這一程成果豐碩無比，為最後的成品帶來的價值，只有她和我才能體會。

附錄：盧恩文與維京人
Appendix: Runes and the Vikings

西元前與西元初年，日耳曼部落遷徙移出斯堪地那維亞故鄉。他們透過貿易路線與文化交流，深深影響了留在原鄉的北歐親戚——亦即維京人的祖先。

人稱「盧恩文」的書寫體系，堪稱是他們最有價值的遺產。「盧恩」似乎衍生自古諾斯語的「runar」（祕密），以及薩克森語的「rna」（耳語）。這種書寫體結合了直線與斜線V型刻痕，刻在木頭或石頭上都很方便。早在西元二世紀，日耳曼人就學會這種書寫方式。他們的老師可能是在羅馬軍隊裡打仗的傭兵，傭兵們改造伊特拉斯坎人（Etruscan）使用的古義大利字母，創造了盧恩文。起先，盧恩文說不定正如其名所暗示，是一種便於傳遞祕密訊息的方式——指揮傭兵的羅馬軍官讀不懂。後來盧恩文演變為通用的書寫形式，但顯然也帶有神祕魔法的性質。

希臘與拉丁字母是水平閱讀，但盧恩文從來不是如此。盧恩文的設計，是為了垂直排列，或是隨形狀所需而扭轉，比方說順著木雕龍背或花朵，或是順應個別石頭或木片而變形。

現存最早的盧恩碑文出自斯堪地那維亞，定年約西元二〇〇年。盧恩字母最早的版本是「古弗薩克文」（Elder Fuþark），使用二十四個不同盧恩文寫原始諾斯語銘文，可以分為三組各八個盧恩文。與此同時，英格蘭的盎格魯—薩克森部落發展出自己的盧恩體系，使用二十九到三十個字母，就像另一個日耳曼部族馬科曼尼人，而後者的盧恩文可以在八與九世紀的巴伐利亞手稿中找到。

不過，目前最有名的盧恩文字，還是維京人在九至十一世紀之間使用的「新弗薩克文」（Younger Fuþark），字母比較少，只有十六個。字母數量減少以外，特定字母的形狀也簡化，讓字母更容易雕刻。無庸置疑，這種轉變反映出字母所書寫的語言已經從原始諾斯語，也就是古代斯堪地那維亞人及其日耳曼遠親所用的語言，轉變為古諾斯語——維京人獨有的語言。

新弗薩克文的銘文較其前身古弗薩克文更難解讀，原因在於字母一次代表好幾種聲音或意思。例如盧恩字母「k」，可以讀k，或是g、nk或ng。刻字的人還會安插其他符號，用來標示句讀，或是個別字詞的斷點。這些繁瑣之處，讓某些盧恩文無法破解。

斯堪地那維亞各地都有盧恩文的蹤影，連後來的教堂牆壁與地板上都有。盧恩文使用的範圍之廣，暗示了識字率相當普遍。假如是一篇複雜的盧恩銘文，也不見得所有北地之人都讀得懂（就像今天的專家還是參不透某些內容），但證據顯示平民百姓大量使用盧恩文的方式，彷彿在發維京版的X（前Twitter）或Instagram——是種隨性的署名方式，或者造新詞，總之很日常。

最重要（至少是恆久遠）的盧恩文是石碑文，例如紀念藍牙哈拉爾王的耶靈石碑，以及紀念其他北歐大人物的碑文。丹麥洛蘭島人稱「提爾斯德石」（Tirsted stone）的碑文亦在其列，立此碑是為了紀念一位名叫「弗哈悌」（Frathi）的戰士，「人間凶器」與「弗西吉爾」（Friggir）維京隨員眾之首」——這恐怕是維京人自己唯一一次用「維京」一詞。

丹麥的兩百二十件盧恩石刻，居然有大約四十五件（也就是將近五分之一）提到女性；其中將近半數是由女性出資立碑，這更教人驚訝。挪威有個有趣的例子，是來自德尼亞（Dynna）的紀念碑：

「古恩沃．西德里克（Gunnvor Thidrik）之女造此橋，紀念其女阿絲特莉德（Astrid），哈德蘭最靈動之少女。」

盧恩文的使用可以更隨興，像是標示個人財產，或是為器物打上製作者的名字，例如英格蘭林肯出土的梳子上就刻著「索爾法斯特（Thorfast）做了把好梳子」，自豪之情溢於言表。考古學家發現的盧恩銘文中，最常見者（尤其是刻在木頭上的）差不多就像北歐版的塗鴉，例如：「柯爾邊之子索勒非（Tholfir Kolbeinsson）將此盧恩刻於高處。」或是「我在斯塔萬格跟英吉碧約格（Ingibjorg）做愛。」許多莫名其妙，像是：「伊弗屎定惹。海爾加到此一遊。」（*Porný sarð. Helgi reist.*）還有厭女心態式的幽默：「英吉葛絲（Ingigerth）是世上最美的女人」——盧恩文的旁邊則畫著一隻狗。

另外也有正面的詩句，例如下面這段來自格利普斯霍姆（Gripsholm）的刻字，是一位名叫托菈（Tola）的女子出資，為紀念兒子哈拉爾（Harald）及其戰友而刻：

他們英勇前往
遠方尋金
在東方
餵養老鷹。
死於南方
薩拉森人之地。

盧恩文的雕刻逐漸隨時間昇華到高雅藝術層次，尤其是瑞典烏普薩拉與斯德哥爾摩一帶。考古學家與語言學家在此找到最多的盧恩文，約有兩千五百件，遠多於丹麥的兩百二十件，挪威甚至只有五十件（斯堪地那維亞以外的話，大多數盧恩文出現在維京的重要殖民地曼島，佔了現存非斯堪地那維亞世界六十件碑文中的半數）。

所有盧恩文雕刻者中最多產者是烏普蘭人阿斯蒙德（Asmund），堪稱盧恩界林布蘭（Rembrandt）。至少有十九件石碑上有他的署名；根據風格分析，另外還有三十件是他的作品。阿斯蒙德的盛年落在維京時代晚期，大約一〇五〇年代，當時基督教首度讓拉丁文在斯堪地那維亞佔了上風。不過，阿斯蒙德和他的工匠同伴，無疑讓原本連結維京部落與日耳曼親屬的溝通形式更添光彩。

同時，盧恩文與宗教或神祕意義之間的關聯從未消逝。丹麥里伯出土的一件人類顱骨殘片上，刻著盧恩文的「奧丁」。這片顱骨是否與眾神之父的宗教儀式有關？或者整顆頭顱原本是獻給大神奧丁的禮物？如今已無從得知。但我們確實從兩部《埃達》得知，人們相信奧丁親自發明盧恩文，而奧丁愛駒「飛速」（Sleipnir）的馬齒上，以及命運三姐妹——諾恩女神的指甲上也刻著盧恩文。

拉丁文書寫降臨之後，盧恩文終究淡出了舞台。七〇〇年前後，日耳曼人便已捨盧恩文就拉丁文，這是他們與主流文明整合的一環。斯堪地那維亞流傳下來的盧恩文，成為一般人草草而就的簡訊發送方式（其中一種大受歡迎的方式，是在碎骨或石頭上刻「吻我」），直至中世紀。之後盧恩文便不再有人使用，消失於民間記憶，長達至少四個世紀，解讀其意義的能力也化為烏有。

後來到了十八世紀，才有瑞典學者安德斯．攝爾西烏斯（Anders Celsius，溫度計發明人）破解盧恩文。浪漫時代對於各種維京事物的興趣，引發了人們對盧恩文書寫的熱情，孕育出大量精心建構的理論，將銘文與神祕意義與象徵力量聯繫起來。其中聲名最是狼藉的理論家就是納粹黨，他們把盧恩文融入其種族歧視宣傳中，以雙字母「SS」作為惡名昭彰的種族主義精銳組織——希姆萊的黨衛軍的代表符號。

但J．R．R．托爾金的研究與《魔戒》三部曲拯救了盧恩文。托爾金是一流語言學家，無論在虛構領域或歷史領域，他都不可能漏掉銜接「書寫」、「語言」與「文化演進」的環節。於是他訴諸盧恩字母，創造自己的版本，稱之為「基爾斯文」（Cirth）。根據故事所說，這種虛構的盧恩文字是灰精靈（Grey Elves）為了他們的語言「辛達語」（Sindarin）所發明的，在托爾金為他想像中的「中土」創造的諸多語言之中，該語便是其一。

無獨有偶，他發明通用語（Common Tongue，像原始諾斯語一樣的古代通用語）時，也搭配上獨特的精靈文字（Elvish lettering）；強大的魔戒上就刻著精靈文字，「用明暢的字體」寫著「熾熱的字母」。雖然精靈文字優雅的筆畫與硬筆稜角的維京盧恩文大不相同，但它們仍然令人想起那股與原初、神祕的北歐銘文聯繫在一起的魔力。

徵引資料 Notes

自序

p. 010 「在關鍵時刻出現在關鍵場合的能耐」：R. W. Southern, *The Making of the Middle Ages* (New Haven: Yale University Press, 1953), 28.

1
諾斯人之怒

p. 016 「餓狼咬大口」：轉引自 Gwyn Jones, *A History of the Vikings* (Oxford, UK: Oxford University Press, 1984), 220.

「他們來到林迪斯法恩教堂」：Dorothy Whitelock, ed., *English Historical Documents, c. 500–1042*, 2nd ed. (London: Routledge, 1979), 273.

p. 017 一份來自七九二年的教會紀錄：Peter Sawyer, ed., *The Oxford Illustrated History of the Vikings* (Oxford, UK: Oxford University Press, 1997), 3.

「那些豪勇、憤怒、徹底的異教徒」：轉引自 Kenneth Clark, *Civilisation* (New York: Harper and Row, 1969), 13.

「如凶狠的狼群般由四面八方湧來」：Simeon of Durham, 轉引自 Dorothy Whitelock and David C. Douglas, eds., *English Historical Documents, Volume 1, c. 500–1042*, 2nd ed. (London: Cambridge University Press, 1975), 273.

p. 018 「我們如今落入異教徒的手中」：轉引自 Dorothy Whitelock, ed., *English Historical Documents*, 1st ed. (London: Eyre and Spottiswoode, 1955), 193.

p. 019 「這些海盜就跟其他海盜一樣行徑卑劣」：Winston Churchill, *A History of the English-Speaking Peoples*, vol. 1.1 (1956; New York: Bloomsbury Academic, 2015).

p. 020 「自成一格的世界」：W. R. Mead, *An Historical Geography of Scandinavia* (London: Academic Press, 1981), 10.

「挪威」（北道〔North Way〕）這個名字：Peter Foote and David M. Wilson, *The Viking Achievement* (New York: Praeger, 1970), 36.

挪威實際的可耕地……佔總面積百分之三：Else Roesdahl, *The Vikings* (1987; New York: Penguin Books, 2016), 28.

p. 021 古早以前：Roesdahl, *The Vikings*, 30.

六百多座島嶼：Jones, *History of the Vikings*, 23.

p. 022 船體材料用皮繩綁住：Yves Cohat, *The Vikings: Lords of the Seas* (New York: Abrams, 1992), 14.

斯托瑞格崩移：Neil Oliver, *The Vikings: A New History* (New York: Pegasus Books, 2014), 10.

p. 023 美國邊疆：Mead, *An Historical Geography*, 13.

p. 026 「他們動手破壞自己搶來的一切」：Orosius, "History of the World," 轉引自 Jones, *History of the Vikings*, 21.

p. 027 但他們都有斯堪地那維亞血統：Jones, *History of the Vikings*, 22; J. B. Bury, *The Invasion of Europe by the Barbarians* (London: Macmillan, 1928), 5–6.

「他們一輩子都在打獵」：Julius Caesar, *The Conquest of Gaul*, trans. S. A. Hanford (Harmondsworth, UK: Penguin Books, 1965), 35–36.

p. 028 「除了作戰」：Tacitus, *On Britain and Germany*, trans. H. Mattingly (Harmondsworth, UK: Penguin Books, 1965), 112.

「連國王也沒有絕對或任意而為的權力」：Tacitus, *On Britain and Germany*, 109–10.

「有史料稱」：Tacitus, *On Britain and Germany*, 107.

p. 029 兩大日耳曼部落集團：J. M. Wallace-Hadrill, *The Barbarian West: The Early Middle Ages, A.D. 400–1000* (New York: Harper and Row, 1962), 21.

弗里西亞人與法蘭克人的長船：Peter Brown, *The World of Late Antiquity* (New York: Harcourt Brace Jovanovich, 1971), 22–24.

p. 030 斯堪地那維亞部落名稱：Jones, *History of the Vikings*, 31–33.

p. 031 大部分人以今日比利時的範圍為家：Wallace-Hadrill, *Barbarian West*, 66–67.

p. 032 「以無比的尊敬」：Einhard, "The Life of Charlemagne," in *Einhard and Notker the Stammerer: Two Lives of Charlemagne*, trans. David Ganz (New York: Penguin Books, 2008), 32–33.

p. 033 卡洛林王朝版本的種族清洗：Wallace-Hadrill, *Barbarian West*, 102–3.

「一道土牆」：轉引自 Peter Sawyer, *Kings and Vikings: Scandinavia and Europe, AD 700–1100* (London: Routledge, 1984), 73.

p. 034 如虎添翼的斯堪地那維亞商人：Sawyer, *Kings and Vikings*, 77.

p. 035 未能安排與哥德弗列德會面：Jones, *History of the Vikings*, 98.

「被勝利的期望沖昏了頭」：Einhard, "Life of Charlemagne," in *Einhard and Notker*, 28.

p. 036 「但是，一想到……」：Notker the Stammerer, "The Deeds of Charlemagne," in *Einhard and Notker*, 105.

p. 037 「與狼搏鬥的勇士」：*Egil's Saga*, trans. W. C. Green, Icelandic Saga Database, Sveinbjorn Thordarson, ed., chapter 47, http://www.sagadb.org/egils_saga.en.

p. 038 一系列的軍事行動：Wallace-Hadrill, *Barbarian West*, 137.

p. 039 漢斯的大主教：Jones, *History of the Vikings, 225.*

決定把這一百一十一人全部吊死：*decided to hang all 111: Jones, History of the Vikings*, 212.

p. 040 「船的數目愈來愈多」：轉引自 Oliver, *The Vikings*, 147.

「瓜則林，可憐可憐你自己」：Abbo de St. Germain chronicle, 轉引自 Robert Ferguson, *The Vikings: A History* (New York: Penguin Books, 2004), 105.

p. 041 「四面八方都是飛馳的箭矢」：Ferguson, *The Vikings*, 106.

p. 043 再也沒有見到維京艦隊：Jones, *History of the Vikings*, 225.

p. 044 諾斯人在英格蘭的主要根據地：John Haywood, *The Penguin Historical Atlas of the Vikings* (New York: Penguin Books, 1995), 70–71.

p. 045 「介於烏斯河與堤防之間」：轉引自 Sawyer, *Kings and Vikings*, 103.

p. 046 他同意簽署正式條約：G. O. Sayles, *The Medieval Foundations of England* (New York: Barnes and Co., 1961), 94–96.

2
身為維京人

p. 048 「春天降臨」：*Egil's Saga*, trans. W. C. Green, chapter 19.

p. 049 船隻停靠在懸崖下方：*Beowulf*, verses 210–24. 譯文出自筆者。

p. 050 小小的銀製雷神之錘：Oliver, *The Vikings*, 174–75.

愛沙尼亞薩爾梅：https://www.world-archaeolog y.com/features/estonia-salme-ship-burials/.

p. 051 「跟椰棗樹一樣高」：Ibn Fadlan, c. 922, 轉引自 Haywood, *Historical Atlas*, 108.

「又黑又醜」：*Egil's Saga*, trans. Bernard Scudder (New York: Penguin Books, 2004), 4.

p. 052 「從 DNA 得到的發現」：David Reich, *Who We Are and How We Got Here: Ancient DNA and the New Science of the Human Past* (New York: Pantheon, 2018), 286.

p. 053 近乎於自發的創業行動：Sawyer, *Kings and Vikings*, 4.

「他們尋求冒險」：Georges Duby, *The Early Growth of the European Economy* (Ithaca, NY: Cornell University Press, 1974), 114.

p. 054 約特斯普林船： Oliver, *The Vikings*, 52–53.

必要時還可以倒退：Roesdahl, *The Vikings*, 88.

p. 055 有能力長途航行：Foote and Wilson, *Viking Achievement*, 236.

p. 056 提供途中緯度的大概指示：Jones, *History of the Vikings*, 192–93; Haywood, *Historical Atlas*, 40–41.

維京人的耐力：Sawyer, *Kings and Vikings*, 65–77.

「農工、農地主、小農、農場管理者」：Jones, *History of the Vikings*, 150.

p. 057 農場的位置會隨時間改變：Roesdahl, *The Vikings*, 103–7.

「據說烏魯夫善於管理農場」：Egil's Saga, trans. Bernard Scudder, 4–5.

p. 058 生命的新篇章：*Eirik the Red's Saga,* in *The Vinland Sagas*, trans. Keneva Kunz (New York: Penguin Books, 1997), 26–27.

p. 059 特定部落的自由人：Alexandra Sanmark, "Administrative Organization and State Formation: A Case Study of Assembly Sites in Sodermanland, Sweden," *Medieval Archeology* (2009): 53; Marie Odegaard, "State Formation, Administrative Areas, and Thing Sites," *Journal of the North Atlantic 5* (2013): 42–63; Tacitus, *On Britain and Germany*, 109–11.

「他們沒有國王」：轉引自 Cohat, *Vikings: Lords of the Seas*, 94–95; Jesse Byock, *Viking Age Iceland* (New York: Penguin Books, 2001), 174–76.

p. 060 「有權選舉國王」：轉引自 Jones, *History of the Vikings*, 152.

p. 061 丹麥自由人的償命金： Jones, *History of the Vikings*, 150.

只有四千五百六十人：Sawyer, *Kings and Vikings*, 59.

拉丁語中奴隸的同義詞：Duby, *Early Growth of European Economy*, 121.

兩人都是蘇格蘭人：*Eirik the Red's Saga, in The Vinland Sagas*, 41.

p. 062 「女人有權離婚」：Ibrahim ben Yaqub, tenth century, 轉引自 Judith Jesch, *Women in the Viking Age* (Woodbridge, UK: Boydell Press, 1991), 91.

「仍然有史料保存下來」：Foote and Wilson, *Viking Achievement*, 114.

一旦女子變成寡婦：Foote and Wilson, *Viking Achievement*, 109, 110.

p. 063 「我們女人自己決定」：轉引自 Jesch, *Women in the Viking Age*, 94.

優秀的農人霍姆約特：轉引自 Jesch, *Women in the Viking Age*, 64.

p. 064 「紅盾女」：Jesch, *Women in the Viking* Age, 176–77.

「重要到不能留給史家來寫」：Jones, *History of the Vikings*, 396.

p. 065 憑藉 DNA 檢測："A Female Viking Warrior Confirmed by Genomics," in *American Journal of Physical Anthropology*, December 2017, 853–60.

「《拉克薩塔人傳奇》裡的女性」：Introduction, *The Saga of the People of Laxardal*, trans. Keneva Kunz, in *The Sagas of Icelanders* (New York: Penguin Books, 2001), 274.

p. 067 堅固的防禦牆：Roesdahl, *The Vikings*, 136–37.

至少十五座城鎮：Haywood, *Historical Atlas*, 42–44.

p. 068 只要是有銷路的商品：Jones, *History of the Vikings*, 3.

奴隸貿易高速公路：H. Trevor-Roper, *The Rise of Christian Europe* (New York: Harcourt Brace Jovanovich, 1971), 89–90.

p. 069 克雷莫納的留特普蘭：Trevor-Roper, *Christian Europe*, 92.

歐洲的政治愈來愈穩定：Oliver, *The Vikings*, 48–52; Southern, *Making of the Middle Ages*.

p. 070 奇襲成分：Paddy Griffith, *The Viking Art of War* (London: Greenhill Books, 1995), 109.

p. 071 阿拉伯旅人：Cohat, *Vikings: Lords of the Seas*, 154.

徵集半數追隨者：Griffith, *Viking Art of War*, 138.

「對於最成功的自由人來說」：Duby, *Early Growth of European Economy*, 121.

p. 072 斯堪地那維亞社會階級：Griffith, *Viking Art of War*, 137–38.

學界認為一般的中世紀士兵：Ryan Lavelle, *Alfred's Wars: Sources and Interpretations of Anglo-Saxon Warfare in the Viking Age* (Woodbridge, UK: Boydell Press, 2010), 26–27; B.P.C. Molloy and D. Grossman, "Why Can't Johnny Kill? The Psychology and Physiology of Interpersonal Combat," in B. Molloy, ed., *The Cutting Edge: Studies in Ancient and Medieval Combat* (London: Stroud, 2007), 188–202.

p. 073 「把對方往死裡揍」：Foote and Wilson, *Viking Achievement*, 283.

「作為戰士」：Foote and Wilson, *Viking Achievement*, 285.

p. 074 「我作戰，無懼有人復仇」：*Egil's Saga*, trans. W. C. Green, chapter 60.

哥德語的 *gudja*：Byock, *Viking Age Iceland*, 13–14.

p. 075 「托羅爾夫是個偉大而慷慨的人」：*Egil's Saga*, trans. Bernard Scudder, 16.

p. 076 「國王預計離開的那一天」：*Egil's Saga*, trans. Bernard Scudder, 19.

籠罩在傳說與神話的氛圍中：Jones, *History of the Vikings*, 86–87.

p. 077 直到一一〇〇年前後：Foote and Wilson, *Viking Achievement*, 29–31; Jones, *History of the Vikings*, 38–39, 45–49; Sawyer, *Kings and Vikings*, 18–19.

直到十世紀：Jones, *History of the Vikings*, 113–14.

帕第・格里菲斯：Griffith, *Viking Art of War*, 27.

p. 079 在錫格蒂納鑄造自己的錢幣：Jones, *History of the Vikings*, 380–81.

3

維京造就之世，上篇：從俄羅斯到不列顛群島

p. 080 聖巴德利爵的島嶼：*The Annals of Clonmacnoise from the Creation to A.D. 1408* (Dublin: Royal Antiquaries of Ireland, 1893–95), I, 28.

p. 081 「文化戰爭」的一環：Compare Lucien Musset, "The Vikings in Frankia," in J. M. Wallace-Hadrill, ed., *Early Medieval History* (Oxford, UK: Oxford University Press, 1975).

p. 082 「接著他們航向東部」：*Saga of the Greenlanders,* in *The Vinland Sagas*, 10.

p. 083 財富重新流通：Duby, *Early Growth of European Economy*, 126.

西歐通往地中海的路：H. Pirenne, *Mohammed and Charlemagne* (1939; New York: Barnes and Noble, n.d.), 239–41.

p. 084 比爾卡的富裕：Foote and Wilson, *Viking Achievement*, 205–9.

距離烏普薩拉不遠：Ferguson, *The Vikings*, 98.

p. 085 八大白銀寶藏：Sawyer, *Kings and Vikings*, 123–26.

十二公克的銀：Ferguson, *The Vikings*, 112–13.

p. 086 「划槳的人」：Jones, *History of the Vikings*, 246–47, note.

另一條往返路線：Roesdahl, *The Vikings*, 302–3.

p. 087 「審問他們到來的原因」：轉引自 Haywood, *Historical Atlas*, 103; Sawyer, *Illustrated History*, 23.

芬蘭人雖佔多數：Ferguson, *The Vikings*, 112.

走窩瓦河路線：Foote and Wilson, *Viking Achievement*, 399.

p. 088 「他們彼此之間沒有法律」：Serge Zenkovsky, ed., *The Nikonian Chronicle*, vol. 1 (Princeton, NJ: Kingston Press, 1984), 15, and n. 46.

p. 089 「你們還記得」：轉引自 Edward Luttwak, *The Grand Strategy of the Byzantine Empire* (Cambridge, MA: Belknap Press, 2009), 154; compare Zenkovsky, *Nikonian Chronicle*, 17.

p. 090 劫掠的範圍漸漸擴大：Oliver, *The Vikings*, 148.

驚悚駭人的傳說故事：Jones, *History of the Vikings*, 205–6.

p. 091 這一帶今名木材碼頭：Oliver, *The Vikings*, 156–57.

有一隻手臂顯然高度發達：Oliver, *The Vikings*, 136.

p. 092 「四十年的休養生息」：Haywood, *Historical Atlas*, 74; Roesdahl, *The Vikings*, 237.

「繁榮的國際貿易中心」：Roesdahl, *The Vikings*, 237–38.

向愛爾蘭統治者納貢：Roesdahl, *The Vikings*, 237–38; Foote and Wilson, *Viking Achievement*, 218.

p. 093 蓋爾文學文化：Sawyer, *Illustrated History*, 105–6.

兩項研究顯示：Julian Richards, *Blood of the Vikings* (London: Hoddard and Stoughton, 2001); https://www.rcsi.com/dublin/news-and-events/news/news-article/2017/12/unique-study-provides-the-first-genetic-map-of-the-people-of-ireland.

群島上找到的考古遺址：Roesdahl, *The Vikings*, 220.

p. 094 徹徹底底的挪威殖民地：Foote and Wilson, *Viking Achievement*, 157.

p. 095 開斯內斯才是頭獎：Ferguson, *The Vikings*, 63.

p. 096 蘇格蘭最有權力也最富有的人：Jones, *History of the Vikings*, 396–97.

稱為 birlinns：Oliver, *The Vikings*, 190.

p. 097 「維京史蹟之豐富」：Roesdahl, *The Vikings*, 226.

曼島的庭議會：Roesdahl, *The Vikings*, 227–28.

p. 098 這座墓確實證明：https://www.ancient-origins.net/ancient-places-europe/peel-castle-0011772.

其中一處雕刻：Roesdahl, *The Vikings*, 230.

p. 099 「在這個時間點」：Southern, *Making of the Middle Ages*, 86.

「迅速橫掃」：Sayles, *Medieval Foundations of England*, 98–99.

p. 100 不到七年：Jones, *History of the Vikings*, 234–35.

「埃以爾與部下」：*Egil's Saga*, trans. Bernard Scudder, 98–99.

p. 101 「兩兄弟」：*Anglo-Saxon Chronicle*, 轉引自 Ferguson, *The Vikings*, 225.

「引發的屠殺莫過於此」：*Anglo-Saxon Chronicle*, 轉引自 Ferguson, *The Vikings*, 225.

p. 102 八百多個地名：Sayles, *Medieval Foundations of England*, 133.

原本維京地主：Sawyer, *Kings and Vikings*, 103.

hie、heira 與 him：Roesdahl, *The Vikings*, 255.

丹人區的核心：Sayles, *Medieval Foundations of England*, 132–33.

p. 103 世界上只有一個地方有：Roesdahl, *The Vikings*, 254.

四百年後：Sayles, *Medieval Foundations of England*, 134.

權利範圍的擴大：Sawyer, *Kings and Vikings*, 107.

p. 104 林肯郡人口的半數：Sayles, *Medieval Foundations of England*, 136.

「就私法的所有目的而言」：Richard Maitland, *English Law*, vol. 1, 482, 轉引自 Alan Macfarlane, *The Origins of English Individualism* (Cambridge, UK: Cambridge University Press, 1978), 132.

p. 105 丹人區的一部分：Macfarlane, *English Individualism*, 127–29.

4
維京造就之世，下篇：諾曼第、大西洋與北美洲

p. 106「詔令」：轉引自 Byock, *Viking Age Iceland*, 341.

p. 107 說他惹惱了哈拉爾王：Ferguson, *The Vikings*, 177, 179.

將塞納河下游的一大片土地封給這位維京領袖：David Douglas, *The Norman Achievement, 1050–1100* (Berkeley: University of California Press, 1969), 22–23.

羅洛屬地的中軸：David Douglas, *William the Conqueror* (Berkeley: University of California Press, 1967), 17.

p. 108 古諾斯語仍能通行：Douglas, *Norman Achievement*, 25.

古諾斯語的 tomt：Ferguson, *The Vikings*, 191–92.

p. 109「對財富與領土的渴望」：Geoffrey Malaterra, 轉引自 Douglas, *Norman Achievement*, 26.

作為對侮辱的報復：Douglas, *Norman Achievement*, 26.

「海盜頭子」：Ferguson, *The Vikings*, 194; Douglas, *Norman Achievement*, 24.

p. 110 該地區的主要貿易中心：Haywood, *Historical Atlas*, 80–81; Douglas, *William the Conqueror*, 18–19.

「我絕不會在任何人膝前下跪」：轉引自 Ferguson, *The Vikings*, 192.

p. 111 有些人甚至稱不上歷史人物：Griffith, *Viking Art of War*, 31–34.

p. 112 提出嚴正的質疑：Sawyer, *Kings and Vikings*, 13.

指向另一個方向：Byock, *Viking Age Iceland*, 82–83.

p. 113 再等三個世紀：Foote and Wilson, *Viking Achievement*, 25.

官方統治者世系表：Foote and Wilson, *Viking Achievement*, 32.

單一統一國家：Jones, *History of the Vikings*, 79.

p. 114 合理推斷：Jones, *History of the Vikings*, 114–17; Oliver, *The Vikings*, 226–29.

p. 115 特雷勒堡與菲爾卡特：Haywood, *Historical Atlas*, 34–35.

基督受難的圖像：Roesdahl, *The Vikings*, 71.

p. 116 透露出他的愛爾蘭出身：Jones, *History of the Vikings*, 270.

「他放開第一隻渡鴉」：*The Saga of the Settlements*, 轉引自 Ferguson, *The Vikings*, 154–55.

p. 117「到處都是吐著熔岩的活火山」：Oliver, *The Vikings*, 202.

p. 118《開拓之書》：Roesdahl, *The Vikings*, 277.

有其宗教功能：Byock, *Viking Age Iceland*, 13–14; Sawyer, *Kings and Vikings*, 58–59.

p. 119「智者用權必定節制」：轉引自 Byock, *Viking Age Iceland*, 233.

p. 120「絕不能殺害同一家族的人兩次」：*Njal's Saga*, trans. Robert Cook (New York: Penguin Classics, 1997), 94.

將吟遊詩人的詩作寫下來：Sawyer, *Kings and Vikings*, 14.

「綜觀歷史」：Richard Tomasson, *Iceland: The First New Society* (Minneapolis: University of Minnesota Press, 1980).

p. 122 植被絕對比冰島還要茂密：Ferguson, *The Vikings*, 282.

「一片綠地」:"Erik the Red's Saga," in *The Vinland Sagas*, trans. Keneva Kunz (New York: Penguin Classics, 1997), 28.

三千名刻苦耐勞的居民：Jones, *History of the Vikings*, 293.

p. 123 男性平均高五呎八吋：Roesdahl, *The Vikings*, 283–84.

「從冰河到大海，有如一塊石板」：*The Saga of the Greenlanders*, in *The Vinland Sagas*, 7.

p. 124 巴芬島:"Suggested locations of places mentioned in the *Vinland Sagas*," chart in *The Vinland Sagas*, 66–67.

p. 125 不太可能只有男性：Erik Wahlgren, *The Vikings and America* (London: Thames and Hudson, 1986), 128; Roesdahl, *The Vikings*, 285; Oliver, *The Vikings*, 217–18.

沒有樹的格陵蘭：Ferguson, *The Vikings*, 296–97.

p. 126 一艘船停靠在東殖民地：Oliver, *The Vikings*, 218; Haywood, *Historical Atlas*, 96.

5

諸神的黃昏：維京人、諸王與基督教

p. 128「我看見大地」：Jackson Crawford, ed. and trans., *The Poetic Edda: Stories of the Norse Gods and Heroes* (Indianapolis: Hackett Publishing, 2015), 15.

p. 129 斯堪地那維亞人捲入歐俄的形塑：Sawyer, *Illustrated History*, 146.

新一波對君士坦丁堡的武裝襲擊：Zenkovsky, *Nikonian Chronicle*, 35.

「奧列格命令麾下戰士們打造輪子」：Zenkovsky, *Nikonian Chronicle*, 36; Ferguson, *The Vikings*, 119.

p. 130 發展的主軸：Zenkovsky, *Nikonian Chronicle*, 39–42.

「希臘人與羅斯人將長久友好」：Zenkovsky, *Nikonian Chronicle*, 39.

幾乎都是斯堪地那維亞名字：Ferguson, *The Vikings*, 122.

p. 131 羅斯主要河道：Sawyer, *Illustrated History*, 149.

p. 132 北歐版的創世紀：T. Birkett, *The Norse Myths* (London: Quercus, 2019), 13–14.

「［奧丁的］戰士上戰場不穿鎧甲」：Hilda Davidson, *Shape Changing in Old Norse Sagas* (Totowa, NJ: Rowan and Littlefield, 1978).

p. 133「你們都屬於奧丁！」：Daniel McCoy, *The Viking Spirit: An Introduction to Norse Mythology and Religion*, 33.

與眾神平起平坐：Birkett, *The Norse Myths*, 70.

p. 134「親兄弟將彼此為敵」：Crawford, *Poetic Edda*, "Voluspa,," stanza 44, 12.

p. 135「日頭轉黑」：Crawford, *Poetic Edda*, "Voluspa,," stanza 55, 14.

p. 136「我看見大地再度浮現」：Crawford, *Poetic Edda*, "Voluspa,," stanza 57, 15.

p. 137「永恆回歸的神話」：Arthur Herman, *The Idea of Decline in Western History* (New York: Free Press, 1997), 105.

「我看見一座宏偉建物」：Crawford, *Poetic Edda*, "Voluspa,," stanza 62, 16.

p. 138 「奧丁般的流浪者」：Letter 181 (1946), in *The Letters of J.R.R. Tolkien*, ed. Humphrey Carpenter (New York: Mariner Books, 2000), 252.

「甚至還吊了狗屍與馬屍」：Adam of Bremen, 轉引自 Jones, *History of the Vikings*, 326.

p. 140 「羅斯人就愛喝酒」：Simon Franklin and Jonathan Shepard, *The Emergence of Rus, 750–1200* (London–New York: Longman, 1996).

「我們再也不知道究竟自己身在天堂」：Zenkovsky, *Nikonian Chronicle*, 98.

打通障礙：Janet Martin, *Medieval Russia, 980–1584*, 2nd ed. (Cambridge, UK: Cambridge University Press, 2007), 6.

p. 141 終結了陪葬的習俗：Duby, *Early Growth of European Economy*, 53.

過去，所有維京人：Wallace-Hadrill, *Barbarian West*, 57–58.

p. 142 對盎格魯—薩克森英格蘭幾乎沒有影響：Dorothy Whitelock, *The Beginnings of English Society* (1954; Harmondsworth, UK: Penguin Books, 1972), 42–44.

從劫掠變成經商、移民：Sawyer, *Kings and Vikings*, 145.

p. 143 「你將擁有所需要的好運」：*Eirik the Red's Saga*, in *The Vinland Sagas*, 34–35.

p. 144 聯手趕走奧拉夫：Jones, *History of the Vikings*, 135.

「基督的人馬」：Jones, *History of the Vikings*, 384, n.

奧拉夫的頭銜：Rex Sv：Foote and Wilson, *Viking Achievement*, 32.

p. 145 「假如他自己想成為基督徒」：Jones, *History of the Vikings*, 74.

「屍體吊在神廟旁的聖林中」：Adam of Bremen, 轉引自 Jones, *History of the Vikings*, 326.

p. 146 規模也不算非常宏偉：Alexandra Sanmark, *Power and Conversion: A Comparative Study of Christianization in Scandinavia* (Uppsala, Sweden: Department of Archaeology and Ancient History, Uppsala University, 2002).

「已經改宗基督教的人」：轉引自 Jones, *History of the Vikings*, 326.

p. 147 還沒準備好一下子把異教過往推到一旁：H. R. Ellis Davidson, *Myths and Symbols of Pagan Europe: Early Scandinavian and Celtic Religions* (New York: Syracuse University Press, 1988).

p. 148 比斯開灣沿岸：Southern, *Making of the Middle Ages*, 26.

p. 150 銀流幾乎完全停止：Sawyer, *Kings and Vikings*, 126.

「張弓搭箭」：*Singing the Song: The Battle of Maldon*, 譯文出自作者。

一萬八千磅：Haywood, *Historical Atlas*, 118.

p. 151 又一筆高昂的丹金保護費：Jones, *History of the Vikings*, 368–69.

新的金錢關係：Sawyer, *Kings and Vikings*, 127.

經濟火車頭：Whitelock, *Beginnings of English Society*, 68.

p. 152 十五萬八千磅的銀：Sayles, *Medieval Foundations of England*, 142.

p. 153 他的軍隊也兵敗如山倒：Haywood, *Historical Atlas*, 119.

二十二歲之齡：Sayles, *Medieval Foundations of England*, 145.

p. 154 中世紀最受低估的國王：Jones, *History of the Vikings*, 371; Sayles, *Medieval Foundations of England*, 143–44.

p. 155 「英格蘭在他統治下無疑欣欣向榮」：Sayles, *Medieval Foundations of England*, 147–48.

富有的鄉紳：Duby, *Early Growth of European Economy*, 130.

p. 156 最偉大的維京統治者：Jones, *History of the Vikings*, 381.

6
征服者：諾曼人的轉型

p. 157 「強人領導下」：轉引自 Douglas, *Norman Achievement*, 26.

p. 159 陷入無政府狀態：Douglas, *William the Conqueror*, 37.

于貝爾之子尤多：David Howarth, *1066: The Year of the Conquest* (New York: Viking, 1978), 65; Douglas, *William the Conqueror*, 48.

p. 160 瑞米耶日的羅貝爾：Douglas, *William the Conqueror*, 169.

注定交由諾曼人統治：Howarth, *1066*, 68.

p. 161 宣布由四十二歲的戈德溫之子哈羅德任英格蘭王：Frank McLynn, *1066: The Year of the Three Battles* (London: Jonathan Cape, 1998), 177.

哈拉爾王大力點頭：McLynn, *1066*, 188.

p. 162 流利的諾斯語：Howarth, *1066*, 54.

有人宣稱：Jones, *History of the Vikings*, 404.

p. 163 恣意焚燒城鎮與村落：Jones, *History of the Vikings*, 406–8.

威廉不像他們倆，他沒有船：Howarth, *1066*, 81–82.

有些當時的文獻：例如 William of Jumièges, in S. Morillio, ed., *The Battle of Hastings: Sources and Interpretations* (Bury St. Edmunds, UK: Boydell Press, 1996), 18.

p. 164 「拜會羅馬之行」：Douglas, *William the Conqueror*, 188.

p. 165 「終於吹起期待已久的海風」William of Poitiers, 轉引自 Morillio, *Battle of Hastings*, 8.

「只有維京人才會想到率領遠洋大艦隊」：Howarth, *1066*, 132.

「我軍在沒有［鐵］甲抵擋黑刃的情況下擺陣前進」：McLynn, *1066*, 203.

p. 166 哈羅德大度應允：Howarth, *1066*, 140.

p. 167 諾曼第公爵的附庸：Haywood, *Historical Atlas*, 81–82.

甚至有個版本的文獻：Howarth, *1066*, 161.

「他血色全無好一陣子」：William of Poitiers, 轉引自 Morillio, *Battle of Hastings*, 11.

p. 168 「現在，你們必須親自證明」：William of Poitiers, 轉引自 Morillio, *Battle of Hastings*, 12.

p. 169 「他以堪比海克力斯的力量與敵人對決」：Carmen de Hastingae, 轉引自 Morillio, *Battle of Hastings*, 49.

p. 170 雙方的戰士都能看到英勇地下馬戰鬥的哈羅德王：Douglas, *William the Conqueror*, 201.

每三人就有一人戰死或負傷：Howarth, *1066*, 188.

「奉公爵命」：Carmen de Hastingae, 轉引自 Morillio, *Battle of Hastings*, 51–52.

p. 172 但接下來又爆發痢疾：Douglas, *William the Conqueror*, 205.

傭兵以為有暴動：McLynn, *1066*, 232.

p. 173 從一〇七三年至一〇八五年：Douglas, *William the Conqueror*, 211.

懇求諾曼人留下來：G. A. Loud, *The Age of Robert Guiscard* (Harlow, UK: Pearson Education, 2000), 60–61.

有個完全不同的故事：Loud, *Age of Robert Guiscard*, 65–68.

p. 174 「他們認為自家采邑對他們來說不夠大」：轉引自 Loud, *Age of Robert Guiscard*, 6.

p. 175 吉蒙・慕蘭出身諾曼第東南邊界：Loud, *Age of Robert Guiscard*, 84, 89.

其中一名遭流放的騎士：Richard Fletcher, *The Quest for El Cid* (Oxford, UK: Oxford University Press, 1989), 77–78.

p. 176 「紅潤的面孔」：例如 Anna Komnene, *The Alexiad*, trans. E.R.A. Sewter (Harmondsworth, UK: Penguin Classics, 2003), 30.

「到了十一世紀中葉」：Douglas, *Norman Achievement*, 53.

p. 177 諾曼人勢力與影響力之強大：Loud, *Age of Robert Guiscard*, 186–87.

p. 178 「即便他們都是異教徒」：轉引自 A. Cilento and A. Vanoli, *Arabs and Normans in Sicily and the South of Italy* (New York: Riverside Books, 2007), 186.

繁複的聖像與聖經場景：Cilento and Vanoli, *Arabs and Normans in Sicily*, 270.

p. 179 許多穆斯林風俗：Cilento and Vanoli, *Arabs and Normans in Sicily*, 255.

「截至一〇八五年」：Loud, *Age of Robert Guiscard*, 4.

p. 180 肯尼・克拉克主張：K. Clark, *Civilisation: A Personal View* (New York: Harper and Row, 1969), 35.

p. 182 「跟他的父親根本是一個模子刻出來的」：Komnene, *Alexiad*, 42–43.

後來，皇帝阿歷克塞與麾下最老練的將領耗費極大的心力：Douglas, *Norman Achievement,* 61.

p. 183 「他們右手或左右肩膀之間畫的是基督的十字架」：*Gesta Francorum*, in Christopher Tyerman, ed., *Chronicles of the First Crusade* (New York: Penguin Books, 2004), 72–73.

剛剛抵達的先鋒部隊：Peter Frankopan, *The First Crusade* (Cambridge, MA: Harvard University Press, 2012), 109.

他招來的人都不是善類：Tyerman, *Chronicles of the First Crusade*, 73n.

p. 184 「我怕他［指阿歷克塞］會設計殺我」：轉引自 Frankopan, *The First Crusade*, 129.

根據當年一名史家所言：指安娜・科慕寧，引自 Frankopan, *The First Crusade*, 123.

p. 185 「如狼般嚎叫」：Fulcher of Chartres, 轉引自 Frankopan, *The First Crusade*, 147–48.

十字軍歷史上的重大勝利：Douglas, *Norman Achievement*, 67.

博希蒙德打算把安提阿留在手中：Frankopan, *The First Crusade*, 160.

p. 186 比薩大主教：Douglas, *Norman Achievement*, 66.

用來束縛英格蘭俘虜的鐐銬：Douglas, *William the Conqueror*, 209.

p. 187 斯文的軍隊在薩克森貴族協助下：Douglas, *William the Conqueror*, 219.

待到一〇八七年：Douglas, *William the Conqueror*, 356.

p. 188 「他們能以無比的耐心」：轉引自 Douglas, *Norman Achievement*, 26.

「我們的父母身分卑微」：轉引自 Douglas, *Norman Achievement*, 128.

「他們就會分崩離析」：轉引自 Douglas, *Norman Achievement*, 26.

7

從維京到斯堪地那維亞：從權力遊戲化為堅固保障

p. 190 首位踏上聖地的歐洲君主：Jonathan Riley-Smith, *The First Crusade and the Idea of Crusading* (Philadelphia: University of Pennsylvania Press, 1996), 132;"Heimskringla: Saga of Sigurd the Crusader," 轉引自 Gary B. Doxey, "Norwegian Crusaders and the Balearic Islands," *Scandinavian Studies* (1996): 10–11.

p. 191 像比爾格伯爵這樣的大貴族：T. K. Derry, *A History of Scandinavia* (Minneapolis: University of Minnesota Press, 1979), 7.

p. 192 波羅的海帝國夢：Derry, *History of Scandinavia*, 52–53.

遲至十二世紀：Jones, *History of the Vikings*, 71.

漢薩同盟：Denys Hay, *Europe in the Fourteenth and Fifteenth Centuries* (London: Longmans, 1966), 207.

p. 193 這項原則總是讓頂層難以累積權力：Derry, *History of Scandinavia*, 45.

p. 194 冰島的全事庭仍然維持其作用：Jones, *History of the Vikings*, 285–86.

p. 195 最主要的出口業：Sawyer, *Kings and Vikings*, 14.

p. 196 丹麥地區最早的宗教文獻：Sawyer, *Illustrated History*, 222.

「一種完結感」：Walter J. Ong, *Orality and Literacy: The Technologizing of the Word* (London: Routledge, 1982), 129.

p. 197 小說家珍・斯麥莉說：Jane Smiley, Preface, *The Saga of Icelanders* (New York: Penguin Books, 2000), xiii.

「人們總是做出輕率的承諾與愚蠢的選擇」：Smiley, Preface, *Saga of Icelanders*, xi.

p. 198 斯諾里可不是個書呆子：Jesse Byock, Introduction, *The Prose Edda* (New York: Penguin Classics, 2005), xiii.

p. 199 「一二三〇年代」：Byock, Introduction, *Prose Edda*, xiii–xiv; Byock, *Viking Age Iceland*, 60.

哈康四世多方運作：Derry, *History of Scandinavia*, 50.

p. 200 權力制衡：Derry, *History of Scandinavia*, 58–59; Michael Roberts, *Essays in Swedish History* (Minneapolis: University of Minnesota Press, 1976), 40–41.

沒有世襲的封地：Derry, *History of Scandinavia*, 58; Roberts, "Aristocratic Constitutionalism," in *Essays in Swedish History*, 5–7.

p. 201 「奴隸」這種身分：Derry, *History of Scandinavia*, 57.

從瑞典到挪威與丹麥：Derry, *History of Scandinavia*, 64.

p. 202 女性的部分自由：Foote and Wilson, *Viking Achievement*, 112–14.

愛普莉・迪康尼等女性主義學者認為：April DeConick, *Holy Misogyny: Why the Sex and*

Gender Conflicts in the Early Church Still Matter (London: Bloomsbury Academic, 2013).

殺嬰習俗：https://www.researchgate.net/publication/225030359_Christianization_Female_Infanticide_and_the_Abundance_of_Female_Burials_at_Viking_Age_Bika_in_Sweden.

丹麥女王瑪格麗特的女官：Derry, *History of Scandinavia*, 68.

p. 203 年僅十三歲的她："St. Bridget," *Catholic Encyclopedia* (http://www.newadvent.org/cathen/02782a.htm).

瑞典遠征諾夫哥羅德：Derry, *History of Scandinavia*, 68.

p. 204 「我要跟你解釋」：St. Bridget, *Revelations*, Chapter 4, http://www.saintsbooks.net/books/St.%20Bridget%20(Birgitta)%20of%20Sweden%20-%20Prophecies%20and%20Revelations.html.

p. 205 不幸的謠言得到證實：Hay, *Europe*, 209.

p. 206 同時在瑞典與挪威國務會議擁有一席之地：Grete Authén Blom, "Ingebjørg med Guds misskunn Kong Håkons datter," in *Hertuginne i Sviarike: Brudstykker av. et politisk kvinneportrett* (Oslo: Norsk Historisk Tidskrift, 1981), 425.

p. 207 割下丹麥大片領土給瑞典的夢想：Hay, *Europe*, 208.

全國幾乎三分之二的財富就此蒸發：Derry, *History of Scandinavia*, 65.

瑞典農民則還保有一半的財產：Derry, *History of Scandinavia*, 65.

p. 208 十四世紀中葉：James Larson, *Reforming the North: The Kingdoms and Churches of Scandinavia, 1520–1545* (Cambridge, UK: Cambridge University Press, 2010), 6.

嫁給挪威國王哈康六世：Derry, *History of Scandinavia*, 70.

p. 209 「因為欽佩夫人的智慧與威儀」：Lübeck Chronicle, 轉引自 Derry, *History of Scandinavia*, 71.

「政治家不能憑空創造」：轉引自 A.J.P. Taylor, *Bismarck: The Man and the Statesman* (1955; New York: Knopf, 1967), 115.

p. 210 西約特蘭的法爾雪平：Vivian Etting, *Queen Margrete I, 1353–1412: And the Founding of the Nordic Union* (Leiden, Netherlands: Brill Publishing, 2004), 61–63.

「女王陛下」：Derry, *History of Scandinavia*, 72.

「北歐史上最為人熱議的單一事件」：Jerker Rosen, *Svenska Historia*, vol. 1 (Stockholm: Svenska Bokförlaget, Bonniers, 1961), 198.

p. 211 卡爾馬盟約令今日的史家與憲法學者大為困惑：Harald Gustafsson, "A State That Failed?," *Scandinavian Journal of History* (2006): 205–20.

「這狡猾的女人」：轉引自 Derry, *History of Scandinavia*, 73.

得歸功於她：Etting, *Queen Margrete*; Derry, *History of Scandinavia*, 74.

p. 212 答案仍然成謎：例如 Sophia Elizabeth Higgins, *Women of Europe in the Fifteenth and Sixteenth Centuries*, vol. 1 (London: Hurst and Blackett, 1885), 69.

恩格布雷特・恩格布雷岑：Derry, *History of Scandinavia*, 76–77.

p. 213 幾手臭棋：Hay, *Europe*, 210.

p. 215 路德掃除天主教會最放不下的陳詞濫調：Arthur Herman, *The Cave and the Light: Plato Versus Aristotle and the Struggle for the Soul of Western Civilization* (New York:

Random House, 2013), 307–9.

p. 216 開歐洲統治者風氣之先：Ewan Cameron, *The European Reformation* (Oxford, UK: Clarendon Press, 1991), 272.

一系列改革：Derry, *History of Scandinavia*, 83–84.

他不見得完全懂得其中的神學面向：Cameron, *European Reformation*, 272–73.

p. 218 《聖經》丹麥語與瑞典語譯本：Derry, *History of Scandinavia*, 91–93.

早期在土庫當地的芬蘭方言譯本： Derry, *History of Scandinavia*, 94.

p. 219 「適合平凡人的經典」：Luther, *Preface to the Book of Jesus Sirach* (1533), http://beggarsallreformation.blogspot.com/2010/11/luther-and-book-of-sirach.html.

「將世俗責任之履行」：Max Weber, *The Protestant Ethic and the Spirit of Capitalism* (1904–5; New York: Scribners, 1976), 80.

「呼應天職而勞動」：Weber, *Protestant Ethic*, 81.

p. 220 喀爾文的天命觀：R. H. Tawney, *Religion and the Rise of Capitalism* (London: John Murray, 1922).

例如高利貸與收利息：Weber, *Protestant Ethic*, 82.

8

維京魂帝國：國王古斯塔夫斯・阿道夫斯與斯堪地那維亞世紀

p. 221 「在我的指揮之下」：轉引自 Christian Potholm, *War Wisdom: A Cross- Cultural Sampling* (Lanham, MD: University Press of America, 2015), 81.

p. 222 兩年後甚至連荷屬東印度也上演了：Alex Jack, ed., *Hamlet: Volume 2, History and Commentary* (Becket, MA: Amber Waves, 2005), 53.

中世紀的史家博學的薩克索：Oliver Elton, trans., *Saxo Grammaticus' "Amleth, Prince of Denmark"* (London: David Nutt, 1894), books 1–10.

p. 223 他才十五歲：Michael Roberts, *Gustavus Adolphus and the Rise of Sweden* (London: The English University Presses, 1973), 21–22; T. K. Rabb, *The Struggle for Stability in Early Modern Europe* (Oxford, UK: Oxford University Press, 1975).

失去了頭彩：Roberts,"Of Swedish History in General,"in *Essays in Swedish History*, 8–9.

p. 224 大片松林：Arthur Herman, *To Rule the Waves: How the British Navy Shaped the Modern World* (New York: HarperCollins, 2004), 366.

尋求支援與庇護：Barbara Stolberg-Rilinger, *The Holy Roman Empire: A Short History* (Princeton, NJ: Princeton University Press, 2018), 91–92.

p. 225 將近半數是在丹麥斷魂：Michael Bailey, *Historical Dictionary of Witchcraft* (Lanham, MD: Scarecrow Press, 2003).

只有百分之二：Peter Leeson and Jacob Russ, "Witch Trials," *Economic Journal* 128, no. 613 (2018): 2066–105.

尤其是年長的女性：Jesch, *Women in the Viking Age*, 142–43, 207–8.

p. 226 詹姆士治世期間：G.P.V. Akrigg, *Jacobean Pageant: The Court of King James I* (New York: Atheneum, 1967), 79–83.

將瑞典轉化為現代國家：M. Roberts, "Of Swedish History in General," in *Essays in Swedish History*, 8–9.

p. 227 「愛民如子」：Roberts, *Gustavus Adolphus*, 20–21.

p. 229 兵臨維也納城下：A.J.P. Taylor, *The Habsburg Monarchy, 1809–1918* (1948; University of Chicago Press, 1976), 13.

要求的金錢與支持：Roberts, *Gustavus Adolphus*, 60.

p. 230 典型的文藝復興時代君主：Derry, *History of Scandinavia*, 102–3; 114–16.

克里斯蒂安欣然應允：C. V. Wedgewood, *The Thirty Years War* (1938; New York: New York Review Books, 2005), 196.

p. 231 「國王也好，皇帝也好，王公也好」：轉引自 Wedgewood, *The Thirty Years War*, 243.

p. 232 「古斯塔夫斯登基時」：Michael Howard, *War in European History* (Oxford, UK: Oxford University Press, 1976), 58.

獨步時代：Henrik Lunde, *A Warrior Dynasty: The Rise and Fall of Sweden as a Military Superpower, 1611–1721*(Oxford, UK: Casement Publishers, 2014), 75–79.

「不可否認」：轉引自 Lunde, *A Warrior Dynasty*, 59.

讓所有槍手同時發射：Roberts, "Gustav Adolf and the Art of War," in *Essays in Swedish History*, 66–68.

p. 233 「我必須用自己的雙眼看著一切」：轉引自 Lunde, *A Warrior Dynasty*, 31.

九點四門砲：Roberts, "Gustav Adolf and the Art of War," *Essays in Swedish History*, 69–70.

立窩尼亞的瑞典軍隊：Roberts, *Gustavus Adolphus*, 115.

p. 234 「這場危險的戰爭」：轉引自 Wedgewood, *The Thirty Years War*, 259.

p. 235 「這個傳說體現出某種優美的真實」：Wedgewood, *The Thirty Years War*, 260.

「整個日耳曼地區反叛的狼煙」：轉引自 Roberts, *Gustavus Adolphus*, 130.

p. 236 「這些傢伙會害我的尊嚴與名聲統統掃地」：轉引自 Wedgewood, *The Thirty Years War*, 287.

震撼的消息傳到維也納：Roberts, *Gustavus Adolphus*, 142–43.

新教城鎮一個個得到解放：Wedgewood, *The Thirty Years War*, 296.

p. 237 地緣政治的大勢：Roberts, "The Political Objectives of Gustaf Adolf in Germany," *Essays in Swedish History*, 92–93; Wedgewood, *The Thirty Years War*, 302.

「從君士坦丁堡到阿姆斯特丹」：Roberts, *Gustavus Adolphus*, 147.

p. 238 蘇格蘭將軍亞歷山大・萊斯禮：Steve Murdoch, ed., *Scotland and the Thirty Years' War, 1618–1648* (Leiden, Netherlands: Brill, 2001); Roberts, *Gustavus Adolphus*, 149.

「得想個法子遏止這危險的西哥德人」：J.F.C. Fuller, *Military History of the Western World*, vol. 2, 轉引自 Lunde, *A Warrior Dynasty*, 107.

瑞典日耳曼的中央行政機構：Roberts, "Gustav Adolf in Germany," *Essays in Swedish History*, 98–99; Roberts, *Gustavus Adolphus*, 155–56.

p. 239 理所當然的結果：Roberts, "Gustav Adolf in Germany," *Essays in Swedish History*, 99.

軍政複合體：Roberts, "Gustav Adolf in Germany," 99–100; Roberts, *Gustavus Adolphus*, 164.

p. 240 工廠與采邑：Geoff Mortimer, *Wallenstein: The Enigma of the Thirty Years' War* (London: Palgrave and Macmillan, 2010).

「你們國王在哪啊？」：轉引自 Wedgewood, *The Thirty Years War*, 305.

p. 241 接受當地一名少女的親吻：Wedgewood, *The Thirty Years War*, 307.

造成四千人死傷：Lunde, *A Warrior Dynasty*, 147.

p. 242 「神與我們同在」：轉引自 Walter Harte, *The History of the Life of Gustavus Adolphus, King of Sweden* (London: G. Hawkins, 1859), 335.

p. 243 他們的國王不僅落馬：Lunde, *A Warrior Dynasty*, 159–60.

「他認為，只要船上載的是他，就不會沉」：轉引自 Wedgewood, *The Thirty Years War*, 319.

p. 244 「就計畫之大膽與勝利之輝煌而論」：轉引自 Lunde, *A Warrior Dynasty*, 174.

p. 245 氣氛的轉變：Rabb, *Struggle for Stability*, 68, 79.

現代戰法演進：Howard, *War in European History*, 61: Roberts, "Gustav Adolf and the Art of War," *Essays in Swedish History*, 74–75.

p. 246 「萬王之王」：轉引自 Wedgewood, *The Thirty Years War*, 269.

9
斯堪地那維亞人登陸美國

p. 247 「記得那天」：轉引自 Theodore Blegen, *Land of Their Choice: Immigrants Write Home* (Minneapolis: University of Minnesota Press, 1955), 203, 379.

p. 248 半數創業資金由荷蘭人支付：Adolph Benson and Naboth Hedin, *Americans from Sweden* (Philadelphia: Lippincott, 1950), 23.

p. 249 他們已經有足夠的商品：Benson and Hedin, *Americans from Sweden*, 27.

「此地美麗無比」：轉引自 Benson and Hedin, *Americans from Sweden*, 30.

p. 250 普林茨抵達五年後：Benson and Hedin, *Americans from Sweden*, 33.

「失落的殖民地」：H. Arnold Barton, *The Old Country and the New: Essays on Swedes and America* (Carbondale: Southern Illinois University Press, 2007), 9.

p. 251 瑞典再也不是北歐強國：Herman, *To Rule the Waves*, 367; Derry, *History of Scandinavia*, 203.

p. 252 設法把挪威的控制權，從丹麥手中搶過來：T. K. Derry, *A History of Modern Norway* (Oxford: Clarendon Press, 1973), 15–16.

人口激增：Derry, *History of Scandinavia*, 225.

鄉間貧窮勞工：Derry, *History of Scandinavia*, 225–26.

到陌生土地上為新生活奮鬥：例如 Arthur Herman, *How the Scots Invented the Modern World* (New York: Crown Books, 2001), 198–99.

p. 253 沁入神魂：Dorothy Burton Skardal, *The Divided Heart: Scandinavian Immigrant Experience Through Literary Sources* (Lincoln: University of Nebraska Press, 1974), 110.

p. 254 行政區的名字就來自他的姓：Brian Andersson, "The Bronx, a Swedish Connection," *Ancestry Magazine* 16, no. 4 (1998): 36–41.

足以自建教堂：George Nielsen, *The Danish Americans* (Boston: Twayne Publishers, 1981), 52–53.

p. 255 相對自由的美國：Helge Rønnow, "Danish Moravian Mission," from *Brødremenigheden — en levende tradition*, side 77 f; Published by Savanne, 1980 (www.bdm-dk.dk).

出身波美拉尼亞的勇敢男爵：Benson and Hedin, *Americans from Sweden*, 60.

p. 256 他們出發航向美國：Henry J. Cadbury, "The Norwegian Quakers of 1825," *Harvard Theological Review* 18, no. 4 (1925): 293–319.

「生於維京時代結束幾世紀之後的維京人」：Alfred Hauge, *The True Saga of Cleng Peerson* (Dallas: Special Projects Committee, Norwegian Society of Texas, 1982), 8.

p. 257 有什麼等著自己：Ingrid Semmingsen, *Norway to America: A History of the Migration* (Minneapolis: University of Minnesota Press, 1978), 17.

「神從未禁止」：轉引自 Kendric Babcock, *The Scandinavian Element in the United States* (1914; New York: Arno Press, 1969), 30.

p. 258 載運瑞典鐵礦砂：B. Boëthius, "Swedish Iron and Steel, 1600–1955," *Scandinavian Economic History Review* 6, no. 2 (1958): 144–75.

他們當中只有一名貴族：Babcock, *Scandinavian Element*, 52.

p. 259 「我們簡直就像一群嚇壞了的羊」：轉引自 Benson and Hedin, *Americans from Sweden*, 94.

詹姆斯鎮成為整個紐約州最大、同質性最高的瑞典聚落：Benson and Hedin, *Americans from Sweden*, 92, 93–95.

p. 260 他自學認字：Benson and Hedin, *Americans from Sweden*, 107; Barton, *The Old Country*, 31–33.

六十畝地的權狀：Benson and Hedin, *Americans from Sweden*, 106.

p. 261 「我執筆的這一刻」：轉引自 Barton, *The Old Country*, 35.

主教山鎮正式宣告解體：Benson and Hedin, *Americans from Sweden*, 112–13.

p. 263 當時加州最大的建物：Rudolph M. Lapp, *Blacks in Gold Rush California* (New Haven, CT: Yale University Press, 1977), 10; http://www.sfmuseum.net/bio/leidesdorff.html.

不包括從他的土地所挖出的大量黃金：Nielsen, *Danish Americans*, 156–58.

p. 264 擁抱一夫多妻制的人不到百分之十：Nielsen, *Danish Americans*, 61.

全美國最多丹麥出生人口的地方：Nielsen, *Danish Americans*, 59.

p. 265 丹麥人顯然最快融入整個社會：S. F. Jorgensen, L. Schering, and N. P. Stilling, *From Scandinavia to America* (Odense: University Press of Southern Denmark, 1987), 24.

用了九十多天才抵達：Nielsen, *Danish Americans*, 68–69.

銜命前往猶他州東南的納瓦荷郡：Nielsen, *Danish Americans*, 67–69.

p. 266 「長滿野牛草」：轉引自 Howard Shaff and Audrey Karl Shaff, *Six Wars at a Time: The Life and Times of Gutzon Borglum, Sculptor of Mount Rushmore* (Sioux Falls, SD: The Center for Western Studies, 1985), 11.

p. 267 「我記得最清楚的第一件事」：轉引自 Shaff and Shaff, *Six Wars at a Time*, 21.

p. 268 這就是美國給他們的熱烈歡迎：Semmingsen, *Norway to America*, 74.

p. 269 爆發霍亂：Semmingsen, *Norway to America*, 76.

「許多人在沃德斯島病倒」：轉引自 Lars Ljungmark, *Swedish Exodus* (Carbondale: Southern Illinois University Press, 1979), 4–5.

「高貴情操」：轉引自 Semmingsen, *Norway to America*, 51.

謳歌新的土地：Semmingsen, *Norway to America*, 32–33, 51.

p. 270 十分之九：Ljungmark, *Swedish Exodus*, 11; Jerry Rosholt, *Ole Goes to War: Men from Norway Who Fought in America's Civil War* (Decorah, IA: Vesterheim Norwegian-American Museum, 2003), 22–23.

「我們划船進港」：轉引自 Theodore Blegen, *Norwegian Migration to America* (1940; New York: Haskell House Publishers, 1969), 9.

造了至少六艘船：Blegen, *Land of Their Choice*, 9, 13.

三十至六十美元：Rosholt, *Ole Goes to War*, 26.

從阿倫達出航：Blegen, *Land of Their Choice*, 20.

p. 271 「如此的景象彷彿在招呼他們」：轉引自 Skardal, *Divided Heart*, 78.

「滿是原木或其他木材拼成的筏子」：轉引自 Blegen, *Land of Their Choice*, 378.

p. 272 「是個高大、強壯的年輕印第安人」：轉引自 Blegen, *Land of Their Choice*, 376–77.

新一波移民潮：Blegen, *Land of Their Choice*, 492–93.

10

「我們來啦，亞伯拉罕老爹」：美國內戰中的斯堪地那維亞裔

p. 273 「我們在祖國以自由農的身分」：轉引自 Theodore Blegen, ed., *The Civil War Letters of Colonel Hans Christian Heg* (1936; Northfield, MN: Minnesota Historical Society Press, n.d.), 23.

p. 274 「人力與經費」：Bruce Catton, *The Coming Fury* (1961; New York: Fall River Press, 2009), 268–69.

挪威裔商人 J．A．約翰生：Blegen, *Civil War Letters*, 20–21.

p. 275 直到一八五八年，奧森發表的文法才獲得廣泛採用：Derry, *History of Modern Norway*, 76–77.

早在一八六一年四月：Blegen, *Civil War Letters*, 20.

p. 276 加入南方的人亦有之：Benson and Hedin, *Americans from Sweden*, 76–77, 158.

「我們新國家的政府正在危亡之際」：轉引自 Blegen, *Civil War Letters*, 23.

p. 277 伊佛．雅可布森．索爾利：Myra Jenson Sorlie, *Sorlie: A Family History* (privately printed, n.d.), 1–2.

p. 278 「大概是史上功能最多的工具」：轉引自 Sorlie, *A Family History*, 12–13.

招募兵有一大群來自伊利諾州：Rosholt, *Ole Goes to War*, 39.

p. 279 「克勞森衛隊」：Blegen, *Civil War Letters*, 25.

「天曉得我們到底在怎麼樣的一群人裡頭」：轉引自 Skardal, *Divided Heart*, 93.

p. 280 〈勇敢鄉兵〉：Rosholt, *Ole Goes to War*, 43.

p. 281 埃里克・楊森，他的兒子艾瑞克：Benson and Hedin, *Americans from Sweden*, 121–22.

愛立信生於韋姆蘭：James T. deKay, *Monitor: The Story of the Legendary Civil War Ironclad and the Man Whose Invention Changed the Course of History* (New York: Ballantine Books, 1997), 9–10.

p. 282 經歷技術變革：Herman, *To Rule the Waves*, 449–50.

p. 283 海軍高官對此完全無視：deKay, *Monitor*, 19.

打造原型艦：deKay, *Monitor*, 21–22.

「六英寸厚的鐵甲半球形旋轉砲台」：deKay, *Monitor*, 28–29.

p. 284 法國皇帝的反應不慍不火：deKay, *Monitor*, 26, 27.

「不可靠？」：轉引自 deKay, *Monitor*, 78.

p. 285 最艱難的計畫：deKay, *Monitor*, 86.

p. 286 「汽水瓶」的綽號：Robert Schneller, *Quest for Glory: A Biography of Rear Admiral John A. Dahlgren* (Annapolis: Naval Institute Press, 1995).

p. 287 群眾統統都以為：deKay, *Monitor*, 91–92.

水下廁所：deKay, *Monitor*, 112.

「就她昨天的表現來看」：轉引自 deKay, *Monitor*, 141.

p. 288 艦隊中最強大的戰艦：Bruce Catton, *Terrible Swift Sword* (1963; New York: Fall River Press, 2009), 209–10.

溯波多馬克河而上：Catton, *Terrible Swift Sword*, 210.

「龐大、半潛的鱷魚」：deKay, *Monitor*, 164.

p. 289 「他看維吉尼亞號看得比我們誰都清楚」：John Quarstein, *The Monitor Boys: The Crew of the Union's First Ironclad* (Charleston, SC: The History Press, 2011), 295.

國會榮譽勛章：Quarstein, *Monitor Boys*, 296–97.

戰役後拍攝的照片：Rosholt, *Ole Goes to War*, 28–29.

p. 290 不是唯一一位來自挪威：Rosholt, *Ole Goes to War*, 89.

將近七十五名成員：Rosholt, *Ole Goes to War*, 41.

p. 291 「他總把我叫成『海克』」：Letter of November 2, 1862, in Blegen, *Civil War Letters*, 152.

「十一年前」：Letter of December 11, 1862, in Blegen, *Civil War Letters*, 154.

「要是幾天沒有我的消息，請你別擔心」：Letter of December 25, 1862, in Blegen, *Civil War Letters*, 158.

「在我所見過最猛烈的砲火下」：Letter of January 6, 1863, in Blegen, *Civil War Letters*, 165.

p. 292 「兩輪扎扎實實的齊射」：Blegen, *Civil War Letters*, 165.

「你是搞不清楚狀況嗎？」Sorlie, *A Family History*, 18.

p. 293 紛紛湧向後方：Bruce Catton, *Never Call Retreat* (1965; New York: Fall River Press, 2009), 41.

「麥克菲中校陣亡」：Blegen, *Civil War Letters*, 166.

「叛軍像印第安人那樣高喊湧來」：Blegen, *Civil War Letters*, 166.

八十五人傷亡：Catton, *Never Call Retreat*, 45–46; Blegen, *Civil War Letters*, 166, 169.

p. 294 因傷退役：Sorlie, *A Family History*, 19–22.

「叛軍在我們前方布陣」：Letter of September 18, 1863, Blegen, *Civil War Letters*, 245.

p. 295 「第十五步兵團像好漢子那樣挺住」：Blegen, *Civil War Letters*, 41.

包括四十九名：Rosholt, *Ole Goes to War*, 48–49.

p. 296 「全軍上下」：Benson and Hedin, *Americans from Sweden*, 131–33.

「林肯說，那個夢跟我管的」：Catton, *Never Call Retreat*, 457.

11

「比財富更美好」：美國熱與大遷徙

p. 298 「再會，瑞典母親呀」：轉引自 Skardal, *Divided Heart*, 270.

瑞典大遷徙：Barton, *The Old Country*, 54.

挪威移民：Martin Ulvestad, *Norwegians in America, Their History and Record*, trans. Olaf Tronsen Kringhaug and Odd-Steinar Dybvad Raneng (1907; Waukon, IA: Astri My Astri Publishing, 2012); Derry, *History of Modern Norway*, 216.

p. 299 接下來二十年：Nielsen, *Danish Americans*, 32.

超過三分之一：Odd Lovoll, *The Promise of America: A History of Norwegian-American People* (Minneapolis: University of Minnesota Press, 1984), 35.

p. 300 大約五萬人在戰後離開了什列斯維希：Kristian Hvidt, *Danes Go West: A Book About the Emigration to America* (Denmark: Rebild National Park Society, 1976), 158.

「整個冬天」：Siri Lee,"Amerikarise I 1866," *Samband* 69 (1914): 130–34, 轉引自 Blegen, *Norwegian Migration to America*, 7.

p. 301 「我們並不懷抱致富的心」：轉引自 Lovoll, *Promise of America*, 72.

內戰前最大：Lloyd Hustvedt, *Rasmus Björn Anderson: Pioneer Scholar* (Northfield, MN: Norwegian-American Historical Association, 1966), 13; Semmingsen, *Norway to America,* 65.

p. 302 奴隸議題：Hustvedt, *Rasmus Björn Anderson*, 47–49.

「神話是真相最早的形貌」：Hustvedt, *Rasmus Björn Anderson*, 318–19.

p. 303 「為真理與自由而活」：轉引自 Hustvedt, *Rasmus Björn Anderson*, 82–83.

p. 304 「向讀者闡明」：R. B. Anderson, *America Not Discovered by Columbus* (1891 edi- tion, n.p.; London: Forgotten Books, 2012), 35.

「別忘了他的兄弟」：Anderson, *America Not Discovered*, 93.

再版二十一次：Hustvedt, *Rasmus Björn Anderson*, 314.

p. 305 不過咫尺：Anderson, *America Not Discovered*, 81–82; Hustvedt, *Rasmus Björn Anderson*, 312–13.

「讓我們歌頌埃里克之子萊夫」：Anderson, *America Not Discovered*, 94.

p. 306 「此時，西下的太陽」：Anderson, *America Not Discovered*, 63, 94.

p. 307 到了一八七五年：Lovoll, *Promise of America*, 28.

「結果就是三月」：Blegen, *Norwegian Migration to America*, 5.

p. 308 「假如你決定移民」：Holger Rosenberg, *100 nyttige Raad for Udvandrere (100 Pieces of Advice for Emigrants)* (Copenhagen: Tillge, 1911), 1, https://www.danishmuseum.org/pdfs/danish/100-pieces-of-advice.pdf.

p. 309 契約勞工：Otis Graham, *Regulating Immigration in the National Interest* (Cummer Hill, Oxford, UK: Rowman & Littlefield, 2001), 100.

「訂一份丹麥語報紙」：Rosenberg, *100 nyttige Raad*, 11.

p. 310 「增廣見聞與戶頭數字增加之後」：Rosenberg, *100 nyttige Raad*, 100.

「衣服穿暖」：Rosenberg, *100 nyttige Raad*, 13.

堪比宮殿：Skardal, *Divided Heart*, 67.

p. 311 點心有乳酪、香腸與醃鯡魚：Skardal, *Divided Heart*, 67.

漢堡的誕生：Paul Kriwaczek, *Yiddish Civilisation: The Rise and Fall of a Forgotten Nation* (New York: Vintage, 2006), 311.

p. 312 在嘔吐物上滑來滑去：Glen Seaborg, *Adventures in the Atomic Age: From Watts to Washington* (New York: Farrar, Straus and Giroux, 2001), 4.

「他們眼中的自由女神像」：John Higham, *Send These to Me: Immigrants in Urban America* (1975; Baltimore: Johns Hopkins University Press, 1984), 75.

「他們來到這位新神祇庇佑之地」：轉引自 John Higham, *Send These to Me*, 75.

p. 313 改到埃利斯島：Lovoll, *Promise of America*, 39; Skardal, *Divided Heart*, 70.

錢已經不夠用了：Ljungmark, *Swedish Exodus*, 82.

「紐約市本身」：Skardal, *Divided Heart*, 73.

「外形之巨大」：轉引自 Skardal, *Divided Heart*, 73.

p. 315 一八五〇年代開始營運：Lovoll, *Promise of America*, 34; Ljungmark, *Swedish Exodus*, 62.

跟大象一樣大：Skardal, *Divided Heart*, 75.

「從挪威山坡上的小塊地」：轉引自 Jon Gjerde and Carlton Qualey, *Norwegians in Minnesota* (Minneapolis: Minnesota Historical Society Press, 2002), 22.

p. 316 「斯堪地那維亞人對於公立教育體系的堅持」：Babcock, *Scandinavian Element*, 111.

到了一八九三年：Babcock, *Scandinavian Element*, 112.

p. 317 「美國挪威裔移民最密集的僑居地」：Gjerde and Qualey, *Norwegians in Minnesota*, 10–11.

「清教徒圓滾滾的頭顱」：轉引自 Gjerde and Qualey, *Norwegians in Minnesota*, 26.

都市導向的工作技能：Rosenberg, *100 nyttige Raad*, 79.

p. 318 一位作家記得：Gjerde and Qualey, *Norwegians in Minnesota*, 30–31.

「挪威人唱著讚歌」：Blegen, *Norwegian Migration to America*, 504–5.

p. 319 「我們看著［草原］篷車從南邊駛來」：轉引自 Blegen, *Norwegian Migration to America*, 506. *Native American tribes*: "Gunlög Fur," "Indians and Immigrants — Entangled Histories," *Journal of American Ethnic History* 33, no. 3 (Spring 2014): 55–76.

p. 320 人口有一半是挪威移民或是其後人：Sorlie, *A Family History*, 103; Blegen, *Norwegian Migration to America*, 510.

「這達科他究竟是個什麼樣的地方啊！」:“Knut Hamsun’s Early Years in the Northwest,” *Minnesota History* 20, no. 4 (December 1939), 405.

不過，返回挪威的他變得憤世：Skardal, *Divided Heart*, 51.

p. 321 超過一百五十美元：Skardal, *Divided Heart*, 76.

p. 322 丹麥裔女性人數不多：Nielsen, *Danish Americans*, 35–36.

「愛國心與民族榮譽感也在減弱」：轉引自 Nielsen, *Danish Americans*, ii.

「北道有半數商店的招牌」：轉引自 Skardal, *Divided Heart*, 79.

「最能證明」：Babcock, *Scandinavian Element*, 111.

p. 324 「假使讓這種掩蓋所有族群特徵以達到齊頭平等」：轉引自 Skardal, *Divided Heart*, 110.

「這就叫中庸」：轉引自 Skardal, *Divided Heart*, 103.

p. 325 他睡在門廊：J. Riis, *The Making of an American* (1901; Project Gutenberg, 2005), Chapter 3.

瑞斯突然時來運轉：Luc Sante, Introduction, in Jacob Riis, *How the Other Half Lives* (1890; New York: Penguin Books, 1979), xvii.

p. 326 透過嘗試，從錯誤中學：Riis, *Making of an American*, 174.

p. 328 師從……C・S・皮爾士：Herman, *The Cave and the Light*, 521.

p. 329 「匠心本身」：Charles Camic and Geoffrey Hodgson, eds., *Essential Writings of Thorstein Veblen* (London: Routledge, 2011), 554.

p. 330 「勞心費神的癖性」： Camic and Hodgson, *Writings of Thorstein Veblen*, 555.

「手邊已經有工作」：Camic and Hodgson, *Writings of Thorstein Veblen*, 555, 558.

「匠心本能」：Camic and Hodgson, *Writings of Thorstein Veblen*, 557; 550.

p. 331 據韋伯倫的繼女所說：Tom Veblen, *Imagining an Inland Empire: And Other Myths of Endeavor* (privately printed, 2018), 64.

12

奇蹟之地：改變爵士時代美國的兩大斯堪地那維亞標誌人物

p. 332 「隨便找個美國人」：Alexis de Tocqueville, *Democracy in America*, ed. J. P. Mayer, trans. G. Lawrence (New York: Doubleday, 1969), 401.

「求得世界民主體制之安全」：轉引自 Arthur Herman, *1917: Lenin, Wilson, and the Birth of the New World Disorder* (New York: HarperCollins, 2017), 149.

p. 333 「我們需要這些新族群」：Randolph Bourne, “Trans-National America,” *Atlantic Monthly*, July 1916.

「自由肉餅」：Herman, *1917*, 245–46.

p. 334 「對於我們留在身後的那些人來說」：轉引自 Skardal, *Divided Heart*, 328.

「族群排他」：Herman, *Idea of Decline*, 182–84.

「天殺的歐陸」：轉引自 Paul Johnson, *Modern Times: The World from the Twenties to the Eighties* (New York: Harper and Row, 1983), 215.

p. 335 把斯堪地那維亞團體打成「外來團塊」：Higham, *Send These to Me*, 56.

p. 336 「不存在的事物」：Tocqueville, *Democracy in America*, 406.

「美國」：Tocqueville, *Democracy in America*, 407.

p. 337 專為王室打造馬車：Jerry Brondfield, *Knute Rockne: The Coach, the Man, the Legend* (New York: Bison Books, 2009), 36.

小小的挪威裔聚落：Lovoll, *Promise of America*, 48.

只能排第六或第七 : Babcock, *Scandinavian Element*, 73.

p. 338 《芝加哥日報》: Brondfield, *Knute Rockne*, 36.

「油壺子凹凸不平的表面」：轉引自 Michael Bohn, *Heroes and Ballyhoo: How the Golden Age of the 1920s Transformed American Sports* (Washington, DC: Potomac Books, 2009), 147.

羅克內後來回憶道： Brondfield, *Knute Rockne*, 39.

p. 339 對家人宣布：Brondfield, *Knute Rockne*, 42.

p. 340 拯救這項競爭型運動：John J. Miller, *The Big Scrum: How Teddy Roosevelt Saved Football* (New York: Harper Perennial, 2012).

p. 341 「替吉普贏下這一場」：Bohn, *Heroes and Ballyhoo*, 142.

美國運動史上最有名的照片之一：Brondfield, *Knute Rockne*, 122–23.

「我努力讓自己隊上」：轉引自 Brondfield, *Knute Rockne*, 83, 159.

p. 342 「我們知道他很懂」：轉引自 Brondfield, *Knute Rockne*, 158.

「他要求我們隨時保持全神貫注」：轉引自 Brondfield, *Knute Rockne*, 159.

p. 343 「國家的損失」：轉引自 the *New York Times*, April 2, 1931.

p. 345 綁上一條特製的腰帶：A. Scott Berg, *Lindbergh* (New York: Putnam, 1996), 14.

p. 346 豪根生於挪威：Wisconsin Historical Society, https://www.wisconsinhistory.org/Rcords/Article/CS8559.

一九〇九年猝逝：Benson and Hedin, *Americans from Sweden*, 261.

和斯堪地那維亞的社會民主黨性質類似：Minnesota Historical Society's Governors of Minnesota http://collections.mnhs.org/governors/index.php/10004150.

p. 347 這項豁免延續至今：Biographical Directory of the Congress of the United States, http://bioguide.congress.gov/scripts/biodisplay.pl?index=v000114.

這名走私犯在芝加哥的犯罪樂園：Benson and Hedin, *Americans from Sweden*, 263.

p. 348 甚至有傳聞說：Lovoll, *Promise of America*, 193.

擔任最高統帥：Biographical Directory of the Congress of the United States Congress, http://bioguide.congress.gov/scripts/biodisplay.pl?index=l000241; Benson and Hedin, *Americans from Sweden*, 268–69.

「假如下次選舉情況順利」：Benson and Hedin, *Americans from Sweden*, 267.

p. 349 「有夢相隨的瑞典裔」：轉引自 Berg, *Lindbergh*, 35.

許多北歐裔與日耳曼裔美國人認為：Herman, *1917*, 152.

p. 350 「亂槍趕出鎮上」：H. Salisbury, 轉引自 Berg, *Lindbergh*, 45.

些微差距：Berg, *Lindbergh*, 50.

「你明明自始至終支持美國不渝」：轉引自 Berg, *Lindbergh*, 49.

p. 351 「輪廓模糊的形體」：Berg, *Lindbergh*, 124.

p. 352 「我很訝異」：轉引自 Berg, *Lindbergh*, 136.

p. 353 「濃霧」、「暴風雪」與「睡眠」：Berg, *Lindbergh*, 150–51.

「不到五年」：Berg, *Lindbergh*, 243.

懸念：Ludovic Kennedy, *The Airman and the Carpenter: The Lindbergh Kidnapping and the Framing of Richard Hauptmann* (New York: Penguin Books, 1986).

「我真不曉得」：轉引自 Berg, *Lindbergh*, 10.

p. 354 「即便我對某些措施非常反對」：轉引自 Berg, *Lindbergh*, 367.

第一架可運行的直升機：https://www.armedforcesmuseum.com/germanys-wwii-era-focke-wulf-fw-61/.

祕密會議：Arthur Herman, *Freedom's Forge: How American Business Produced Victory in World War II* (New York: Random House, 2012), 289–91.

p. 355 「我絕不會拿我這一票」：轉引自 Arthur Herman, *Joseph McCarthy: Reexamining the Life and Legacy of America's Most Hated Senator* (New York: Free Press, 1999), 29.

面臨存亡關頭：轉引自 Herman, *Joseph McCarthy*, 29.

「西方國家為爭奪全球物資利益的舊調重彈」：轉引自 Berg, *Lindbergh*, 395.

p. 356 「軍隊對他意義非凡」：Anne Morrow Lindbergh, *War Within and Without, 1939–1944* (New York: Harcourt Brace Jovanovich, 1980), 159.

「他們對這個國家最大的危害」：轉引自 Berg, *Lindbergh*, 427; Speech Delivered in Des Moines, September 11, 1941, at www.charleslindbergh.com.

p. 357 〈林白是不是納粹？〉：轉引自 Berg, *Lindbergh*, 424, 428.

「我沒有攻擊猶太人或不列顛人的意思」：轉引自 Berg, *Lindbergh*, 427.

p. 358 「恐怕許多與他同時代的美國人都算反閃」：Winston Groom, *The Aviators: Eddie Rickenbacker, Jimmy Doolittle, Charles Lindbergh, and the Epic Age of Flight* (Washington, DC: National Geographic, 2013), 299.

她寫道，對查爾斯來說：A. M. Lindbergh, *War Within and Without*, 220–25.

p. 359 「如今已成故人的希特勒」：Berg, *Lindbergh*, 464–65.

p. 360 兩人在足球場邊的露天座椅聚首：Herman, *Freedom's Forge*, 292–93.

「科學、自由、美、冒險」：Charles Lindbergh, *The Spirit of St. Louis* (New York: Scribners, 1953), 261.

13
幕後英雄：維京魂與美國民主

p. 362 「齊心協力」：轉引自 Herman, *Freedom's Forge*, 58.

「凡文明人皆不能容忍如此蠻行」：Shaff and Shaff, *Six Wars at a Time*, 108.

p. 363 「古聰認為猶太人是寄生蟲」：Shaff and Shaff, *Six Wars at a Time*, 108.

p. 364 《酋長之死》：Shaff and Shaff, *Six Wars at a Time*, 39–40.

p. 366 再打造三座雕像：http://www.artcyclopedia.com/artists/borglum_gutzon.html.

榮譽黨員：Herman, *Idea of Decline*, 184.

「有些藝術家雖然知道什麼是政治」：Felix Frankfurter, "Recollections," 轉引自 Shaff and Shaff, *Six Wars at a Time*, 88.

p. 367　頭也不回離開喬治亞：Shaff and Shaff, *Six Wars at a Time*, 215.

p. 368　「您是否能」：轉引自 Shaff and Shaff, *Six Wars at a Time*, 210.

「多年來我一直有計畫」：Shaff and Shaff, *Six Wars at a Time*, 212.

p. 369　路易斯安那購地：https://www.nps.gov/moru/learn/historyculture/the-entablature-idea.htm#:~:text=Original%20plans%20for%20the%20carving,%2C%20three%2Dfoot%20tall%20letters.

p. 370　九十六人死亡：Herman, *Freedom's Forge*, 53.

「希特勒等人所代表的」：轉引自 Shaff and Shaff, *Six Wars at a Time*, 350.

「如今，所有為人父母者」：轉引自 Shaff and Shaff, *Six Wars at a Time*, 353.

p. 371　克努森成了全民英雄：*American National Biography*, vol. 12 (Oxford: Oxford University Press, 1999), 843; Norman Beasley, *Knudsen: A Biography* (1947; Roswell, GA: Canton Street Press, 2013), 1–2; Herman, *Freedom's Forge*, 16.

p. 372　標準化零件：David Hounshell, *From the American System to Mass Production* (Baltimore: Johns Hopkins University Press, 1984), 222.

p. 373　標準化零件的工業生產線：Hounshell, *From the American System*, 224.

生產能幫助消費者看緊荷包的汽車：Herman, *Freedom's Forge*, 31–32.

立即實現修改的製程：Hounshell, *From the American System*, 266–67; Herman, *Freedom's Forge*, 33.

p. 374　第一通電話：Herman, *Freedom's Forge*, 67.

「我不是大兵」：轉引自 Herman, *Freedom's Forge*, 83.

p. 375　價值一千八百三十億美元的戰備物資：Richard Overy, *Why the Allies Won* (New York: W. W. Norton, 1995); Herman, *Freedom's Forge*, 336.

他的公司要打造整架飛機：Herman, *Freedom's Forge*, 221; Charles E. Sorensen, *Forty Years with Ford* (New York: W. W. Norton, 1956), 280–82.

p. 376　長程轟炸機 B-24：Herman, *Freedom's Forge*, 243–44.

「曲速行動」："Politics, Science and the Remarkable Race for a Coronavirus Vaccine," November 22, 2020, https://www.nytimes.com/2020/11/21/us/politics/coronavrus-vaccine.html.

我與其他一同努力的人：Compare Arthur Herman, "Make America the Medicine Chest of the World," *Wall Street Journal*, March 20, 2020.

p. 377　自己的瑞典語《聖經》：Carl Sandburg, *All the Young Strangers* (1953; New York: Harcourt Brace Jovanovich, 1981), 19.

p. 378　「De tar en poijke」：Penelope Niven, *Carl Sandburg : A Biography* (New York: Charles Scribner's, 1991), 3–4.

「凹洞與裂縫」：Sandburg, *Strangers*, 18.

「以前在故鄉」：Sandburg, *Strangers*, 16.

p. 379　「一棵棵樹宛如深浮雕」：North Callahan, *Carl Sandburg : Lincoln of Our Literature* (New York: New York University Press, 1970), 17.

「打這場內戰」：轉引自 Sandburg, *Strangers*, 25; Niven, *Carl Sandburg*, 4.

「主張需要奴隸的人」：轉引自 Callahan, *Carl Sandburg*, 23.

桑德堡自忖：Carl Sandburg, *Prairie Town Boy* (New York: Harcourt, Brace, and World, 1953), 135–36.

p. 381 「有個男人正在蓋房子」：轉引自 Callahan, *Carl Sandburg*, 43.

p. 382 「跟著一分錢同行」：轉引自 Callahan, *Carl Sandburg*, 41.

p. 383 「潮濕的空氣」：轉引自 Callahan, *Carl Sandburg*, 89.

p. 384 每冊六百五十頁：Callahan, *Carl Sandburg*, 119.

「知名飛行家已經棄飛行改動嘴」：轉引自 Niven, *Carl Sandburg*, 546.

p. 385 為耶穌生平電影寫腳本：Niven, *Carl Sandburg*, 689, 699.

p. 386 「林肯在讀者面前蘇生」：Alfred Kazin, *On Native Grounds* (1942; New York: Harcourt Brace, 1982), 508.

「人生親像河」：轉引自 Niven, *Carl Sandburg*, 703.

「空曠，一望無際」：Charles Mann, *The Wizard and the Prophet: Two Remarkable Scientists and Their Dueling Visions to Shape Tomorrow's World* (New York: Knopf, 2018), 97.

p. 387 「新移民用原木搭建小屋」：Mann, *Wizard and Prophet*, 98.

p. 388 愛荷華東北的社區則選了玉米：Noel Vietmeyer, *Borlaug, Volume 1: Right Off the Farm, 1914–1944* (Lorton, VA: Bracing Books, 2009) 1, 17–18.

「我生長的年代」：轉引自 Vietmeyer, *Borlaug*, vol. 1, 75; 74.

「人間煉獄」：轉引自 Vietmeyer, *Borlaug*, vol. 1, 35.

卡爾・桑德堡的詩集《脫粒者》：Vietmeyer, *Borlaug*, vol. 1, 78.

p. 389 優於親株的表現：Mann, *Wizard and Prophet*, 122–24.

結果同樣斐然：Mann, *Wizard and Prophet*, 154.

p. 390 「我們的文明」：轉引自 Mann, *Wizard and Prophet*, 155.

「不只窮喔」：轉引自 Mann, *Wizard and Prophet*, 440; 438.

p. 391 「比起其他制度」：轉引自 Niven, *Carl Sandburg*, 547.

14

維京魂還鄉

p. 392 「對，偉大民族的子嗣」：N.F.S. Grundtvig, Foreword, *Scandinavian Mythology* (1832), 轉引自 Bruce Kirmmse, *Kierkegaard in Golden Denmark* (Bloomington: Indiana University Press, 1990), 223.

p. 393 行政語言：Derry, *History of Scandinavia*, 237; Taylor, *Bismarck*, 70.

國際危機：Neil Kent, *The Soul of the North* (London: Reaktion Books, 2000), 243.

p. 394 在隔天與奧地利軍打成平局：Tom Buk-Swienty, *1864: The Forgotten War That Shaped Modern Europe*, trans. Annette Buk-Swienty (London: Profile Books, 2015), 19–20.

丹麥軍則超過五千人：Buk-Swienty, *1864*, 311.

往更西邊，往美國去：Kent, *Soul of the North*, 246.

p. 395 挪威首相：Derry, *History of Scandinavia*, 246–47.

寫了激動人心的文宣：Derry, *History of Scandinavia*, 248.

p. 396 帶回……自宅："Golden Horns of Gallehus," https://traffickingculture.org/encyclopedia/case-studies/golden-horns-of-gallehus/.

p. 397 向那當代已然失去的美德：Arthur Beer, "Hartner and the Riddle of the Golden Horns," *Journal for the History of Astronomy* 1 (1970): 139.

他是第一批探討……的人：Sawyer, *Illustrated History*, 234–35.

p. 398 係出偽託假造：Herman, *How the Scots Invented the Modern World*, 249–51.

「萬古之始」：Adam Oehlenschlager, "The Golden Horns," trans. George Borrow (London: privately printed, 1913), 10–14.

p. 400 約特學會：Sawyer, *Illustrated History*, 236.

諾 斯 女 神 伊 登：Snorri Sturluson, *The Prose Edda*, trans. Jesse Byock (New York: Penguin Books, 2005), 6.

p. 401 重新規畫一整個城區：Patrick Kingsley, *How to Be Danish: A Journey to the Cultural Heart of Denmark* (New York: Marble Arch Press, 2012), 24.

「無與倫比的發現」：Kirmmse, *Kierkegaard in Golden Denmark*, 221.

堅決反對教宗國及其著作：Kent, *Soul of the North*, 60.

p. 402 「吾乃一民族」：https://www.facebook.com/1313736618667054/posts/hans-christian-andersens-poem-i-am-a-scandinavianjeg-er-en-skandinavwe-are-one-p/1317199228320793/.

p. 403 「德語和德文書」：轉引自 Kent, *Soul of the North*, 245.

這兩起發現的時代背景：Derry, *History of Modern Norway*, 136–71.

「以前在德勒斯登」：轉引自 Introduction, *The Saga of the Volsungs*, trans. Jesse Byock (New York: Penguin Books, 1999), 2.

p. 404 「齊格飛這般光輝燦爛的人物」：轉引自 H. F. Garten, *Wagner the Dramatist* (Totowa, NJ: Rowan and Littlefield, 1977), 81, 80.

p. 405 「不停工作」：: *Der Niebelungen-Mythus*, 轉引自 Garten, *Wagner the Dramatist*, 82.

p. 406 世界革命中的維京魂先鋒：Compare Herman, *Idea of Decline*, 72; Garten, *Wagner the Dramatist*, 84.

覺得曾經的心靈導師不夠激進：Herman, *Idea of Decline*, 74–75.

「凡致力講述雅利安人種的故事」：Charles Morris, *The Aryan Race: Its Origins and Its Achievements* (Chicago: S. C. Griggs and Company, 1888), v.

p. 407 「斯堪地那維亞寰宇萬象」：Morris, *The Aryan Race*, 229.

「光是他們存在」：轉引自 Herman, *Idea of Decline*, 72.

p. 408 幾乎都是來自極北社：David Luhrssen, *Hammer of the Gods: The Thule Society and the Birth of Nazism* (Dulles, VA: Potomac Books, 2012); Nicholas Goodrick-Clarke, *The Occult Roots of Nazism: The Ariosophists of Austria and Germany, 1890–1935* (New York: New York University Press, 1992).

p. 409 「解脫的時刻突然降臨」：轉引自 Arnold Barton, *A Folk Divided: Homeland Swedes and Swedish-Americans, 1840–1940* (Carbondale, IL: University of Southern Illinois

Press, 1994), 152.

委員會的建議：Barton, *A Folk Divided*, 153–54; Derry, *History of Scandinavia*, 252–53.

丹麥經濟成長率為第六高：Nima Sanandaji, *Scandinavian Unexceptionalism: Culture, Markets, and the Failure of Third-Way Socialism* (London: Institute of Economic Affairs, 2015), 16, 18.

瑞典、挪威、芬蘭與丹麥共同經歷的成長：Nima Sanandaji, *Debunking Utopia: Exposing the Myth of Nordic Socialism* (Washington, DC: WND Books, 2016), 88.

p. 411 第一次在實驗室以外的環境：Kenne Fant, *Alfred Nobel: A Biography*, trans. Marianne Ruuth (New York: Arcade Publishing, 1993), 78.

p. 412 全球性的產業：Daniel Yergin, *The Prize: The Epic Quest for Oil, Money, and Power* (New York: Free Press, 1992), 58–60.

「死亡商人死了」：轉引自 Fant, *Alfred Nobel*, 207.

p. 413 「致力於各國情誼」：轉引自 Fant, *Alfred Nobel*, 310.

「更為人道的思維方式」：轉引自 Fant, *Alfred Nobel*, 312.

p. 414 如羅爾德・阿蒙森：Stephen Brown, *The Last Viking: The Life of Roald Amundsen* (New York: Da Capo, 2013).

「最早航行於大洋的人」：Fridtjof Nansen, *Farthest North* (New York: Harper Brothers, 1897), 3.

p. 415 獵捕海豹的漁船「傑森號」：Fridtjof Nansen, *The First Crossing of Greenland* (London: Longmans, 1919), 72.

北緯八十三度十三點六分：Nansen, *Farthest North*, passim.

p. 416 「我這輩子」：轉引自 E. E. Reynolds, *Nansen* (Harmondsworth, UK: Penguin Books, 1949), 221.

p. 417 「凡人的思維」：Frederick Stang, Nobel Prize Ceremony Speech, 1922, https://www.nobelprize.org/prizes/peace/1922/ceremony-speech/.

p. 418 「但凡做公益都有他的一份」：轉引自 Reynolds, *Nansen*, 276.

p. 419 又有兩萬五千名瑞典人：Ljungmark, *Swedish Exodus*, 13.

政策決定方面絕對處於上風：Derry, *History of Scandinavia*, 265–67.

p. 420 連王子都願意加入當地消費合作社：Marquis Childs, *Sweden: The Middle Way* (New Haven, CT: Yale University Press, 1936), 6.

「假如檢證『美善的生活』」：Childs, *Sweden*, xvi.

「這一切目不暇給」：E. D. Simon, *The Smaller Democracies* (London: Victor Gollancz, 1939), 191.

15

戰難和亦不易

p. 422 「順服於侵犯者的民族」：轉引自 Geirr Haarr, *The German Invasion of Norway, April 1940* (Annapolis, MD: Naval Institute Press, 2012), 177.

p. 423 官方語言是芬蘭語，而非俄語：Derry, *History of Scandinavia*, 218–19; 232–34.

派兵越過芬蘭邊境：William Trotter, *Frozen Hell: The Russo-Finnish War of 1939–40*

(Chapel Hill, NC: Algonquin Books, 1991), 3.

p. 424 「莫洛托夫雞尾酒」：Gordon Sander, *The Hundred-Day Winter War* (Lawrence: University Press of Kansas, 2013), 131–32.

芬蘭獨立戰爭中的抗俄英雄：Sander, *Hundred-Day Winter War*, 46–47.

p. 425 芬蘭人只損失九百名士兵：Trotter, *Frozen Hell*, 169–70.

p. 426 「世人如今曉得何謂芬蘭人」轉引自 Trotter, *Frozen Hell*, 195.

一千五百名挪威與丹麥志願者：Derry, *History of Scandinavia*, 332.

只有五架及時參與：Trotter, *Frozen Hell*, 198.

p. 427 「戰友們！我在許多戰場上作戰過」：轉引自 Sander, *Hundred-Day Winter War*, 331–32.

p. 428 「知道有你幫忙」：轉引自 Hans Fredrik Dahl, *Quisling : A Study in Treachery*, trans. Anne-Marie Stanon-Ife (Cambridge, UK: Cambridge University Press, 1999), 67.

p. 429 中立國的軍人很難迅速晉升："Birger Eriksen" in *Norsk Biographisk Leksikon*, https://nbl.snl.no/Birger_Eriksen.

「反正我不是受勛」：https://web.archive.org/web/20081016061047/http://www.lofotenkrigmus.no/april2.htm.

p. 431 迎接不列顛援軍以驅逐敵軍：George Lukacs, *The Duel, 10 May–31 July 1940: The Eighty-Day Struggle Between Churchill and Hitler* (New York: Ticknor and Fields, 1990), 31–32.

成為非自願的納粹夥伴：Bo Lidegaard, *Countrymen: How Denmark's Jews Escaped the Nazis*, trans. Robert Maas (New York: Atlantic Books, 2013), 17–18.

p. 432 德軍三度試圖：Ole Guldager, *Americans in Greenland in World War Two*, Greenland Historical Series, vol. 2 (Arhus: Arctic Sun, 2019), 45–46.

唯一的前路：W. Carlgren, *Swedish Foreign Policy Between the World Wars*, trans. Arthur Spencer (New York: St. Martin's Press, 1977), 61–62.

「瑞典是個位於歐洲邊緣的小國」：Carlgren, *Swedish Foreign Policy*, 65.

p. 433 總體 GDP： A. Tooze, *The Wages of Destruction: The Making and Breaking of the Nazi Economy* (New York: Penguin Books, 2006), 383.

超過百分之八十三：Tooze, *Wages of Destruction*, 380–81.

死在滅絕營：Lidegaard, *Countrymen*, 23.

p. 434 挪威軍團：Kathleen Stokker, *Folklore Fights the Nazis: Humor in Occupied Norway, 1940–1945* (Madison: University of Wisconsin Press, 1997), 105.

「NS 如今黨員眾多」：轉引自 Stokker, *Folklore Fights*, 126.

p. 435 死於大屠殺的挪威猶太人共有七百六十五人：Lidegaard, *Countrymen*, 36–37.

九百人在挪威抵抗組織幫助下：Dahl, *Quisling*, 287.

p. 436 「郵差」：Neal Bascomb, *The Winter Fortress: The Epic Mission to Sabotage Hitler's Atomic Bomb* (New York: Houghton Mifflin Harcourt, 2016), 27–29.

p. 437 爬到上尉階級：Bascomb, *Winter Fortress*, 43.

p. 438 如魚得水的那種人：Knut Haukelid, *Skis Against the Nazis* (1954; Minot, ND: North American Heritage Press, 1989).

林厄連：Bascomb, *Winter Fortress*, 48.

p. 439 邱吉爾與小羅斯福達成協議：Bascomb, *Winter Fortress*, 67–69.

「全世界的命運」：William Stevenson, *A Man Called Intrepid: The Secret War* (New York: Harcourt Brace Jovanovich, 1976), 422.

當場遭到處決：Bascomb, *Winter Fortress*, 116–17, 119–23.

p. 440 「一股同袍之情」：Haukelid, *Skis Against Nazis*, 15.

「懸在半空中時」：Haukelid, *Skis Against Nazis*, 82.

p. 441 「可能被俘者」：轉引自 Stevenson, *Intrepid*, 426.

「德軍認為」：Haukelid, *Skis Against Nazis*, 100.

p. 442 深信任務已經失敗：Haukelid, *Skis Against Nazis*, 112–13.

一九四四年二月二十一日：Bascomb, *Winter Fortress*, 306.

p. 443 「若非豪克利德的堅決」：轉引自 Stevenson, *Intrepid*, 427.

在一九四三年底生產出鈽：Bascomb, *Winter Fortress*, 320.

p. 444 希姆萊手下祕密警察：Tooze, *Wages of Destruction*, 603.

芬蘭部隊會作壁上觀：Derry, *History of Scandinavia*, 349.

p. 445 「警官預備隊」：Derry, *History of Scandinavia*, 348.

「若丹麥在猶太人與其他丹麥公民之間」：轉引自 Lidegaard, *Countrymen*, 11.

p. 446 「大家都不想不近人情」：轉引自 Lidegaard, *Countrymen*, 13.

p. 447 〈人神共憤〉：轉引自 Lidegaard, *Countrymen*, 221.

為了零頭犧牲一切：Lidegaard, *Countrymen*, 234, 362.

「民間在一九四三年十月協助丹麥籍與無國籍猶太人的作法」：Lidegaard, *Countrymen*, 363.

p. 448 一九四四年春： Per Anger, *With Raoul Wallenberg in Budapest*, trans. David Mel Paul and Margareta Paul (New York: Holocaust Press, 1981), 21.

p. 449 前往瑞典的臨時簽證：Anger, *With Raoul Wallenberg*, 40–41.

p. 450 「我之所以離開大家」：轉引自 Frederick Werbell and Thurston Clarke, *Lost Hero: The Mystery of Raoul Wallenberg* (New York: McGraw-Hill, 1982), 25.

「帶這把槍只是圖個心安」：轉引自 Anger, *With Raoul Wallenberg*, 50.

對抗大屠殺的外交利劍：Anger, *With Raoul Wallenberg*, 50–51.

p. 451 布達佩斯有三十多棟建築：Anger, *With Raoul Wallenberg*, 67.

阻止這場屠殺：Anger, *With Raoul Wallenberg*, 92–93.

p. 452 「我還真的有點怕」：轉引自 Anger, *With Raoul Wallenberg*, 86.

再也沒有見過瓦倫貝里：Anger, *With Raoul Wallenberg*, 86.

他的遭遇始終是個謎：Werbell and Clarke, *Lost Hero*, passim.

p. 453 其中超過半數：Derry, *History of Scandinavia*, 339, 353.

p. 454 丹麥則在一九六五年：Walter Lacquer, *Europe Since Hitler* (New York: Pelican Books, 1971), 230.

「高度的信賴」：Sanandaji, *Debunking Utopia*, 54.

p. 455 無獨有偶，斯堪地那維亞裔美國人的貧窮線：Sanandaji, *Debunking Utopia*, 63–65.

挪威裔美國人的生活水準仍稍微領先：Sanandaji, *Debunking Utopia*, 62.

p. 456 以共識為基礎：Sanandaji, *Scandinavian Unexceptionalism*, 112–13.

倍感興趣卻又大惑不解：例如 https://www.healthcareitnews.com/news/europe/covid-19-lessons-nordics.

結語

維京魂與遙遠他方

p. 457 「『快樂』是奮力攀上山巔」：Rectorial Address at St. Andrews University, November 3, 1926, in Fridtjof Nansen, *Adventure and Other Papers* (London: Hogarth Press, 1927).

p. 458 族群排外的預設：Richards, *Blood of the Vikings*.

p. 460 皮耶・馬農與尤拉姆・哈佐尼：Pierre Manent, *A World Beyond Politics?: A Defense of the Nation-State* (New French Thought Series), trans. Marc LePain (Princeton: Princeton University Press, 2006); Yoram Hazony, *The Virtue of Nationalism* (New York: Basic Books, 2018).

「我很確定」：轉引自 "How Nationalism Can Solve the Crisis of Islam," *Wall Street Journal*, 5-27/8-2018.

p. 461 「共同體——部落——最初的定義」：Sebastian Junger, *Tribe: On Homecoming and Belonging* (New York: Twelve, 2016), 110.

維京「部落」傳承：Ryan Smith, *The Way of Fire and Ice: The Living Tradition of Norse Paganism* (Woodbury, MN: Llewellyn Publications, 2019), esp. 161–67.

p. 463 所謂的「維京俱樂部」：Gloriana St. Clair, "An Overview of the Northern Influences on Tolkien's Works," Proceedings of the J.R.R. Tolkien Centenary Conference, Keble College, Oxford, 1992 (Pittsburgh, PA: Carnegie Mellon University Research Showcase, 1995); Humphrey Carpenter, *J.R.R. Tolkien: A Biography* (New York: Houghton Mifflin, 2000).

p. 465 「『幻想』是很自然的人性活動」：J.R.R. Tolkien, *On Fairy Stories*, ed. Verlyn Flieger (New York: HarperCollins, 2008), 18–19.

「［魔戒故事］蘊含的力量」：轉引自 David Day, *An Encyclopedia of Tolkien: The History and Mythology That Inspired Tolkien's World* (San Diego: Canterbury Classics, 2019), 526.

p. 466 故事中的矮人： Day, *Encyclopedia*, 110–11.

p. 467 「超級系機器人、女巫與巫師」：A. D. Jameson, *I Find Your Lack of Faith Disturbing : Star Wars and the Rise of Geek Culture* (New York: Farrar, Straus, and Giroux, 2018), 8.

p. 468 作家約瑟夫・坎伯：Joseph Campbell, *The Hero with a Thousand Faces* (1949; Novato, CA: New World Library, 2008).

p. 469 她與……安・班克蘿芙特：Liv Arnesen and Ann Bancroft, *No Horizon Is So Far: Two Women and Their Extraordinary Journey Across Antarctica* (New York: Penguin Books, 2003).

p. 470 「我們這一輩子裡」：Rectorial Address, in Nansen, *Adventure and Other Papers*.

「你可曾聽過遙遠他方」：Robert W. Service, *Rhymes of a Rolling Stone* (New York: Dodd, Mead and Co., 1912).

附錄

盧恩文與維京人

p. 475 古諾斯語的「runar」：Gwyn Jones, *A History of the Vikings* (Oxford, UK: Oxford University Press, 1984), 419; https://www.wordsense.eu/r%C3%BAnar/; Lauraian Gallardo, "Violence, Christianity, and the Anglo-Saxon Charms," Master's Thesis, Eastern Illinois University, 2011.

古義大利字母：Jones, *History of the Vikings*, 420.

現存最早的盧恩碑文：Else Roesdahl, *The Vikings* (New York: Penguin Books, 2016), 50.

p. 476 更難解讀：Roesdahl, *Vikings*, 51.

唯一一次用「維京」一詞：Robert Ferguson, *The Vikings: A New History* (New York: Penguin Books, 2009), 203.

提到女性：Judith Jesch, *Women in the Viking Age* (Woodbridge, UK: Boydell Press, 1991), 49.

來自德尼亞：Jesch, *Women in the Viking Age*, 71.

p. 477 林肯出土的梳子：Jesch, *Women in the Viking Age*, 46.

許多莫名其妙：Mark Mancini, "11 Samples of Authentic Viking Graffiti," Mental Floss, February 24, 2015, https://www.mentalfloss.com/article/61841/11-samples-authentic-viking-graffiti.

來自格利普斯霍姆：Jesch, *Women in the Viking Age, 61*.

p. 478 找到最多的盧恩文：Peter Sawyer, *Kings and Vikings: Scandinavia and Europe, AD 700–1100* (London: Routledge, 1984), 29.

烏普蘭人阿斯蒙德：Sawyer, *Kings and Vikings*, 30–32.

「飛速」的馬齒上：Neil Price, *A History of the Vikings: Children of Ash and Elm* (New York: Basic Books, 2020), 190.

刻「吻我」：Roesdahl, *The Vikings*, 52.

p. 479 「用明暢的字體」：J.R.R. Tolkien, *The Fellowship of the Ring* (New York: Ballantine Books, 1955), 74–75.

歷史大講堂

維京魂：忠誠、紀律、無畏，征服世界的北歐傳奇

2025年6月初版　　定價：新臺幣750元

有著作權・翻印必究

Printed in Taiwan.

著　　者	Arthur Herman
譯　　者	馮奕達
特約編輯	賴皇良
叢書編輯	陳胤慧
副總編輯	蕭遠芬
校　　對	呂佳真
內文排版	劉秋筑
封面設計	廖韡

出版者	聯經出版事業股份有限公司
地址	新北市汐止區大同路一段369號1樓
叢書主編電話	(02)86925588轉5317
台北聯經書房	台北市新生南路三段94號
電話	(02)23620308
郵政劃撥	帳戶第0100559-3號
郵撥電話	(02)23620308
印刷者	文聯彩色製版印刷有限公司
總經銷	聯合發行股份有限公司
發行所	新北市新店區寶橋路235巷6弄6號2樓
電話	(02)29178022

編務總監	陳逸華
副總經理	王聰威
總經理	陳芝宇
社長	羅國俊
發行人	林載爵

行政院新聞局出版事業登記證局版臺業字第0130號

本書如有缺頁，破損，倒裝請寄回台北聯經書房更換。　ISBN 978-957-08-7716-8 (平裝)

聯經網址：www.linkingbooks.com.tw

電子信箱：linking@udngroup.com

國家圖書館出版品預行編目資料

維京魂：忠誠、紀律、無畏，征服世界的北歐傳奇/Arthur Herman著．
馮奕達譯．初版．新北市．聯經．2025年6月．512面．17×23公分（歷史大講堂）
ISBN　978-957-08-7716-8（平裝）
譯自：The Viking heart: how Scandinavians conquered the world.

1.CST：維京人　2.CST：民族史　3.CST：北歐

747.01　　114007211